国家社科基金项目“中国近代公民教育思想研究”
（项目批准号11BZS052）结项成果

刘保刚，历史学博士，郑州大学历史学院教授。主要从事中国近现代思想文化史研究，出版专著《二次革命后孙中山政治思想研究》《全球化与现代化——近代中国的发展历程》，参编《中国历史》（晚清民国卷）、《黄河文化史》等多部著作，发表学术论文30余篇。

中国近代公民
教育思想研究

刘保刚　著

中原出版传媒集团
大地传媒
大象出版社
·郑州·

图书在版编目(CIP)数据

中国近代公民教育思想研究 / 刘保刚著.— 郑州 :
大象出版社, 2017. 7
ISBN 978-7-5347-7762-2

Ⅰ. ①中… Ⅱ. ①刘… Ⅲ. ①公民教育—教育思想—
研究—中国—近代 Ⅳ. ①D693. 4

中国版本图书馆 CIP 数据核字(2016)第 047528 号

中国近代公民教育思想研究

ZHONGGUO JINDAI GONGMIN JIAOYU SIXIANG YANJIU

刘保刚 著

出 版 人 王刘纯
责任编辑 李小希
责任校对 裴红燕 毛 路 安德华
封面设计 张 帆

出版发行 大象出版社(郑州市开元路 16 号 邮政编码 450044)
发行科 0371-63863551 总编室 0371-65597936
网 址 www.daxiang.cn
印 刷 郑州市毛庄印刷厂
经 销 各地新华书店经销
开 本 787mm×1092mm 1/16
印 张 22.75
字 数 480 千字
版 次 2017 年 8 月第 1 版 2017 年 8 月第 1 次印刷
定 价 58.00 元
若发现印、装质量问题,影响阅读,请与承印厂联系调换。
印厂地址 郑州市惠济区清华园路毛庄工业园
邮政编码 450044 电话 0371-63784396

序

《中国近代公民教育思想研究》一书即将付梓。循例,序言多是请别人代写。我亦不能免俗。我首先想到了以前的恩师。我的博士论文出版时,即请恩师崔之清先生作序。那已是近十年前之事了。今诸位恩师都年事已高,有的甚至身体欠佳,实不忍打扰也。其次,我亦确实在心中不止一次地渴望并想象一位学界先进、前辈为本书作序,一者为本书增色,二者吾亦得附骥尾以显名。无奈我学问浅陋,生性孤僻,与学界几无交往,无颜冒昧求人,不得其门而入。非不愿,实不能也。此绝非推脱之言,盖纪实也。扰人不忍,求人无缘,只有亲自为之!

我本主要从事中国近代政治思想史研究。偶然机遇,转入中国近代公民教育思想研究。其间,有犹豫,有忐忑,也不时扪心自问是否不务正业?当然,在犹豫、忐忑中,也有收获。最大的收获就是以此为题,成功申请了国家社科基金项目。《中国近代公民教育思想研究》一书就是国家社科基金项目“中国近代公民教育思想研究”的结项成果。

公民是一个源于西方的概念。在西方,公民思想的发展经历了古代、中世纪、前现代、现代、后现代几个时期。每个时代公民思想的发展,都有自身显著的特色。在中国,公民理念是一个舶来品,是民族生存危机下的产物。民族生存危机促使民族的觉醒。民族要生存,就必须有公民。本书从公民思想的历史演变,公民道德,公民的权利、义务、责任意识,公民能力与素质,公民精神,女公民,传统文化与公民,中国近代公民教育流派与人物几个方面,对中国近代公民教育思想进行了较为系统、全面的研究。

作为作者,我当然不能对本书内容、质量信口雌黄。是垃圾,是庸品,是精品,自有读者(当然,前提是有人读)评判。我所可质诸心而无愧者有二:一是本书一字一言皆为本人所写,非赝品;二是本书确为国内学界第一部系统论述中国近代公民教育思想的著作。质量虽不敢必,此二者却敢有自信。

拉杂言之,言不尽意。是为序。

刘保刚

2017 年 6 月 25 日

目 录

第一章

西方公民理念的历史演变

德国社会学家马克斯·韦伯说："只有西方才有公民的概念，……在以色列、印度、中国的疆域中，这种国家公民的观念是向所未闻的。"①既然公民的概念最早出现在西方社会，那么公民的含义也不得不在西方语境中寻找。探寻西方公民概念的历史演变，亦有助于我们系统了解公民概念的内涵。中国近代公民教育思想深受西方之影响，回顾西方公民内涵的演变，有助于理解中国近代公民教育思想。那么，在西方社会，什么时间才有公民概念的出现？学界大致有两种观点：

一种观点是把公民概念严格限制在现代。比如政治学者张康之在《公共生活的发生》一书中说：

> "公民"是一个严格的现代概念，是现代国家形成过程中市民社会参与塑造国家的一种结果。也就是说，市民社会的生成打破了传统社会的混沌状态，形成国家与社会分立的二元格局。国家(state)是与公民同构的，因为公民角色本身就意味着有一套与之相伴随的完整的权利义务关系，这在居民、市民身上都不存在，只有当

① ［德］马克斯·韦伯：《经济通史》，姚曾广译，上海：上海三联书店，2006年，第197~198页。

> 人作为公民而存在的时候,国家才将这些权利义务赋予他。市民是在客观的历史过程中产生的,它不需要国家赋予它什么,同样,在农业社会的历史条件下也不存在公民。我们知道,在近代社会发生之前,人们的身份是"臣民",需要的只是无尽的服从,不存在对应的权利义务关系。①

这就是说公民意味着一整套完整的权利义务关系,而这在现代国家产生以前是不存在的。什么是完整的权利义务呢?普遍、平等、完全的权利义务关系。张康之先生之所以不承认组成希腊"polis"(城邦)中的"polites"(城邦成员)是公民,首先是其范围太狭窄;其次是城邦成员拥有的权利是特权,而且城邦成员之间的权利也是不平等的;最后,这种权利也是不完全的,也就是缺少市民社会中的个人权利。罗马的"civis"(市民)资格虽是逐步开放的,但也不能被称为公民。张康之先生称:

> 在考察罗马的时候就显得复杂多了,因为罗马拥有开放的"公民权"且有专门的"万民法"去调整司法管辖权内非罗马各族人之间的法律关系,所以,要断定罗马也没有公民似乎就不那么令人信服。的确,按现代逻辑,法律就是权利关系的体现,在被视为"法治"滥觞的罗马怎能不存在公民呢?然而,这仅仅是现代逻辑。实际上,确定权利义务关系的法律是经"契约论"改造后的法律,是在启蒙运动确立了"法的精神"之后才出现的,古代法律在内容上所反映的其实仍然是特权关系。权利与特权的区别在于,前者具有本质上的平等性。②

同样,中世纪的市民虽一直追求平等,但也没有实现真正的平等。在绝对国家时代,虽然人们在身份上逐渐平等,但都成了君主的平等臣民。只有在现代国家,人们才在真正意义上成为平等的市民、公民。

> 在近代历史上,城市市民显然在出现时间上要比公民早得多,但平等的、社会意义上的市民则是由国家公民所确认的。因为,只有在国家中,才能让所有人共享一个标准,才能在公民的意义上去实现平等理念。因此,尽管在中世纪甚至古典时期可能就已经生成过某种"法前平等"的观念,但是,我们却不能拿这种观念去证明人们之间平等关系的出现,因为中世纪的每个人或每个阶层所受辖制的法律是不一样的。只有到了近代国家产生的时候,当每位公民都同等地受到国家法所管辖,"法前平等"才成了人人平等。有了国家,有了国家法框架下的人人平等,市民社会与公民国家的积极互动才真正开始。③

---

① 张康之、张乾友:《公共生活的发生》,北京:高等教育出版社,2010年,第64~65页。
② 张康之、张乾友:《公共生活的发生》,北京:高等教育出版社,2010年,第67页。
③ 张康之、张乾友:《公共生活的发生》,北京:高等教育出版社,2010年,第35~36页。

这就是说，只有在现代国家，才有了普遍、平等意义上的市民；只有在现代国家，才有了普遍、平等意义上的公民。市民属于社会，公民属于国家。作为市民，在私人领域，他是理性化的经济动物，追求个人利益的实现；在日常生活领域，传统、习俗和基本的道德观念通过他而得以保持和延续。作为公民，开展政治活动，在政治活动中运用和维护其公民权利。

与把公民概念严格限制在现代这一观点不同的是，另一种观点认为公民是一个动态的历史概念。美国学者基斯·福克斯称："现代公民身份本质上趋向平等主义。但这并不是一种与生俱来的取向，只有随着自由主义传统的发展——我把自由主义等同于'现代性'——公民身份才形成这样一种普遍平等的取向。"①马克斯·韦伯也认为："国家公民的概念在古代和中世纪就有他的先驱。"②笔者认同这一观点。理由有三：其一，我们关于现代公民的一些理念，比如权利、责任、参与等，确实是从古代、中世纪发展而来；即使被我们珍视的市民社会的权利，也是由中世纪的城市发展而来。一个最明显的事实是，古希腊的"polites"、古罗马的"civis"、中世纪城市的"市民"，确实享有和行使着某些权利。他们不同于奴隶、农奴及东方专制国家下的臣民。其二，所谓的"完整的权利义务关系"也是一个不断发展的概念。权利应该包含什么，又有哪些义务？这都是会随着社会的发展而不断调整。比如学界讨论的"生态公民"的概念，就不是伴随着现代国家产生而来的。其三，从实践角度而言，普遍、平等的权利，也没有因为现代国家的产生而实现。在西方，很长时期以来，所谓法律权利的普遍平等，也只不过是有财产的白人男性间的平等。

第一节　西方古代公民身份

一、古希腊的公民身份

公民既然是一个动态的历史概念，那么公民理念起源于何时呢？学者一般认为公民理念来源于古希腊。有学者称："希腊人第一次对公民身份的观念与实践进行了全盘彻底的探讨。因为他们把这种抽象思维的本质性运用与一种信念联系起来，即参与公共生活对于完全而正当地发展人性是至关重要的。"③这就是说，无论古希腊以前是否存在公民的实践活动，但从文字记载的角度而言，希腊人首先对公民理论进行了阐释。古希腊的城邦世界之所以能够创造出独特的公民制度，与城邦政治特性分不开。城邦是一个非常小的政治共同体。每一个城邦为了寻求生存和政治经济的扩张，就要授予那些属于城邦的人以某种素质或优越条件，使之服从城邦的神并为之战斗。城邦为了把

---

① ［美］基斯·福克斯：《公民身份》，郭忠华译，长春：吉林出版集团有限责任公司，2009年，第2页。

② ［德］马克斯·韦伯：《经济通史》，姚曾广译，上海：上海三联书店，2006年，第198页。

③ ［英］德里克·希特：《公民身份：世界史、政治学与教育学中的公民理想》，郭台辉、余慧元译，长春：吉林出版集团有限责任公司，2010年，第4页。

这部分人从那些与城邦的关系并不如此亲密的人中分辨出来,就不得不基于某种特定的权利和特权而授予他们某种独特的地位。

在古希腊,公民身份是一种用来分配土地和特权的手段。

> 特权意味着有能力获得在物品、土地和奴隶方面的战利品,意味着法律和神的保护,意味着有权携带武器,可以表现得像一个社会中的自由人,这在战争频繁的年代是受他人尊重的个人英雄气概。①

作为公民,当然要对城邦尽责任,这就是参与政治与战争。

古希腊的公民身份是具有排他性的。不是那个阶级既定身份的人,是不能被授予公民资格的,不管他有多少财产。因此旅居的外国人、妇女、奴隶和城邦周边农村的人,是被排除在公民之外的。古希腊的公民权也是不平等的。不但公民与非公民之间保持着巨大差异,富裕与贫穷的公民之间也存在财富上的巨大差异及在此基础上形成的政治权利的不平等。梭伦就把公民分为四等。虽然在法律形式上公民平等,但事实上上层公民居于天然的领袖地位。因为在古希腊,在军中服役的装备都是自备。贵族当骑兵,富裕平民当重装备步兵,贫民只能在三桨战船上服役,这就自然而然形成了政治上的等级。古希腊的政治共同体虽然被称为城邦,但城邦不同于中世纪以后的城市。城邦本质上扎根于农村,城邦成员大多散居在城镇周边的农村,城市更多的是从事政治、宗教、竞技的场所,所以城邦成员资格(即公民)是依据占有土地和恰当的部落成员资格确定。所以拥有土地、公民、战士这三者是城邦公民的突出特色。

古希腊这种公民身份特色也造就了公民身份的危机。雅典和许多其他希腊城市一样都是港口城镇,是许多长期远离家乡的外国人的聚居地。随着经济的发展,雅典的公民丧失其淳朴性和同质性。雅典不再仅仅是一个农业共同体,其经济、政治和文化关系日益复杂化。被排除在公民之外的人要求得到公民权利。判断和参与政治的正当性的新标准也不仅仅是家族基础和战争才干,而是个人才能和对城邦的贡献(当然这种贡献不仅仅是军事贡献)。个人才干,也不仅仅是军中服役的能力,如在智者派那里,政治才干就是指理性分析和有效辩论的技巧。同时,也有人开始提倡一种从城邦退隐的新道德。

贫富分化是公民身份危机的另一重要原因。这在雅典和斯巴达都是一样的。斯巴达社会更像是一个武士协会。斯巴达公民永远关注政治和军事,除军事外的任何职业及除军事胜利外的任何成功,都得不到承认。相对雅典社会,斯巴达社会相对单纯。然而,贫富分化在斯巴达也同样存在。公民只有在刚刚开始的时候才是平等的。不久就会有人变得更富有,在政治上更有影响力。除军事荣耀外的其他因素也必然会渗入到

① [美]彼得·雷森伯格:《西方公民身份传统——从柏拉图至卢梭》,郭台辉译,长春:吉林出版集团有限责任公司,2009年,第19页。

制度体系中。一些地主增强了他们的影响力,一些人丧失了他们的地位。与斯巴达相比,雅典的贫富分化就更剧烈。因为在雅典,除土地财富的分化外,还有商业贸易带来的财富分化。一些上层寡头想把贫民排除出公民阶层,这当然遭到后者的反对。围绕着公民权的斗争,实际上是利益的斗争。国际关系的变化是古希腊公民身份危机的外部因素。“雅典发现扩张主义的波斯帝国站在她的家门口,不仅发展的速度快得多,而且与埃及和其他地方的太平盛世的东方文明相比较尤其显得引人注目。”①这就使得古希腊人,特别是雅典人长期认为他们对野蛮人具有政治优势的说法站不住脚。这对希腊人的价值观不能不有所影响。

二、罗马的公民身份

与古希腊相比,罗马的公民身份发展史要复杂得多。有学者怀疑,罗马早期的公民理念受到了古希腊的影响。因为罗马最早的统治者是伊特鲁里亚人,其政治制度本身就可能受希腊人的影响。无论这种说法是否属实,罗马早期的公民身份也是一种特权,也是排外的,也与政治参与紧密相连。不过随着罗马的扩张,罗马的公民身份越来越具有包容性。公元前509年是罗马君主政体结束之时,也是共和国的开端时期。从那时起,以及以后大约一个世纪,统治者都是贵族,平民(即自由人)被排除在政治之外。直到高卢人入侵,为了抵抗入侵,罗马不得不组建一支由平民构成的军队。作为回报,平民不再被视为劣等公民,而是与贵族一视同仁。通过扩展公民身份,并以此作为手段把大量家道殷实的人拽入政治共同体,罗马贵族显示了高超的政治技巧。此后,罗马又逐渐地把公民权授予帮助过它及被它征服的拉丁城市,直到公元212年最终授予全体国民公民身份。

不过,罗马的公民身份也是建立在复杂的等级基础上的。首先罗马人与非罗马人有区别。拉丁语城镇的人及它征服的殖民地的人,享有的是有限的公民权利,即拥有法律和经济权利,但没有政治权利。罗马人虽然享有完全的公民权利,可以参与选举及参与所涉及的其他公民仪式,但另一方面实际上也被剥夺了真正有意义的发言权。即使在罗马共和国时期,罗马政治也是共和国政府外表下的寡头制。罗马贵族通过享有的庇护权(有学者把其翻译为任命权)来招募追随者,把持政治。随着公民身份被授予越来越多的人,公民身份的含义也发生了变化。早期罗马的公民身份大致相当于希腊的公民身份:强调个人的义务和参与。随着罗马扩张,义务和参与在公民身份中的含义越来越不重要。直到2世纪末,普通的罗马公民还要在军队中服役和缴纳赋税,必要时还参与大量的选举活动,即使他们认识到自己依赖于某个领袖。随着罗马扩张,占有的财富越来越多,不再需要那些赋税。更重要的是,丰裕的财富也使每个罗马人舍弃了应该对祖国做贡献的军事服役,雇佣兵填充了这个社会等级。罗马的公民身份也由创造政

---

① ［美］彼得·雷森伯格:《西方公民身份传统——从柏拉图至卢梭》,郭台辉译,长春:吉林出版集团有限责任公司,2009年,第51页。

治和社会的纽带，变为法律地位和利益。

怎么看待罗马公民身份的这种变化呢？比较注重政治参与的学者是从消极意义上看待这种变化的。有学者称："希腊城邦的公民身份是一种乡土观念的实践但却是排外的；世界主义公民身份是慷慨大方的普遍，但确实是空洞无力的。"①这派学者认为，罗马统治者之所以要把公民身份授予全帝国的国民，最主要目的是为了征收赋税。但随着罗马公民荣誉感的衰退，罗马公民责任也随之消失殆尽。罗马帝国也随之灭亡。"罗马丧失了这些公民身份的高标准之后，只剩下一个在地上笨拙爬行的帝国，已完全丧失了任何道德上的动力或目的。"②也有学者从比较积极的意义上看待罗马公民身份的变化，认为公民身份是罗马建设国家和整合国家的有力工具。"罗马已经探索的是一种有效扩大国家人力资源和挖掘财政潜力的方式。这满足了国家自身的需求和政治要求，同时也能够吸纳城邦公民的需求和要求。"③笔者认为，虽然随着罗马的扩张，罗马公民身份的参与性变得稀薄，但相比希腊的公民身份仍有其历史进步性。

首先，罗马的公民身份具有开放性，其哲学基础是斯多葛主义的自然法学说。斯多葛主义源于犬儒学派，犬儒学派是对希腊城邦政治的抗议。它否认世界上有绝对的正义，认为世界上有的只是利益。就每个人而言，利益就是自身的幸福，幸福就是避苦趋乐，避苦趋乐就是逃避社会现实，达到一种自我满足。现实社会的财产、地位、婚姻、学识、声誉等都不重要。希腊社会的一切差别，比如希腊人和野蛮人、穷人和富人、公民和外国人、自由人和奴隶等都无意义，因为他们都降到了无足轻重的地位。人们一律平等。社会中的大多数人，无论哪个阶层都是笨蛋，只有智者才能过上美好生活。智者不需要家也不需要国，更不需要法律，他本身的美德就是法律。真正完善的国家，就是由智者组成的共同体。智者是一个世界主义者，是一个世界公民。犬儒学派是有其积极意义的，如它提出了平等学说，提出了世界公民的概念。但犬儒学派的消极意义也是不言而喻的，它提出的平等是虚无的平等，人不是通过改造社会实现平等，而是通过心灵的自我满足无视现实的不平等；而且它的平等学说也是不完全的，它保留了智者和愚者的差别，且大部分人是愚者；它提倡的生活方式是彻底返回自然，这也是反文明的。

斯多葛主义的创始者芝诺吸收了犬儒学派的平等学说，也保留了犬儒学派关于智者和愚者的区分，但芝诺认为应该过一种有德行的生活。所谓有德行的生活，就是按照理性生活。不同于犬儒学派否认正义的存在，芝诺认为正义是存在的。正义就是"神"——自然的立法者，为世界设定的目的。神是世界的灵魂，我们每个人都包含有一部分神圣的火，是自然的单一体系的一部分。"德行就是与自然相一致的意志。"④这有

---

① ［英］德里克·希特：《公民身份：世界史、政治学与教育学中的公民理想》，郭台辉、余慧元译，长春：吉林出版集团有限责任公司，2010年，第26页。

② ［英］德里克·希特：《公民身份：世界史、政治学与教育学中的公民理想》，郭台辉、余慧元译，长春：吉林出版集团有限责任公司，2010年，第30页。

③ ［美］彼得·雷森伯格：《西方公民身份传统——从柏拉图至卢梭》，郭台辉译，长春：吉林出版集团有限责任公司，2009年，第85页。

④ ［英］罗素：《西方哲学史》上，何兆武、李约瑟译，北京：商务印书馆，2002年，第322页。

点类似于康德所说的道德律。早期斯多葛主义者虽然坚持智者和愚者的区别，但他们认为没有人天生是奴隶，这就与亚里士多德的看法大为不同。

斯多葛主义后经发展，成为一种人道主义学说。珀尼西厄斯对斯多葛主义做了重大修正。他提出为公众服务、人道、同情和仁慈等理想以取代自足。另外，珀尼西厄斯放弃了智者和愚者的区别。理性是所有人的法律，而不仅仅是智者的法律。这就是说，所有人都是平等的，即使事先估计到人们在地位、天赋和财富等方面存在不可避免的差别，但他们至少也要有维持人的尊严的起码权利。因此，正义便成为各国的法律。当然这并不是说一个国家不可能是不公正的，而是说它不公正，便失去了和谐的基础。珀尼西厄斯哲学的人道主义给罗马所有的斯多葛主义者留下了强烈印象。有学者称：

> 人类的统一，人与人之间的平等，因而还有国家的正义，男女的同等价值，对妇女与儿童的权利的尊重，仁慈、爱、家庭的纯洁，容忍和对我们同伴的宽容，在一切情况下，甚至在可怕地必须用死亡来惩罚罪犯情况下的人道精神——这些就是充满后期斯多葛主义者著作中的基本思想。①

我们可以看出，斯多葛主义的人的概念是建立在自然法的基础上，是一个普遍性的概念，指的是全世界的人类及所有的人所具有的共同人性。这与古希腊人对人的看法大为不同。古希腊人对人的假设建立在城邦与种族的基础上，个人是一个公民，他的重要性取决于他所处的地位和他所起的作用，而不是他作为一个人的尊严。古希腊人与现代种族主义者有所类似，他们把世界划分为希腊人和其他人，在社会层面，他们也以种族作为解释一切的根本规范。这也就是亚里士多德为什么会一本正经地讨论哪些种族适合做奴隶，哪些种族不适合做奴隶。罗马公民身份之所以具有开放性，不能不说与他们对普遍的人的概念接受有关。因为在罗马上层接受基督教之前，他们大多都自认为是斯多葛主义者，公民身份的开放也避免了被征服者做奴隶的命运。

其次，罗马公民的个人利益得到了承认，并受法律的保护。罗马人认识到私人利益与公共利益之间的一种联系。西塞罗认为睿智的人"有充分的理由计较其私人利益"②。正义就是对每个人利益的关注。有罗马法学家称："正义乃是使每个人取得他的权利的一个固定的而永恒的力量。法律的箴言是这样：过诚实的生活，不伤害任何人，给予每个人他自己应有的东西。"③在罗马，即使拥有的是有限的公民身份，私人权益（比如说财产权、人身保护权等）也是可以得到保护的。到了罗马帝国，公民身份实际上就成了一道司法保障。在古希腊城邦，私人利益的合法性是得不到承认的。城邦被认

---

① ［美］乔治·霍兰·萨拜因著，托马斯·兰敦·索尔森修订：《政治学说史》上，盛葵阳、崔妙因译，北京：商务印书馆，1986年，第192页。

② ［美］彼得·雷森伯格：《西方公民身份传统——从柏拉图至卢梭》，郭台辉译，长春：吉林出版集团有限责任公司，2009年，第111页。

③ ［美］乔治·霍兰·萨拜因著，托马斯·兰敦·索尔森修订：《政治学说史》上，盛葵阳、崔妙因译，北京：商务印书馆，1986年，第211页。

为先于个人而存在,公民身份是建立在义务而非权利的基础上。这不是说古希腊的公民身份不存在私人利益成分,而是说公民在尽公民责任的基础上(参与政治和战争)享受公民身份附着的利益。我们也不必像很多学者所理想化的那样,认为古希腊公民没有个人利益思想,只有共同体利益思想,古希腊公民参与政治只是为了展现个人德性和为共同体服务的机会。

据修昔底德称,伯里克利曾为阵亡将士发表过一个著名演说,他在演说中大加赞扬牺牲将士没有任何的利益计算,没有因财富而失去活力,没有因放弃生活的愉悦而犹豫不决,并明确承诺对英雄的奖赏,"凡是对于勇敢的奖赏最大的地方,你们就可以找到人民中间最优秀的和最勇敢的精神"①。如何理解伯里克利的演说呢?对英雄的赞扬不正是警惕一种个人的、自我沉迷的物质存在吗?对英雄的奖赏,并希望通过对英雄的奖赏来鼓励美德,不正是通过物质回报来回应雅典人的私人需求吗?伯里克利在演说中还有一段非常著名的话:

> 在我们这里,每一个人所关心的,不仅是他自己的事务,而且也关心国家事务:就是那些最忙于他们自己事务的人,对于一般政治也是很熟悉的——这是我们的特点:一个不关心政治的人,我们不说他是一个注意自己事务的人,而说他根本没有事务。②

这不也说明了私人利益与公共利益的紧张吗?私人利益是一直存在的,不过在古希腊政治家、哲学家甚至一般城邦公民的理念中,追求美酒和面包是可以的,但必须是在尽义务中获得;单纯去追求美酒和面包而放弃尽义务是不合法的,也是得不到承认的。伯里克利的演说就是这种理念的诠释。事实上,在一个物质匮乏的年代,拥有公民身份,尽公民责任,也是一个生存得更好的机会。

如果说古希腊留给后代的遗产更多的是参与的公民身份,罗马留给后人的遗产就是法律权利基础上的公民身份。但无论是古希腊还是罗马,都强调了对共同体的效忠。在古希腊,城邦先于个人是被城邦成员普遍接受的观念。在罗马,虽然承认私人利益的合法性,并得到法律的保护,但他们也认为政治共同体是一个共同的事业。西塞罗认为,国家就是为了伦理目的的一个集体,有一个内在的善。西塞罗把国家称为"res populi"或"res publica",即"人民的事业",这相当于英语的"commonwealth"。因此,西塞罗说:"共和国(commonwealth)是人民的事情:人民并不是以任何方式相互联系的任何人的集团,而是集合到一处的相当数量的这样一些人,他们因有关法律和权利的一个共同的协定以及参与互利行动的愿望而结合在一起。"③西塞罗支持公民共同体主义的传统,

---

① [古希腊]修昔底德:《伯罗奔尼撒战争史》上,谢德风译,北京:商务印书馆,1960年,第137页。

② [古希腊]修昔底德:《伯罗奔尼撒战争史》上,谢德风译,北京:商务印书馆,1960年,第132页。

③ [美]乔治·霍兰·萨拜因著,托马斯·兰敦·索尔森修订:《政治学说史》上,盛葵阳、崔妙因译,北京:商务印书馆,1986年,第206~207页。

私人利益的追逐应该符合社会的道德、法律和制度，特别是在追逐利益时，应该把国家利益放在首位。国家利益“应该比……世界上任何其他东西都更珍重”①。

第二节　中世纪的公民身份

由于日耳曼各部落的渗透和入侵，罗马帝国在西部的控制崩溃了，随后作为一种政治观念的公民身份也烟消云散。在罗马帝国的东部建立起中央集权的拜占庭帝国，在西部建立起以契约为基础的私人效忠关系的封建等级制度。在个人生活方面，追求个人救赎取代了通过行使公民身份来追求个人的荣耀。教堂取代政治共同体成为忠诚和道德陶冶的核心。基督教强调的是私人间兄弟般的友爱。但到了中世纪中晚期，随着城市的兴起，公民身份也随之复兴，意大利地中海沿岸城市尤为典型。在中世纪，“公民”这个术语局限于自由行使各种权利和义务，这只有在城市中才存在。所以，在西方语言中，“公民”一词都流露出其城市根源。英语的“citizen”、法语的“citoyen”、西班牙语的“cuidadano”、德语的“Burgertum”，其词源都与城市有关。中世纪城市的公民身份有几大特色：

其一，中世纪城市的公民身份是建立在自由的原则上，这与中世纪城市的形成和发展有密切关系。罗马帝国的灭亡导致城市的瓦解，西欧的统治者无法通过征服城市获取财富，被迫将注意力从城市转向农村和土地。虽然政治权力迁出城市，进入到庄园，但在经济上庄园不可能完全自给自足，不可能完全脱离商品货币关系，于是就出现了集市贸易。11世纪，西欧经济开始复苏，人口增加，土地得到开辟。“同时，1096年的第一次十字军东征标志着地中海重新回到了欧洲的怀抱，结果是东西方的商路被打通。随着商路的开通，商业也开始复苏。”②这样，在集市贸易的基础上，城市产生和发展起来。城市兴起以后，封建权力就不能再无视它的存在。这不仅仅是封建贵族的农地收入的一部分需要到城市中交换，其消费品也有很大一部分需要通过城市中的交换而获得，最重要的是城市的财富让封建贵族贪婪。封建势力想渗入城市、控制城市，城市凭借手工业和商业交换确立起来的经济势力进行反控制，支持城市当局与封建权力讨价还价。

城市首先从争取人身自由开始。这并不是说城市中的所有人从最初都是不自由的，因为在封建主和农奴之间也有一部分自由人，虽然人数很少；另外，随着11世纪西欧经济的复苏，人口增加，出现了大量闲置的劳动力，他们背井离乡从事贸易，并自然而然地在城市中聚集起来，成为市民，他们也获得了自由身份。因为在中世纪的等级制度下，“凡是法律不能确定其主人的人，法律必须以自由人对待之。因此出现这样的情况：必须把商人看作是一直享有自由的人，尽管他们之中许多人或许是农奴的儿子。由于离开了乡土，他们事实上自行获得了解放。在一个人民依附于土地，每人隶属于一个领

---

① ［美］彼得·雷森伯格：《西方公民身份传统——从柏拉图至卢梭》，郭台辉译，长春：吉林出版集团有限责任公司，2009年，第111页。

② 张康之、张乾友：《公共生活的发生》，北京：高等教育出版社，2010年，第23页。

主的社会组织中,他们周游各地,不属于任何人,显得与众不同。他们并不要求自由,自由却给予了他们,因为不可能证明他们不曾享有自由。可以说他们依惯例和时效而获得了自由。简言之,正如农业文明使农民成为通常处于奴隶地位的人一样,商业使商人成为通常享有自由身份的人"①。

商人经商,需要一些与商业活动有直接联系的人,包括从事商品的装卸与运输的工人,生产、经商所需用品及满足所有这些人日常生活需要的手艺人。城市最初可以通过原先那些作为仆役和工匠的人来提供这些商业活动所需要的人。但是,随着城市的发展,这类人员就只能从城外即农村获取。与商人不同的是,这些主要来自附近农村的人员并不天然地是自由人,他们随时可能被领主认出并带回领地。这种情况显然不利于城市的发展,因此,为了保证城市劳动力的充盈,在很多地方开始出现这样的现象:逃亡到城市中的农奴只要在城市住满一年零一天,封建主就无权把他们抓回,也不能再把他们视为农奴。"城市的空气使人自由"这一著名谚语就是从这一事实中衍生而来的。②城市之所以使其市民拥有人身自由,市民之所以争取人身自由,是因为人身自由是其他自由的基础。

> 市民阶级最不可少的需要就是个人自由。没有自由,那就是说没有行动、营业与销售货物的权利,这是奴隶所不能享有的权利;没有自由,贸易就无法进行。他们要求自由,仅仅是由于获得自由以后的利益。③

争取到自由后,城市争取自治。因为没有自治,自由无法保证。城市通过赎买,即缴纳固定的赋税,从国王或领主那里换取特权或自由。"西方的城市是通过货币经济赢利的手段从不自由上升到自由的地方。"④当然,每个城市的自治程度是不一样的。在意大利,每个城市都是一个独立的政治单位。在其他地区,城市自治是一种有限自治。城市的一切特权都是建立在国王和领主授予的基础之上,它是封建等级制度的一个组成部分,不同的是它享有特权。但无论是完全自治还是有限自治,城市都赢得了自我组织和管理的权利,城市的独特性质得到了法律的认可。市民身份本身就意味着自由身份,其拥有了法律保障。

其二,中世纪城市的公民身份是建立在身份平等的基础上。中世纪城市是在封建权力缺位下逐步形成的。不同等级和不同身份的人从四面八方聚集到城市以后,原来的身份和等级在一段时间内虽依旧存在,但是不可避免地会发生变化。首先,身份和等级的隔阂不可能像在庄园那么严格,因为彼此交易活动中需要承认各自的交易者地位。其次,大家同住一个城市,需要遵守一些相同的规则和惯例,彼此也都有一些共同的利

---

① [比利时]亨利·皮雷纳:《中世纪的城市》,陈国樑译,北京:商务印书馆,2006年,第81页。

② 张康之、张乾友:《公共生活的发生》,北京:高等教育出版社,2010年,第24页。

③ [比利时]亨利·皮朗:《中世纪欧洲经济社会史》,乐文译,上海:上海人民出版社,1964年,第46页。

④ [德]马克斯·韦伯:《经济与社会》下,林荣远译,北京:商务印书馆,1998年,第593页。

益,这也会冲淡原来的等级和身份界限。正如有的学者所称:“中世纪城市便成为一个选择力很强的环境;它从农村向自己身边吸引了大批更有技能、更富开创精神、更正直——大约因而也更聪明——的人口。市民身份以及自由交往,代替了血亲乡土、家族和封建伦常的古老纽带。专门化的各种职业团体则以一套完全新的关系和责任,补充了原始的家族、邻里团体:人人都在新城市中占有一席之地。”①传统身份纽带的断裂、城市人口构成的多元化、城市人际关系的陌生化都使得等级和身份的差别失去了存在的基础。最后,人民的斗争和城市自身需要,也是推动身份平等的动力。

中世纪城市公民身份的平等化表现在两个层面:一是城市市民内部贵族和非贵族之间身份的平等化。在城市形成初期,城市内部也是有等级制度的,即骑马之家(城市贵族)与一般市民之间的区别。这些城市贵族的性质并不统一。他们的共同特点是:社会权力地位是建立在地产和一种非产生于自己手工行业企业经营的收入之上的。在生活方式上,他们可以过骑士生活,即拥有参与骑士马上比武的资格、受封采邑的资格,他们和城外骑士等级平起平坐。然而随着城市的发展,城外贵族不再承认城市贵族的贵族身份。

> 至少在北欧,在中世纪行将结束之际,居住在城市的、参与职业获利的和——这尤其重要——在城市管理中与各种行会坐在一起的城市贵族,不再为农村的骑士贵族所承认,即城市贵族被宣布不具有参加比武和捐赠资格,不具有与之通婚和获得采邑的资格。②

同城市之外的贵族切断等级联系,提高了城市市民本身身份的相同性。另外,城市贵族与城市平民之间的身份也在逐渐拉平。正如马克斯·韦伯所指出:在意大利的城市,11世纪的最后几十年里,到处都出现“执政官”,每年选举,正式由全体市民选举,或者由一个由他们选出,而实际上总是篡夺着选举权的绅士的合议机构作为选举人机构进行选举。执政官起初大多数从主教或世俗统治者的高级法官里选出。“不过现在是由盟誓结义的市民阶层或其代表进行选举,取代从前由城市封建领主进行的任命。”③执政官不得从领主得到采邑,不许作为领主封臣参与康门达。这就剥夺了领主居住在城市的权利并消除了其在城市的政治影响。

在意大利的城市里,在产生行政长官之后,紧接着的有决定性意义的阶段便是“人民运动”的产生。人民运动就是下层市民同城市贵族的斗争。一部分在城外有城堡的贵族被赶出城外,没有自己城堡的骑士贵族不得不留在城里服从新政府,并且在反对贵族的斗争中为新政府效犬马之劳。在人民运动中,在很多情况下通过章程,暂时或永久

---

① [美]刘易斯·芒福德:《城市发展史——起源、演变和前景》,宋俊岭、倪文彦译,北京:中国建筑工业出版社,2004年,第280页。

② [德]马克斯·韦伯:《经济与社会》下,林荣远译,北京:商务印书馆,1998年,第595页。

③ [德]马克斯·韦伯:《经济与社会》下,林荣远译,北京:商务印书馆,1998年,第609页。

排除贵族参与城市社区的行政管理。这样的结果就是，想留在城市里的贵族必须向商人过渡，成为商人；想保留或获得贵族身份的就必须迁出城市。总体而言，第一种情况占多数。在反对城市贵族的斗争中，由商人和手工业者组成的行会起到了关键作用。行会也在以后的市政管理中起到主导作用。城市贵族如果想参与市政管理，也不得不参与行会。总之，贵族想留在城市里，必须接受市民的生活方式。

中世纪城市公民身份平等化的另一层面就是各种公民身份的同一化。城市兴起以后，需要赋税、需要防御、需要忠诚，而居住在城市里的人是非常复杂和多元的：土生土长的商人和工匠，来自周边农村的人，还有来自其他城市的外国人和商人。城市需要把他们区分开来，划分为公民和非公民。正如有的学者所指出的那样：

> 城市和公民现在亟待相互需求，二者都支持罗马法用精湛的词汇提供的责任和利益表达。城市需要效忠和赋税以及一种道德观，以此推动对城市公共事务的积极参与，个体需要在新的经济竞争形势中明确其利益，需要承认他们在城市高墙之外的地方政治和经济权力并得到保护。①

法学家们就致力于各种身份的辨认，使各种身份的定义标准化。他们不但要区分公民与非公民，而且要区分各种不同的公民身份。“municeps”（自由民/市民/本地人）这一词是指一个公民离开了他承担责任的家乡，由于他的缺席，剥夺了他参与城市事务的权利——缴纳赋税和保留他作为公民的法律地位。“Incola”（居民），它通过两个东西来界定：迁移到一个新城镇的个体的自由行动者；不但是他的人身而且是他的大部分财产所安置的地方。在一般意义上而言，“incola”被认为比“civis”对城市的财富更不承担责任，因为他可能在付出忠诚并且在正式接受公民身份的行动之前就迁移出去了。“Incola”的义务虽然比公民少，但义务确实存在。“Habitator”，在城市复兴初期，这个术语仅仅指代住处，并不必然指代公民身份。然而，自从居住要求承担某种地方责任及享有某种公民特权之后，“habitator”事实上在很多方面就发挥着类似于公民的作用。“civis”，指代完全的公民身份。随着城市的发展壮大，这些术语逐渐融合、同质化。“术语的这种融合反映了人们的一种融合，这是平等史的一部分。”②这既有利于城市，也有利于个体。从城市而言，它可使居民更有效地奉献城市壮大所需要的服务和金钱；从个体而言，他们追求正式的公民身份可以带来有可能最正式的合法能力，可以通过城市的法规实现自己的要求。即使没有开始成为完全起作用的公民，但出于自利的考虑他们也可以通过从事公民所做的一切，从而最终获得公民的身份。个体的行动而不是其他使之成为公民，这就增大了中世纪城市公民身份的平等性和普遍性。

---

① [美]彼得·雷森伯格：《西方公民身份传统——从柏拉图至卢梭》，郭台辉译，长春：吉林出版集团有限责任公司，2009年，第151页。

② [美]彼得·雷森伯格：《西方公民身份传统——从柏拉图至卢梭》，郭台辉译，长春：吉林出版集团有限责任公司，2009年，第195页。

其三,中世纪城市的公民身份是建立在法律特权的基础上。在中世纪,政治理论家并不讨论公民身份这个话题,关注这个话题的是法学家和律师。之所以如此,是因为在中世纪,公民身份更多的是一个法律问题。公民身份是一种法律地位,而这种法律地位能给拥有这种身份的人带来经济和政治利益。中世纪的职业并不是普遍开放的,仍然是建立在出身的基础上,也建立在源自公民身份地位的权力基础上。获得公民身份,也就意味着获得从事某种职业的法律特权,公民身份是法律和政治能力的前提条件。"在那时,凡是没有特权就被认为是奴役的明证。"①所以说,中世纪城市的公民身份是建立在法律特权的基础上。公民就意味着享有某种法律特权的法律地位;平等就意味着只要是公民就可享有某种法律特权。当然能享有什么特权与公民的出身和能力(特别是经济能力)有关。虽然在法律层面,城市公民已没有了贵族和非贵族的区别,但在享有什么法律特权上,公民之间还是有区别的,这主要表现在你能从事什么行业及由此而形成的政治能力的区别上。

其四,中世纪城市的公民身份是建立在商人-公民(merchant-citizen)和工匠-公民(artisan-citizen)的基础上。在古代,公民身份是在战士-农民(warrior-peasants)担当重任的城市范围内发展起来的,而中世纪城市的公民身份是在商业城市中兴起的。这两种不同的背景,就形成了对公民身份的不同看法和期待。在古代,公民身份更多地被看作是一个政治概念,更多地意味着展现个人德性及为共同体服务。在中世纪,共同体更多地意味着一个法律共同体,人们在一个法律体系中有自己不同的地位。城市也不例外,城市居民之所以追求公民身份,更重要的是追求这种法律地位后的商业特权,也就是说经济利益而非政治参与是人们追求公民身份的主要动机。事实上,在中世纪城市,一般的公民很少参与政治,他们的政治诉求更多的是通过行会代表践行的,其政治职位也是兼职的,担当政治职位的人首先是个商人。因此,在中世纪城市,公民身份更多的是一个法律和经济的概念。由于物质利益支撑着公民身份,所以对共同体的忠诚是建立在物质利益的基础上。在古代,对共同体的忠诚是建立在某种内在的善上(也有学者称其为构成性的善)。所谓内在的善或构成性的善,指这种善不是建立在利益互惠或利益交换的基础上,而是脱离了利益互惠或利益交换某种共同享有的善。对共同体的忠诚是一个性质问题,而不是一个数量问题。在中世纪的城市,由于商业实践的重要性,忠诚就成了一个理性计算的问题。一个商人,之所以成为这个城市而非另一个城市的公民,行动背后的意图是利益的算计。城市为了吸引商人,换取其效忠,就必须保障商人的权利并为其提供保护。

当然,一个公民如果没有尽公民的责任,也就失去了公民资格。这是一种建立在契约上的互惠,是一种相互选择。中世纪城市公民对共同体的忠诚,是一种"对由物质利益支撑的本土空间的热爱"②。既然是否成为公民及成为这个城市还是另一个城市的公

① 巫宝三主编:《欧洲中世纪经济思想资料选辑》,北京:商务印书馆,1998 年,第 135 页。

② [美]彼得·雷森伯格:《西方公民身份传统——从柏拉图至卢梭》,郭台辉译,长春:吉林出版集团有限责任公司,2009 年,第 186 页。

民是可以选择的,那么个体的意愿就是非常重要的。中世纪后期,对意愿的强调是非常引人注目的,这对以后的政治理论有非常大的影响。个体意愿之所以得到重视,还是商业文明造成的。因为商业社会是一个流动性非常大的社会,如果不允许个体的流动,商业经济就得不到发展,为了保持这种流动性,增加城市的吸引力,个人意愿就必须得到尊重。

其五,中世纪城市的公民身份是建立在友爱原则上的。"友爱原则是以一种对服兵役承担普遍责任的形式而制度化的,而且最为典型的表现是一种行会体制。"①这就是说,友爱原则的体现除了普遍承担责任(服兵役、交赋税),更主要体现在行会体制上。在中世纪的城市,行会体制建立起来后,一个人要想成为公民,必须首先是一个行会会员。行会不仅是一个政治经济组织,代表着行会会员的政治经济利益,而且是一个社会组织,对行会会员有帮助、救济的义务。这与行会形成的历史有关。城市刚建立时,来自周围各地的农奴、有农奴身份的手工业者及其他一些孤零零的移民聚集在城市中,他们离开了家乡和亲人,同一职业的人聚集在一起,靠相互照顾而在城市中生活下来。这种生活上共济、工作上互助的团体,在城市中扎根生长起来就形成了早期行会。行会体制形成后,照顾本行业的病人和遭遇意外不幸的穷人仍然是行会的职责,每个行会都有自己的慈善机构。对一个行会会员而言,行会既是他自己政治经济利益的代表,也是他的一个感情归属,行会相当于行会会员的大家庭。行会除了对行会会员提供帮助,也对会员有严格的限制。为了防止两极分化和过度竞争,行会对开业、生产规模、技术、经营方式等都有严格限制。中世纪的城市公民,摆脱了等级身份的限制,但又被行会限制。

第三节　文艺复兴时期的公民身份

文艺复兴时期(从 14 世纪中叶至 17 世纪初)是公民身份发展历程中的前现代时期,公民身份的概念作为一种政治作用而复兴。文艺复兴时期是自由城市衰落和王权兴起的时期,这使一些关心城市自由的思想家思考如何维护城市的自由。文艺复兴时期也是一个政治动荡的时期,在意大利,有城市内部的斗争,城市与王权、教权的斗争;在北部欧洲(意大利之外的西欧、北欧),有王权、教权与贵族之间的斗争,有新旧各教派之间的冲突。和平成为人们的向往。可以说,自由与和平成为这一时期政治讨论的主题。关于公民身份概念的讨论,也是围绕这一主题而进行的。当然,由于地域背景的不同,人们关注的重点也不一样。在意大利,人文主义者更多关注的是自由下的和平;在北部欧洲,人文主义者更多关切的仅是和平。无论是关心自由还是和平,这一时期人文主义者对公民身份概念的阐述,出现了不同于以往的如下几个特色:

其一,对于公民美德的关注。意大利人文主义者认为自由(人文主义者的自由概念

---

① [英]德里克·希特:《公民身份:世界史、政治学与教育学中的公民理想》,郭台辉、余慧元译,长春:吉林出版集团有限责任公司,2010 年,第 35 页。

有两层含义:一是政治上的独立;二是一个自由政体,在这一政体之下,每一个公民都能够享有积极参加政府事务的机会)之所以处于危险之中,就是因为公民美德的缺乏。早在12世纪中叶,意大利全境已经由各城市分治,形成独特的城市共和国。但到了13世纪末,大多数城市已因内部倾轧而四分五裂,以至于它们自己发现只得放弃它们的共和制度,接受一位绅士的强有力领导,并以实现城市和平的名义,从自由政府形式过渡到专制政府形式。共和自由走向消亡的根源就是城市的阶级分裂。13世纪初,由于商业的发展,新兴商人崛起,他们的财富日益俱增,但他们在所在城市的当政的市议会中并无发言权,这些市议会仍然牢牢掌握在历史悠久的权贵家族手中。随着这些分裂的扩大,城市暴乱发生,一方面是平民为争取其地位得到承认而斗争,另一方面是权贵们力争维持他们的寡头特权。平民愈是为争取承认而斗争,愈是把权贵排除在政治之外,根基较深的权贵及其盟友愈是反击。内乱使大多数城市不得不或多或少地承认:它们生存的最大希望在于接受一位绅士的强有力领导来取代这种混乱不堪的自由。① 威胁城市共和国生存的另一个根源就是城市雇佣军的存在。由于商业的不断复杂化,大多数较为富裕的公民继续履行他们服兵役的传统义务日益困难,这样就有了雇佣军。然而,时隔不久,城市就发现这种花钱雇来的军队既可以是保卫他们城市独立的手段,也同样可以威胁其独立。

无论是城市内讧,还是雇佣军问题,人文主义者认为这一切都是缺乏公民美德所致。那么,被人文主义者置于如此地位的美德是什么呢?

(1)美德是一种公益精神。对一己私利的盲目追求,有损于共同体的利益。“倘若人人按照他个人的意志行事,约束众人生活的政府就毁于一旦和彻底解体”,因此“我们应该将共同体的利益看作高于一切”②。马基雅维利认为,如果缺乏公益精神,什么好事也干不成。而公益精神只有在共和国寻找得到。

> 成就城邦之丰功伟业者,不是个人的利益,而是共同的利益。毫无疑问,如果不是在共和国,这种共同利益便得不到尊重。③

(2)美德是一种积极参与。人文主义者认为唯有增进美德方能保持自由,而唯有公民积极参与政治事务,方能增进美德。

> 共和国需要公民的美德和正直。无论谁都有这些资格,而参与共和国的政府被认为是一种非常高贵的出身……那么,这是真正的自由。④

---

① [英]昆廷·斯金纳:《近代政治思想的基础》上,奚瑞森、亚方译,北京:商务印书馆,2002年,第49~56页。

② [英]昆廷·斯金纳:《近代政治思想的基础》上,奚瑞森、亚方译,北京:商务印书馆,2002年,第81页。

③ [意]尼科洛·马基雅维利:《论李维》,冯克利译,上海:上海人民出版社,2005年,第213页。

④ [英]德里克·希特:《公民身份:世界史、政治学与教育学中的公民理想》,郭台辉、余慧元译,长春:吉林出版集团有限责任公司,2010年,第39页。

(3)美德是一种对声望、荣誉的积极追求。大多数人文主义者认为,私人财富的增长是政治生活中堕落的力量。他们甚至认为为了保持公民的美德,应该让公民保持贫穷。所以公民不应该是一心追求财富,而是在公共生活中获取名望。

没有德高望重的公民,共和国无以立足,也无法以任何方式进行良好的统治。然而,公民的威望,也是共和国专制统治的根由。若想防范这种事情,共和国需要建立某种制度,使公民的威望有益于城市及其自由,而不是损害它。这就要考察获取名望的方式,其实它们不外乎两种:公共的方式和私人的方式。公共的方式是,个人为共同利益提供高见和出色的服务,以此赢得名望。应当向公民开放这种获得荣誉的道路,对他们的谏言和辛劳给予奖赏,使他们由此感到自豪和满足。……如果他们赢得名望是通过私人的方式,……这种名望便是危险而完全有害的。①

(4)美德是以意志控制命运的品质。人文主义者对人性有比较乐观的看法,认为人是可以通过智慧和意志改变命运,对付生活中的逆境。个人的自由(选择的能力)和创造力,是上帝赋予人的尊严。对人的自由意志和创造力的强调,是人文主义者最富特色、最具影响的理论之一。

这种理论有助于鼓励人们对个人的个性产生新的兴趣,并使得人们似乎觉得有可能利用他的自由来成为他自己的性格的缔造者和探索者。②

总之,人文主义者所强调的美德就是对积极生活和公共生活两者重要性的接受,确认这些东西优越于那些投身于纯粹个人或者家庭的东西。这就意味着,公民要为公职而效忠,为共和国而战斗。所以人文主义者(主要是意大利人文主义者)都特别强调公民服兵役的责任,强调以公民士兵代替雇佣军。北部欧洲的人文主义者之所以不太关心雇佣军问题,主要是北部欧洲王权比较强大,每个王国都有国民军。所以,北部欧洲的人文主义者更强调和平的美德,而不是战争的美德。

谈到人文主义公民传统,不能不提马基雅维利,因为他被视作由人文主义公民传统向现代公民身份转变的代表人物之一。事实上,马基雅维利所关注的问题——公民、自由、共和、美德等,与其他人文主义者并无大的不同。不同的是,马基雅维利对他们有不同的诠释。首先,马基雅维利区别了公民美德与个人品德的差别,或者说是政治品德与个人品德的差别。其以前的人文主义者认为个人品德与公民美德是没有冲突的,是相容的。马基雅维利则认为个人品德不等于公民美德。在他看来,公民美德或政治品德就是为了实现政治目标而应具有的品质。即使这种美德与个人品德相冲突,也是合法的。马基雅维利一再告诫公民:

---

① [意]尼科洛·马基雅维利:《论李维》,冯克利译,上海:上海人民出版社,2005年,第395页。
② [英]昆廷·斯金纳:《近代政治思想的基础》上,奚瑞森、亚方译,北京:商务印书馆,2002年,第161页。

只要能拯救祖国，不管什么策略都不应回避……应当切记并遵守这一做法。凡是一心思虑祖国安危的人，不应考虑行为是否正当，是残暴还是仁慈，是荣耀还是耻辱；其实，他应当把所有的顾虑放在一边，一心思考能够拯救其生命、维护其自由的策略。①

其次，马基雅维利力图颠覆传统的基督教道德。他认为基督教使人软弱无力，使公民腐化堕落。

古人为何比今人更热爱自由，我思之再三后认为，这与导致今人羸弱的原因是一样的，是我们的教养不同于古人的教养所致，……我们的信仰……使我们不看重现世的荣耀，而异教徒却对它极为推崇，把它视为至善，……我们的信仰所推崇的，却是卑恭好思之徒，而不是实干家，它把谦卑矜持、沉思冥想之人视为圣贤，古代信仰则极力推崇威猛的勇气与体魄，以及能够使人强大的一切。如果我们的信仰要求你从自身获取力量，它是想让你具备更大的能力忍辱负重，而不是要你去做什么大事。这种生活方式让世界变得羸弱不堪，使其成为恶棍的盘中餐；看到那些一心想要上天堂的民众，只想忍辱负重，从来不思报复，他可以放心地玩弄世界于股掌。这个世界被搞得看上去女人气十足，天堂也被解除了武装。②

再次，马基雅维利认为利益冲突是维持自由的基础。与其同时代的大多数人，都强调内乱的危险，都强调通过公民正直无私的美德来维护政治自由的价值。马基雅维利则认为一切有利于自由的立法都来自阶级间的冲突。这种冲突起到了取消一切宗派利益的作用，同时也起到了保证唯有有益于社会的那些条例方能实际通过成为法律的作用。因此阶级冲突不会使共和国解体，只会使共和国巩固。古罗马平民和贵族之间的冲突、骚乱，正是平民积极参政的结果，是维持共和自由的根基。马基雅维利之所以强调利益冲突是维持自由的基础，是因为他认为人的本性本质上是自私的。他称：

探究文明生活之道的人皆已证实，史书亦充满这类事例，即驾驭共和国并为其制定法律者，必把人人设想为恶棍，他们会不失时机地利用自己灵魂中的邪念。③

正是因为人都是自私的，所以把自由寄托在人的美德上就不可靠。正是因为人都是自私的，所以政府必须以保障财产和人身安全为最高目标。所以共和国就是一个各阶层利益、每个人的利益得到平衡的政体。要维护这种平衡，法律就必须考虑到利益冲

① ［意］尼科洛·马基雅维利：《论李维》，冯克利译，上海：上海人民出版社，2005年，第429页。
② ［意］尼科洛·马基雅维利：《论李维》，冯克利译，上海：上海人民出版社，2005年，第214~215页。
③ ［意］尼科洛·马基雅维利：《论李维》，冯克利译，上海：上海人民出版社，2005年，第54页。

突,不以一派或一人的利益为准。要维护这种平衡,公民就不能把权利完全交到少数人手里,即使是他们选出的人,因为权力会让人腐败。马基雅维利以罗马十人执政团的腐化说明了这一问题。所以公民参与、权力制衡是保持利益平衡之道,是维护政治自由之道。最后,马基雅维利强调国家至上。马基雅维利认为国家利益,即共和国的自由与安全,是政治生活中最高的,实际上也是压倒一切的价值。为了国家,做任何事情都是合法的。正是马基雅维利强烈的国家至上思想,使得"国家"这个词在现代政治生活中的含义越来越清晰、越来越重要。政治学者萨拜因称:

> 马基雅维利对国家这个词的近代政治含义所作的贡献要超过任何别的政治思想家,甚至国家这个词本身,作为最高政治实体的名称似乎也主要是因他的著作而开始在近代语言中加以经常应用的。①

马基雅维利国家至上的理论对民族国家的形成也有重大影响。

马基雅维利的理论的意义并不在于一些愤世嫉俗的语言,而在于他提出的问题,比如不同层次的伦理道德问题、人性与政治的问题、公民个人与国家的问题、国家自身的伦理问题、宗教与世俗政治问题等。这些问题都引起了后人的讨论思考,也成为公民身份概念讨论的主要内容。

其二,人民主权问题的提出。人民主权问题的提出与当时意大利的政治现实密不可分。虽然12世纪中叶意大利全境已经建立起城市共和国,但从传统法律意义上它们仍然是神圣罗马帝国的附庸。12世纪中叶,意大利城市共和国的富庶引起德意志皇帝的贪婪,后者从而提出对意大利的主权要求,而意大利各主要城市则坚定地维护它们的独立。然而如果按照古代罗马法的解释,皇帝被看作世间唯一的统治者,那么意大利各城市就无法维护摆脱帝国羁绊的法律上的独立。在这样的情况下,一些思想家就开始重新诠释法律。

巴托鲁斯是其中的开创性人物。他放弃了以往罗马法解释者的首要假定:当法律似乎不符合法定事实时,就必须调整这些事实,使之符合法律的逐字解释。相反,巴托鲁斯提出:如果法律与事实相冲突,必须使法律符合事实。他认为当时的事实情况是:从法律上说,皇帝是世间唯一的统治者,但许多人并不服从他;从法律上说,皇帝有制定法律的最高权力,但是"意大利全境各城市的所有统治者事实上是在毅然行使同样的制定法律的权利"②。根据法律顺应事实这一原则,意大利各城市它们本身由自由的人民组成,因而本身就拥有绝对的统治权,这种绝对的统治权来源于人民。"在这种情况下,人民本身成了唯一存在的上级,所以就成了国君自身——皇帝自身。"③巴托鲁斯的理论

---

① [美]乔治·霍兰·萨拜因著,托马斯·兰敦·索尔森修订:《政治学说史》下,刘山等译,北京:商务印书馆,1986年,第407页。

② [英]昆廷·斯金纳:《近代政治思想的基础》上,奚瑞森、亚方译,北京:商务印书馆,2002年,第30页。

③ [英]昆廷·斯金纳:《近代政治思想的基础》上,奚瑞森、亚方译,北京:商务印书馆,2002年,第34页。

虽然为意大利各城市摆脱皇帝的羁绊提供了依据,但是并没有解决教权对意大利的干预。在同帝国进行斗争的过程中,意大利各城市的主要盟友是教廷,但在结束帝国干涉后,意大利各城市发现了这个联盟存在的固有危险——教皇们开始立志要统治意大利。这引起了意大利各城市和教皇的矛盾,教会不但威胁着意大利各城市的自由,也阻碍着意大利的统一。马基雅维利就曾十分痛恨地指出,教会使意大利陷于四分五裂。它既无力量统一意大利,又不让别的势力统一意大利,结果是造成意大利"严重的分裂与积弱,受到蛮族还是无论什么势力的欺凌"①。教会成为意大利和平与统一的绊脚石,反教会成为这一时期意大利人文主义者的目标。

从理论上阐述教会无权统治世俗世界的是马西利奥。马西利奥对主权在民的论述是从对法律概念的分析展开的。按照神学家托马斯的观点,法律分为四种:永恒的法律、自然的法律、神圣的法律、人的法律。永恒的法律是上帝的理性,是神圣智慧的永恒计划,天地万物受它的控制;自然的法律是神圣的理性在造物中的反映,就人类而说就是寻善避恶、保存自己,并尽可能过完善的生活;神圣的法律是神的启示,神的启示是上帝赐予的礼物,非人的理性所能发现;人的法律是人间创制的惯例,遵循永恒的、自然的、神圣的法律准则,也就是说,人的法律的权威来源不是个人或众人的意志,而是理性。托马斯把"颁布"视为法律的一个主要特点。法律就是以公众利益为目的的合乎理性的法令,它是由负责管理社会的人颁布的。所以对托马斯而言,法律的权力是固有的,而非人为的,它是理性在不同层次的显示。如果一切法律都被视为在某一层次上是上帝律法的反映,这当然有利于教皇和教会的统治,因为他们被视作是最接近天庭的人。马西利奥把法律界定为主权者的命令,它的本质是制定与执行,所以法律离不开主权者。上帝当然是宇宙的最高主权者,但是上帝既然创造了尘世,尘世就应该有自己的目的。尘世的目的就是过充足的生活,这要通过国家来实现。追求灵魂的救赎当然是好的,但这不是国家所能达到的目的。尘世为了达到其目的,也应该有主权者。尘世的立法者,就是主权者。既然尘世的主权不来源于上帝,就只能来源于人民。

> 立法者或法律的第一个正当有效的原因是人民或全体公民,或其中的主要部分,这些人在一次大会上用固定的词句,通过本身的选择或意志发布命令和作出决定:人作为公民哪些是应该做的,哪些是不应该做的,违背者要处以罚款或给以世俗的惩罚。②

既然世俗的权威来源于人民,教会对世俗的统治权也就失去了合法基础。这种权威来源于下而非来源于上的思想,在理论上具有革命性。

---

① [意]尼科洛·马基雅维利:《论李维》,冯克利译,上海:上海人民出版社,2005年,第83页。

② [美]乔治·霍兰·萨拜因著,托马斯·兰敦·索尔森修订:《政治学说史》上,盛葵阳、崔妙因译,北京:商务印书馆,1986年,第348页。

其三,人民反抗权的提出。人民反抗权的提出与宗教改革有密不可分的关系。马丁·路德宗教改革最核心的理念就是人人皆教士,教会就是教徒的集会,这就架空了有形的教会,架空了教权。路德认为所有的基督徒都生活在两个王国之中,即基督王国和世俗王国。他把前者与教会等同起来,后者与世俗当局联系起来。教会全然受基督统治,他的权力全然是精神的,顾名思义,真正的基督教徒没有必要受强制,基督徒最重要的就是内心的信仰。教会既然无权管辖教徒,留下来的权力真空就只能由世俗权力填补,这就大大增加了王权专制。路德认为世俗权力同样是神规定的,对世俗当局应该忍耐顺从。甚至有的人主张国王的权力必须扩大到对一切事物的评判,不仅是世俗事务,而且还要扩及到教会事务,因为国王的权力是无限的,他不需对任何人负责。

有专制理论的出现,就有反对专制理论的出现。在反对专制理论的创建中,神学家发挥了重要作用,这包括拥护宗教改革和反对宗教改革的神学家。拥护宗教改革的神学家主要是从权力的性质角度论述了统治者与全体百姓之间的权力关系,他们的一个主要诉求是反对教皇对教徒有至高无上的权力。教会的最高统治权必须掌握在教会会议手中,教会会议应有教士代表和非教士代表(亦即信徒代表)组成,它是全体信徒的代议机构。依此类推,一个世俗国家的最高立法权也必须掌握在全体人民的代议制机构手中。任何统治者的权力都不能高于他统治的社区。任何十全十美的社会的终极权力必须留在社区主体本身之内。

他们这种权力观也建立在他们对权利的主观学说上。他们把享有对任何事物的权利与自由处理这种事物的权力等同起来。之所以统治者的权力不能高于社区,是因为"谁都不可能给予别人他并不拥有的东西"①。这就是说,百姓授予统治者的权力,只能是他本人享有权利的事物,整体不能大于总和。百姓自愿接纳为统治者的人,其权力不能大于百姓。百姓在授予统治者权力的时候,是依据自然法他所拥有的权利及上帝赋予人的正常理智为原则而进行的。因此,只要统治者凌驾于法律之上,或者对其臣民的财物享有专制权力,就不是一个真正的政治社会。

反对宗教改革的神学家主要是从自然法的角度反对专制理论。他们坚持神的意志、自然法和世俗成文法之间的联系。倘若使万民为自身制定的世俗成文法体现真正的法律性质和权威,这些成文法就必须始终符合自然法所提供的天赋公道的一般原理。自然法提供了一切世俗法律所必须在其中运作的道德框架。

自然法有双重的性质:它既是可以理解的(具有内在的公正和合理性),又是理想的(是神的意志)。这就是说,人人都有理解自然法的能力。他们之所以强调人人具有理解自然法的能力,就是为了反对政治社会的创建是神直接命定的这一论点。他们认为政治社会或者说国家不是自然存在的,而是生成的。在政治社会创建之前,是自然社会或者说是自然状态。

自然状态有三大特色:它需要有一个自然的社区;它必须受自然法的支配;它必须

---

① [英]昆廷·斯金纳:《近代政治思想的基础》下,奚瑞森、亚方译,北京:商务印书馆,2002年,第168页。

以承认所有成员的天赋自由、平等和独立为基础。这就是说在自然状态下，人人虽然都是自由、平等、独立的，但他们都不是离群索居的个人，他们是过着群居生活的，自然法是把他们聚集在一起的基础。既然如此，人类为什么还要过渡到政治社会呢？因为人虽然有领悟和听从自然法的能力，但人又不可避免地是堕落的动物。人倾向于自私自利，再加上道德意志薄弱，在自然状态下，每个人只关心一己私利，而这种私利往往与公共福利背道而驰。如果再继续生活在自然状态下，人类不但无法繁荣昌盛，甚至生存下去都有危险，于是人们就通过相互同意的办法走向政治社会。这就是说"同意"是统治权力建立的必要基础，是人类选择的结果。他们认为当一个社区的民众同意将权力转让给一位君主时，他就能以这种权力的当然拥有者的身份使用这种权力，并且必须被认为是高于或大于全体百姓的。在成文法中，君主无上级，但是君主负有道义上的责任，必须遵守他制定的法律，更重要的是君主必须服从自然法。

> 自我保存的权利必须永远理解为不应受社区最初据以将其权力移交给它的国王时的契约束缚。①

问题是当国王严重损害人民利益，或者严重违背自然法，威胁到社区生存时怎么办。无论是拥护宗教改革的神学家还是反对宗教改革的神学家，都没有把推翻国王的权力交给人民，而是把它赋予给了一个所谓的代议机构。明确赋予人民反抗权的理论，是在宗教战争中形成的。

宗教改革造成的另一个后果是宗教的分裂，宗教分裂引起宗教战争。宗教改革后，经过一段时间的摇摆和妥协，北部欧洲的天主教统治者开始猛烈反对改革者。这些天主教统治者奉行一种以武力强行恢复宗教统一的政策。首先改变政策的是德国，接着英国、法国等也都陷入了宗教战争。面对突如其来和日益深化的生存威胁，路德派和加尔文派社区如何反应呢？应该说在危机之初，他们的领袖几乎完全没有决心以笔或剑来维护他们的社区，他们仍然赞同消极的政治服从理论，但这种消极服从也不是无条件的。

> 我们所指出的应给予统治者的权威的那种服从始终应该有一个例外，而且还应该奉为圭臬，即绝不应该让这种服从使我们偏离对神的服从，因为所有国王的意愿都应该受神的意志支配。②

随着危机的加深，新教的领袖们也逐渐提出一种积极的反抗理论。

路德派主要从私法理论论证反抗的合法性，这个理论的主要观点是：一个暴虐的统

---

① ［英］昆廷·斯金纳：《近代政治思想的基础》下，奚瑞森、亚方译，北京：商务印书馆，2002 年，第 252 页。

② ［英］昆廷·斯金纳：《近代政治思想的基础》下，奚瑞森、亚方译，北京：商务印书馆，2002 年，第 270 页。

治者不再是一个真正的行政长官,因为他超越了他的权力范围,从而使自己沦落到一个凶恶的平民地位,反抗一个暴虐的统治者就如同反击一个非正义的平民一样是合法的。不过路德派更关心的是皇帝的责任。他们认为在信仰问题上,皇帝毫无权柄可言,因此皇帝不能将他在信仰问题上的钦裁强加于人。如果皇帝这样做,他的职权就已经停止。路德派在阐述私法反抗理论时,还是小心翼翼地避免直接将这种权力交给民众。他们更多地是从中世纪宪政理论出发,把反抗的权力赋予给了下级长官。他们认为凡是权柄都是神所命定,这也包括下级长官的权柄,所以最高长官和下级长官之间的关系,并不是统治与被统治的关系。如果最高行政长官暴虐、堕落,下级长官听任这种暴虐、堕落,他们同样也是邪恶的,他们有责任除掉暴虐、堕落的最高行政长官。

加尔文派更多地从神的律法的角度说明反抗的合法性。加尔文派认为,万民和神签有协议,承诺促进和维持、敬拜神的统治。每一个人都被认为曾经允诺神要维护神的律法,因此每一个人都被认为负有神圣的责任帮助反抗和消除所有崇拜偶像的和暴虐的行政长官,这样反抗偶像崇拜和暴政的责任就被赋予给了每一个平民。

> 这就使得他们终于能够推翻正统宗教改革政治思想的一项最根本的假定:他们向万民宣告的并不是倘若他们反抗现有的掌权者他们将受神谴,反倒是倘若他们不反抗,他们将受神谴。①

同样,他们倘若继续像罗马教皇至上主义者那样继续屈从于偶像崇拜者,他们也将受到神谴。

在对人民反抗权利的论述中,法国的胡格诺派也有重大贡献。胡格诺派是法国的新教派。在宗教改革引起的宗教战争中,法国的宗教战争最为血腥。胡格诺派对反抗权利的论述有两大贡献:一是胡格诺派主要侧重从宗教信仰自由的角度论述反抗的权利。在宗教战争初期,胡格诺派一直是避免与政府直接冲突,强调他们不反对政府,只是希望政府给予一定程度的宗教宽容,但是他们也不得不考虑如果政府不实行宗教和解的政策怎么办。所以他们要团结足够多的政府的敌人,包括新教徒和温和的天主教徒,提出了一个革命性的意识形态:宗教自由。在经过一系列的宗教战争,特别是在巴托罗缪大屠杀之后,这一主张得到越来越多人的赞成。当时主张宗教信仰自由,当然有一种策略性的目的,而并非完全出于对权利的尊重。

> 在那个时代看来,信仰自由并非对信仰权利的尊重,而只是承认两种信仰之一还不足以强大到将另一种镇压下去,或者是承认要做到这一点唯有付出使国家毁于一旦的代价。②

---

① [英]昆廷·斯金纳:《近代政治思想的基础》下,奚瑞森、亚方译,北京:商务印书馆,2002年,第335页。

② [英]昆廷·斯金纳:《近代政治思想的基础》下,奚瑞森、亚方译,北京:商务印书馆,2002年,第344~345页。

当然,在那个时代为宗教自由辩护者,也不都是出于政治性的策略目的。从宗教本质的角度为宗教自由作辩护者也大有人在。有人从理性角度为宗教自由作辩护。他们认为基督教真理的信念来自它是一套可以证明的道德真理,而不是一套武断的神学主张,有理性的人一旦了解这些真理,肯定对其产生信仰,所以绝无必要将信仰强加于个人。有人认为基督教的本质在于以圣洁、公正和虔诚的方式生活在这个世界上,一切理论上的争执都与真正的基督教生活无关。正如无论金币有多少形式都不能改变它是金币的本质一样,真正的宗教信仰也不会因任何外在的差别而贬值,因此强行贯彻个人宗教信仰是毫无理由的。有人从更为激进的观点论证宗教自由。他们并不假定各种宗教的本质统一,而是假定各种宗教信仰的核心都存在一种不可避免的不肯定成分。也就是说,在宗教的核心教义上,人们存在着争论,这源于人们对真理的无知。一切宗教迫害都建立在这样一种信念上——对广泛问题的必然性的推测,然而事实是,在这些问题上从来不可能有过这种必然性,因为对一个教旨的判断,从来不像对一种行为的判断那样简单。因此,一个人的信仰是一种无知的行为。

总之,无论是出于对宗教战争引起国家毁灭的忧虑,还是认为从宗教自身性质而言不能强求统一,有一种观点越来越清晰,也越来越为人们所接受,那就是放弃维护宗教大一统。统治者或者说国家应该从宗教派别中超越出来,新教也应该放弃把掌权者应该维护真正宗教信仰(即新教)作为反抗的理由这一论调。宗教自由而不是宗教统一成为人们越来越接受的理念,它也成为宗教反抗的唯一理由。

胡格诺派为反抗理论做的第二个贡献,是从道义上论述反抗的合法性。胡格诺派的反抗理论是建立在所谓的两种契约的理论基础上的。一种契约是神为一方,国王和人民为一方,社会由于这一契约而成为一个教会,国王和人民都有责任维护纯洁的宗教。不过,后来胡格诺派的理论家又提出了宗教自由的主张,维护宗教自由代替维护纯洁的宗教成为反抗的理由。另一种契约是国王为一方,人民是一方。这是具体的政治契约,据此,人民成了国家,国王受这一协议约束,进行完善和公正的统治,只要他这样做,人民就服从;反之,人民就不服从。人民之所以接受统治是有条件的。"首先,所有的人都同意,人的天性爱自由而恨奴役,生下来宁愿发号施令而不愿服从,不愿受他人统治,使自己服从他人之命令,从而放弃天赋特权",人民之所以接受统治,"是为了期望得到特殊的巨大利益。……我们很难想象,国王们是被挑选出来把他们的臣民用血汗换来的什物据为己有"①。胡格诺派还对国王的地位提出了新见解。国王不但要受自然法的约束,也要受成文法的约束,他不是一位合法的自由自在者,他是民众的代理人,民众是国家的所有人。统治者仅仅是行政官、监护人,负责法律的执行,因此他不能自外于法律。

---

① [美]乔治·霍兰·萨拜因著,托马斯·兰敦·索尔森修订:《政治学说史》下,刘山等译,北京:商务印书馆,1986年,第437页。

需要指出的是，胡格诺派虽然提出人民不但出于宗教责任而且在道义上有反抗的权利，但他们并没有把这种权利直接给予民众个人或民众整体，他们把这种权利的运用限制在下级行政长官和其他选举产生出来的代表身上。所以他们主张的权利是集体的权利而不是个人的权利，是团体代议制的权利，而不是众人代议制的权利，是城镇、省和等级原先固有而现在正被国王削平的权利。说得更明白一些，他们更多地维护的是贵族的权利。真正完全从政治理性角度把反抗权利赋予个人，认为是民众及其个人的天赋权利及道义责任的是洛克。

第四节　西方现代公民身份的形成

17 世纪是西方现代公民身份发端的世纪。历经几个世纪的发展，现代公民身份理论逐渐成型。由于现代社会的复杂多样，现代公民身份的理论也复杂多样，但是这也并非无规律可循。关于现代公民身份理论的观点虽然不一，但社会背景却有趋同之处。可以说，现代公民身份理论的构建是围绕如下几个问题展开的。

一、现代个人主义

（一）抽象个人及天赋权利观念的提出。作为现代公民，首先是一个现代人。17 世纪是西方现代个人主义形成的世纪。个人在逻辑上和道义上都居于优先地位。“正是这种假定个人居于优先地位的思想成了自然法理论的最显著而又最持久的性质，也是近代理论有别于中世纪理论最明显的差异所在。”①我们知道，在古代，特别是在中世纪，一个人就是一个处境化中的人，是由社会和法律界定的，人受限于规范的社会网络。

> 在中世纪，一个人是社会和法律规范单位的总和，是某个群体联系的总和，而不是自由独立的个体。人们只有在神学和道德的某种终极意义上才是平等的。②

到了近代，人首先是脱离了各种身份的自然人。之所以有这种观念出现，当然是现代社会分离的结果，用马克思的话说，这是政治解放的结果。人们从封建社会的各种束缚中（比如教会、行会、等级身份等）解放出来。“封建社会已经瓦解，只剩下了自己的基础——人”，这种从各种束缚中分解出来的个人，既是政治国家的基础，也是市民社会的成员，“作为市民社会的成员的人，即非政治的人，必然表现为自然人”③。这种自然人当然也就是孤立的个人。个人是实体，其他一切都是关系，是建立在个人这个实体基础

---

① ［美］乔治·霍兰·萨拜因著，托马斯·兰敦·索尔森修订：《政治学说史》下，刘山等译，北京：商务印书馆，1986 年，第 491 页。

② ［美］彼得·雷森伯格：《西方公民身份传统——从柏拉图至卢梭》，郭台辉译，长春：吉林出版集团有限责任公司，2009 年，第 196 页。

③ 《马克思恩格斯全集》第 1 卷，北京：人民出版社，1956 年，第 442 页。

上的。有学者把这种个人观念称为“点状的个人”“原子式的个人”。这种个人主义当然有不同的向度。泰勒对这种现代个人主义有这样的概括：

它鼓励独立自主；它给予自我探索尤其是感情方面的自我探索以重要地位；其善良生活的视野通常包括个人的承诺。结果，其政治话语表达了人的主体权利不可侵犯的观点。由于其平等主义的倾向，它把这些权利看成是普遍的。①

这就是说，无论是政治、道德还是生活，个人的自我决定都居于核心地位。

在政治方面，霍布斯被认为是第一个对个人主义进行阐述的政治理论家。首先，霍布斯把权利应用于个体之上。在霍布斯之前，权利的载体都是社会、团体，至少也是以家庭为单位。霍布斯把权利赋予自然的个人。他说：

“权利”这个词确切的含义是每个人都有按照自己正确的理性去运用他的自然能力的自由。因此，自然权利的首要基础就是：每个人都尽其可能地保护他的生命。②

其次，霍布斯认为自然状态下人不仅是自由的，也是平等的。

自然使人在身心两方面的能力都十分相等，以致有时某人的体力虽则显然比另一人强，或是脑力比另一人敏捷；但这一切总加在一起，也不会使人与人之间的差别大到使这人能要求获得人家不能像他一样要求的任何利益，因为就体力而论，最弱的人运用密谋或者与其他处在同一种危险下的人联合起来，就能具有足够的力量来杀死最强的人。③

这种平等并不是终极意义上的道德平等，而是作为自然人本质上的平等。这种自然人的平等还表现在权利平等上。“自然赋予了每个人在所有东西和事务上的权利。”④最后，霍布斯把政治社会的建立置于每个人同意的基础上。以前的社会契约论大多假定社会是一个自然存在，契约的双方是自然存在的社会和社会管理者。霍布斯设定的自然状态下的人并不具有社会性，自然状态就是人与人之间的战争状态。社会出于人为而非自然，社会的组成只能是出于每个人的同意。这种个人同意的契约论不论真实或是虚构，契约义务不论是否具有道德的真实性，正是这一信念使得大多思想家认为一切有约束力的义务必须是自愿承担的。

---

① ［加拿大］查尔斯·泰勒：《自我的根源：现代认同的形成》，韩震等译，南京：译林出版社，2001 年，第 467～468 页。

② ［英］霍布斯：《论公民》，应星、冯克利译，贵阳：贵州人民出版社，2003 年，第 7～8 页。

③ ［英］霍布斯：《利维坦》，黎思复、黎廷弼译，杨昌裕校，北京：商务印书馆，1985 年，第 92 页。

④ ［英］霍布斯：《论公民》，应星、冯克利译，贵阳：贵州人民出版社，2003 年，第 8 页。

总之,霍布斯所设定的人就是自私自利的个人。人们进入政治社会也不是为了什么普遍的善,而是为了个人利益和生活得到保障。至于霍布斯所设定的绝对主权,只是其所设定的个人主义的一个必要补充。霍布斯虽然是一个彻头彻尾的个人主义者,但是他却没有给公民身份留下任何空间,因为霍布斯主要关心的是秩序与和平。为了秩序与和平,人们把权利完全让渡给主权者。霍布斯所构建的个体与国家的关系模式是臣民-公民身份,个体没有任何政治权利,只有服从。霍布斯提到的个体的唯一权利是“自我保存”,但这也不是一种具有任何实质意义的权利,因为他同时认为主权者具有决定臣民生死的权力。

洛克传承和发展了霍布斯的个人主义,创立了一套以权利为基础的公民身份理论。洛克和霍布斯的最大差别就是关于人性的看法不同。霍布斯对人性持一种悲观态度,人是没有任何社会性的完全自私自利的人。自然状态下的自然权利使人人处于战争状态,这是一种人人想转让出去的权利,因此人只能在无政府与绝对主权者之间做选择。洛克对人性持比较乐观的看法。洛克认为自然状态下的人也是懂得自然法的,受自然法的指导。

> 虽然这是自由的状态,却不是放任的状态。在这状态中,虽然人具有处理他的人身或财产的无限自由,但是他并没有毁灭自身或他所占有任何生物的自由……自然状态有一种为人人所应遵守的自然法对它起着支配作用;而理性,也就是自然法,教导着有意遵从理性的全人类:人们既然都是平等和独立的,任何人就不得侵害他人的生命、健康、自由或财产。①

自然法除了赋予每个人享有生命、财产、自由的权利,还赋予每个人执行自然法的权利。既然人们在自然状态下自由、平等,受着自然法的支配,为什么还要进入政治社会呢?洛克认为人进入政治社会只是为了解决自然状态下的种种不方便。这种种不方便主要是由人人是自然法的执行者所造成的。人人执行自然法容易造成偏私,缺乏明确标准,也缺乏使自然法得以执行的公权力。既然人们进入政治社会主要是为了解决自然状态下的一些不方便,当然也就不会放弃在自然状态下已享有的自然权利。相反,保护这些权利是人们进入政治社会的主要目的。所以人民对政府的授权是有条件的,这种授权也是一种委托而非让渡。人民既有通过选举选择政府的权利,也有如果政府违背人民委托而反抗的权利。“一切政治结合的目的都是为了维护自然的和不可剥夺的人权”,这一法国大革命时期《人权宣言》(1791年)的条文,可说是洛克思想的最好注解,也是个人主义者对于权利的标准宣言。

(二)道德内化及道德自我立法观念的提出。道德的自我内在化是现代性的重要表现之一。古代人把道德认同的根源置于某种外在根据之上。柏拉图就把世界看作是一

---

① [英]洛克:《政府论》下,叶启芳、瞿菊农译,北京:商务印书馆,1995年,第6页。

个理性的等级秩序,人是理性秩序的组成部分,善良的生活就是认识到这种理性秩序并加入其中。奥古斯丁代表着西方道德根源的另一个转向。他不仅把道德根源由理性秩序转换成了上帝,更重要的是他主张从内在中体验上帝的存在,也就是通过反思自身的不完美认识到上帝的存在。不过,对于奥古斯丁而言,虽然人们可以通过自身的反思与一完美状态相联系,但自身的力量永远也不可能达到完美,而且这种完美的真理也不是我们自身的产物。总之,古代人认为宇宙秩序是一个理念的具体化,无论这种理念是先天存在还是来源于上帝。我们道德力量的根源中心处于我们外部,要走向高级就是转向宇宙秩序并与之保持一致,而这种秩序并不来源于我们人类。但是,现代人则认为道德根源在于我们内心。笛卡儿是实现这种转变的关键人物。

笛卡儿认为认识是对事物有正确的描述——在我们内部形成外部实在的正确图景。"的确,除非依靠我的内在观念,否则我不会有任何有关我之外的存在的知识。"①这样实在的再现不是被发现而是被构造出来的。这种知识超越了它所匹配的外部实在,因为它不仅具有正确性,而且更有确定性、明晰性。这种知识的再现是通过一套认知环节形成的。既然不存在一个实体的理性秩序,也就不存在一个实体的目的。目的是由我们的意志确立的。

> 现在自由意志本身就是我们所能拥有的最崇高的事物,因为它以特定的样式使我们与上帝平等,而不是把我们当作他的臣民;所以,对它的正确运用是我们所拥有的善中最伟大的,而且除此之外没有任何东西更属于我们自身,或对我们有更大的意义。根据所有这些必然得出结论,除了自由意志之外,没有别的什么能给予我们最伟大的满足。②

笛卡儿所说的自由意志就是人的理性。不过笛卡儿对理性的理解不同于古人。在古人那里理性意志具有支配性地位,具有秩序观的地位。对于他们而言,理性就是从激情的奴役下解放出来达到理性的自若,行事要完全依据所洞察到的理性秩序。理性是高尚的,激情是卑劣的。对于笛卡儿而言,理性是一种控制工具,通过控制激情与欲望达到我们的目的。如果激情与欲望有利于达到我们的目的,就没有必要对其进行控制。同样,世界也像机器一样,通过我们对它的认识被我们控制。这种把自身和世界客观化、中性化的过程,就是韦伯所说的去魅化,也就是说宇宙不再被看作是一种有意义的秩序的体现。理性被理解为控制工具造成了道德根源的内在化。因为"如果理性控制是心灵支配去魅化的物质世界的问题,那么善良生活的优越感,还有过这种生活的志

---

① ［加拿大］查尔斯·泰勒:《自我的根源:现代认同的形成》,韩震等译,南京:译林出版社,2001年,第213~214页。

② ［加拿大］查尔斯·泰勒:《自我的根源:现代认同的形成》,韩震等译,南京:译林出版社,2001年,第220页。

向，必定来自主体的自己的作为理性存在的尊严感”①。

当然，笛卡儿的思想中也存在某种内在的矛盾。笛卡儿一方面强调自由意志，另一方面又认为可以建立起似物理学一样的道德哲学，这两者之间是有矛盾的，因为道德哲学表达的是思想、意义、价值观，物理学表达的是机械物质。当然，对他而言，似乎二者之间没矛盾。笛卡儿相信他的程序能够获得关于世界实体性的真正信念，程序和真理之间建立起联系。从一种个人主义的思维方式出发（因为“我思故我在”就假定了认识的基础因人而异）得出一个已真的结论，这对笛卡儿来说并非不可能，因为知识的标准（清晰性、确定性）是统一的。方法论上是个人主义的，伦理学上却不是个人主义的，这表明笛卡儿虽然把道德根源置于内在的基础上，但还是希冀着某种目的论。对他而言，真正的知识都来源于上帝，存在于我们心中，所以不能把观念只当作自己心灵中的观念，要走出第一人称的态度。这就是说，我们的心灵并非白板，知识和观念内在其中，通过一套内部活动就可产生普遍真理。笛卡儿需要的是对这些观念清楚的证明及在内心中的重建。既然要得到证明，那就需要一些不证自明的或假定的天赋原则。

洛克继承了笛卡儿的个人主义方法论，认为除自己形成的知识外，就没有真正的知识。

> 在科学中，每人所拥有的，仅以他真正知道和了解的为限：他出于轻信而相信的东西，无非是些碎片。②

但洛克坚决拒绝任何知识上的天赋原则，认为知识就是观念的排列组合：

> 所有的观念都来自感觉或反映。如果我们把人的思想假定为一张没有任何标记和观念的白纸，那么他是如何得到那些观念的呢？……我的回答是：它们都由经验来的。③

由于知识来源于观念，观念来源于感觉，这就决定了知识范围的有限性，也就是说我们的知识永远不可能达到完全的确定性、清晰性。知识上没有天赋的原则，道德上也没有天赋的原则。“怀疑思辨的原则不是天赋的同时，我们更怀疑道德的原则不是天赋的。”④

应该说，洛克在道德律的观点上是有矛盾的。他说：

---

① ［加拿大］查尔斯·泰勒：《自我的根源：现代认同的形成》，韩震等译，南京：译林出版社，2001年，第227页。

② ［加拿大］查尔斯·泰勒：《自我的根源：现代认同的形成》，韩震等译，南京：译林出版社，2001年，第252页。

③ ［英］洛克：《人类理解论》，谭善明、徐文秀译，西安：陕西人民出版社，2007年，第41页。

④ ［英］洛克：《人类理解论》，谭善明、徐文秀译，西安：陕西人民出版社，2007年，第27页。

道德是可以论证的。我们所谓的至上的神灵是具有无限的权力、善和智慧的，我们是他的造物，并且依赖于他。我们所谓的人类，就是有理解能力的、有理性的动物。这两个观念在我们心中都是清楚的，我认为，如果进行适当的考察和探求，它们可以在行为的责任和规则方面形成某种基础，从而使道德进入可论证科学之列。①

他一方面似乎把道德律说成是依据神命，另一方面又把它当成可分析的命题，而分析的依据又为功利。

善和恶是什么？事物之所以有善恶之分，是因为我们有痛苦或快乐的感觉。善就是指能产生或增加快乐，或减少痛苦的东西；而恶就是能造成或增加痛苦，或减少快乐的东西，它要么剥夺了我们的快乐，要么给我们带来痛苦。……我们的情感可以被善恶转移。快乐和痛苦，以及造成他们的善和恶，都是旋转我们情感的枢纽。我们享受一种物体时能产生愉悦之感，而当缺乏它时又会产生不安，这种感觉我们称为欲望；……或许这不是人类勤劳和行动的唯一刺激，但却是主要刺激。②

这里说欲望是善恶的推动者。因为善恶是根据每个人的欲望即快乐与痛苦决定，这就决定了善恶判断标准的第一人称特征。“每一种善只有在被人认为是自己幸福的必要部分时，才能打动他。”③欲望虽然是善恶的推动者，但人又是有选择自由的。“自由的观念是，一个行为者有一种能力来根据自己的心理决定和喜好来继续或者终止任何特殊的动作或思想。在这种情况下，如果任何动作不是在行为者的能力中根据他的意愿产生的，那么他不能说是自由的。”④洛克认为善恶判断由自己选择，不是对人的自由的限制，反而是对人的自由的促进和加强。既然善恶是根据每个人对快乐与痛苦的判断而自由选择，怎样让人择善弃恶呢？这就要靠人的理性算计。

任何人只要认真考虑，一定会根据那种真正基本上所建立的道德来进行判断和选择；而一个理性的动物，如果舍弃了理性，不能对无限的幸福和苦难进行认真的反思，那他其后必将谴责自己不按本分应用他的理解。全能者为执行他的法律所制定的对来世的赏罚，有足够的力量使人在选择时，违反了现世显示的愉快或者痛苦，而对这种永久状况的可能性，是任何人都不会怀疑的。⑤

长远利益的理性算计成为了道德的保障，但一个人如果不相信来世，道德义务又靠

① ［英］洛克：《人类理解论》，谭善明、徐文秀译，西安：陕西人民出版社，2007年，第251页。
② ［英］洛克：《人类理解论》，谭善明、徐文秀译，西安：陕西人民出版社，2007年，第88～89页。
③ ［英］洛克：《人类理解论》，谭善明、徐文秀译，西安：陕西人民出版社，2007年，第105页。
④ ［英］洛克：《人类理解论》，谭善明、徐文秀译，西安：陕西人民出版社，2007年，第101页。
⑤ ［英］洛克：《人类理解论》，谭善明、徐文秀译，西安：陕西人民出版社，2007年，第109页。

什么保障呢？洛克一方面认为每一个人都是理智的，是能够感受幸福和苦难的主体，所以每个人就必须对自己的生活自我判断、自我负责，反对把自我与任何实体相联系，无论是精神的还是物质的，自我只能依靠自身的意识；另一方面，在道德根源上他又把道德律令与神的意志相联系。之所以如此，源于洛克的个人意志论与神意志论之间的矛盾。洛克既要把人塑造为一个有自由意志的自我负责的欲望主体，但直觉上又感到需要某种道德秩序，所以需要神的意志的存在。

在洛克时代，宗教氛围还是很浓厚的。把道德根源完全置于自我基础之上这一理念，是在启蒙运动中逐渐形成并为人广泛接受的。激进的启蒙主义者不需要任何天意的观念或天意的秩序。他们的伦理学纯粹建立在功利基础上。爱尔维修称："肉体的感觉使我们心中产生对快乐的爱好与对痛苦的厌恶；快乐和痛苦在每人心中植入爱己的萌芽；它进而变为感情，我们一切善行和恶行均由此而生。"①趋乐避苦成为道德的、法律的原则，所以他们反对任何禁欲说教。

> 我不知道你们称为宗教的东西是什么，但是我只能认为它很糟糕，因为它阻止你们去品尝无罪的快乐，这是大自然这位最高的女主人用以款待我们每一个人的。②

激进的启蒙主义者似乎强烈地相信理性理解的成果，只要我们从错误的道德原则中解放出来，从迷信和狭隘的风俗中解放出来，我们就能看到正确而公正的善。人们之间存在着潜在的利益和谐，在完善的条件下，每个人都能以对这种和谐的充分认识来理解和行动，因此每个人都将以促成公众幸福的方式追求幸福。我们可以看到，激进的启蒙主义者对功利的理解不同于洛克对功利的理解。洛克的功利主义源于神学，重视未来的欢乐与痛苦。激进的启蒙主义者把一切复杂的动机简化为现世的欢乐与痛苦。洛克虽然反对天赋观念，但洛克主张的个人的自明权利，实际与天赋观念并无二致。激进的启蒙主义者以最大多数人的最大幸福来代替个人自明的权利。虽然激进的启蒙主义者的信念是每个人权利的实现将产生最和谐的社会，但其功利主义的概念有可能摧毁个人权利。激进的启蒙主义者以欲望的满足作为伦理学的基础，虽然能够把人从各种传统限制中解放出来，却无力为道德哲学提供一个坚实的基础。

激进的启蒙主义者的功利主义伦理学受到浪漫主义者和康德的批判。卢梭是现代浪漫主义哲学的开创者，他反对启蒙主义者提倡的理性算计，认为这正是造成人类堕落的原因。理性的发展、理性的算计使人相互隔离。

---

① ［美］乔治·霍兰·萨拜因著，托马斯·兰敦·索尔森修订：《政治学说史》下，刘山等译，北京：商务印书馆，1986年，第633页。

② ［加拿大］查尔斯·泰勒：《自我的根源：现代认同的形成》，韩震等译，南京：译林出版社，2001年，第503页。

是理性使人产生自尊心，思维又使之增强，是理性使人多考虑自我，……哲学思维把人孤立起来。正是由于哲学思维，人才会在见到别人在受难时，暗自在心里说："去死吧，如果你愿意的话，反正我是安全的。"①

卢梭认为道德的根源不是理性，而是人人都有的情感。他认为人类有两种先于理性而存在的本能：一是自我保护的本能，一是怜悯心。怜悯心是"纯天然的感情，是不用思考就有的感情。这就是天生怜悯心的力量，是最堕落的品行都难于摧垮的力量"②。这种怜悯心能本能地抑制人的狂热的自尊心，或者在自尊心产生之前抑制人的自我保护欲，抑制人追求个人幸福的热情。

一个人对别人的义务不只是靠后来的智慧的训诫来规定的，而是只要他不抗拒同情心的内部推动，他就永远不会伤害别人，甚至不会去伤害任何有感觉力的生灵。③

对卢梭而言，自然感情的呼声变成了道德根源。自然感情根本上是善的，原罪的信条被抛弃了，所以我们要永远聆听自然的第一冲动。"让我们将此作为一条颠扑不破的原理，即自然的第一冲动总是正确的，人的心中没有原罪。"④自然不是指人的自然嗜欲，成为更好的人也不是指更有理性、更有智慧地去追求、满足人的自然嗜欲；自然是指人自然的道德情感，让人的道德情感摆脱他物的限制。"唯有道德的自由才使人类真正成为自己的主人；因为仅有嗜欲的冲动便是奴隶状态。"⑤正是卢梭把道德根源完全置于人的内在情感之上，而不是与理念、神意、天意秩序等相联系，这也就使他成为现代文化中自我探索、自我认同、道德自律哲学的起点。

康德追随卢梭，给道德根源的内在化和主观化提供了一个坚实而崭新的基础。康德认为道德律令来自内部，不再为外在的命令所界定，但是，它并不是由我的本性冲动来界定，而是由理性的属性，或者说是由实践理性的程序所界定。康德认为人类知识除了经验知识，还有脱离经验的纯粹理性之知识。经验知识只是说某物如是如是，而非某物必须如是而不能有其他情状。经验知识也不具有真实严格的普遍性，因为经验知识来源于归纳。经验知识是建立在因果链条上的，这就造成了二律背反，因为有果必有因，总有一原因属于自动者、绝对者。总之，康德认为建立在因果链条上的经验知识，只能认识现象，不能认识实体。纯粹理性知识是完全独立于经验而建立在先天判断之上的分析知识，或者说逻辑知识。康德认为道德形而上学就属于这样的知识。既然如此，

① ［法］卢梭：《论人类不平等的起源和基础》，高煜译，高毅校，桂林：广西师范大学出版社，2002年，第97页。

② ［法］卢梭：《论人类不平等的起源和基础》，高煜译，高毅校，桂林：广西师范大学出版社，2002年，第96页。

③ ［法］卢梭：《论人类不平等的起源和基础》，高煜译，高毅校，桂林：广西师范大学出版社，2002年，第66页。

④ ［加拿大］查尔斯·泰勒：《自我的根源：现代认同的形成》，韩震等译，南京：译林出版社，2001年，第549页。

⑤ ［法］卢梭：《社会契约论》，何兆武译，北京：商务印书馆，1994年，第30页。

道德的法则的基础就不能在人之自然人性中或在人所处的世界内的环境中去寻求,只应当先验地在纯粹理性的概念中去寻找。道德法则的有效性,也就是说道德法则之所以成为道德法则,应该独立于结果。

> 一善的意志之为善,并不是因为它所做成的或所致生的而为善,亦不是由于它的适宜于达成某种拟议的目的而为善,而乃单是因着决意之故而为善,那就是说,它是其自身即是善的,而且以其自身而论,它是被估价为比它在偏爱任何性好中,不,甚至在偏爱一切性好之总集中所能做到的高过甚多。纵使有这样的情形发生,即由于幸运之特别不眷顾,或由于继母般之虐待恶遇,这意志必完全无力去完成其目的,即使尽其最大的努力,它亦仍毫无所成,此时只剩下了一个善的意志(这善的意志确然并非只是一愿望,但却是能聚集我们的力量中的一切工具的意志),纵然如此,它也好似珠宝一样,必仍以其自己之光而照耀,好似一在其自身即有全部价值者。其有用或无结果,既不能对这价值增加什么事,亦不能从这价值中减损什么事。①

这就是说,一个人按照道德法则行事,既不是出于他的爱好,也不是由于它带来的结果,而仅仅是因为它是道德法则。康德认为即使天上地下无一物去支持道德法则,道德法则应具有的稳定性、纯净性也不能动摇。"除了那独立不依于一切经验而只基于纯粹理性上的原则以外,便无真正的最高道德原则之可言。"②

道德法则的客观性如何成为可能呢?康德认为这建立在一个设定上,即人之为人其自身即为一目的,他不能成为这个或那个意志的工具。这有两层含义:一是人不能成为自身性好的工具。性好的一切对象只有一种有条件的价值。因为如果这种性好及基于其上的欲求不存在时,则它们的对象自亦必无价值可言。人如果把其自身视作目的,就不能被这些有限的价值目的所限制。二是人不能成为他人(甚至上帝)的目的的工具。这就是说一个人既不能成为别人的工具,也不能把别人当作工具。人之为人其自身即为一目的这一原则之所以能成为客观原则,在于它的普遍有效性。因为自身即为一目的,必然是对人人有效。如果每个人只把自身当作目的,别人为工具,它就只能是一主观原则,不能普遍有效。所以康德认为人之为人其自身即为一目的,是道德的最高原则,其他一切法则必须由此而推出。

怎样才是人之为人其自身即为一目的呢?康德的目的的概念又建立在意志的概念上。康德说:

> 意志被认为是一种机能,即"决定一个人依照某种一定法则之观念去行动"这种"决定之"之机能。这样一种机能只能见之于理性的存有。现在,那服务于意志

---

① 牟宗三译:《康德的道德哲学》,西安:西北大学出版社,2008年,第11~12页。

② 牟宗三译:《康德的道德哲学》,西安:西北大学出版社,2008年,第31页。

而为意志的自我决定之客观根据者,便是目的。①

这就是说人之所以能够成为目的,是因为人有意志,不但能够按照法则而行动,而且能够为自己的行为提供法则。但仅止于此还不够,意志本身还必须成为立法者。

意志不只是简单地服从于法则,而是其服从于法则是这样地服从之,即“它必须被认为其自身即是立法者”这样地服从之,而亦只有依此根据,它始服从于法则。②

所谓意志成为自身的立法者,也就是在选择法则时,一切兴趣利害都是被舍弃了的。“每一理性存有的意志为一普遍的立法的意志”这一理念,使人人成为目的成为可能。因为因着这一理念,不同的理性存有成为“因着公共的客观法则而来的一种理性存有之系统的谐一”③。这就是说,每一理性存有的意志自身成为立法者时,这法则必定是普遍妥协有效的。这样每一个理性存有者被结合到一个系统全体之中,成为目的王国的一员。在此目的王国中,每一理性存有既是普遍立法者,也是法则的服从者。当每一理性存有制立法则时,他不服从任何人的意志,他的意志自身即是主权者。道德就是行为之关联于立法,这立法必须是能够存在于每一理性的存有中,而且必须从每一理性存有的意志中流出。意志能够立法又在于每一个人是在“一理性存有的尊严”这一理念基础上。所谓尊严就是具有其自身即为日的这一固有价值。道德就是符合这一条件的。正因如此,人才能成为目的王国的立法者,成为道德尊严的唯一具有者。

既然道德关联于意志立法,道德要成立,意志自由就是一个必要的设定。因为道德对人类而言能够成为法则,是由于人类是理性的存有,所以道德也必须对一切理性存有有效,由此道德就必须从每一理性存有的自由意志中推出。

自由是道德法则成立(或存在)之根据(*ratio essendi* of the moral law),而道德法则是自由的认知之根据(*ratio cognoscendi* of freedom)。因为假设道德法则不曾早已显明地在我们的理性中被思想,我们绝不能认为我们自己在认定“自由”这样一个东西为有理,虽然它并不是矛盾的。可是假设无自由,那必不可能在我们自己内追寻道德法则。④

康德这里所说的自由是有两层意思的:一是思辨之自由。自由是思辨理性的一切理念中唯一一个我们能先验知道其可能性的理念,它是我们知道道德法则的条件。一

① 牟宗三译:《康德的道德哲学》,西安:西北大学出版社,2008年,第54页。
② 牟宗三译:《康德的道德哲学》,西安:西北大学出版社,2008年,第60页。
③ 牟宗三译:《康德的道德哲学》,西安:西北大学出版社,2008年,第63页。
④ 牟宗三译:《康德的道德哲学》,西安:西北大学出版社,2008年,第110页。

是意志之自由。它是意志立法的条件,也是道德由形而上学成为实践理性的基础。所以自由与意志立法是互相为用的。

> 在有效因的层序中(即思辨理性中——作者注),我们认定我们自己是自由的,这样,在目的的层序中,我们便可思议我们自己为服从道德法则者;而此后,我们思议我们自己为服从这些法则者,是因为我们已把意志之自由归属于我们自己。因为"自由"与"意志的自我立法"这两者皆是自律的,因而它们俩亦是相互为用的概念,为此之故,所以这一个绝不可用来去解析另一个或用来去给另一个以理由,至多只为逻辑的目的。①

现在我们可以整理一下康德的思维逻辑:首先,康德认为存在着不依人的经验而存在的纯粹思辨知识,道德形而上学就是这样的知识。其次,在思辨自由的前提下,康德设定人之为人其自身即为一目的与意志自由的命题。最后,意志自由使我们成为自身的立法者成为可能与必要,但这自我立法是否具有普遍的妥效性,还要看它是否符合人之为人其自身即为一目的这一最高原则。这就是说一项法则要想从主观法则变为客观原则,人们必须在心中思索它是否符合人之为人其自身即为一目的这一原则,不符合这一原则就不具普遍性,就不能当作客观原则。自由与意志立法,使道德成为自律而非他律,这是人作为理性存有的尊严所在。

以上康德所论证的,只是道德法则的被证成,但道德法则毕竟不能只是纯粹的理性法则,因为道德关联于实践,如果道德法则不能成为实践的理性法则,那就是空洞的。实践理性中,理性与意志的决定根据相关联。也就是说,实践理性关注的是意志根据什么决定,以及如何成为可能。康德设定"纯粹理性在其自身中即含有一实践的动力(根据),即是说,含有一个'适宜于去决定意志'的动力,则这里便有实践的法则"②。之所以这样设定,原因如下:首先,康德已经设定意志是自由的,即自由的意志可以独立于经验条件。其次,自由的意志能够意识到道德法则。康德认为道德实践法则不能直接从意志自由推出,因为单就意志自由而言,它还是一消极概念。意志的自由还必须意味着自由意志能够意识到道德法则。纯粹理性把道德法则展示给我们,自由意志使我们能意识到它。"我们能意识及纯粹的实践法则恰如我们能意识及纯粹的理论原则(知解原则)。"③

最后,道德法则的威严是我们意志选择道德法则的动力。

> 纯粹的道德法则离开一切利益为实践理性所呈现,呈现之以备吾人之遵守,此

---

① 牟宗三译:《康德的道德哲学》,西安:西北大学出版社,2008年,第87页。
② 牟宗三译:《康德的道德哲学》,西安:西北大学出版社,2008年,第126页。
③ 牟宗三译:《康德的道德哲学》,西安:西北大学出版社,2008年,第141页。

道德法则之声音甚至使最大胆的犯罪者亦恐怖战栗，而迫使他把他自己隐藏起来而不敢正视之，在对于这样的道德法则之无限制的尊崇中，有某种事是如此之独特，以至于我们不能惊异于我们见到“一个纯然的理智理念之影响于情感”这种影响，此影响在思辨理性方面乃是完全不可理解的，亦不能惊异于我们须以“先验地如此之甚地看到此影响以至于这样一种情感在每一有限的理性存有中是不可分离地与道德法则之概念相联系”而得满足。①

康德把对道德法则的选择置于自由意志及道德法则本身的力量上，所以他反对把对道德法则的选择置于某一具体的善，比如某一具体的快乐、痛苦等。这不仅是因为某一具体的善关联于某一具体的感触对象，限制了意志自由，也是因为它们都是经验的，不能成为普遍的法则。比如快乐与痛苦就不能当作善恶的判断原则，因为它是一个个人主体的感受，不能为共通于每一个人的概念所判断；善恶也不能根据私人利益判断，因为它是私人的，只能作为格言，不能当作法则。众人的利益是否可成为善恶判断的标准呢？康德虽没有直接论及，但根据其理论，也是不被允许的。这因为不仅众人利益脱离不了经验基础，而且其也不符合康德最为坚持的人之为人其自身即为一目的这一原则。

康德的道德哲学是为反对功利主义哲学而来，所以他不赞成以某种感情，比如同情心、爱、仁慈等作为道德选择的基础，他认为这些情感都属于感性的、主观的，不能为人提供共通的知识。另外，如果没有道德法则作基础，只以这些感情带来的人的自足作为道德的根源和动力，会造成人的自尊自大，最后会冲破藩篱，造成道德狂热，走向道德的反面。康德也不赞成以道德情感（即因道德法则的威严使我们产生的对其尊敬之情，或者道德实践中主观产生的一种满足之情）作为道德选择的基础。康德不否认人先天地有道德情感。如果一个人没有道德情感，他在道德上就是死亡的，任何道德法则都不会对其起作用，但他认为道德情感只是去实践道德法则的动力，而不是引申出道德法则的基础，因为道德情感也是随法则理念而来。另外，道德情感虽是因着理念而来，脱离了利益，但它也是主观的感受，不能供给人以知识。康德不赞成把道德情感作为道德选择的基础，还基于一个判断，即人是一有限理性存有。康德认为道德法则影响人感情的结果，不只是自足、尊敬，还有痛苦，甚至尊敬的感情中就包含痛苦。因喜爱而遵行法则，虽是一圆善的结果，但对于人而言是一可望而不可即的目标。能够达到圆善者，只有上帝。所以道德法则对于人而言，是义务、是命令、是责成，即使道德给人带来的是痛苦，也必须遵守，这是人之为人的尊严所在。

道德根源的内化，就是对个人自由意志的肯定，对个人作为一个理性存有的尊严的肯定。

（三）自我表现观念的确立。自我表现也是现代个人主义的一个重要维度。所谓自我表现就是表现个人的自我特殊性。有学者把蒙田视为寻求个人独特性的创始人。蒙

① 牟宗三译：《康德的道德哲学》，西安：西北大学出版社，2008年，第223~224页。

田放弃了关于人的普遍性的范畴,而是捕捉自我的特殊性。

> 每人(如果他聆听他自己的话)都会在自己身上发现一种特别的、占支配地位的形式,这种形式在和惯例及与他相抵触的激情风暴作斗争。①

但这种自我表现的个人主义真正得到理论阐述,还是在18世纪后期兴起的浪漫主义运动中。浪漫主义寻求自我表现的完整性,反对功利主义的分解式的、工具理性主义的自我观念,认为这是对自我的分裂。浪漫主义也反对康德的形式理性主义的自我观念,认为这是以形式理性的自我抑制自然的自我的表现。

以自然本性为根源是浪漫主义哲学的本质。与理性主义崇尚形式上的和谐不同,浪漫主义更推崇个人想象和情感的权利。情感和感觉处于人生活的中心。赫尔德认为所有的激情和感觉"能够而且必然在最高的知识中起作用,因为这种知识源于它们,而且只能在它们中生存"②。善良生活的核心必然在于向自然冲动开放,并与之协调一致而不是漠不相关。与自然协调一致就是充分、多样、有意义地表达这些愿望。既然善良生活的核心在于向自然冲动开放,每个人的自然冲动与感受都是不一样的,寻求独特自我就是题中应有之义。"每个人都有他自己的尺度,可以说这使他所有的感受与其他人不同。"③

浪漫主义的观点也并非完全统一。在寻求自然本性、实现人自我表现的完整统一上,浪漫主义者有一致的观点。但是,什么是根本的自然本性,浪漫主义者之间观点不一。

卢梭是现代浪漫主义的起点。他认为人最根本的自然本性是人的自然情感,即怜悯心。人的怜悯心是感官满足的界限。赫尔德在某种程度上也持这一观点。不过,卢梭强调的是怜悯心对感官欲望的控制,赫尔德更愿意强调二者的统一,自然本身是一个和谐的体系,感官的愉快实际上是"作为感官能明了真和善的参与;跟随其后的快感和痛苦只是真和善的情感,也就是说是器官要达到的目的的提醒,我们益处的保留,我们损失的远离"④。也有浪漫主义者把感官赋予的自然生命力的冲动作为更根本的本性。这就排除了对自然感官冲动进行限制的解释。

作为浪漫主义发展的一个变种,尼采提出以权力意志作为人的本性。权力意志是一种被视作超越自然欲望和理性的东西。尼采的哲学来源于叔本华。叔本华认为一切现象都是表象,只有意志是实在的。

---

① [加拿大]查尔斯·泰勒:《自我的根源:现代认同的形成》,韩震等译,南京:译林出版社,2001年,第275页。

② [加拿大]查尔斯·泰勒:《自我的根源:现代认同的形成》,韩震等译,南京:译林出版社,2001年,第574页。

③ [加拿大]查尔斯·泰勒:《自我的根源:现代认同的形成》,韩震等译,南京:译林出版社,2001年,第580页。

④ [意]贝尼季托·克罗齐:《作为表现的科学和一般语言学的美学的历史》,王天清译,北京:中国社会科学出版社,1984年,第95页。

> 现象就是表象，更无其他：一切现象，无论它是何种类，一切客体都是现象，唯有自在之物是意志。意志本身完全不是表象，与表象全然不同：一切表象、一切客体、现象、可见性、客观性都是从意志而来的。意志是每一个别事物及整个世界的最内在的东西，是核心：它显现在每一种盲目活动的自然力之中；它也显现在人的深思熟虑的行动之中；但是，两者的极大不同却只涉及所显现的程度，而不涉及显现的本质。①

叔本华认为，世界上的各种力都是意志，对于人而言，每一个意志冲动都是真实的。意志所希求的只是个别事物，因为只有个别事物才有经验的实在性。什么形式、本质都是不存在的，只有个体是真实的。不过叔本华是一个悲观的虚无主义者，他认为人都是被一个一个的意志折磨，没有什么实在绝对的目的，一切东西归根到底是虚无。“我们倒是自由地承认，在完全扬弃了意志以后，对一切还充满着意志的东西来说，剩下的只不过虚无。”②这就是说，对于叔本华而言，个人虽可以摆脱一切社会义务和责任的限制而独立存在，但也是没有意义的。叔本华虽然强调了意志全能，但其虚无主义的思想，又与意志全能的观念不太协调。

尼采就是给意志一种肯定性的东西。尼采认为以前的道德哲学都具有反对解放本能的作用，都具有压制、忽视和歪曲本能的作用。他就是要解放本能。

> 任何健全的道德都是由生命的本能所控制的，而反自然的道德，即迄今为止人们所说教的、尊敬的和宣传的几乎所有的道德相反地都是直接反对生命的本能的；这种反自然的道德有时秘密地，有时公开地谴责这种生命的本能。③

尼采不仅激烈地批判哲学的伦理学，如康德的伦理学，也激烈地批判基督教神学的伦理学。尼采认为康德与卢梭一样，都是道德狂热者。基督教只是让人顺从、软弱，是奴隶道德。

> 在基督教中我们反对的是什么东西呢？反对的是它存心要毁掉强者，要挫折他们的锐气，要利用他们的疲惫虚弱的时刻，要把他们的自豪的信心转化成焦虑和良心苦恼；反对的是它懂得怎样毒化最高贵的本能，使它染上病症，一直到它的力量、它的权力意志转而向内反对它自己——一直到强者由于过度的自卑和自我牺牲而死亡。④

---

① ［匈］卢卡奇：《理性的毁灭》，王玖兴等译，济南：山东人民出版社，1988 年，第 194 页。
② ［匈］卢卡奇：《理性的毁灭》，王玖兴等译，济南：山东人民出版社，1988 年，第 214 页。
③ ［匈］卢卡奇：《理性的毁灭》，王玖兴等译，济南：山东人民出版社，1988 年，第 304~305 页。
④ ［英］罗素：《西方哲学史》下，马元德译，北京：商务印书馆，2002 年，第 318 页。

尼采认为基督教和佛教都没有在人和人的价值之间作出区别。尼采反对平庸的平等,要人做超人。所谓做超人,就是具有强者的意志、权力的意志。尼采认为生命就是创造意志或达到目的的本能欲望。没有创造的意志,也就等于没有生命。对于一个超人而言,要把一切存在想象为可能,一切存在都应该顺从于意志。

我把你们的意志称为:要让一切存在变成可以想象的意志。

……一切存在当顺从于你们!这便是你们的意志所要求的。一切存在应当光滑,臣服于智者,作为智者的镜子和映像。

你们,最通达的智者呀,这便是你们的全部意志,一种强力意志;即使你们谈论善恶、做价值评估也用这种意志。①

权力意志就是要不断地去创造、解放。

倘若人不是创造者、猜谜者和解救偶然的人,那我何能忍心做个人呢!

解救过往,把一切"过去如此"改造成"我要它如此"。②

权力意志就是要敢于去怀疑和蔑视权威。

噢,我的灵魂呀,我赋予你说"不"的权利,正如风暴说"不";我赋予你说"是"的权利,恰似开朗的晴空说"是":你像光一样静立,并穿行于否定性的风暴之中。

……噢,我的灵魂呀,我去掉你身上的一切服从、卑躬屈膝和言必称"上帝"。③

权力意志要能忍受痛苦,抵抗痛苦,甚至不惜毁灭。

具有意志的人心中有痛苦,痛苦源于他不能倒退。④

作为具有权力意志的人或者说超人,最大的痛苦就是作为先知者的孤寂。

朋友们,我漫步在人群中,就如同行走在人的断肢残体里!

……

我的眼睛从现今观望过去,所见的总是同一个东西:残肢断体和可怕的偶然——唯独没有看见人!⑤

---

① [德]尼采:《查拉图斯特拉如是说》,黄明嘉译,桂林:漓江出版社,2000年,第122页。
② [德]尼采:《查拉图斯特拉如是说》,黄明嘉译,桂林:漓江出版社,2000年,第153页。
③ [德]尼采:《查拉图斯特拉如是说》,黄明嘉译,桂林:漓江出版社,2000年,第241~242页。
④ [德]尼采:《查拉图斯特拉如是说》,黄明嘉译,桂林:漓江出版社,2000年,第154页。
⑤ [德]尼采:《查拉图斯特拉如是说》,黄明嘉译,桂林:漓江出版社,2000年,第152页。

总之，对于尼采而言，一切道德言辞都是陈词滥调。回归自然，就是敢于像自然一样没有道德。创造意志创造着善和恶，赋予人目标和意义。创造就是不断地超越，没有什么是固定的，一切都在创造与毁灭之中。唯一绝对的就是创造意志实现目的的本能。人生没有固定的目的，只是创造意志不断去创造的桥梁，表现自我就是让自己的创造意志不断去创造。

康德欲以人的理性尊严恢复道德的完整性。但是，康德的反对者认为康德以理性否定了人的自然冲动。浪漫主义者以本性冲动代替康德的理性，但其结果却是对道德的否定。追求自然与理性的和谐，成为很多思想家的目标。

席勒首先提出以美学来实现自然与理性的和谐。他认为自然冲动也是人性的一部分。

> 自然始创人类并不比始创它的其他产品更好些：在人还不能用自由的灵智自己行动时，它就替人行动。①

但是，席勒认为人有能力通过反思摆脱纯自然状态。

> 人成其为人，正是因为他没有停滞在纯自然造成他的那种样子，他具有这样的能力，可以通过理性回头再走先前自然带他走过的路，可以把强制的产物改造成为他自由选择的产物，可以把物质的必然升化成道德的必然。②

升化的基础在于人是有道德性的，他不会满足于自然的支配。盲目的法则不具有使自由屈膝的权威。正因如此，产生了理性法则的假设，然而理性法则又倾向于否定自然。

> 物质的人是现实的，而伦理的人只是推论的。因此，倘若理性要废弃自然国家——因为要想代之以理性国家，就必须这样做——那么，它就得为了推论的伦理的人而牺牲现实的物质的人，就得为了一个仅仅是可能的（纵使从道德上看必然的）社会的理想而牺牲社会的存在。理性从人身上夺走的是人实际占有的，没有了这些他就一无所有；为了补偿，理性给人指出的是人可能和应该占有的。假使理性对人期望过殷，那么，为了人能有人性（人还缺乏人性，但缺乏人性无伤人的存在），它就甚至会夺走人获得兽性的手段，而兽性又是人性的条件。这样，人还没有来得及用自己意志握紧法则，理性就已从人的脚下把自然的梯子撤走。③

---

①　［德］弗里德里希·席勒：《审美教育书简》，冯至、范大灿译，北京：北京大学出版社，1985年，第16页。
②　［德］弗里德里希·席勒：《审美教育书简》，冯至、范大灿译，北京：北京大学出版社，1985年，第16页。
③　［德］弗里德里希·席勒：《审美教育书简》，冯至、范大灿译，北京：北京大学出版社，1985年，第17页。

为了保证道德社会在观念中形成的同时,又使物质社会继续存在,就必须找到一根支柱。这根支柱既不在人的自然性格中,这种性格自私而暴虐,有破坏社会的倾向;审美性格也不在人的道德性格中,因为它是假设的。这种性格就在同它们都有关系,而又不同于它们的第三种性格中。这第三种性格就是人的审美性格。审美性格使自然性格离物质更远一些,使道德性格离物质更近一些,它使人从纯粹力的支配过渡到法则的支配,又能为法则的支配提供一种感性的保证。

席勒认为理性要求统一,自然要求多样,而这两种性格都是人性的组成部分,不能为了这一种而牺牲另一种。两者的统一最为完美。

> 理性要求一体性,而自然要求多样性,这两个"立法机构"人都得应付。人铭记理性的法则是由于有不受诱惑的意识,人铭记自然的法则是由于有不可泯灭的情感。因此,倘若伦理性格只靠牺牲自然性格来保持自己的地位,那就证明还缺乏教化;倘若一部国家宪法只有通过泯灭多样性才能促成一体性,那样的宪法就还是非常不完善的。国家不应只尊重个体中那些客观的和类属的性格,还应尊重他们主观的和特殊的性格;国家在扩大目不能见的伦理王国的同时,不应使现象王国变得荒无人迹。①

理性能够发现法则,但法则的实现需要意志和生动的感觉。"如果在道德领域中感性本性只是受到压抑,而不是道德的促进者,它又如何能够带着情绪的满腔热忱参与到一场仅仅降服自身就加以庆祝的胜利之中呢?"②把理性与自然、统一与多样统一起来,恢复人的完整性,只有美感能够实现。

> 发达的美感能够移风易俗,对此好象无须再重新证明。人们根据的是日常生活的经验,它表明,理智的清晰,情感的活跃,思想的自由以及举止的庄重,几乎总是与有修养的趣味相连,而它们的反面则常常与没有修养的趣味相伴。③

席勒为什么认为美可以恢复人的完整性,实现感性与理性的统一呢?因为席勒认为美虽来源于感性,但又排除了人的实际功利,把人从任性、野蛮、低级的趣味中解放出来;既能认识到形式和法则,但又没有其可怕的严肃性,能够实现爱好与义务的统一。

> 艺术家是如何防范从各方面包围他的那个时代的腐败的呢?他蔑视时代的判断。他是向上仰望他的尊严和法则,而不是向下瞧着幸福和需要。他既摆脱了那

① [德]弗里德里希·席勒:《审美教育书简》,冯至、范大灿译,北京:北京大学出版社,1985年,第21页。
② [美]亨利·E.阿利森:《康德的自由理论》,陈虎平译,沈阳:辽宁教育出版社,2001年,第271页。
③ [德]弗里德里希·席勒:《审美教育书简》,冯至、范大灿译,北京:北京大学出版社,1985年,第51页。

种乐于在转瞬即逝的瞬间留下自己痕迹的虚夸的“经营”，也摆脱了那种急不可待地要把绝对的尺度运用到贫乏的时代产物上面的热狂，他把现实的领域交给以此为家的知性，但是，他也努力从可能与必然的联系中创造理想。他的这种理想，是用“幻觉”和真理塑造的，是用他想象力的游戏和他事业的严肃铸造的，是用一切感官的和精神的形式刻划出来的，并且不声不响地把它投入无限的时间之中。①

总之，席勒认为理性伦理法则带给人的是崇高感，崇高感虽然含有美的性质，但不免含有痛苦和强制，这与人的身份不符。

“没有人必须接受必须。”……意志是人这个类属的属性，理性本身只是这种类属属性的永恒的规则。整个自然的行动都是符合理性的，人的特权仅仅在于，他是有意识和有意志地根据理性行动的。一切别的事物都得接受必须，人是有意愿的生命体。

正因为此，再也没有比接受强制暴力与人的身分更不相称的了，因为它废弃了人。②

发达的美感能够使人在审美游戏中，实现生活内在的丰富性与理性、情感爱好与道德义务的统一。

席勒的思想对后世有很大影响。在一个普遍形式下追求多样性，成为个人主义者的一个诉求。洪堡称：“在单一的人身上，一切都归结为形式和物质。对于具有最轻盈外壳的最纯粹的形式，我们称之为理念，对于最少具有形象天才的物质，我们称之为感官的感觉。从物质的结合中产生出形式。物质愈是充裕和丰富多彩，形式就愈是高尚。一个神的孩子只不过是不朽父母的果实。……多姿多彩愈是随着物质的精美而增加，力量就愈大，……人的感情愈富于理念和他的理念愈富于感情，他的高尚就愈不可企及。因为统一在人身上的两种本质的溶合是建立在形式和物质、或者多姿多彩与统一性的这种媾合之上的，而人的伟大则又是建立在这两种本质的溶合之上。”③怎样实现多样性与统一性的结合呢？自由是首要且不可或缺的条件。密尔也把实现人的个性作为自由辩护的条件之一。“人类要成为思考中高贵而美丽的对象，不能靠着把自身中一切个人性的东西都磨成一律，而要靠在他人权利和利益所许的限度之内把它培养起来和发扬出来。……相应于每人个性的发展，每人也变得对于自己更有价值，因而对于他人也能够更有价值。……凡是压毁人的个性的都是专制，不论管它叫什么名字。”④

---

① ［德］弗里德里希·席勒：《审美教育书简》，冯至、范大灿译，北京：北京大学出版社，1985年，第46页。
② ［德］弗里德里希·席勒：《审美教育书简》，冯至、范大灿译，北京：北京大学出版社，1985年，第155页。
③ ［德］威廉·冯·洪堡：《论国家的作用》，林荣远、冯兴元译，北京：中国社会科学出版社，1998年，第32页。
④ ［英］约翰·密尔：《论自由》，许宝骙译，北京：商务印书馆，2007年，第74~75页。

二、日常生活的肯定与公私领域的区分

随着个人自由和尊严观念的确立,与人们密切相连的日常生活的地位也得到了肯定。所谓日常生活也就是人们的私人生活。应该说直到文艺复兴时期,日常生活只是被当作生活的基础,而不被视为善的生活。如果一个人只注重日常生活,他的人生就是不完整的。在古希腊,公民进行理论沉思和参与政治组织被视为是超出日常生活的善的生活。古代和中世纪的基督教,把对上帝的沉思视为善的生活。在文艺复兴时期,政治理论家们也认为仅仅作为一个居民的生活要低于作为一个公民参政的生活。到了17世纪,这些观念越来越被视作是等级制的反映。随着社会走向均等化,人们认为善的生活存在于每个人都能参与其中的事项中,而不是只有闲人才能从事的活动之中。改善人的生活状况是一切活动的目的。一切职业都是特殊的劳动形式,不分贵贱。完整的人生要在人的职业、婚姻和家庭中寻找。当然,这种新的生活价值观念的形成,与现代社会的产生与发展有密不可分的关系。等级制的废除使人成为自由人,自由人必须从事所有的职业以满足社会的需求。人成为自由人,也就意味着他必须首先对自己的生活负责,这就限制了他从事公共事务所需的闲暇时间。

现代社会是一个商业社会。商业不同于战争,它没有间歇的时间,每一个人只能将大部分时间专注于自己的事务。商业也是最追求独立和平等的,它在没有权威的干预下满足了人们的需求,也激发了人们对个人独立的挚爱。个人独立观念的确立,使得人们要求个人隐私生活不被干预与尊重,这就引出了公私领域区分的问题。

贡斯当是第一个明确提出这一问题的思想家,他在著名的《古代人的自由与现代人的自由之比较》一文中,对两种自由进行了比较与区分。贡斯当认为古代人的自由在于以集体的方式直接行使完整主权的若干部分:在广场协商战争与和平问题、与外国政府缔结联盟、投票表决法律并作出判决、审查执政官的财物等。其特点就是积极而持续地参与集体权力,其目标就是分享社会权力。贡斯当认为古代人虽然可以在公共事务中享有主权,在私人关系中却是奴隶。

> 所有私人行动都受到严厉的监视。……社会的权威机构干预那些在我们看来最为有益的领域,阻碍个人的意志。……而且,公共权威还干预大多数家庭的内部关系。年轻的斯巴达人不能自由地看望他的新娘。在罗马,监察官密切监视着家庭生活。法律规制习俗,由于习俗涉及所有事物,因此,几乎没有哪一个领域不受法律的规制。①

在古代人那里,作为公民,作为集体组织的成员,个人在公共事务中几乎永远是主

---

① [法]邦雅曼·贡斯当:《古代人的自由与现代人的自由》,阎克文、刘满贵译,冯克利校,北京:商务印书馆,1999年,第27页。

权者,甚至私人生活也可以成为公共事务的一部分。但是,作为个人,他的所有行为都受到限制、监视与压制。他也可能被其所属的整体的专断意志褫夺身份、剥夺特权、放逐乃至处死。古代人承认个人对社会权威的完全服从与这种集体性自由相兼容。

贡斯当认为现代人的自由是:

> 对他们每个人而言,自由是只受法律制约,而不因某个人或若干个人的专断意志受到某种方式的逮捕、拘禁、处死或虐待的权利,它是每个人表达意见、选择并从事某一职业、支配甚至滥用财产的权利,是不必经过许可、不必说明动机或事由而迁徙的权利。它是每个人与其他个人结社的权利,结社的目的或许是讨论他们的利益,或许是信奉他们以及结社者偏爱的宗教,甚至或许仅仅是以一种最适合他们本性或幻想的方式消磨几天或几个小时。最后,它是每个人通过选举全部或部分官员,或通过当权者或多或少不得不留意的代议制、申诉、要求等方式,对政府的行政施加某些影响的权利。①

与古代人的自由相比,现代人的自由更注重个人私生活的自由。现代人也重视政治自由(即对公共事务的参与),因为这是个人自由的保障。但现代人不会为了政治自由而牺牲所有个人自由。

> 个人自由是真正的现代自由。政治自由是个人自由的保障,因而也是不可或缺的。但是,要求我们时代的人民像古代人那样为了政治自由而牺牲所有个人自由,则必然会剥夺他们的个人自由,而一旦实现了这一结果,剥夺他们的政治自由也就是轻而易举的了。②

现代人之所以重视个人自由,一方面是因为现代个人生活的丰富性要远超古代,一方面是因为现代个人政治参与的有效性及其所带来的自豪感远不如古代,因而现代人的目标是享受有保障的私人快乐。要享受有保障的私人快乐,公共权威退出私人生活就是一个必要的条件,无论这种权威是来自公共机构、社会还是所谓的人民主权。一旦有不受约束的权力,个人将无所立足。人类生活中必须有一部分内容是属于个人的和独立的,它有权置身于任何社会的权能控制之外。

> 主权只是一个有限的和相对的存在。这是独立与个人存在的起点,是主权管辖权的终点。社会跨过这一界限,它就会像手握屠刀的暴君。……无论如何,多数

---

① [法]邦雅曼·贡斯当:《古代人的自由与现代人的自由》,阎克文、刘满贵译,冯克利校,北京:商务印书馆,1999年,第26页。

② [法]邦雅曼·贡斯当:《古代人的自由与现代人的自由》,阎克文、刘满贵译,冯克利校,北京:商务印书馆,1999年,第41页。

人的同意并不足以使社会的行为合法化:有些行为是不可能得到任何赞同的。无论某些权力何时作出这类行为,都与权力的来源没有多大关系;不管它自称是一个人还是一个民族,都没有用处。假如它是整个民族,那么,除了在它压迫下的公民之外,没有什么东西是更合法的了。①

为了保障公民拥有独立于任何政治权利之外的个人权利,贡斯当热切呼吁权力的退隐。

让权力隐退吧:我们必须拥有自由,我们也必将拥有自由。然则,由于我们所需要的自由不同于古代的自由,我们需要一个与古代不同的组织。在古代的组织中,人们越将更多的时间与精力贡献于行使政治权利,他们便越感到自由:与此相反,就我们可以享有的那类自由而言,政治权利的行使为我们私人利益留下的时间越多,自由对我们就越珍贵。②

贡斯当对公私领域的区分,以及把个人自由定义为个人私人生活免于公共权力的干预,被许多自由主义者奉为圭臬。

三、民族国家的形成及个人、社会、国家关系的探讨

(一)现代民族国家的形成。16 世纪是欧洲的王权专制时代,也是西方现代民族国家形成的时代。在 16 世纪,王室权力不断膨胀,而与之抗争的集团诸如贵族、议会、自由城市或僧侣阶层的权力则相应被削弱。一直分散掌握在封建领主和社团手中的政治权力很快集中到国王手中,国王在当时成为日益增长的民族统一的主要受益者。民族国家的形成,也是欧洲经济发展的结果。在中世纪,欧洲社会的经济和政治组织的有效性几乎完全局限于本乡本土。随着经济的发展和新兴资产阶级的兴起,这种社会和政治结构必然要发生变化。因为资产阶级需要统一的市场和稳定的政治环境,国王成为他们天然的政治盟友。新兴的资产阶级希望看到国王的权力打破包围中世纪君主的种种限制而得到加强,他们建立秩序,促进贸易。总之,王权造就了民族国家。随着现代民族国家的形成,国家概念也逐渐变得清晰。“到 17 世纪初叶,国家概念——它的性质、它的权力、它要求臣民服从的权利——已经开始被认为是欧洲政治思想中最重要的分析对象。”③

现代国家的诞生,确实是一个个人解放的过程。正如涂尔干所说:“国家能够把儿

---

① [法]邦雅曼·贡斯当:《古代人的自由与现代人的自由》,阎克文、刘满贵译,冯克利校,北京:商务印书馆,1999 年,第 57 页。

② [法]邦雅曼·贡斯当:《古代人的自由与现代人的自由》,阎克文、刘满贵译,冯克利校,北京:商务印书馆,1999 年,第 43 页。

③ [英]昆廷·斯金纳:《近代政治思想的基础》下,奚瑞森、亚方译,北京:商务印书馆,2002 年,第 495 页。

童从父权统治和家庭暴政中挽救出来；国家能够把公民从封建群体，后来从公社群体中解放出来；国家也能够把工匠及其雇主从行会的暴政中解放出来。"①因为社会规模越小，社会对个人的控制能力就越强。它每时每刻都会从各个方面把个人包围起来，不允许个人得到自由发展。如果它经常在场，而且经常活动，就不会给个人的创造力留出余地。当每个社会群体以唯我独尊的方式对待它的成员时，每个社会群体就会将构成它的个体牢固地封闭起来并加以控制。社会规模的扩大当然可以减轻这种压制，但是单靠社会规模的扩大，并不能消除这种压制，因为社会缺乏一种垄断权力。只有通过国家才能打破这种次级社会群体的自足性。问题是当国家把个体从一个个次级全体解放出来以后，一个个孤独的个体又怎样联合起来？公民个人权利与政治共同体的权力之间的关系如何？

（二）社会契约论的兴起。民族国家的形成、国家概念的诞生也促使林林总总国家理论的形成。在建立现代国家的过程中，欧洲经历的第一个阶段是绝对国家，即王权专制国家。在王权专制国家，君主不再是贵族的最高成员，而成为国家主权和标志的象征，其结果就是人们之间的身份差异开始抹平——被臣民这个概念抹平。在王权专制下，人们只有两种身份：君主和臣民。君主之下，人人平等，人们成为王权压制下的奴仆。但绝对国家也造就了一个身份平等的市民社会，这也成为以后的政治理论家论证政治的基础。在王权专制下，君主的主权是根据君主身份取得的，君权又被认为是神授的。17世纪，王权专制受到挑战，君权神授已不能成为统治的合法性基础，社会契约论应运而生。

霍布斯第一个从契约观念论证国家和主权的概念。他认为没有主权，就没有国家。主权来源于人们的约定，即为了克服人与人之间的战争状态，人们寻求联合，在联合的过程中，人们彼此订约使自己的意志服从一个单一的意志，这个单一的意志被看成是所有人的意志。掌握这个单一的意志就是主权，根据这个意志形成的联盟就是国家。掌握主权的人可以是一个人，也可以是多人组成的会议。无论主权者是一个人还是一个会议，主权者的权力都是无限的。因为霍布斯认为，每个公民在与其他公民订约时，就同意把自身的权利转让给主权者。虽然霍布斯认为主权的力量来源于协定，所有的契约都从各契约方的意志中获得力量，也同样会因为契约方的赞同而失去力量进而被解除，但霍布斯又坚持认为主权是无法被合法废除的。他认为多数人同意废除主权者，不等于所有人同意废除主权者。因为主权是建立在公民一致同意的协定上的，即使所有人同意解除主权者，主权者也不能被合法解除。主权者建立在两个基础之上：一是所有人同意建立一个主权者；二是所有公民同意把权利转让给主权者。所以，公民负有两方面的义务。一个义务是每个公民对其他公民的义务，一个义务是对主权者的义务。"因此，无论多少公民都不能合法地剥夺统治者的权力，除非统治者自己同意如此。"②霍布

① ［法］爱弥尔·涂尔干：《职业伦理与公民道德》，渠东、付德根译，上海：上海人民出版社，2006年，第51页。
② ［英］霍布斯：《论公民》，应星、冯克利译，贵阳：贵州人民出版社，2003年，第72页。

斯从契约论出发,论证出一个绝对主权,也就是另一种形式的绝对国家。所以有学者认为霍布斯的理论“终结了政治和公民身份”①,其认为的公民也就是国家的臣民,因为霍布斯关心的是秩序,而非公民美德和保护个体权利。

但霍布斯的理论也有其积极意义。首先,霍布斯理论以契约论为出发点,契约就是约于平等,他不得不假定在自然状态下及政治社会中,每个公民自由、平等,虽然每个人在主权面前都等于零。这实际上就是把王权专制下市民社会中的平等在理论上予以确认。遗憾的是,霍布斯虽然以市民社会中的平等作为论证基础,但他只承认市民间的个体平等,却不承认市民社会的存在,因为这与他论证的绝对国家是背道而驰的。其次,霍布斯的个体是权利承担者,而且与国家有一种直接关系。虽然霍布斯的个体与国家的关系是直接面对,缺乏中介,但为以后理论的逐渐完善提供了一个论证基础。再次,霍布斯的理论打破了统治者与国家不可分的假设。虽然16世纪国家概念逐渐明晰,但都是把国家主权与君主直接联系起来,君主成为国家主权的执行者、象征者、人民效忠的对象。在霍布斯看来,主权者来源于公民约定,所以国家成为公民效忠的对象。最后,霍布斯提出主权者应当拥有无限的权力,这实际上是提出了暴力手段必须集中管理的主张。主权者,即国家垄断了暴力手段,这也是现代国家的重要标志。在传统国家,有众多权力中心,每一个权力拥有者都可以使用暴力。国家垄断权力,也是个人从众多权力中心解放的过程。通过限定国家为唯一的暴力行使者,为以共识为基础的治理方式提供了空间。实际上,霍布斯提出的绝对主权也是建立在共识上的,但由于他要为这种抽象的共同意志寻找一个有形的、实际的代表,所以由共同意志建立起来的主权成为了一个实际意志,也就是说,主权者的实际意志被看成了公共意志,政治共同体的统一也建立在主权者的实际意志上。

霍布斯认为的主权是一个绝对的主权,国家也是一个绝对的国家。在近代政治学说史上,洛克是第一个在不放弃人民主权的情况下,论证一个有限国家,即以公民自然权利为基础的国家。洛克把国家权力和人民主权进行了区分。国家是人们为了保护自己的生命、财产、自由权利通过契约而结成的政治社会。国家有三种权力:立法权、执行权、对外权。在国家权力中,立法权是最高权力,其他权力从属于立法权。因为要实现国家的目的,制定法律是第一位的。立法权必须掌握在议会手中,因为它被视为人民代表。立法权虽然是国家的最高权力,但并不是一个无限的权力。它受两方面的限制:

一是自然法的限制。

> 他们的权力,在最大范围内,以社会的公众福利为限。这是除了实施保护以外并无其他目的的权力,所以决不能有毁灭、奴役或故意使臣民陷于贫困的权利。自然法所规定的义务并不在社会中消失,而是在许多场合下表达得更加清楚,并由人类法附以明白的刑罚来迫使人们加以遵守。由此可见,自然法是所有的人、立法者

---

① [美]基思·福克斯:《公民身份》,郭忠华译,长春:吉林出版集团有限责任公司,2009年,第21页。

以及其他人的永恒的规范。他们所制定的用来规范其他人的行动的法则，以及他们自己和其他人的行动，都必须符合于自然法，即上帝的意志，而自然法也就是上帝的意志的一种宣告，并且，既然基本的自然法是为了保护人类，凡是与它相违背的人类的制裁都不会是正确或有效的。①

二是受人民主权的限制。立法权虽然是国家的最高权力，但它必须受制于社会，也就是受人民主权的制约，因为立法权也是一种受委托的权力。

在一个建立在自己的基础之上并按照自己的性质，即为了保护社会而行动的有组织的国家中，虽然只能有一个最高权力，即立法权，其余一切权力都是而且必须处于从属地位，但是立法权既然只是为了某种目的而行使的一种受委托的权力，当人民发现立法行为与他们的委托相抵触时，人民仍然享有最高的权力来罢免或更换立法机关。②

不同于后来卢梭认为的人民主权，洛克的人民主权是一种隐性权力，也就是它只有在政府解体时才加以运用。而在政府存续期间，议会是实际的最高主权。人民主权是否受到限制呢？洛克并没有明确说明。不过根据洛克的论证逻辑，人民主权也是受到限制的，因为人民主权是建立在政治共同体的形成基础上，如果不建立政治共同体也就无所谓人民主权。政治共同体的成立，是为了保护人的自然权利。所谓自然权利就是自然存在的权利，其来源于自然法，来源于上帝的意志，而非政治共同体的约定。从这个角度而言，人民主权也是受制于自然法的。对洛克而言，自然权利高于一切。

尽管霍布斯与洛克对主权性质有不同的认识，但他们的理论基础也有相同的地方，这就是他们的理论基础都建立在原子式的个人主义上。个人成为一切的实体，社会或国家只不过是人们为了实现利益的一个工具理性的聚合体。但这种被称为原子式的个人主义理论也受到了一些挑战。其中一个表现就是对社会的再发现。卢梭被认为是现代社会再发现的第一位思想家。卢梭反对这样一种思想：把社会视作一个功利产物，其作用是能够为成员的安乐和保障提供服务；社会不具有独立价值，虽然它是保护价值准则的。卢梭认为政治首先是一个伦理性质的问题，权力和法律属于第二位。个人从社会获得精神和道德能力，社会之外不存在道德不道德。社会使人成为人，基本的伦理范畴是公民而不是人。

首先，卢梭认为人的种属类似性（比如说人都是理性的）并不能产生真正的结合，而社会则是“道德的人”，它产生于把其成员结合在一起的真正联系，例如共同语言、共同利益和共同幸福，这些东西不是私人利益的总和，而是其源泉。

其次，卢梭认为假定人只关心个人的幸福，那么自然理性把人联合在一起的理论就

① ［英］洛克：《政府论》下，叶启芳、瞿菊农译，北京：商务印书馆，1995 年，第 83~84 页。
② ［英］洛克：《政府论》下，叶启芳、瞿菊农译，北京：商务印书馆，1995 年，第 91 页。

是错误的。因为我们的一切观念甚至自私自利的观念,都来源于我们生活于其中的社会。利己主义并不存在于自然界,而是存在于一个是非颠倒的社会。卢梭认为那种纯粹的自然人也许根本就不存在,因为我们无法明白怎样把人身上固有的本性与由于环境及人类进步等而改变的人的本性区别开来。所谓的人的自然状态,也只是一个为了论证的假定,而且,人的自然状态并不能全部出于任意的假定。卢梭认为他所设定的自然状态来自对大自然历史的观察。实际上,也就是对当时所谓野蛮社会的观察。

在近代,“野蛮人是善良的”这一论题,自蒙田以来得到了进一步发挥,当时的一些水手、商人、传教士等把当时的野蛮人的淳朴社会进行了美化。卢梭从中获取灵感,他认为根据对自然的观察,在自然状态下,人有两种先于理性而存在的本性:一是自我保护的本能,一是怜悯的感情。怜悯这种天生的感情,“能克制个人身上强烈的自爱情绪,促进全人类的相互保护”①。是怜悯的感情,而不是自然权利起到了在自然状态下类似所谓自然法的作用。人的交往及语言的产生等使人交往更加密切,从而产生社会。但是人的交往的密切、人的理性的完善也使人类远离淳朴,变得越来越自私自利,这样人类的不平等就产生了。重建人类政治社会是卢梭《社会契约论》的核心任务。

> 要寻找出一种结合的形式,使它能以全部共同的力量来卫护和保障每个结合者的人身和财富,并且由于这一结合而使得每一个与全体相联合的个人又只不过是在服从其本人,并且仍然像以往一样地自由。②

怎样才能达到这一目标呢?卢梭认为首先由一个全体一致的公约,也就是社会公约。

> 唯有一种法律,就其本性而言,必须要有全体一致的同意;那就是社会公约。因为政治的结合乃是全世界上最自愿的行为;每一个人既然生来是自由的,并且是自己的主人,所以任何别人在任何可能的借口之下,都不能不得他本人的认可就役使他。
>
> ……可是,如果在订立社会公约的时候出现了反对者的话,这些人的反对也并不能使契约无效,那只不过是不许把这些人包括在契约之内罢了;他们是公民中间的外邦人。但是在国家成立以后,则居留就构成为同意。③

一旦公共契约成立,每个结合者及其自身的一切权利全部都转让给整个的集体。

> 我们每个人都以其自身及其全部的力量共同置于公意的最高指导之下,并且

① [法]卢梭:《论人类不平等的起源和基础》,高煜译,高毅校,桂林:广西师范大学出版社,2002年,第98页。
② [法]卢梭:《社会契约论》,何兆武译,北京:商务印书馆,2005年,第19页。
③ [法]卢梭:《社会契约论》,何兆武译,北京:商务印书馆,2005年,第135~136页。

我们在共同体中接纳每一个成员作为全体之不可分割的一部分。

> 只是一瞬间，这一结合行为就产生了一个道德的与集体的共同体，以代替每个订约者的个人；……而共同体就以这同一个行为获得了它的统一性、它的公共的大我、它的生命和它的意志。①

这个政治共同体是一个道德人格，它的生命全在于其成员的结合，为了维持其生存，它有支配它的各个成员的绝对权力。这个共同体既然是建立在公意基础上，为了使社会公约不成为空文，对于拒不服从公意的，全体要迫使其服从公意。公意就是公共利益、公共福祉，这是人结合在一起的目的和基础，个人的一切权利都要由公意规定。总之，卢梭认为人们自愿结合的动机不能建立在个人权利基础上，它只能使人相互疏远，变得更加不平等；使人自愿结合的必须是一个共同福祉的目标，它使人相互接近，引向普遍的美好。"不是公共福祉建立在个体的幸福之上，反而是公共福祉才能成为个体幸福的源泉。"②卢梭的社会公约虽然也是建立在每个人同意的基础上，但共同体也就是社会已代替个人成为实体。

卢梭视社会为一个具有共同意志的道德共同体，也就从另一个极端塑造了一个绝对主权。对于主权的性质，卢梭和霍布斯有相同的观点，即主权是绝对的、不受限制的。不同的是，卢梭认为主权不可转让，也不可被代表。主权始终存在于公共意志中，存在于政治共同体中。

> 主权既然不外是公意的运用，所以就永远不能转让；并且主权者既然只不过是一个集体的生命，所以就只能由他自己来代表自己；权力可以转移，但是意志却不可转移。③

对卢梭而言，主权是一个共同体的公共人格，无人能例外。

> 这一由全体个人的结合所形成的公共人格，以前称为城邦，现在则称为共和国或政治体；当它是被动时，它的成员就称它为国家；当它是主动时，就称它为主权者。④

政治共同体的统一就建立在这一抽象的共同意志上。人民作为主权共同体要不时地显示自己，也就是通过不时地集会监督统治者是否按公意即法律（卢梭认为法律不外是公意的表达）行事。卢梭通过公意、主权者的行动，恢复了公民参与的权利。但由于

---

① ［法］卢梭：《社会契约论》，何兆武译，北京：商务印书馆，2005 年，第 20~21 页。

② ［法］卢梭：《社会契约论》，何兆武译，北京：商务印书馆，2005 年，第 189 页。

③ ［法］卢梭：《社会契约论》，何兆武译，北京：商务印书馆，2005 年，第 31 页。

④ ［法］卢梭：《社会契约论》，何兆武译，北京：商务印书馆，2005 年，第 21 页。

卢梭把政治共同体看作一个公共道德人格，人们的参与是为了实现公共道德人格，所以追求个人利益是不被允许的。因为人人追求个人利益，一个统一的道德共同体就不能存在。所以维护政治共同体是第一位的。这也就是卢梭提出强迫自由的原因。“为了使社会公约不至于成为一纸空文，它就默契地包含着这样一种规定——唯有这一规定才能使得其他规定具有力量——即任何人拒不服从公意的，全体就要迫使他服从公意。这恰好就是说，人们要迫使他自由。”①在霍布斯笔下，公民人人追求自己的利益，条件是每个公民的权利在主权者面前归于零。在卢梭笔下，公民可以在公意指导下参与政事，条件是人人放弃了个人利益，服从公意。但无论是哪一种情况，公民权利在主权者面前都归于零。差别是，霍布斯的主权是一个实际的绝对主权，卢梭的主权是一个抽象的人民主权，这可谓两极相通。从某种程度而言，卢梭的人民主权比霍布斯的实际绝对主权更为绝对。因为霍布斯笔下的绝对主权虽然在实证法中不受任何限制，但主权者应该根据自然法和自身利益在道义上自限。霍布斯说：

> 对多数人而言，国家系于君主一身不是那么理所当然的。因此，他们反对绝对权力的第一个原因是，如果有人有这种权利，那么公民的生活就会陷入很悲苦的境地。他们认为，这个至上者会对人进行逮捕、剥夺和杀害，而人人都相信也许下次就会轮到自己的。但至上者为什么会这样去做呢？……首先，虽然他有权这样做，即这样做并不会对公民背信，但他不这样做才是符合正义的，也即不会违背自然法和对上帝背信。因此，一个君主的誓言为他的臣民提供了某种安全。再说，即使他这样做是符合正义的，即使他无视他的誓言，那他也没有理由去作践他的公民。因为这对他并没有什么好处。②

这就是说实际的绝对主权者虽然有权做任何事，但并不等于他做任何事都是符合正义的。卢梭笔下的主权是不受任何限制的，包括道义上的限制。因为卢梭认为公意，即主权者的意志，永远是正确的。因为它是剔除了一个个实际意志而形成的共同意志。在实践中，一个绝对的人民主权比一个实际的绝对主权更可怕。柏克曾对此有一个评论：“一种绝对的民主制，就像是绝对的君主制一样，都不能算作是政府的合法形式。……我能肯定的是每当一个民主制的政体出现像它所往往必定要出现的严重的分歧时，公民中的多数便能够对少数施加最残酷的压迫；这种对少数人的压迫会扩大到远为更多的人的身上，而且几乎会比我们所能畏惧的单一的王权统治更加残暴得多。在这样一种群众的迫害下，每个受害者就处于一种比在其他任何的迫害下都更为可悲的境地。在一个残暴的君主统治下，他们可以得到人们的慰藉和同情以减缓他们创伤的刺痛；他们可以得到人们的称赞，在他们的苦难中激励他们高洁的恒心。但是那些在群众之下遭受到伤害的人却被剥夺了一切外界的安慰。他们似乎是被人类所遗弃，在他们

① ［法］卢梭：《社会契约论》，何兆武译，北京：商务印书馆，2005年，第24~25页。
② ［英］霍布斯：《论公民》，应星、冯克利译，贵阳：贵州人民出版社，2003年，第74页。

整个物种的共谋之下被压垮了。”[①]这就是说，人民主权下受伤害的个人失去了人们道德上的同情。

对于绝对人民主权的危害，托克维尔有很深刻的认识。托克维尔认为绝对民主制只能造成两种后果：无政府与绝对奴役。无政府带来的最终结果仍然是奴役。“谁要求过大的独立自由，谁就是在寻求过大的奴役。”[②]绝对人民主权带来一个无限的政府。“在他们的理想社会中，只承认人民，没有其他贵族，除了公务员贵族；只有一个唯一的、拥有无限权力的政府，由它领导国家，……国民作为整体拥有一切主权权利，每个公民作为个人却被禁锢在最狭隘的依附地位中。”[③]绝对人民主权会带来一个专制社会。

> 随着身分在一个国家实现平等，个人便显得日益弱小，而社会却显得日益强大。或者说，每个公民都变得与其他一切公民相同，消失在群众之中，除了人民本身的高大宏伟的形象以外，什么也见不到了。
>
> 这自然要使民主时代的人产生认为社会的特权是极其高尚的，而个人的权利则是非常低卑的见解。他们容易承认社会的利益是全体的利益，而个人的利益不足挂齿。他们也相当愿意承认，代表社会的权力比每个社会成员有知识和高明得多，它的义务和权利就是亲自引导和领导每个公民。[④]

无论是实际的绝对主权，还是抽象的绝对人民主权，其结果都是无限国家、无限政府。在霍布斯笔下，只有个人与国家，没有社会；在卢梭笔下，只有政治共同体，即国家；在洛克笔下，有个人、有社会、有国家，但国家缺乏实体性质，也就是国家只是为了实现个人和市民社会目的的工具，缺乏独立的自身目的。

（三）社会契约论的衰落。17世纪后期社会契约论的盛行，自然有其深刻的历史原因。随着封建等级制度的解体，神权从世俗政治中退隐，人们需要为政治服从寻找一个新的理论。基于一定条件的个人同意成为政治合法性的基础，这就是由身份到契约的转变。但社会契约论也有其内在的矛盾。从历史角度而言，所谓人们进入政治社会前的“自然状态”难以证实。正如休谟所说：“这种自然状态就应当被看作是一种纯粹的虚构，与诗人们所虚构的黄金时代并没有什么不同的地方；唯一的差异就是：自然状态被描述为充满了战争、暴力和非正义，而黄金时代给我们描绘出我们所能设想的最迷人和最和平的状态。”[⑤]从政治角度而言，社会契约论容易引起社会的动荡。因为根据社会契约论的理论，政治社会是建立在人们同意的基础上，如果人们收回同意，政治社会可以随时解体。为了避免这种状况的发生，近代第一位社会契约论名家霍布斯创造了一个

---

① ［英］柏克：《法国革命论》，何兆武、许振洲、彭刚译，北京：商务印书馆，1999年，第165～166页。

② ［法］托克维尔：《旧制度与大革命》，冯棠译，桂裕芳、张芝联校，北京：商务印书馆，1997年，第179页。

③ ［法］托克维尔：《旧制度与大革命》，冯棠译，桂裕芳、张芝联校，北京：商务印书馆，1997年，第201～202页。

④ ［法］托克维尔：《论美国的民主》下，董果良译，北京：商务印书馆，1996年，第841页。

⑤ ［英］大卫·休谟：《人性论》，石碧球译，北京：中国社会科学出版社，2009年，第344页。

实际的绝对主权。但这样一种论证方式又与当时的政治氛围，即统治者的权力必须基于同意相抵触。所以，洛克、卢梭都赋予人民反抗的权利，即统治者破坏社会契约时人民有反抗的权利。

如何解决政治共同体的稳定生存问题呢？休谟首先对契约论提出异议，并以功利主义代替契约论。他认为不存在所谓的自然权利，也不存在自然法。所谓的自然权利是社会演进的结果。只是这些所谓的自然权利对社会的组成有利，人们才通过契约把它当作自然权利，当作正义的原则。"因为只有通过这种方式，我们才能维持社会，而社会对我们自己和他人的福利和生存都是非常必需的。"①休谟虽然认为契约是人为的设计，但契约的本质并不是建立在承诺上。契约是建立在人们的共同利益感上。

> 契约只是共同利益的一种共通感；这种感觉是社会全体成员彼此表达出来的，而且还诱导他们通过某些规则调整他们的行为。我看到，让他人占有他的财物对我有利，前提是他也愿意以同样的方式对待我。他在调整其行为时觉察到了一种类似的利益。当这种利益的共通感互相表达出来并且为对方所认知时，它就引起了一种恰当的决心和行为。而这就足以适当地称之为我们之间的契约和协议，尽管中间并没有插入一个承诺。②

有了这种契约，才有所谓的正义和非正义。正义就是使每个人的利益和社会利益得到保障。"利己主义就是正义得以确立的原始动机，而对共同利益的同情就是伴随正义而来的道德称赞的来源。"③维系社会的是正义，没有了正义一切权利都不存在。同样，没有正义感、道德感，一切承诺都是空的。维护社会需要对正义规则普遍地、不可改变地遵守，但是单靠社会无法做到这一点，因为人们对利害关系关注的范围一般不会太大，只局限于亲友。要使正义规则得到遵守，就需要一个远离人们利害关系的机构，国家因此而产生。人们为了维护正义而创建国家，正义就先于国家而存在，所以国家在创建之初，就被假定有维护、服从正义的承诺。

休谟虽然同意政府负有服从正义的义务和承诺，但是他并不同意国家建立在人民同意的基础上这一观点。休谟认为政治社会的创建也许最初是基于承诺，但是政治社会的维持却不是基于承诺，而是基于共同利益感上的正义观。在一个自然社会里，正义规则不会得到自行遵守。政治社会就是为了使正义规则得到施行的一个新的创造。对政府的服从是基于创造政府的利益，而不是基于承诺。休谟说："我主张，尽管效忠的义务最初是基于对义务的承诺，并在一定时期内受到那种义务的支撑，但很快它就自己生根，并且有一种不依赖于所有契约的原始义务和权威。"④休谟又说："服从执政长官是

---

① ［英］大卫·休谟：《人性论》，石碧球译，北京：中国社会科学出版社，2009年，第341页。
② ［英］大卫·休谟：《人性论》，石碧球译，北京：中国社会科学出版社，2009年，第342页。
③ ［英］大卫·休谟：《人性论》，石碧球译，北京：中国社会科学出版社，2009年，第348页。
④ ［英］大卫·休谟：《人性论》，石碧球译，北京：中国社会科学出版社，2009年，第377页。

维护社会的秩序和和谐所必需的；履行承诺是在人生日常事务中引起彼此信任和信赖所必需的。二者的手段和目的都完全不同，而且一方也不从属于另一方。”①休谟之所以以功利论代替契约论，主要是因为他认为契约论太任性，人们会因为眼前的利益而失去对政府的效忠，而实际上这并不符合社会的长远利益。但休谟也不认为对政府的效忠应该是无条件的。虽然组建政治社会是出于社会巨大的、长远的政治利益，但一个政府如果严重损害社会利益，它也就失去了存在条件。政府应该维护正义，也就是所谓的自然权利，对政府的效忠应该是有条件的，在这些信条上，休谟与洛克并无二致。双方的分歧在于洛克认为正义和权利都是天生的，没有政府，正义和权利也可以存在，只是在自然社会对其维护有所不便，所以对政府的服从只能还原到原始承诺上。休谟认为所谓的正义和自然权利并非天生，在一个小的自然社会里虽然人们也能认识并践行正义，但由于每个人关注的范围有限及人的利己主义观念影响，在一个大的政治社会中没有政府，正义规则就得不到执行。所以政府不是建立在承诺上，而是建立在社会利益上。休谟认为如果政府建立在承诺上，恐怕没有一个政府经得起严格的审查，而在文明社会，建立政府又是必需的。总而言之，休谟想要表达的是：利益的衡量而非承诺，是人们是否服从政府的标准。

法国大革命的冲击更促使人们对基于个人同意的社会契约论重新审视。柏克是其代表人物之一。柏克继承了休谟的观点，从历史演进及功利角度论证了一个有机体社会。柏克认为公民社会是一个约定的产儿，但它不同于一般的约定。

> 社会确实是一项契约。对于那些单纯以偶然的利益为目标的各种附属性的契约，是可以随意解除的，但是国家却不可被认为只不过是一种为了一些诸如胡椒或咖啡、布匹或烟草的生意，或某些其他不关重要的暂时利益而缔结的合伙协定，可以由缔结者的心血来潮而加以解除的。我们应当怀着另一种崇敬之情来看待国家，因为它并不是以单只服从属于暂时性的、过眼烟云的赤裸裸的动物生存那类事物为目的的一种合伙关系。它乃是一切科学的一种合伙关系，一切艺术的一种合伙关系，一切道德的和一切完美性的一种合伙关系。由于这样一种合伙关系的目的无法在许多代人中间达到，所以国家就变成了不仅仅是活着的人之间的合伙关系，而且也是在活着的人、已经死了的人和将会出世的人们之间的一种合伙关系。②

柏克没有对国家和社会作出明确区分，其想表达的就是政治即公民社会的重要性。社会是一个约定，但并不是一个完全的人为约定，人不能随心所欲地去创制它，它是一个神意秩序链条的一部分。人按照神意创造了社会，也在社会中实现价值。

> 如果没有这个公民社会，人类就绝无任何可能达到他那天性所许可的完美，甚

---

① ［英］大卫·休谟：《人性论》，石碧球译，北京：中国社会科学出版社，2009年，第378页。

② ［英］柏克：《法国革命论》，何兆武、许振洲、彭刚译，北京：商务印书馆，1999年，第129页。

至于也不可能遥遥地、微微地接近于这种完美。……它是公共的装饰。它是对公众的慰藉。它培育了公众的希望。最穷苦的人也在其中发现了自己的重要性和尊严。①

这就是说，构成社会基础的是人人都觉得需要成为比自己短暂生存更持久、更广大的事物组成部分，每个人在其中都有自己的位置，都拥有了尊严，是一种归属感、责任感，而不是精明的自利算计使人结合在了一起。总之，柏克认为自由、平等、人权等不是自然权利，它不是来源于人们结成政治社会时的约定，也不是来源于思辨的抽象原则，而是来源于历史。任何权利都必须依据事实，权利是在历史中逐渐生长出来的。历史就是一个连续的社会，人们也只能在这个社会中才能发挥更大的作用。社会并非不需要改进，而是不能在摧毁社会中改进。在改进社会时要注重传统，因为传统是人类智慧的结晶。社会契约论只强调了人们的意愿，忽视了历史，忽视了传统，没有把社会看作一个有机连续物，而是视作一个凭意愿随意改造的机器。

休谟与柏克把社会视作功利的产物。功利是人的自然感情对利益的感知和历史演进的产物，一切都是约定俗成的。在历史演进中，自然的情感比理性具有更深邃的智慧。对社会演进的崇拜，取代了对个人的崇拜。如果一切都用利益来解释，社会也就不存在什么永恒的公正，天赋权利和道德也失去了独立的价值。康德就是重新确立理性的价值，通过理性论证了一个永恒的公平正义的社会。康德虽没有放弃契约论，但是对其做了重大修正。康德认为国家应该被看作是一个契约的产物，因为意志自由作为人的本质。"天赋权利只有一项。——自由（不受别人的意志支配）只要能按照一项普遍的规则与其他每一个人的自由共存，那就是这个独一无二的原始权利，它属于每一个有人性的人。"②既然意志自由是人的本质，国家也只能建立在自由意志的基础上。

根据这个契约，所有的人（omnes et singuli）都要放弃他们外部的自由，以便作为一个国家的成员，亦即被看作一个国家（universi）的人民中的一员，再立即把它收回来。不能说这个国家或国家中的人为了某个目的而牺牲了一部分天赋的外部自由；而应该说是他完全抛弃了原始的没有法律的自由，以便重新得到他的全部自由——根据一种合法的从属关系，即一种权利或法律的地位，他的自由并没有减少；因为这种从属关系是出自他自己的立法意志。③

国家的成立出于人民的公共意志，康德这一观点无疑是社会契约论的翻版。与社会契约论者不同的是，康德并没有把这个契约当作是一个真实的存在，或者说必须经过这样一个契约，国家的成立才具有合法性。

---

① ［英］柏克：《法国革命论》，何兆武、许振洲、彭刚译，北京：商务印书馆，1999年，第131页。
② ［英］鲍桑葵：《关于国家的哲学理论》，汪淑钧译，北京：商务印书馆，1996年，第238页。
③ ［英］鲍桑葵：《关于国家的哲学理论》，汪淑钧译，北京：商务印书馆，1996年，第238~239页。

> 这种被称为原初契约(contractus originarius)或社会公约(pactum sociale)的契约……绝不可被认为是一项事实,事实上,它甚至不可能是这样一种事实,如果如此认为的话,那么无异于是坚持认为首先就必须根据以往的历史来证明确曾有过一族人民,其权利和义务是我们作为后裔继承了下来的,竟仿佛这族人民确实曾经有一度完成过这样一组行为,并且还一定得在口头上或书面上留下给我们一项确凿无疑的有关通知或工具,好使我们尊重自己所要受到的那种既定的公民体制的约束。它的确只是纯粹理性的一项纯粹观念,但它却有着不容置疑的实践的实在性,亦即,它能够束缚每一个立法者,以至他的立法就正有如是从全体人民的联合意志里面产生出来的,并把每一个愿意成为公民的臣民都看作就仿佛他已然同意了这样一种意志那样。因为这是每一种公开法律之合权利性的试金石。①

康德所说的契约并不是建立在社会的公共选择上。康德的社会契约是建立在理性决定的理想模式上,即每个人通过自己理性的思索都会确证、同意的基础上。社会契约就是一个理性的应当。“正义是一个人的任性能够在其之下按照一个普遍的自由法则与另一方的任性保持一致的那些条件的总和。”②既然契约是建立在理性正义的基础上,政府就不是一个信托机构,组建政府是一种责任。只有通过组建公民政府,才能保障社会正义的要求,即要求每个人的自由仅受到每个人都会认为是公正的考量的约束。康德认为自然自由只有一种,就是一种内在的人的自由意志。自然状态下的外在自由是不存在的,因为它是无法得到保障的。自然状态下对人的外在自由的限制也是随意的和暴力的。只有进入公民状态,才有“你的”“我的”之分;只有进入公民状态,才有所谓的法权,才有可能以公平的程序取代暴力作为解决冲突的手段。

一切外在权利都是一种政治性的获得权利,而非自然权利。因此进入公民社会不是为了解决不便,而是为了实现正义。正义的公民社会就是一个公平的法律社会,也就是康德所说的共和国家。

> 共和政体是惟一常驻的国家政体,在它那里法律是自主的,不依附于任何特殊的个人。它是公共法权的最终目的,并且也只有在这种状态之下,才能永久地给予每个人他自己的东西。③

康德所希望的国家就是一个法权国家,由理性意志而来的法律具有最高的权威。既然法权是正义的基础,康德反对一切不符合法权的事情,当然也包括革命。因为革命不符合权威的公平程序。

---

① ［美］墨菲:《康德:权利哲学》,吴彦译,北京:中国法制出版社,2010年,第113页。
② ［美］墨菲:《康德:权利哲学》,吴彦译,北京:中国法制出版社,2010年,第115页。
③ ［美］墨菲:《康德:权利哲学》,吴彦译,北京:中国法制出版社,2010年,第140页。

> 人民有义务容忍对最高权力的滥用,即便这种滥用被伪称是无法容忍的也要容忍它,其根据在于:人民对最高立法者本身的反抗,永远必须都设想为违法的,甚至被设想为摧毁整个合法的宪政的。因为为了有权反抗,就必须现成有一部公共的法律来允许人民反抗,也就是说,最高立法本身已经包含着一个规定,即它不是最高的立法,而且使作为臣民的人民在同一个判断中成为臣民之上的、人民臣服的统治者;这是自相矛盾的,而且这种矛盾通过下面的问题马上就引起人民的注意:在人民和统治者之间的这种冲突中,究竟谁应当是法官(因为从法权上看,他们毕竟始终是两个不同的道德人格);这表明的是,人民要在其自己的事情上是法官。①

康德虽然从法权角度证明了革命的不合法性,但也不能说没有逻辑的混乱。因为康德认为法律只有经过人民的同意才能成为法律,不论这种同意是一种原初选择中的理性同意还是以后的默认。人民服从政府的义务是建立在法律的理性优先上。如果政府不按照法律统治,人民还有服从它的道德义务吗?人民从法权角度上没有革命的权利,从道德角度上有无革命的权利呢?退一步而言,人民没有革命的权利,有无抵抗、反对的权利呢?事实上,康德也承认尽管革命永远都是不义的,但在受到极度压迫的情况下,革命也是可以原谅的。"人民实施此种罪行至少还可以诉诸紧急法权作为其理由。"②

社会契约论者认为社会、国家都是建立在人的共同意志的基础上;功利主义者虽认为社会是一个历史演进的有机产物,但国家却是人们利益共同感的一个选择;康德认为社会、国家是理性意志的产物。尽管对国家产生的基础和性质有不同的看法,但他们都认为国家是一个人为的产物,是众多个人为着某个理想的联合体,也就是人们的一个选择。既然国家是一个人为的选择,就很难完全摆脱某种形式的契约论。要么把契约视作根据人民的意志可以随时解除的约定,要么把契约视为一个永久的产物。无论哪一种理论,都会遇到内在的困难。把国家视作一个人为选择,国家就很难建立在一个稳固的基础上,很难摆脱人的任性。因此,国家有机体理论随之诞生。

在由契约论国家向有机体论国家转变的过程中,费希特是一位关键性的过渡性人物。费希特认为整体先于它的组成部分,特殊离开整体都是现象和虚幻,不具有实在性。国家作为一个整体不能被看作是众多个人为了实现他们自身特殊利益的一个集合体,而应被视作一个有自身目的的有机整体。个人在国家有机体中实现自己的意义。个人和国家的关系就是特殊部分和有机整体的关系。费希特称:"对这个想法的最恰当的阐释是把它比作一个有机的天然产物,这个比喻在近代常被用来描述作为一个统一体的公共权力的不同部门,但就我所知,还未被用来阐明整个公民关系。在这个天然产物中,每一部分都是它只在这个联合体中才能有的那个样子,离开这个联合体它就完全

---

① [美]墨菲:《康德:权利哲学》,吴彦译,北京:中国法制出版社,2010年,第144页。
② [美]墨菲:《康德:权利哲学》,吴彦译,北京:中国法制出版社,2010年,第145页。

不是这样了(实际上在全部有机联合体之外,就简直什么都不是了……);同样,人只有在国家这个联合体中才能在事物系列中得到一个肯定的地位,即在自然界中得到一个落脚点;每一个人也只是因为他实际上处于这个确定的联合体之内才得到这样一个相对于别人也相对于自然的确定的地位。……在这个有机体内,每一部分都不断地维护着整体,而在维护整体时,其本身也就得到了维护;公民与国家的关系正是如此。"①黑格尔对有机体国家理论则作出了完整的阐述。

黑格尔的国家理论也是建立在对人的自由的追求上,但他对自由别有所解。黑格尔反对浪漫主义者把自由视为生命的洪流,或不可言说的直觉。他认为如果把自由视为生命的洪流,或不可言说的直觉,就是完全放弃自律,向自然投降,回归到未经反省的原始统一,其后果只能带来破坏与空虚。因为浪漫主义者无限的自由意志不承认任何精神的外在表现所具有的神圣性、严肃性,有的只是无穷的奋斗、冲突,不停的追求,任何现成的秩序都失去了意义。奋斗的无限,成了恶性的无限,结果只能是失落。所以黑格尔认为自由一方面要求无限的活动,另一方面要受理性的限制,最后在理性中实现统一,达到完全自由。黑格尔所说的理性自由,也不同于康德所说的理性自由。因为黑格尔认为康德所说的理性自由偏于主观,偏于形式,缺乏客观、具体的规定。而他所说的自由是主观与客观统一的自由。

黑格尔认为自由的概念离不开意志。

> 自由是意志的根本规定,正如重量是物体的根本规定一样。……意志而没有自由,只是一句空话;同时,自由只有作为意志,作为主体,才是现实的。……意志不过是特殊的思维方式,即把自己转变为定在的那种思维,作为达到定在的冲动的那种思维。②

这就是说,意志不仅是自由的,也有转为现实的冲动。黑格尔认为意志有自身的规定。意志的第一个规定就是纯无规定性或自我在自身中纯反思的要素。在这一规定中,所有对自身限制的因素,诸如本性、需要、欲望、冲动等,在人的反思中都可以消除。人可以把自己从一切规定中抽象出来,一切皆可能,一切皆不是。

> 我能摆脱一切东西,放弃一切目的,从一切东西中抽象出来。……人是对他自身的纯思维,只有在思维中人才有这种力量给自己以普遍性,即消除一切特殊性和规定性。③

黑格尔认为,如果认为意志的规定仅在于此,而且加以坚持,那就是否定的自由,片

---

① [英]鲍桑葵:《关于国家的哲学理论》,汪淑钧译,北京:商务印书馆,1996年,第240页。
② [德]黑格尔:《法哲学原理》,范扬、张企泰译,北京:商务印书馆,1996年,第11~12页。
③ [德]黑格尔:《法哲学原理》,范扬、张企泰译,北京:商务印书馆,1996年,第15页。

面的自由。

> 这是提高到现实形态和激情的那空虚的自由；当它还停留在纯粹理论上的时候，它在宗教方面的形态就成为印度的纯沉思的狂热，但当它转向现实应用的时候，它在政治和宗教方面的形态就变为破坏一切现存社会秩序的狂热，变为对某种秩序有嫌疑的个人加以铲除，以及对企图重整旗鼓的任何一个组织加以消灭。这种否定的意志只有在破坏某种东西的时候，才感觉到它自己的定在。诚然，这种意志以为自己是希求某种肯定的状态，例如普遍平等或普遍宗教生活的状态，但是事实上它并不想望这种状态成为肯定的现实，因为这种现实会马上带来某种秩序，即制度和个人的特殊化。对否定自由的自我意识正是从特殊化和客观规定的消灭中产生出来的。所以，否定的自由所想望的其本身不外是抽象的观念，至于使这种观念实现的只能是破坏性的怒涛。①

意志的第一个规定是一种抽象的、直接性的规定，是无限的、普遍的，但这种无限、普遍没有具体的内容，所以它必须向有限、特殊过渡、分化。通过把自身设定为一个特定的东西，自我进入到定在，这就是意志的第二个规定。因为自我不仅是希求而已，而且是希求某事物。不希求任何事物，就不是意志。意志希求某事物，这就是对意志的界定和限制。意志要成为意志就得一般地限制自己。意志把自我设定为特殊物，仍不是自由的全部。因为这时意志不仅受限于特殊物，而且也被摆脱主观的任性。自由既不存在于无规定性中，也不存在于规定性中，自由同时是它们两者。无规定性是抽象片面的，完全局限于规定性，即一定的事物中是固执的。意志的第三个规定就是上述两个环节的统一，"是经过在自身中反思而返回到普遍性的特殊性——即单一性"②。这就是说，意志在把自我规定为特殊物时，并不仅仅受这种特殊物的局限。它在成为特殊物的同时，仍希求着成为普遍物。黑格尔这里所说的普遍物，不是一种无规定的普遍物，而是人人应遵守的理性、理念。理性是真实的、具体的、普遍的，是经过思辨才能理解的。"具体的、真的东西(一切真的东西都是具体的)是普遍性，它以特殊物为对立面，这个特殊物通过在自身中的反思而与普遍物相一致。"③这就是由任性、无教养的自由达到真实的、理性的自由。黑格尔所说的任性自由，就是意志在形式上具有无限的选择性，我可以这样规定自己，也可以那样规定自己。而这种自由虽然在形式上具有无限性，但也正因为如此它就是不自由的，因为没有任何内容可以和这种意志相适合，意志也从来没有在任何这种内容中真实存在过。即使有某种具体内容，也是来源于人的偶然冲动，而不是来源于意志本性，所以主观任性的自由不是真实的自由。人要实现真实的自由，就必须从主观任性中摆脱出来，成为某种定在。这种定在必须符合客观理性的规定，也就是

---

① [德]黑格尔：《法哲学原理》，范扬、张企泰译，北京：商务印书馆，1996年，第14~15页。

② [德]黑格尔：《法哲学原理》，范扬、张企泰译，北京：商务印书馆，1996年，第17页。

③ [德]黑格尔：《法哲学原理》，范扬、张企泰译，北京：商务印书馆，1996年，第18页。

黑格尔所说的客观精神或绝对精神的规定。黑格尔认为自由理念的发展分为三个层次：

一是抽象法。抽象法基于人的抽象的自由意志，也就是人作为一个具有自由意志的存有者应有的权利。抽象法的命令是："成为一个人，并尊敬他人为人。"①作为这种意志自由的外在体现，抽象法包括三方面内容：所有权（人有权把他的意志体现在任何物中）、契约权（转让所有权的自由或权利）、不法和犯罪（特殊意志对自在的普遍的意志的侵犯）。抽象法只是一种形式法，是一种可能，它还不是现实的、特殊性的东西，不在规定之中，所以抽象法中不存在冲突。

二是道德。抽象法是意志的自在的直接的体现，所以它是客观的、未经反思的。道德是对自由规定的一个更高层次。道德最主要的本质就是主观性，在道德中人是主体。人在道德意志中是自为的。

> 在严格意义的抽象法中，还未发生什么是我的原则或我的意图的问题。这一个关于意志的自我规定和动机以及关于故意的问题，现在在道德领域中才被提到日程上来。人都意愿别人对他按他的自我规定来作出评价，所以不问各种外在的规定怎样，他在这种关系中是自由的。人在自身中的这种信念是无法突破的，任何暴力都不能左右它，因此道德的意志是他人所不能过问的。人的价值应按他的内部行为予以评估，所以道德的观点就是自为地存在的自由。②

正因为道德是自为的，它才能成为现实。"只有在作为主观意志的意志中，自由或自在地存在的意志才能成为现实的。"③因为在道德中人们把自己从纯粹的任性中解放出来，有了自我独特利益的规定，这是具有高度价值的。这种独特利益之所以有价值，因为它是自我规定的，这本身就有绝对的价值。

黑格尔把道德的发展也分为三个层次：故意和责任（主观意志的直接规定就是这是我的，我对我的主观故意负责任）、意图和福利（主观意志经过反思过渡到特殊物、特殊目的，并对其行为的后果负责，就是动机与后果的统一）、善和良心（道德自身即目的。它追求的不是特殊福利，而是善本身）。不过需要指出的是，黑格尔对善的理解与康德不同。黑格尔认为康德所说的善只是一种形式上的善，这种善完全由个人理性意志所规定，是一个个应然的义务，至于其能否被实现，与善是否为善无关。康德的善也是排斥福利的。义务就是义务，与福利无关。黑格尔认为康德的善没有走出应然，只是一种形式同一，缺乏现实性，也就是说，康德的善只是形式上的责任，只是应当如何，缺乏具体的原则。黑格尔肯定了康德为义务而尽义务的卓越可贵，但也认为这种形式责任过于空洞。他说："康德的哲学观点，提出义务和理性应符合一致，这一点是可贵的，这里

---

① ［德］黑格尔：《法哲学原理》，范扬、张企泰译，北京：商务印书馆，1996年，第46页。
② ［德］黑格尔：《法哲学原理》，范扬、张企泰译，北京：商务印书馆，1996年，第111页。
③ ［德］黑格尔：《法哲学原理》，范扬、张企泰译，北京：商务印书馆，1996年，第110页。

还必须指出它的缺点，它完全缺乏层次。”①黑格尔认为善不应该是形式的，而应该有具体的内容；不应该是仅有为义务而尽义务这一空洞形式，而应该是为某内容而尽义务。善不仅不应是空洞的，而且更应是客观的。黑格尔认为良心表示着自我意识绝对有权知道在自身中和根据它自身什么是义务和权利，除它认识到的善外，其余一切概不承认。但是，黑格尔也认为，权利和义务作为意志规定的自在自为的理性物，本质上不是个人的特殊所有物，它应该是普遍的、被思考的规定，是合乎理性的、普遍有效的规则。要成为合乎理性、普遍有效的规则，就不能乞灵于自身，就必须符合某种真实客观的内容。善既然具有客观性，它就成为真实的良心希求的对象。“真实的良心是希求自在自为地善的东西的心境，所以它具有固定的原则，而这些原则对它说来是自为的客观规定和义务。”②黑格尔之所以反对以主观意志的选择作为善恶标准，在于他认为人的意志是有善有恶的，如果以纯粹的主观性作为原则，恶也可被作为善的。“良心如果仅仅是形式的主观性，那简直就是处于转向作恶的待发点上的东西。”③另外，如果把主观性作为抽象的自我规定和确信，就可能在现实中迷失方向、失去自我，因为在这种纯自我的抽象反思中，一切现实的东西都会被认为是虚无的、局限的，一切现实的义务和权利都会在主观的反思中蒸发掉。所以，真实的良心必须是对自在自为的善的思维、希求和确信。

三是伦理。黑格尔认为良心虽然可以对自在自为的善即客观的善达到确信，也就是在主观中容纳客观，但良心毕竟是纯主观的东西。抽象法是意志的直接规定，缺乏主观；道德是主观的规定，缺乏客观：二者都不能成为自在自为的实存，也就是说都缺乏现实性。把二者连接起来并得以实现的是伦理。

> 伦理是自由的理念。它是活的善，这活的善在自我意识中具有它的知识和意志，通过自我意识的行动而达到它的现实性；另一方面自我意识在伦理性的存在中具有它的绝对基础和起推动作用的目的。因此，伦理就是成为现存世界和自我意识本性的那种自由的概念。④

这就是说伦理是一种客观精神。伦理虽然是客观精神，但自我意识可以认识它、确信它，并推动它的实现。如果没有自我意识，伦理就不是伦理，而是一个纯客观的、自在的存在；自我意识虽然在伦理中有其地位，但就本质上而言，它属于客观伦理的一个规定。“因为伦理性的规定构成自由的概念，所以这些伦理性的规定就是个人的实体性或普遍本质，个人只是作为一种偶然性的东西同它发生关系。个人存在与否，对客观伦理说来是无所谓的，唯有客观伦理才是永恒的，并且是调整个人生活的力量。因此，人类

① [德]黑格尔：《法哲学原理》，范扬、张企泰译，北京：商务印书馆，1996年，第138页。
② [德]黑格尔：《法哲学原理》，范扬、张企泰译，北京：商务印书馆，1996年，第139页。
③ [德]黑格尔：《法哲学原理》，范扬、张企泰译，北京：商务印书馆，1996年，第143页。
④ [德]黑格尔：《法哲学原理》，范扬、张企泰译，北京：商务印书馆，1996年，第164页。

把伦理看作是永恒的正义,是自在自为地存在的神。”①

伦理既然是主观和客观的统一,那么个人的权利和义务就只能在伦理关系中去考虑,而不能只是主观意志的规定。“个人主观地规定为自由的权利,只有在个人属于伦理性的现实时,才能得到实现,因为只有在这种客观性中,个人对自己自由的确信才具有真理性,也只有在伦理中个人才实际上占有他本身的实质和他内在的普遍性。”②所以,黑格尔反对把原子式的个人作为实体,关系即伦理才是实体、本质。

黑格尔把伦理精神也分为三个层次:家庭、市民社会、国家。每个层次都有其自身的原则和规定。

家庭是伦理精神直接的或自然的表现。爱是家庭的规定。爱是一种情绪、一种感觉,意识到我和别人的统一,使我不专为自己而孤立起来。在家庭中,人们意识到自己是这一自在自存的统一体中的一个成员。爱使自己不成为独立的、孤单的、感觉残缺不全的人。爱使自己在别人身上找到自己,获得别人的承认。在爱的感觉中,自己虽是被否定了的,但仍有被肯定的顽强的自我意识。所以黑格尔认为,爱绝非理智所能解决的东西。

市民社会是伦理精神的第二个层次。“家庭自然而然地和本质地通过人格的原则分成多数家庭。”③这些家庭都以独立的具体的人自居,并互相以独立具体的人对待,这就有了市民社会。黑格尔认识到市民社会是在现代世界中形成的,其形成时间也比国家晚,但他认为作为概念的规定,其应处在家庭和国家之间。市民社会的第一个原则是个人特殊性、任性的实现。“具体的人作为特殊的人本身就是目的;作为各种需要的整体以及自然必然性与任性的混合体来说,他是市民社会的一个原则。”④在市民社会中,每个人都以其自身为目的,其他一切在他看来都是虚无的。市民社会的第二个原则是普遍性原则。在市民社会中,个人尽量去满足自身的需要,满足他的特殊性、偶然性、主观偏好;但正是在这种享受中,特殊性原则破坏着其自身的规定,因为每个人要满足自身的目的,就不得不同他人发生关系,若非如此,他就不能达到自身目的。因此,其他人便成为特殊的人达到目的的手段。特殊的目的通过同他人的关系取得了普遍的形式,在满足他人福利的同时满足自己。特殊性的实现,必然以普遍性为条件。市民社会就是一个中介,在其中个人的生活、福利、权利同众人的生活、福利、权利交织在一起,形成一种相互依赖的制度。个人的生活、福利、权利,也只有在同这种制度的联系中,才是现实的、可靠的。“理念在自己的这种分解中,赋予每个环节以独特的定在,它赋予特殊性以全面发展和伸张的权利,而赋予普遍性以证明自己既是特殊性的基础和必要形式、又是特殊性的控制力量和最后目的的权利。”⑤

---

① ［德］黑格尔:《法哲学原理》,范扬、张企泰译,北京:商务印书馆,1996年,第165页。
② ［德］黑格尔:《法哲学原理》,范扬、张企泰译,北京:商务印书馆,1996年,第172页。
③ ［德］黑格尔:《法哲学原理》,范扬、张企泰译,北京:商务印书馆,1996年,第195页。
④ ［德］黑格尔:《法哲学原理》,范扬、张企泰译,北京:商务印书馆,1996年,第197页。
⑤ ［德］黑格尔:《法哲学原理》,范扬、张企泰译,北京:商务印书馆,1996年,第198页。

国家是伦理精神的第三个层次。国家就是伦理精神这个实体性自由的实现。在国家中,个人的单一性及其特殊利益不但获得完全的发展,其权利获得明白承认(如在家庭和市民社会领域中那样),而且它们通过自身过渡到普遍物的利益,认识和希求普遍物,把普遍物作为自己实体性的精神,作为最终目的。需要指出的是,黑格尔所说的国家这个普遍物不同于他在市民社会中所说的普遍物。黑格尔认为市民社会中的普遍物是建立在特殊利益推动的基础上,市民社会中的普遍物只是一个工具、手段,是私人利益交织融合而形成的一种相互依赖的制度。国家这个普遍物是绝对自在自为的理性东西,它不受其他目的的推动。

> 这个实体性的统一是绝对的不受推动的自身目的,在这个自身目的中自由达到它的最高权利,正如这个最终目的对单个人具有最高权利一样,成为国家成员是单个人的最高义务。①

黑格尔反对把国家等同于市民社会,目的只是为保护所有权和个人自由。黑格尔认为如果把国家仅仅视作是个人利益的结合,如果公民们的主观利益得不到满足,而公民们又看不到国家本身是实现他们利益的中介,国家就会处于危险之中。国家和个人的关系不能视作是利益的结合,国家应被视作伦理目的的实现。个人不仅作为私人和为了本身目的而生活,个人还必须希求成为普遍物,自觉成为普遍物是人的最高目的。"由于国家是客观精神,所以个人本身只有成为国家成员才具有客观性、真理性和伦理性。结合本身是真实的内容和目的,而人是被规定着过普遍生活的;他们进一步的特殊满足、活动和行动方式,都是以这个实体性的和普遍有效的东西为其出发点和结果。"②

国家是伦理精神的实现,所以黑格尔反对把国家置于个人意志选择的基础上。黑格尔认为如果说国家是主观意志选择的产物,即使所谓的共同意志,也是从单个意志产生出来,那么,这些单个人结合而成的国家就变成了一种契约,而这种契约是以单个人的任性、意见和随心所表达的同意为基础,这就破坏了国家的神圣性及其权威和尊严。如果契约论得势,一切现成的东西都会被推翻,人们根据抽象的思维重新建立国家制度,其结果是可怕和残酷的。国家的存在不是意志选择的契约产物,国家是理念的有机展开。

> 国家是机体,这就是说,它是理念向它的各种差别的发展。这些不同方面就是各种不同的权力及其职能和活动领域,通过它们,普遍物不断地、合乎必然性地创造着自己,又因为这一普遍物正是自己的创造活动的前提,所以也就保存着自己。这种机体就是政治制度。它永远导源于国家,而国家也通过它而保存着自己。如果双方脱节分离,而机体的各个不同方面也都成为自由散漫,那末政治制度所创造

---

① [德]黑格尔:《法哲学原理》,范扬、张企泰译,北京:商务印书馆,1996年,第253页。
② [德]黑格尔:《法哲学原理》,范扬、张企泰译,北京:商务印书馆,1996年,第254页。

的统一不再是稳固的了。①

这就是说,国家是理念的有机展开,作为国家理念体现的政治制度也是一个有机体,它是为了实现国家理念的各种规定而形成的一个有机整体。

国家的目的虽是普遍利益,但这普遍利益包含着特殊利益。国家不是为了实现某个或某部分特殊利益,但每个正当特殊利益的实现都必须以国家为前提,即正当特殊利益的实现与确认离不开国家。个人在国家中,一方面实现个人利益,一方面希求着普遍,也就是认识到人不仅仅是作为私人和为了本身目的而生活,还是更大生命的一部分。人也只有在国家中,自由才能得到完全实现,即人作为人的本质达到完全的客观定在。

国家是伦理精神的实现,是实体性自由的实现,这是从国家理念而言。现实中的国家,只能是国家理念展开中的一环。

在现实中的国家本质上是个别国家,不仅如此,它是特殊国家。个别性与特殊性有别,个别性是国家理念本身的一个环节,至于特殊性则是属于历史的。国家本身各自独立,它们之间的关系只能是一种外部关系,所以必须有第三者在它们之上,并把它们联系起来。现在这个第三者就是精神,它在世界历史中给自己以现实性,并且是凌驾于国家之上的绝对裁判官。……永远肯定自己以对抗特殊物的唯一绝对裁判官,就是绝对精神,它在世界历史中表现为普遍物和起着作用的类。②

当然,黑格尔所说的国家理念,不是一个既有事实,而是一个过程。万物都会趋向绝对精神所规定的合理性,但这需要一个过程,需要绝对精神的逐渐展开。这个过程既是绝对精神体现自身的过程,也是人类认识绝对精神、体认自身本质的一个教养过程。只有通过这个历史过程,人才能走向理性、自由。

黑格尔认为现代国家的国家原则是这样的:在现代国家,一方面,个人主观性的特殊权利必须得到充分活泼的发展;没有特殊权利的充分发展,普遍物就无法展开和前进。另一方面,普遍物也必须予以促进;没有普遍物,特殊权利就无以实现。由此我们可以看出,黑格尔认为现代国家必须承认自主个人的诸项权利,现代国家必须是法治国家。在这些问题上,黑格尔与自由派或康德并无不同。黑格尔的独特之处在于,这些都是理念的发展,而不是来源于人的主观自由意志。

(四)功利主义国家观的兴起。由休谟、卢梭、柏克开始的对天赋权利哲学的反对,到了黑格尔这里才第一次得到系统的阐述,但这并未取代形成整个17世纪和18世纪政治思想主流的个人主义传统。黑格尔虽然对个人权利给予肯定,但他认为一切都是

---

① [德]黑格著:《法哲学原理》,范扬、张企泰译,北京:商务印书馆,1996年,第268页。
② [德]黑格尔:《法哲学原理》,范扬、张企泰译,北京:商务印书馆,1996年,第259~260页。

绝对精神的展开,这与近代以来思想主流——自我决定——不相符合。由于黑格尔反对人的自我决定,认为这是一种绝对的自负,所以在国家权力结构中就不存在人民主权,不存在人民对政府的限制。个人权利的保障在于官吏的公共精神。因为按照黑格尔的理论,国家是理性的体现,法律也应该是合乎理性的,官吏受法律的限制,其行为也应该是可预知的。一个理想的国家就是理性的法律统治的国家,一切事物都是确定和有保障的,排除了任何个人的任意行为。黑格尔这种法治国家的理念与自由主义有相通之处。不同之处在于黑格尔的法治国家是理性的自我证明——应该如此,所以如此——应然就是实然,排除了法治与民主治理之间的关系。自由主义的法治是与民主治理相关。正因如此,黑格尔的有机体国家理论虽有重大影响,成为许多主张社会本位主义者的理论源头,但在思想和实践中却从未成为主流。相反,个人主义的权利哲学不仅没有被取代,而且得到了发扬光大。正如著名政治学者萨拜因所指出:19 世纪以后的个人权利哲学不同于革命时代的天赋权利哲学。革命时代的天赋权利哲学,个人权利是不证自明的公理,是革命信条。19 世纪,天赋权利哲学的一些理想在流行西欧文化的国家中已得到落实。因此,个人权利哲学趋于温和。保留革命时代的政治成果,除去革命的选项,这表达了 19 世纪以后,个人权利哲学信奉者的普遍思想倾向。对个人权利的辩护,也主要是从功利角度出发,而不再是革命的了。19 世纪,从个人主义角度为个人权利辩护,并对后世有深远影响的,主要有两大学派:以边沁为代表的功利主义学派和古典自由主义学派。

边沁的思想主要反映在他的两部著作《政府片论》《道德与立法原理导论》中。《政府片论》发表于 1776 年,主要作用在于"破"。《道德与立法原理导论》1789 年以法文发表,其主要作用在于"立"。《道德与立法原理导论》初版引起的注意有限。直到 19 世纪 20 年代以后,他的思想才通过翻译他的法文著作回到英国,并产生重大影响。边沁在《政府片论》中即提出了功利原则,认为政治社会不是建立在什么假言契约上,也不是建立在自然法的公平正义上,而是利益的需要。既然政治社会不是建立在契约上,那么主权者也就不会受所谓的契约限制。自由国家和专制国家的区别不在于主权者的权力大小,而在于在自由国家全部最高权力是由共享权力的若干阶层的人们共享的。主权者既然不受限制,当然其制定法律的权力也就不受所谓契约和自然权利的限制。边沁也不承认历史的权利。制定法律唯一需要考虑的原则是功利,即"最大多数人的最大幸福是正确与错误的衡量标准"。由于《政府片论》主要在于驳斥布莱克斯通对英国法律的诠释,所以对功利主义没有进行详细阐述。《道德与立法原理导论》详细阐述了其功利主义思想:

> 自然把人类置于两位主公——快乐和痛苦——的主宰之下。只有它们才能指示我们应当干什么,决定我们将要干什么。是非标准、因果联系,俱由其定夺。……功利原理承认这一被支配地位,把它当作旨在依靠理性和法律之手建造福乐

大厦的制度的基础。①

边沁进一步解释道，功利原理就是按照增大或减小利益有关者幸福的倾向，亦即促进或妨碍此种幸福的倾向，来赞成或非难任何一项行动，这包括私人的每项行动，也包括政府的每项措施。这种幸福增加或减少既包括具体个人的，也包括共同体的，但终究而言，还体现在具体个人幸福的增加或减少，因为边沁认为共同体是个虚构体，共同体的利益也就是组成其成员利益的总和。"不理解什么是个人利益，讨论共同体的利益便毫无意义。"②组成共同体个人的幸福是立法者唯一的目的。

既然快乐与痛苦是一个人干任何事情的根源，那么快乐与痛苦的根源是什么呢？边沁认为产生快乐与痛苦的源泉有四方面：自然的、政治的、道德的、宗教的。它们都可以对人产生约束力量。立法者要根据对这些产生快乐与痛苦的动机力量的了解，以及其对不同人群产生的快乐与痛苦的强度、持续时间、广度等细致而周详的计算来立法。在痛苦与欢乐的计算中，每个人的价值都是一样的，每个人都只能算一个，谁也不比一个人更多一些。既然立法的目的在于增加幸福，边沁认为对有害行为或者说犯罪的惩罚也不能违背这一原则。惩罚就会带来痛苦，任何惩罚都是恶，所以惩罚带来的恶不能大于惩罚消除的恶。对于那些无理由惩罚、惩罚无效、惩罚无益的损害行为，就不必惩罚。比如，边沁认为某些行为虽在某种场合有害或令人讨厌，但如果行为所涉及的利益攸关者同意了该行为，并没给其造成危害，就不必惩罚。对于散布有害原理，也无必要惩罚，因为与理论作斗争的有效武器是笔而不是剑。边沁认为立法（刑法、民法）关注的是涉及罪过的及社会公共层面的利害，私人伦理不属于法律调节的范围。私人伦理是指导个人自身行为的艺术，这包括仅与他本人有利害关系的行为及可能影响到他身边人利益的行为。换言之，就是个人对自身的义务及个人对他人的义务。私人伦理在原则上和立法原则没有差别，就是增加共同体每个成员的幸福感。私人伦理与立法的差别是：立法者不应当把这类行为统统置于立法的考虑之下，不应当时时去试图指导共同体内若干其他成员的行为。私人伦理的恰当对象不一定是立法的恰当对象。因为个人是自己快乐与痛苦的最佳判断者。

综上所述，我们可以看出：边沁的功利主义是从个人主义出发——每个人都根据自己对快乐与痛苦的计算而行事，每个人快乐与痛苦的价值都是相等的。边沁的目的也是为了减少人的痛苦，使所有人都能过像人一样的生活，符合以人为目的而不是手段的原则。但是边沁的功利原则——最大多数人的最大幸福（有时也称最大幸福）——与上述观念有冲突。因为边沁不承认有个人自然权利的存在，一切权利都是法律所创制，如果以最大多数人的最大幸福为立法原则，少数个人的权利就会受到伤害，人人都可能成为少数个人中的一员，这不符合每个人都是目的的原则。边沁认为主权者的权力是不

① ［英］边沁：《道德与立法原理导论》，时殷弘译，北京：商务印书馆，2000年，第57页。

② ［英］边沁：《道德与立法原理导论》，时殷弘译，北京：商务印书馆，2000年，第58页。

受限制的,从理论上而言,主权者可以制定任何法律——只要主权者认为符合功利原则,这是否会使立法失去边界限制,私人伦理方面的自由是否会徒有虚表。当然从边沁本人而言,任何立法都是对自由的限制,本质上都是不好的,因而立法必须保持在最低限度。边沁的快乐最大效益化的道德观念,也受到人们的批评。边沁认为个人的幸福就是快乐最大化,各种快乐只有大小强弱之分,没有价值上的差别。批评者认为这种道德观念,有违人之为人的尊严,因为生活中有许多值得珍视和为之行动的价值不能简单归为快乐这种心理状态,能给人带来快乐体验的生活,也不一定都是值得过的生活。

从理论上而言,功利主义会造成为了大多数人的利益牺牲少数人利益的危险。但是,从历史上而言,功利主义兴起却是为了反对特权阶级。当时英国的权力仍然掌握在少数土地士绅手里,社会组织的功能也主要满足于他们的利益。他们把他们根据传统地位继承下来的权利视作自然权利。那个时代最根本的政治争论就是:是否需要改革这种精英型的社会结构以提升绝大多数人的权利。最初的功利主义者就是所谓的"哲学激进派",他们希望对英国社会进行彻底的反思,他们认为英国的社会现状是封建迷信的产物,而不是理性的产物。应该说,功利主义对当时英国的社会改革有重大影响——传统地位特权被取消,社会立法不断增加。但是,在其取得立法成就的同时,也是其理论的衰落之际。因为社会立法的不断增加,意味着政府干预力度的加大,这是否与传统的自由主义背道而驰?古典自由主义就是在这种背景下产生的。约翰·斯图尔特·密尔、赫伯特·斯宾塞是其主要代表者。

约翰·斯图尔特·密尔(以下简称"密尔")的父亲詹姆斯·密尔是边沁的学生,功利主义的坚定信仰者。他一出生,他父亲就决定把他培养为功利主义哲学的继承人,但是密尔却成了自由主义者。密尔自认为是忠于功利主义的,但其思想最有力、影响最深远的却不是功利主义,而是自由主义。密尔认为他父亲那一代的功利主义者不是为了追求自由而是向往开明政治,而对于密尔来说,自由本身就是有价值的,自由不仅对社会有利,而且对享有这种自由的个人有利。密尔的自由主义思想主要反映在《论自由》一书中。他在引论中开宗明义地说:"这篇论文的主题不是所谓意志自由,不是这个与那被误称为哲学必然性的教义不幸相反的东西。这里所要讨论的乃是公民自由或称社会自由,也就是要探讨社会所能合法施用于个人的权力的性质和限度。"①密尔认为自由可以分为三大类:最广义上的良心自由,也就是思想、言论、道德的自由,这是一种绝对的自由;追求个性的自由,只要不危害别人的利益;为着任何无害于他人目的而联合的自由。密尔给"自由"下的定义是:"唯一实称其名的自由,乃是按照我们自己的道路去追求我们自己的好处的自由,只要我们不试图剥夺他人的这种自由,不试图阻碍他们取得这种自由的努力。"②之所以如此,是因为每个人是其自身健康的适当监护者,不论是身体的健康,还是智力的健康,或者是精神的健康。密尔认为人类之所以需要良心自

---

① [英]约翰·密尔:《论自由》,许宝骙译,北京:商务印书馆,2007年,第1页。
② [英]约翰·密尔:《论自由》,许宝骙译,北京:商务印书馆,2007年,第14页。

由,乃是因为“人类不是不可能错误的;人类的真理大部分只是半真理;意见的统一,除非是对立诸意见经过最充分和最自由的较量的结果,是无可取的,而意见的分歧,在人类还未达到远比今天更能认识真理的一切方面之前,也并非坏事而倒是好事”①。密尔认为这些鼓励良心自由的原则,同样适用于个性的发展。对于各式各样的性格只要对他人没有损害应当给予自由发展的余地,这是个人的权利。同时,它也是维持个人和社会幸福、进步的主要因素之一。

> 凡在不以本人自己的性格却以他人的传统或习俗为行为的准则的地方那里就缺少着人类幸福的主要因素之一,而所缺少的这个因素同时也是个人进步和社会进步中一个颇为主要的因素。②

允许良心自由和个性发展,并非仅因为它们是迫不得已而存在的坏事,而且因为它们是文明社会的特征和标志,具有内在的人道性质。

> 假若大家都已感到个性的自由发展乃是福祉的首要要素之一;假若大家都已感到这不止是和所称文明、教化、教育、文化等一切东西并列的一个因素,而且自身又是所有那些东西的一个必要部分和必要条件;那么,自由就不会有被低估的危险,而要调整个人自由与社会控制二者之间的界限也就不会呈现特别的困难,但是为患之处就在,一般的想法却很少见到个人自动性这个东西具有什么内在价值。③

密尔在论述对自由的威胁时,主要针对的是社会而非国家;他呼吁的主要不是减少政治压迫,而是主张真正宽容大度的公众舆论。

> 在古代历史里,在中世纪间,以及以逐渐减弱的程度在由封建社会到当前时代的漫长过渡中,个人自身就是一个势力;如果他具有宏大的才智或者具有崇高的社会地位,他就更是一个可观的势力。到现在,个人却消失在人群之中了。在政治中,若还说什么公众意见现在统治着世界,那几乎是多余的废话了。唯一实称其名的势力,只是群众的势力,或者是作为表达群众倾向或群众本能的机关的政府的势力。这一点,在私人生活方面的道德关系及社会关系中和在公众事务中是一样真实的。……在仅仅是一般群众的意见到处都成为或者正在成为支配势力的今天,对于这种倾向的一个平衡力量和矫正办法,正要那些在思想方面立于较高境地的人们愈来愈多地发挥其断然的个性。④

① [英]约翰·密尔:《论自由》,许宝骙译,北京:商务印书馆,2007年,第66页。
② [英]约翰·密尔:《论自由》,许宝骙译,北京:商务印书馆,2007年,第66页。
③ [英]约翰·密尔:《论自由》,许宝骙译,北京:商务印书馆,2007年,第66~67页。
④ [英]约翰·密尔:《论自由》,许宝骙译,北京:商务印书馆,2007年,第77~79页。

密尔不是在提倡英雄崇拜,因为英雄崇拜一样会造成社会的腐败,丧失社会的自由。密尔关注的是在群众舆论占支配地位的情况下,社会怎样多一些社会宽容,让不合习俗、不合传统的见解有自由发展的余地,无论是具有精神优异性的人们还是一般人,都能按照自己的生存方式生存,保持社会的多样性。"人不像羊一样;就是羊,也不是只只一样而无从辨别的。"①

密尔是第一个从功利角度为自由辩护的思想家,他对功利的看法丰富了功利主义的伦理学。幸福不再被简单看作快乐与痛苦的计算。在自由社会中,按照自己的生活方式生活,发展自己的特性和能力,就是幸福的实质。密尔把建立一个自由的社会置于政治的首要位置,也是其一大发现。以往都把政治制度——也就是政府体制、国家与人民的关系等——当作政治思想探讨的核心,密尔认识到只有开明的社会才有开明的政治。在个人同政府的关系上,在确保自由的问题上,社会成为第三个因素,而且是影响最大的因素。密尔从社会功利角度为自由辩护,这就使得他论述社会需要自由时,论据有力充分,当密尔从对自由的道德价值论述转向社会或国家可以对他施加什么合理限制的实际法则时,他的论点就显得单薄无力。因为他无法从天赋自然权利的角度划定私人领域。密尔是相信自由具有内在价值的,他不可能退回到边沁的推理,认为权利是法律的产物,而个人享有的只是国家给予他们的那些自由,但是,密尔也从不认为在文明社会如果没有法律,还会有任何重要的自由,这就使得密尔在论述社会和国家可以对自由施加合理限制的边界时显得左支右绌。为了哪些利益可以限制自由,为了哪些利益不可以限制自由,标准是什么,密尔很难说清楚。

赫伯特·斯宾塞(以下简称"斯宾塞")主要以古典经济学的理性主义和进化论为自由主义辩护。斯宾塞要为立法寻找一个先验边界。他认为国家的大部分职能都起源于军事社会。军事社会强调强制性的社会服从,人们之间的关系也是由地位体系决定的。而随着工业社会的到来,军事社会的体制就越来越过时,契约体系代替地位体系成为维系社会的主要纽带。

> 随着工业生活的进一步丰富和地位体系在不知不觉中代替了契约体系(译文应有误,应为"契约体系在不知不觉中代替了地位体系"——作者注)以及与之形影相随的情感的日益增长,对公众个人私事的干涉(直到最近伴随军事行动卷土重来而产生了一些反复)也就越来越少了。②

斯宾塞认为,社会是一个生成物,而非一个产品。人类的行为不是设计出来的,而是逐渐形成的。

---

① [英]约翰·密尔:《论自由》,许宝骙译,北京:商务印书馆,2007年,第79页。
② [英]赫伯特·斯宾塞:《国家权力与个人自由》,谭小勤等译,北京:华夏出版社,2000年,第98页。

在社会进化的过程中，习俗出现在法律之前。习俗建立起来后，如果得到官方的认可，并接受一定的形式，就成为法律。①

这就是说法律也是生成的，而非人为设计的。法律既是生成的而非随意设计的，立法也就必须有一定界限。这个界限就是自然的因果律及社会在长期进化中，人们为了维持个体生命及社会存在而形成的准则，或者说是固有权利。斯宾塞认为对于这个自然进化过程，人类不要试图干预，因为你一旦干预自然秩序，你就不知道会产生什么最终结果。斯宾塞认为人类在生存过程中，为了欲望的满足而形成了自发合作的习惯。即使在军事时代，在战争间歇时期，通过互换来维系社会生活的行为也会部分恢复其本来面目。到了工业社会，随着社会的日益复杂，这种合作越来越多，也越来越由自发到自觉，形成契约体系。正是因为要履行契约，才有可能调节成千上万的物品之间的平衡，以适应众口难调的不同需求。斯宾塞认为，个体为了生存就不能不享有一定的权利——生命权、财产权、自由权，这是维系生命的自然需要。既然维系生命的行为是正确的，也就是说他们有权这样做，这些权利就是个体的“固有权利”。生命权和财产权如此的重要，所以必须有一种理由支撑行使这对维系生命至关重要的行为和使这样的行为成为可能的权利和自由，也就是说由固有的权利转化为实际的社会权利。于是，这就有了权利伦理的产生。

斯宾塞认为个体生存的先决条件具有双重意义，也就是这些先决条件既是个体生存的先决条件，也是社会生存的先决条件。因为某一社会的生活，不论从哪一层意义上来说，都依赖于个体权利的维系。既然权利的承认是一个由亲到疏、由近到远的过程，那么权利的维护也是这样一个过程。在社会早期阶段，每一个个体的权利都是由他自己或他的家庭来宣布或维持。随着社会进步，制定法律规范逐渐变为国家的事物。法律不仅要对人们的权利给出正式的批准，还要保护他们不受外来侵略的伤害。随着社会的日益发达，政府承担的职能越来越重，这不得不使它把重心日益转向保证个体的人身安全、财产安全及一定程度上强迫其子民行使契约规定的权利。

至此我们可以看出斯宾塞对权利性质的一个推导过程：生命权、财产权、自由权是人固有的权利。这固有的权利既不是上天所赐，也不来源于假言的原始契约，它是维持生命的自然需要。既然这些权利是维持生命所必需，坚信生命珍贵的人就要使这些权利得到行使，这就有了权利伦理的逐渐产生；随着社会的进步，权利伦理得到法律的确认与保护。斯宾塞认为，这是一个一再由世界不同社会不同习俗证明了的真理，所以他坚决反对权利是有法律创制的观点。

形形色色的原始人告诉我们，在政府存在之前，那些古旧得不能再古旧的习俗就曾确认了私人的权利和维护他们不受侵犯的权利。法律规范在不同民族中的进

① ［英］赫伯特·斯宾塞：《国家权力与个人自由》，谭小勤等译，北京：华夏出版社，2000年，第17页。

> 化各有不同,但它们在禁止对个人人身、财产和公民自由进行某种侵害的问题上却是一致的;它们的相似点表明,个体权利的形成绝非是人工制造的,而是自然形成的。随着社会的进步,早就由习俗确立起来的权利法则的系统化变得愈来愈明确和复杂了。……最后,就像在过去一样,法律总是在众目睽睽下被公开地修改以期能更好地适应现代的平等理念。所以,现在的法律改革者们都为平等理念所引导,这种理念并非来自法律本身,而是法律所必须遵从的。①

斯宾塞认为虽然权利在政府成立以前就已经或多或少确立起来,但是随着社会由军事社会转向工业社会,政府日益沿着军事化的道路前进而变得越来越模糊不清,只有其权力不再那么集中,对权利的认可才会再次逐渐变得明晰起来。法律应该是对自然形成的固有权利的确认与保护,超出此范围就不具有道德合法性;现代政府应该是权利的保护者,同时应该减少身上的侵略性——越来越少介入民众的私人生活圈子。民众享有的自由不是由国家性质决定的,而是由其受干预的多少决定的。

> 一个公民享有的自由不是由他生活其下的国家机器的本质决定,无论是代议制的还是其它的,而是由强加于他之上的限制数量决定。而且,无论这种机器是不是他曾参与组织的,除了为防止该机器或直接或间接地侵犯国民——即维护国民的自由,防止其受到侵略——所必需外,只要它使人民受到更多的约束,其行动就不合乎自由主义的精神:因此,强制性的约束应是消极性质的,而不能是积极主动的。②

斯宾塞认为,让人们在自愿合作的体系下自由竞争符合社会利益,符合人类利益。正是社会形成的自愿合作体系保障了社会的不同需求;自由竞争、适者生存是自然法则;如果因为同情心去干预这个法则,只能给人类带来更大灾难。

以行为受强制范围的大小作为享有自由多少的判断标准,这是斯宾塞对自由理论的一大贡献。以前的自由概念都是建立在意志自由的基础上,差别就在于对意志自由的看法不一,意志不受支配是自由的关键。霍布斯、洛克、卢梭、康德、黑格尔都是从意志自由的概念出发讨论自由的。密尔虽然在《论自由》中开宗明义地说,《论自由》不是谈论意志自由的,但是密尔对自由的定义仍源于意志自由,因为他所谓的自由就是按照自己的道路去追求自己的好处,所谓按照自己的道路,也就是意志不受支配。至于密尔所强调的宽容、少干预,只是实现自由的条件。意志不受支配与行为自由是否一致呢?在意志自由的逻辑下,霍布斯让人受制于实际的绝对主权;卢梭让人受制于公意的强制之下;洛克也认识到二者可能不一致,但洛克以天赋自然权利理论化解了二者可能的不一致;斯宾塞正视了意志自由与行为自由二者概念的不一致,并以行为自由作为自由的

---

① [英]赫伯特·斯宾塞:《国家权力与个人自由》,谭小勤等译,北京:华夏出版社,2000年,第107~108页。
② [英]赫伯特·斯宾塞:《国家权力与个人自由》,谭小勤等译,北京:华夏出版社,2000年,第17页。

标准。

（五）民族主义与公民。民族主义亦对现代公民概念产生了深远影响。民族国家的形成、国家概念的诞生促进了民族主义的形成。作为一种理论，民族主义产生于19世纪。

> 民族主义是19世纪初产生于欧洲的一种学说。它自称要为适当的人口单位作出独立地享有一个自己的政府的决定、为在国家中合法地行使权力、为国际社会中的权利组织等，提供一个标准。简言之，该学说认为，人类自然地划分为不同的民族，这些民族由于某些可以证实的特性而能被认识，政府的唯一合法形式是民族自治政府。①

民族主义产生的历史根源是多元的，由于政治观点不一，对其产生根源的看法也不一致。无论民族主义如何产生，事实是：从18世纪末，个人认同便与民族主义紧密结合在一起。民族为个人提供了一种归属感，民族认同也为国家认同提供了文化合法性。没有民族认同，就没有国家认同，国家和民族成为一种共生关系。民族认同是国家认同的基础，建立一致的民族认同需要国家来完成。民族主义的产生，也使国家和民族相互融合，形成了一种纠结不清的关系。在大多数情况下，民族和国家成了可以互换的概念。

四、公民身份与公民权利的延伸

从17世纪中叶到19世纪后半期，人们主要是围绕个人权利、政治权利谈论公民。到19世纪后期，人们开始关注公民的社会权利。社会权利有多种，但经济权利是基础。实际上，黑格尔曾对贫穷问题予以关注。黑格尔认为贫穷可能会产生贱民问题。所谓贱民，就是生活水平在社会成员所必需的自然水平之下，丧失了自食其力的正义、正直和自尊的感情，对富人、对社会、对政府等产生反抗情绪的穷苦人。如何处理这个问题，黑格尔没有给出答案。他认为如果由富有阶级，或运用其他公共财产如医院、财团、寺院等的资金，使贫困群众的生活维持在一定水平之上，是与市民社会的原则及个人的独立自尊相违背的。边沁的功利主义虽有减少贫困痛苦的考虑，甚至是其提出功利主义的一个很主要的直观考虑，但是边沁并没有直接提出它，而是把它淹没在了快乐与痛苦的计算之中。

英国思想家格林首先直接正视这个问题。格林有感于资本主义自由竞争所带来的社会不公，认为社会不公使社会的大部分成员享受不到该社会的文化创造的好处，不仅是物质上的好处，也包括精神上的好处。赤贫可能带来道德的败坏，道德上充分参与社会生活，对于格林而言是自我发展的最高形式。格林对社会的看法类似于亚里士多德：

---

① ［英］埃里·凯杜里：《民族主义》，张明明译，北京：中央编译出版社，2002年，第1页。

社会是一个为了共同目的分工合作的有机体，作为该群体的成员，分担它的工作并在其中发挥有意义的作用，既是获得完善人格又是作为人能够获得最高满足的条件。作为一个对社会既参与又作出贡献的一员，必须存在一个所有人能够分享的形式。格林给“自由”下了一个积极定义，他认为自由就是“从事值得去做或享受值得享受的事物的一种积极的力量或能力”①。自由必须不只是意味法律上的自由，而且是按照现有条件发展人的能力的实际可能性，是个人真正增加分享社会有价值事物的权力，并且是为了共同利益扩大作出贡献的能力。契约自由可能是达到这个目的的手段，但其本身不是目的。为了积极自由，国家是可以发挥积极作用的。格林虽然认为为了积极自由国家可以干涉，但强制应该降到最低限度，国家最重要的是创造条件。当然，格林认为社会立法并不是减去个人责任，个人也应当尽社会责任，在尽责任中分享作为社会一员应享的份额。

20世纪20年代左右，霍布豪斯也从积极自由的角度对自由主义进行了阐述。霍布豪斯认为，自由主义从一开始其含义就不是不受限制，而是从受普遍限制开始；个人的权利不是一样独立于社会的东西，而是良好社会秩序所必需的许多原则之一；个人利益，如果不受偏见束缚的话，与社会利益天然和谐一致的观点也是过于乐观的：所以社会中的自由必须以公共控制为基础。把公共控制限制在保护人身自由、财产自由、思想自由范围以内，也缺乏足够的理由，因为无法说明保护的只是这几项自由，而不包括其他。霍布豪斯认为：“自由主义是这样一种信念，即社会能够安全地建立在个性的这种自我指引力之上，只有在这个基础之上，才能建立起一个真正的社会，这样建立起来的大厦，其基础深厚广阔，其范围无法予以控制。这样，自由与其说是个人的权利，不如说是社会的必需。”②自由是一个社会利益问题，其基础只能从社会团结中去寻找。每个人的利益不能同公共利益冲突，任何权利脱离了公共利益就无法存在。霍布豪斯所说的公共利益不同于卢梭的公共利益，卢梭的公共利益是淹没个人的公共利益；同样，他也不是黑格尔笔下的普遍利益，霍布豪斯认为黑格尔的哲学有将国家置于其他成员利益之上的趋势。霍布豪斯所理解的共同利益包括每一个人，它建立在个性上，要求社会每一个成员有充分发展个性的机会。这不仅是法律面前的权利平等的基础，而且也是机会均等的基础。它并不意味着一切绝对平等，但是不平等的依据不是个人利益，而是共同利益。社会应该是一个有机联合体，它越是建立在自由和自愿的基础上，其基础越牢固。国家是众多联合体中的一个，不同之处在于它有至高无上的强制力。国家强制的目的，只能是有利于每个人个性的实现。国家的职责是为公民的个性发展创造条件。工作权利和拥有基本生活工资的权利，同人身自由、财产权利一样重要，是良好社会秩序不可或缺的条件。“社会的责任是为个人提供维持文明生活水准的手段，而单单让个

---

① [美]乔治·霍兰·萨拜因著，托马斯·兰敦·索尔森修订：《政治学说史》下，刘山等译，北京：商务印书馆，1986年，第799页。

② [英]霍布豪斯：《自由主义》，朱曾汶译，北京：商务印书馆，1996年，第61~62页。

人在市场的讨价还价中尽力挣到工资是不算尽到责任的。”①

格林和霍布豪斯都是从个体的个性发展权利及社会共同体的道德义务的角度论述公民的社会权利。英国社会学家 T. H.马歇尔(Thomas Humphrey Marshall,以下简称“马歇尔”)从公民身份的角度,论述了公民应该享有的社会权利。马歇尔第一个将其明确概括为公民的社会权利。公民身份(citizenship)是马歇尔首先明确提出的一个概念。虽然公民身份研究的起源可以追溯到两千多年前的古希腊,但明确提出公民身份并有意识地予以研究的是马歇尔。1949 年,在剑桥大学的阿尔弗雷德·马歇尔(Alfred Marshall)年度纪念讲座上,马歇尔作了著名的“公民身份与社会阶级”的演讲。在这一演讲中,马歇尔提出:“公民身份是一种地位(status),一种共同体的所有成员都享有的地位,所有拥有这种地位的人,在这一地位所赋予的权利和义务上都是平等的。虽然不存在决定这些权利和义务应该是什么的普遍原则,但在那些公民身份作为一种制度正在发展的社会中,很容易产生一种理想公民身份的形象,它被用来衡量取得的成就,引导人们的想望。沿着这种方式所计划的道路前进,就是要实现更加充分的平等,公民地位之内容的扩展,获得该地位的人数的增加。”②马歇尔认为公民身份应该包括三种要素:公民要素、政治要素、社会要素。公民要素由个人自由所必需的权利组成,包括人身自由,言论、思想和信仰自由,拥有财产和订立有效契约的权利及司法权利。政治要素就是公民作为政治权利实体的成员或这个实体的选举者,参与行使政治权利的权利。社会要素指的是从某种程度的经济福利与安全到充分享有社会遗产并依据社会通行标准享受文明生活的权利等一系列权利。实际上,马歇尔所说的公民身份三要素也就是作为公民应该享有的三种权利:个人权利、政治权利、社会权利。马歇尔认为公民身份应包含的三种权利不是逻辑分析的结果,而是历史演进中公民地位内容不断延伸的结果。“公民权利的历史是向已有的身份中逐渐增添新权利的历史。”③

马歇尔以英国历史为背景,对公民身份三要素的发展、融合进行了一个简要的概括:

公民个人权利的形成与确认为 18 世纪,也就是说,在 18 世纪,基于个人自由所必需的权利在英国已得到法律确认。

政治权利的形成为 19 世纪,之所以说形成于 19 世纪,并不是说政治权利在 19 世纪才出现,而是说,在 19 世纪,原来少数人才享有的政治权利开始扩展。

社会权利的形成为 20 世纪。马歇尔认为社会权利最初起源于地方性共同体和功能性组织成员资格,后来又得到《伊丽莎白济贫法》和一个由国家设计但由地方管理的工资管制体系的补充,最后后者逐渐取代了前者。但是工资管制体系在 18 世纪极速崩

---

① [英]霍布豪斯:《自由主义》,朱曾汶译,北京:商务印书馆,1996 年,第 83 页。

② [英]T.H.马歇尔、安东尼·吉登斯等:《公民身份与社会阶级》,郭忠华、刘训练编,南京:江苏人民出版社,2008 年,第 23 页。

③ [英]T.H.马歇尔、安东尼·吉登斯等:《公民身份与社会阶级》,郭忠华、刘训练编,南京:江苏人民出版社,2008 年,第 15 页。

溃，原因不仅是工业革命使其根本无法执行，而且还在于它和经济领域中公民权利的新观念是不相容的。公民权利的新观念强调根据自愿订立的契约选择在什么地方工作和做什么工作的权利，而工资管制违背了自由雇佣契约的个人主义原则。《伊丽莎白济贫法》的地位和作用也比较尴尬，因为该法其总体目的不是要建立一种新的社会秩序，而是维护现有的秩序。当旧秩序的模式在竞争性经济冲击下走向瓦解的时候，《伊丽莎白济贫法》也被束之高阁。1834年的《新济贫法》宣布放弃一切侵犯工资领域及强制干预自由市场的权利要求，它只向那些由于年龄或疾病原因不能继续劳动的人及那些放弃奋斗、承认失败并乞求怜悯的弱者提供援助。《新济贫法》不是把穷人的权利要求看作公民权利不可分割的一部分，而是把它看作是公民权利的一种替代品——只有当申请者不再是任何真正意义上的公民时，他的要求才会得到满足。赤贫的人由于被救济院收容，所以他们实际上丧失了人身自由的公民权利；同时，根据相关法律，他们也丧失了可能拥有的任何政治权利。谁接受救济，谁就是在跨越从公民共同体到流浪汉团伙的门槛。早期的《工厂法》遵循的也是同一精神。《工厂法》虽然使工人的工作条件有所改善，工作时间有所缩短，但它适用的对象是妇女儿童。杰出公民即成年男子是不受保护的。马歇尔认为，到了19世纪末，这些观点都已过时。19世纪末是社会权利的奠基期，公共基础教育跨出了迈向社会权利的第一步。19世纪末的基础教育不仅是免费的，而且是强制性的。马歇尔认为当国家保证所有的儿童都应该接受教育时，它就明确意识到公民身份的条件和本质了。接受教育的权利是公民身份拥有的真正的社会权利之一，它实际上是激励成长中的公民的发展，因为儿童是未来的成年人、未来的公民，所以，免费、强制的基础教育从根本上不应该被视为儿童入学的权利，而应该被视为成年公民接受教育的权利。在19世纪末之所以出现这样一个与自由放任原则相违背的现象，原因之一就是这与当时人们所理解的公民权利并不冲突。公民权利就是为那些能读会写的、有理智的、有知识的人设计的，教育是公民自由一个必要的先决条件。马歇尔认为这仅仅从个人利益理解是不够的，因为公共基础教育不仅是免费的，而且是强制的，这是一项与强制性公共责任结合在一起的个人权利。他认为应该这样理解公共基础教育的意义：

> 在19世纪行将结束的时候，人们越来越意识到：政治民主需要受过教育的选民，科学的制造业需要受过教育的工人和技师。因此，提高和教育自我就成为了一项社会责任，而不仅仅是个人责任，因为一个社会的健康取决于其成员的文明程度。履行这一责任的共同体已经开始意识到，自己的文化是一个有机整体，自己的文明是一项民族遗产。随着19世纪公共基础教育的发展，我们跨出了通向20世纪公民身份之社会权利重建道路的决定性第一步。①

---

① [英]T.H.马歇尔、安东尼·吉登斯等：《公民身份与社会阶级》，郭忠华、刘训练编，南京：江苏人民出版社，2008年，第21页。

马歇尔认为,社会权利是公民身份发展的一个必然结果。公民身份需要一种纽带,一种建立在忠诚于共同拥有之文明的基础上的对共同体成员身份的直接感受,这种忠诚是拥有权利并受到共同法律保护的自由人的忠诚,它的发展既受到为拥有这些权利而斗争的推动,也受到在获得它们后对其享有的推动。

现代个人权利的产生,推动了现代民族意识的产生。个人权利的确立,就是承认在法律上每个人都是共同体自由、平等的一员,在个人权利上享有一样的法律权利,这就推动了共同体意识的产生。在一个等级社会,不会有每个人都是共同体一员的观念和感受,现代民族意识的产生是拥有共同体成员身份和共同遗产之感觉的首次勃发。社会权利就是把社会整合从情感和爱国精神的领域扩展到物质领域。马歇尔认为,社会权利的提出,与公民个人权利、政治权利的完善与发展也有密切关系。18 世纪,个人权利虽然在法律上得到了确立,虽然赋予了人们尽力获得他们愿意占有的事物的合法资格,但并不保障他们的占有。公民在行使个人权利时,受到阶级偏见和经济机会缺乏的严重限制。政治权利方面也同样如此。为消除公民实现个人权利、政治权利的障碍,英国进行了司法、政治改革,这些改革有助于缓解贫困带来的痛苦,但其目标不是改变不平等模式。人们在完善公民个人权利、政治权利的过程中,对平等、正义有了新理解。马歇尔称:"在 19 世纪后半叶,人们对平等作为一项社会正义原则逐渐产生了兴趣;并且意识到这样一个事实:仅仅正式承认权利的平等是不够的。……在实践中,激发人们消除这些障碍的思想态度却源自一种超越这些狭隘限制的平等观念,即平等社会财富(equal social worth)的观念,而不仅仅是平等自然权利(equal natural rights)的观念。"① 这些观念虽然当时在减少社会不平等方面收效甚微,但却有助于将历史进程引入通向 20 世纪平等主义政策的道路。马歇尔认为这个进程真正开始于 19 世纪末,标志就是国家开始通过税收政策及其他政策去改变完全由契约、市场主导的社会不平等模式,它的目标不再仅仅是减少社会最底层由贫困带来的痛苦。"建立社会权利的正式途径是政治权力的行使,因为社会权利意味着对某种标准之文明拥有一种绝对的权利,它只以公民身份一般义务的履行为条件;它们的内容并不取决于权利承担者个人的经济价值。"② 社会权利是外在于市场体系的,它是社会正义的要素。

马歇尔公民身份理论影响巨大,争议颇多。质疑者的论点有:马歇尔以英国历史为背景论述公民身份是否具有普遍性,公民权利是否就一定按照个人权利、政治权利、社会权利演进等;但这些都不是最根本的,最根本的在于对社会权利的争论。总体而言,对马歇尔理论的质疑主要出现在 20 世纪 70 年代以后。20 世纪 50 年代至 70 年代,无论从理论还是从实践上,马歇尔公民身份理论基本上都是得到认同的。

公民权利的延伸不仅是公民权利内涵的丰富,也是公民范围的扩展,使更多人享有

---

① [英]T.H.马歇尔、安东尼·吉登斯等:《公民身份与社会阶级》,郭忠华、刘训练编,南京:江苏人民出版社,2008 年,第 30~31 页。

② [英]T.H.马歇尔、安东尼·吉登斯等:《公民身份与社会阶级》,郭忠华、刘训练编,南京:江苏人民出版社,2008 年,第 33 页。

公民权利。现代公民身份的实质就是关于平等的原则:共同体内的所有成员都应该被当作平等者。这是现代公民身份出现以来一直延伸的一个趋势。马歇尔称:“走向社会平等这一现代动力,构成了大约250年来一直都在发展的公民身份演进过程的最新阶段。”①然而,长期以来妇女却被排斥在政治之外。直到20世纪,具有不同政治观点的绝大多数男性理论家都持有这样一个政治信念:把妇女限制于家庭范围之内及通过法律和习俗确定妇女在家庭之内对于丈夫的从属地位,是有自然依据的。妇女被认为天生不如男人,不适合于家庭以外的政治和经济活动。玛丽·沃斯通克拉夫特首先为争取妇女的政治权利而呼吁。

玛丽·沃斯通克拉夫特认为所谓妇女的弱点、妇女的堕落等,都是男性专制社会的结果,是男人要把女人变为他们的附属品,屈从、取悦于他们;家庭、社会、国家的教育都在加强着这种趋势;如果男人让妇女成为他们平等的伙伴,让她们承担社会责任,而不是以她们缺少理性为由把她们限制在家庭中,她们的品德、才能也会提高,也能够以她们自己的方式对社会作出更为完满的贡献。1792年,玛丽·沃斯通克拉夫特在《女权辩护》一书中写道:“男人只要肯慷慨地打断我们的枷锁,并且满意于和一个有理性的伙伴共处,而不是奴性的服从,那么他们就一定会发现我们是更规矩的女儿,更热情的姐妹,更忠实的妻子,更明白道理的母亲——总之一句话,更好的公民。”②当然,玛丽·沃斯通克拉夫特并没有把男女平权的希望仅寄托在男性身上。她认为女性首当自立,如果不能自立,只希望作为被怜悯的对象,那么最终也只能变成被轻视的对象。不过,在那个时代妇女问题只是一个边缘性的问题。

时至19世纪,随着政治参与权利的扩展,妇女的权利问题逐渐受到关注。英国、美国都有妇女参政的要求。一些进步的思想家也为男女平等、妇女参政呐喊。1861年,密尔在《代议制政府》中就表示:性别差异与政治权利差异是没有关联性的。1869年,密尔出版《妇女的屈从地位》,为妇女权利辩护。密尔说:“我确认,规范两性之间的社会关系的原则——一个性别法定地从属于另一性别——其本身是错误的,而且现在成了人类进步的主要障碍之一。我认为这个原则应代之以完全平等的原则,不承认一方享有权力或特权,也不承认另一方无资格。”③密尔认为生而即有其生活地位是旧时代的原则,现代社会的原则是每个人都可以自由运用其才能和机会去获取他们最期望的命运。在现代社会一个人从事什么职业,或者自己最适合从事什么职业,都由个人选择和判断,这不仅是因为它是每个人的权利,还在于每个人都是自己利益的最好判断者。

旧的理论是,留给个人选择的可能应是最少的,需要他做的,都应在最实际的

① [英]T.H.马歇尔、安东尼·吉登斯等:《公民身份与社会阶级》,郭忠华、刘训练编,南京:江苏人民出版社,2008年,第10页。

② [英]玛丽·沃斯通克拉夫特、约翰·斯图尔特·穆勒:《女权辩护/妇女的屈从地位》,王蓁、汪溪译,北京:商务印书馆,1995年,第193页。

③ [英]玛丽·沃斯通克拉夫特、约翰·斯图尔特·穆勒:《女权辩护/妇女的屈从地位》,王蓁、汪溪译,北京:商务印书馆,1995年,第255页。

范围内,由他的上司的智慧为他安排。留给他自己,他肯定要做错。积一千年经验的结果,现代理论则认为,同个人直接利害相关的事,如不交由他自己处理,永远办不好。①

这些现代社会普遍承认的原则,为什么在妇女这里成了例外呢?密尔认为这是没道理的,也是不公正的。至于很多人诉诸天性为男权辩护,密尔认为所谓的天性都是人为的结果,至于智力、才能问题,没有任何理论或科学实验能够证明女性的智力、才能天生不如男人。历史上之所以男人占据统治地位,这是建立在强力的基础上,而强力不是统治合法性的理由。总之,密尔认为没有任何理论和证据能够支持把妇女排除在政治之外,置于屈从地位。

然而,在19世纪反对男女平等、妇女参政的偏见还是非常强势的。直到第一次世界大战后,一些国家比如英国、美国等才给予妇女参政权,原因是妇女在一战中发挥了无可替代的关键作用。1920年,美国女性获得了与男性同等的选举权。1918年,英国30岁以上的成年女性获得选举权;1928年,女性获得与男性同等的选举权。大部分西方国家在二战以后才给予妇女参政权。

不仅是女性权利,种族权利、少数群体的权利等,都成为公民身份与权利延伸中的应有之义。

五、纷争的继续:当代公民思想史

无论是从何种角度而言,20世纪70年代以后,西方乃至世界都开始进入一个新的大变革时代。关于公民的讨论,不得不受到西方规范政治学的复兴、西方经济衰退、全球化、冷战结束等背景的强烈影响。政治哲学在西方有辉煌的历史,柏拉图、亚里士多德、霍布斯、洛克、康德、黑格尔、马克思等都有经典著述,影响了西方乃至世界。然而到了20世纪中叶以后,这个具有显赫成就的领域,却一时显得无精打采,主要原因是冷战造成的意识形态国家化、政权化,很难有不同价值和原则讨论的空间。二战以后,社会学的声望与势力迅速膨胀,从结构与功能角度说明社会政治现象蔚为风气。政治学也受此影响,形成所谓的"科学政治学"或"经验政治学"。科学政治学或经验政治学关注的是政治体系是如何运行的,而不是价值规范。哈罗德·拉斯韦尔给"政治学"下的定义是:"政治学是一门经验的科学,研究权力的形成和分享。"②达尔给"政治"下的定义是:"任何在重大程度上涉及控制、影响力、权力或权威的人类关系的持续模式。"③伊斯顿把"政治"定义为"权威地分配价值的过程"④。它涉及两个基本变量:"其一,能够为

---

① [英]玛丽·沃斯通克拉夫特、约翰·斯图尔特·穆勒:《女权辩护/妇女的屈从地位》,王蓁、汪溪译,北京:商务印书馆,1995年,第270页。

② [美]罗伯特·A.达尔:《现代政治分析》,王沪宁、陈峰译,上海:上海译文出版社,1987年,第16页。

③ [美]罗伯特·A.达尔:《现代政治分析》,王沪宁、陈峰译,上海:上海译文出版社,1987年,第18页。

④ [美]戴维·伊斯顿:《政治生活的系统分析》,王浦劬译,北京:华夏出版社,1999年,第26页。

一个社会分配价值;其二,设法使大多数成员至少把这种分配作为义务予以接受。"①但是,政治毕竟离不开价值。如果没有价值的支撑,一个政治体系能运行多远呢?正如著名政治学者萨托利所说,任何一种政治体系都是价值压力的产物,"是什么和应是什么并不是在各不相干的两条路上跑的车。相反,它们总是相互干扰和相互冲突"②。1971年,罗尔斯的《正义论》的出版,标志着西方规范政治学的复兴。自由、平等、共同体、正义等价值重新成为政治学讨论的中心话题。罗尔斯的《正义论》之所以能够获得热烈响应,在于它契合了西方社会检讨战后社会政治体制的需要,特别是联系到20世纪西方社会的变化,就更是如此。

20世纪70年代,西方社会进入了一个新时期。20世纪50年代至70年代,是西方资本主义发展的黄金时期:经济高速发展、人民充分就业、福利制度逐步形成。格林、霍布豪斯、马歇尔所设想的混合经济社会体制——既坚持市场经济体系,又通过国家对分配的有效调节,使市场造成的不平等维持在一定限度内,不至于造成社会的分裂——似乎已得到成功。然而,20世纪70年代中期以后,这种混合经济体制越来越难以为继。1973年、1978年两次石油危机严重冲击了西方经济,造成西方经济的衰退。人口老龄化使养老金和公共卫生服务的公共开支增大,但国家的财政压力却因经济衰退和增长放缓而加剧,失业上升也对公共开支提出了新要求。公众对公共服务的期望值还在上升,福利国家的前景面临着不确定性。西方经济的衰退,引发产业转移,这又形成经济全球化。20世纪80年代,全球化加速扩展,对西方福利政策造成严重冲击。20世纪80年代以后,福利支出遭到削减,享受福利制度变得困难重重。二战以后,西方之所以能够走向福利国家,除了经济高速发展,还在于国家对市场的强大调控能力。正如哈贝马斯所说:"在西方混合经济中,国家能够在社会总产值中支配很大的份额,因而拥有转移支付、补贴,乃至实行有效的基础建设政策、就业政策和社会福利政策的活动余地。国家能够对生产和分配的框架条件施加影响,以便达到增长、价格稳定和充分就业的目标。换句话说,调节式的国家可以一方面借助刺激增长的措施,另一方面借助社会福利政策同时促进经济的活力,保障社会一体化。"③随着经济全球化,国家对市场的调控能力大为减弱。为了保持国家的竞争力,国家也不得不自我限制其调控力量。由于国家行动能力受限制,福利政策也不得不面临严峻考验。社会权利是不是公民应有的权利,在此问题上西方社会陷入了严重分歧。

冷战结束使世界形势发生了深刻变化。东欧剧变、苏联解体,自由、民主似乎成为唯一的意识形态。西方在庆祝胜利时,也注意到了在东欧剧变中所谓公民社会的作用。冷战结束并没有使世界变得更和平,反而是局部冲突加剧。其中民族冲突是一个很重要的组成部分,这不得不使人们思考国家认同应该建立在什么基础上。总之,林林总总

---

① [美]戴维·伊斯顿:《政治生活的系统分析》,王浦劬译,北京:华夏出版社,1999年,第28页。

② [美]乔·萨托利:《民主新论》,冯克利、阎克文译,北京:东方出版社,1993年,第15页。

③ [德]尤尔根·哈贝马斯:《超越民族国家?——论经济全球化的后果问题》,柴方国编译,李惠斌、薛晓源主编:《全球化与公民社会》,桂林:广西师范大学出版社,2003年,第10页。

的原因使得公民身份成为20世纪90年代以后政治学讨论的一个中心话题。1994年，一位学者惊奇地写道："近来出版大多数有关公民身份的论著都是通过表达一种诧异作为开端的，而诧异表现在，这个主题已经突然变成为一个热门话题了。在过去的五年里，越来越多的社会难题和问题已通过公民身份与公民社会得以系统地阐述。无论这个主题是不是贫穷、下层阶级、妇女议题、民族认同、参与式民主、少数民族、威权政府、跨国家的发展、知识阶层的作用，甚至是环境问题，所有这些难题似乎都可以通过公民身份的视角加以富有成效地分析。"①20世纪90年代以后，公民身份之所以能够具有普遍的吸引力是有原因的。20世纪70年代，规范政治学在西方复兴以后，正义是政治学讨论的中心。但是，什么是正义，在终极原则上很难达成一致。公民身份同时具有个人和集体因素，这使得各派都可以使用公民身份的语言为自己的政策主张提供辩护。所有政治共同体，不管其具有任何政治主张，都必然对公民具有某些方面的要求，这也是公民身份的吸引力所在。虽然各派都希望公民具备公民身份，但在公民身份应该是什么上，仍有深刻分歧。

在当代西方的政治光谱上大概可以分为三派：自由平等主义者、自由至上主义者、社群主义者。每派都对公民身份有自己的看法。

（一）自由平等主义者的公民观。自由平等主义者主要信奉罗尔斯的理论。约翰·罗尔斯（以下简称"罗尔斯"）的《正义论》主要目的是为了调和自由与平等，希望把自由与平等综合在一个体系之中。自由和平等都是人们所希求的，但自由和平等又存在着冲突。在传统的政治图景中，要么支持自由，要么支持平等，但是试图融合自由与平等的企图也一直存在。格林、霍布豪斯所主张的积极自由，从其道德直觉而言，未尝不是想调节自由与平等，但从其理论而言，其积极自由的主张，很可能会转化为自由的反面。马歇尔提出的社会权利，实际上也是达成某种程度的实际平等。他注意到了自由与平等之间的张力，但他认为通过混合社会经济体制，二者可以实现某种程度的平衡。伯林是自由主义者，但他也认为以往的理论要么是为了自由舍弃平等，要么是为了平等舍弃自由，或者认为自由、平等同样重要，这样是不妥当的，应当寻求二者某种程度上的平衡，不分轩轾。伯林说："说穷者和弱者享有按其意愿花钱或者选择他们喜欢的教育（科布登、赫伯特·斯宾塞及其门徒曾以无比真诚的外表给予他们）的法律权利，无异于一种恶毒的嘲弄。所有这些都是极度真实的。法律权利会与极端的剥削、残酷与不公正相容。这种情况下，国家或其他有效的机构的干涉，既保证个人的积极自由，也保证他们最低限度的消极自由，就具有压倒一切的重要性。"②

罗尔斯的《正义论》是在正义的价值下把自由、平等综合到一个体系之中，并分出二者的优先次序。罗尔斯说："正义是社会制度的首要价值，正象真理是思想体系的首要价值一样。一种理论，无论它多么精致和简洁，只要它不真实，就必须加以拒绝或修正；

① ［英］巴特·范·斯廷博根编：《公民身份的条件》，郭台辉译，郭忠华校，长春：吉林出版集团有限责任公司，2007年，第1页。

② ［英］以赛亚·伯林：《自由论》，胡传胜译，南京：译林出版社，2003年，第43~44页。

同样,某些法律和制度,不管它们如何有效率和有条理,只要它们不正义,就必须加以改造或废除。每个人都拥有一种基于正义的不可侵犯性,这种不可侵犯性即使以社会整体利益之名也不能逾越。因此,正义否认为了一些人分享更大利益而剥夺另一些人的自由是正当的,不承认许多人享受的较大利益能绰绰有余地补偿强加于少数人的牺牲。所以,在一个正义的社会里,平等的公民自由是确定不移的,由正义所保障的权利决不受制于政治的交易或社会利益的权衡。"①罗尔斯认为共同的正义观是一个组织良好的人类联合体的基本条件,它是公民之间的纽带。

> 如果说人们对自己利益的爱好使他们必然相互提防,那么他们共同的正义感又使他们牢固的合作成为可能。在目标互异的个人中间,一种共有的正义观建立起公民友谊的纽带,对正义的普遍欲望限制着对其它目标的追逐。②

罗尔斯所说的正义观是什么呢?它又是如何建立起来呢?罗尔斯说,他的正义论是进一步概括契约论,并使之上升到一个更高的抽象水平,其目的不是为了要进入一种特殊的社会制度或建立一种特殊的政体,而是选择确立一种指导社会基本结构设计的根本道德原则(即公平的正义),这根本的原则将调节所有进一步的契约,指定各种可行的社会合作和政府形式。罗尔斯首先设定一个原初状态,相当于契约论中的自然状态。他对原初状态有两个假定:一是无知之幕的假定。在无知之幕下,没有一个人知道他在社会中的地位——无论是阶级地位还是社会出身,也没有人知道他在先天的资质、能力、智力、体力等方面的运气,甚至各方也不知道他们特定的善的观念或他们的特殊心理倾向。正义是在无知之幕后被选择的,在无知之幕后选择符合公平的原则。二是假定在原初状态下,各方都是有理性的和相互冷淡的。正是因为各方都是有理性的、相互冷淡的,各方都会推进自己的利益,保护他提出自己的善的观念的权利。假设人在仁爱下选择,要求太高,原则也难以持久。罗尔斯认为,处在原初状态中的人们将会选择两个相当不同的原则:第一个原则要求平等地分配基本的权利和义务;第二个原则则认为社会和经济虽然不平等(例如财富和权力不平等),但只要其结果能给每一个人,尤其是那些最少受惠的社会成员带来补偿利益,它们就是正义的。罗尔斯的正义的两个基本原则是有先后次序的。第一个原则优先于第二个原则,也就是自由优先原则。这就意味着对平等自由制度的违反不能因为较大的社会经济利益而得到辩护或补偿。财富和收入的分配及权力的等级制,必须同时符合平等公民的自由和机会的自由。除了自由优先原则,还有第二个优先原则,即正义对效率和福利的优先。罗尔斯说:"我们有理由强烈反对由竞争来决定总收入的分配,因为这样做忽视了需求的权利和一种适当的生活标准。从立法阶段的观点来看,确保我们和下一代免受市场偶然性的损害是合理的。

---

① [美]约翰·罗尔斯:《正义论》,何怀宏、何包钢、廖申白译,北京:中国社会科学出版社,1988年,第1~2页。

② [美]约翰·罗尔斯:《正义论》,何怀宏、何包钢、廖申白译,北京:中国社会科学出版社,1988年,第3页。

确实,差别原则大概要求这一点。但是,一旦转让提供了一个适当的最低受惠值,那么,如果由价格体系来决定总收入的其余部分的后果是温和的、不受垄断的限制且排除了不合理的外差因素,这种决定也许就是完全公平的。”①对于遗产、智力遗传等自然禀赋造成的不平等,罗尔斯认为这种不平等是允许存在的,因为这不是本质上的不正义,关键在于这种不平等也要尽量符合差别原则,即其所造成的不平等对较不幸者有利。对于收入的调节应该遵循的原则是:首先要保证民主的财产所有制中的平等自由制度;其次财产不能过度集中造成权力的过度集中,损害政治自由的公平价值和机会公正平等。当然这个限度在什么地方,取决于政治判断,它受到理智、良知,一个民族的历史、社会制度等因素的影响。

德沃金也是一位信奉自由平等主义的重要思想家。德沃金虽然对罗尔斯的论证方式不尽赞同,但对其表达的原则还是基本赞同的。德沃金认为罗尔斯的最根本假设不是某种具体的权利,而是得到平等关心和尊重的权利,其他权利都是由此派生的。无论这样的诠释是否符合罗尔斯的思想,它确实表达了德沃金的思想。

> 我的论点中的核心概念不是自由而是平等。我设想我们所有人都同意政治道德的如下假定,政府必须关心它统治下的人民,就是说,把他们当作有能力经受痛苦和挫折的人;政府必须尊重它统治下的人民,就是说,把他们当作根据他们应当如何生活的理性概念有能力组织起来并采取行动的人。政府必须不仅仅关心和尊重人民,而且必须平等地关心和尊重人民。它千万不要根据由于某些人值得更多地关注从而授予其更多的权利这一理由而不平等地分配利益和机会。它千万不要根据某个公民的某一集团良好生活的概念更高尚或高于另一个公民的同样概念而限制自由权。总而言之,这些假定也就指出了可以被称作自由主义的平等概念的东西。
>
> ……自由主义平等概念支配下的每一位公民都有一种受到平等关心和尊重的权利。这一抽象的权利可以包括两种不同的权利。第一种权利是受到平等对待的权利,就是说,像其他人所享有的或被给予的一样,同样分享利益和机会。……第二种权利是作为平等的人受到对待的权利。这不是一种平等分配利益和机会的权利,而是在有关这些利益和机会应当如何分配的政治决定中受到平等地关心和尊重的权利。
>
> ……作为平等的人受到对待的权利必须被当作自由主义平等概念的根本要素,而且,在这些特殊环境中坚持的平等对待的权利愈有限,由于某些原因,它愈是来自更根本的权利,……只有当作为一个平等的人对待的根本权利被解释为要求

① [美]约翰·罗尔斯:《正义论》,何怀宏、何包钢、廖申白译,北京:中国社会科学出版社,1988年,第267~268页。

这些特定的权利时,个人对特定自由的权利才必须得到承认。①

由于德沃金更强调作为平等的人平等对待的理念,其平等的思想也就比罗尔斯更进一步。罗尔斯虽然也认为人不应该根据他们的自然禀赋对社会益品提出要求,而应该根据差别原则进行调节。但罗尔斯对最不利者的界定,完全依据人们所拥有的社会的基本益品,没有把自然的基本益品作为确定最不利者的因素。德沃金认为自然益品也必须被考虑进去,如考虑自然残障者,因为自然残障不是人们选择的结果。因此,德沃金认为在选择正义原则时,必须考虑到种种自然不测因素,以买保险的形式,去抵御在自然天赋分配中将出现的残障或其他劣势。

自由平等主义被认为旨在为战后的自由主义的民主福利国家提供相应的哲学论证。20 世纪 50 年代与 60 年代,绝大多数西方国家都向着福利国家的目标进行了重要的尝试,但当时却没有一种令人满意的政治哲学为之辩护。"罗尔斯与德沃金的理论出现在 20 世纪 70 年代,它们为理解围绕福利国家的政治争论,提供了在思想上令人满意的框架。"②

(二)自由至上主义者的公民观。自由至上主义者捍卫市场自由,反对运用再分配的税收机制去实现平等,其著名的代表人物是罗伯特·诺齐克(以下简称"诺齐克")。1974 年,诺齐克出版《无政府、国家和乌托邦》,旨在反驳罗尔斯的《正义论》,为自由主义辩护。诺齐克开篇即提出了他的理论要旨:"个人拥有权利,有些事情(那些侵犯个人权利的事情)是不能做的,无论是以个人还是以群体的名义";社会必须尊重这些权利,因为它们"反映了作为根基的康德式原则:个人是目的而绝不仅仅是手段;不能在未得到个人同意的前提下,就为着他人的目的而牺牲或利用他们"③。因为这些权利肯定了人的独立存在,肯定这些权利就是肯定人的尊严;反之,就是把人当作工具,侵犯人的尊严。国家只能在最弱意义上存在。"一个最弱意义的国家,即将自己限制于防止暴力、偷盗、欺骗和强制履行契约等较少功能的国家,被证明是合理的。"相反,"任何功能更多的国家将侵犯个人不能被强迫做某些事的权利"④。国家通过税收进行再分配就是对人的权利的侵犯,本质上是错误的。因为每个人的财产权与生命权、自由权一样,是每个人自我所有的权利。那么什么样的分配是正义的呢?诺齐克的理论要旨是这样的:如果我们假定每个人对他们当下持有的财物拥有资格,那么,正义分配就只是那些源于人们自由交换的分配。在正义的状况下凭着自由转移而产生的任何分配都是正义的。怎样才能算作对财产拥有资格呢?诺齐克认为符合持有、转让、矫正正义的财产,就是正义的财产。持有正义有三项原则:1.一个人按照获取正义原则获得持有物,他对那个持

① [美]罗纳德·德沃金:《认真对待权利》,信春鹰、吴玉章译,北京:中国大百科全书出版社,1998 年,第 357~358 页。

② [加]威尔·金里卡:《当代政治哲学》,刘莘译,上海:上海译文出版社,2011 年,第 96 页。

③ [加]威尔·金里卡:《当代政治哲学》,刘莘译,上海:上海译文出版社,2011 年,第 115~116 页。

④ [英]乔纳森·沃尔夫:《诺齐克》,王天成、张颖译,哈尔滨:黑龙江人民出版社,1999 年,第 2 页。

有物是有权利的;2.一个人按照转让正义原则从另一个对持有物有权利的人那里获得持有物,他对那个持有物是有权利的;3.除非是通过1和2的重复应用,无人对一个持有物拥有权利。转让正义:任何通过正当途径的所获之物都可自由地转让。矫正正义:如何处理通过不正当途径的所获之物或通过不正当途径而转移的财产。捍卫市场自由并不是一个新鲜的观点,但以往市场自由的捍卫者大多从功利角度去论证。一种论证途径是:断言自由市场能够最有效率增加社会财富,最大限度满足总体偏好。一种论证途径是:自由市场能够使暴政危险降低到最小。诺齐克没有诉诸功利,因为诉诸功利是把财产权当作手段。诺齐克诉诸权利,因为这是人之为人其自身即为一目的的内在要求。诺齐克捍卫的价值是个人的自由、自愿。当然,这种自由允许无限制的资本主义,也允许个人在自由、自愿的情况下按照其他方式生活。

自由至上主义者之所以反对福利国家,反对社会权利,除他们认为财产权是人的自我所有权外,还在于他们认为社会权利不是应得的权利,因为社会权利不像个人权利、政治权利那样具有普遍性、普惠性。另外,他们认为社会权利造成人的依赖性,丧失自我责任。艾伯特·曼·赫希曼指责福利国家无能、无效、危险。所谓无能,就是"福利官僚制"软弱无能,把其服务引向了错误方向;所谓无效,就是福利供给充斥特有的、无可救药的无效率和无效力;所谓危险,就是福利国家犯下了培养依赖性、削弱消极自由的基础性罪恶。"社会权利远不是个人权利的逻辑顶点,相反,如果社会权利在理论上还不是,那么在实践上也已成为个人权利的死敌。"①

(三)社群主义者的公民观。社群主义是一个比较宽泛的概念,因为它并没有一个统一的理论,其政治观点也不一样:有的强调共同体,有的强调共同利益,有的强调义务和参与。他们一致的地方在于对自由主义的正义和权利原则不满,认为应该关注每个社会内部的常识与共识,应该关注社群。社群概念虽然早已有之,但社群主义却是产生于20世纪70年代以后,它是对罗尔斯《正义论》阐述的新自由主义的一个回应。传统的自由主义都是建立在某种功利主义的基础上。以罗尔斯为代表的新自由主义继承康德的反功利思想,对自由主义有了一个新发展。新自由主义强调权利优先于善,正当即正义优先于善。个人权利不依赖于人的道德本质或人的自然、社会禀赋。正义原则不预设任何特定的善,它是理性的人在公平状态下公共选择的结果。在正义的框架下,每个人寻求自己特定的善。这个正义的框架是超越时空的,它普遍适用于任何时代、任何个人。总而言之,新自由主义强调正义原则是人们理性选择的结果。

针对新自由主义的正义观,社群主义者提出了"构成性正义""构成性自我"的概念。新自由主义的灵感来源于康德,社群主义的灵感来源于黑格尔。黑格尔反对把人看作原子式的、抽象的个人,而是把人看作共同体的一个成员、一个大生命的一部分。伦理不是人选择的结果,而是理性精神的展现。社群主义者虽然不可能再像黑格尔那

① [英]齐格蒙特·鲍曼:《免于国家干预的自由、在国家中的自由和通过国家获得的自由:重探T.H.马歇尔的权利三维体》,T.H.马歇尔、安东尼·吉登斯等:《公民身份与社会阶级》,郭忠华、刘训练编,南京:江苏人民出版社,2008年,第331~332页。

样，把历史看作理性精神的展开；但是，他们却认同人是共同体的一个成员，人的自我认同不是完全自我选择的结果这一理念。社群主义者认为现实中的人都是情景化中的人，任何自我都必然受到各种归属的制约。自我的构成是在我们成长过程中形成的，而不是理性选择的结果。不存在一个我们的认同与我们的目的和我们的依附没有任何联系的独立的自我。即使存在这种认同，也难以持久和形成确信。

> 我们无法以这种方式把我们自己看作是独立的，除非我们为这些忠诚和确信付出沉重的代价，这些忠诚和确信的道德力量部分在于这样一个事实，即：靠这些忠诚和确信而活着，与把我们自己理解为我们所是的特殊个人——理解为某一家庭、共同体、国家或民族之一员；理解为某一历史的承担者；理解为某一场革命的儿女；理解为某一共和国的公民——是分不开的。诸如此类的忠诚不同于我所偶然拥有的价值，或者不同于我“在任何既定时刻所支持的”那些目的。它们超出了我志愿承担的职责，和我对人类所承担的“自然义务”。……
>
> 想像一个没有保持其类似构成性依附联系之能力的个人，并不是去拟想一种理想的自由而理性的行为主体，而是想像一个人完全没有品格，没有道德深度。①

对自我认同而言，首先是“我是谁”的问题。人的自我认同既然不是选择的结果，共同体当然也不是选择的结果。

> 共同体不只描述一种感情，还描述一种自我理解的方式，这种方式成为主体身份的组成部分。按照这种强观点，说社会成员被共同体意识约束，并不只是说他们中的大部分人承认共同体的情感，都追求共同体的目的，而是说，他们认为他们的身份——既有他们情感和欲望的主体，又有情感和欲望的对象——在一定程度上被他们身处其中的社会所规定。对于他们来说，共同描述的，不只是他们作为公民拥有什么，而且还有他们是什么。不是他们所选择的一种关系（如同在一个志愿组织中），而是他们发现的依附；不只是一种属性，而且还是他们身份的构成成分。比起手段型和情感型的共同体观念，我们可以把这种强观念称之为构成性观念。②

社群主义者所理解的共同体不同于自由主义者所理解的共同体。自由主义者所理解的共同体是一个个人为了实现各自目的而形成的联合体，这种联合体是建立在弱势善的基础上。社群主义者所理解的共同体是有某种共同目的、共同感情、共同价值的结合体，这种结合体是建立在强势善的基础上。社群主义者认为他们和自由主义者的分别不在于是否尊重权利，而在于权利和善的关系上。

---

① [美]桑德尔：《自由主义与正义的局限》，万俊人译，南京：译林出版社，2001年，第216~217页。

② [美]桑德尔：《自由主义与正义的局限》，万俊人译，南京：译林出版社，2001年，第181~182页。

问题不在于权利应不应得到尊重，而在于权利能不能以一种不以任何特殊善观念为先决前提的方式，而得到人们的认同和正当合理性证明。①

社群主义者认为权利不是独立于善，而是相对于善。权利得到认可或得不到认可，离不开一个社会的善的观念。一个社会的善的观念不是选择性的，而是构成性的。把正义及个人的善都当作自我选择的一个结果，会带来意义的空虚甚至可能会造成灾难性的后果。黑格尔已经对这种自我依赖式的自由观念作出了深刻批评，把这种自我依赖式的空洞性、潜在破坏性展露无遗。要想摆脱这种空虚，就必须把人放在处境化中，必须回到黑格尔哲学。

若要对处境化的主体性进行哲学性的研究，则黑格尔思想是不可遗漏的参考点。因为，虽然他的存有学见解已经陈旧过时，但是，如果我们考虑具体的主体性，以及思想和自由如何从生命之流中涌现，如何以社会存在的形式表现出来，如何与自然及历史发生密切的关联，并企图将此建构成一套特定的见解，黑格尔的著作实在提供了一个最深刻、最具远见的范例。②

由于社群主义者强调正义和权利离不开特定的善，所以他们也就认为没有普遍的正义。文化是多元的，正义也是多元的。“我们不应从客观的、具有普遍性的原则出发，而是应该从传统出发，向自己的同胞解释我们共有世界的意义。”③基于文化多元，社群主义者提出了一项公民的新权利，即文化权利。文化权利不是一项个人权利，而是一项团体权利，即一个社群有权利按照自己的方式生活，有权利按照自己团体的文化塑造其成员。

我们知道，社群主义不是一个统一的派别。强调共同体的社群主义者把共同体作为其理论的核心，自我的身份认同、自我的善的观念等都来源于共同体，自我选择在其中没有地位。公民个人所能做的是反思所属共同体共有世界的意义，在认识“我是谁”中找到意义与归宿。与此不同的是，强调共同利益的社群主义者肯定自我选择，在自我选择中形成共同利益，凸显共同体的价值。他们通过对消极自由与积极自由的比较，以及重新解读文艺复兴时期人文主义者对自由的诠释，建立起自己的理论。昆廷·斯金纳、菲利普·佩迪特、尤尔根·哈贝马斯等应该是这派理论的主要代表。

昆廷·斯金纳（以下简称“斯金纳”）的理论灵感主要来自文艺复兴时期的共和主义者。斯金纳认为，真正的政治自由不能仅建立在消极自由的基础上。这种建立在权

---

① ［美］桑德尔：《自由主义与正义的局限》，万俊人译，南京：译林出版社，2001年，第226页。

② ［加］查尔斯·泰勒：《黑格尔与现代社会》，徐文瑞译，长春：吉林出版集团有限责任公司，2009年，第257～258页。

③ ［美］丹尼尔·贝尔：《社群主义及其批评者》，李琨译，宋冰校，北京：生活·读书·新知三联书店，2002年，第9页。

利基础上的自由,只能是腐化。

> 当代的社会自由理论,根据“背景”权利(background rights)来分析个人自由概念,它在很大程度上依赖于“看不见的手”的学说(the doctrine of the invisible hand)。我们得到保证说,如果我们所有人都追求自己合理的个人利益,其结果实际上就是整个共同体的最大利益。然而,从共和主义传统的立场来看,这不过是描述腐化的另一种方式而已;只有克服这一点,才被认为是实现我们个人自由最大化的必要条件。①

斯金纳也不赞同把自由看作人类某个道德目的的实现这种积极的自由观,因为这样就会陷入强迫自由的悖论。斯金纳认为除了这两种自由观,还有一种长期被忽视的自由观——文艺复兴时期共和主义者的自由观。他认为共和主义者的自由观关心的是如何建立并维持一个自由的国家,以此来捍卫我们的个人自由而不至于沦为被奴役的状态,这就需要建立一个自治的共和政体,即共和国。建立并维持一个共和国,需要公民的一些关键性品质,也就是公民美德或公共精神。

> 这一术语用以指称我们每一个人作为公民最需要拥有的一系列能力,这些能力能够使我们自觉地服务于公共利益(common good),从而自觉地捍卫我们共同体的自由,并最终确保共同体的强大和我们自己的个人自由。②

为了培养这些美德,一定的法律强制或不可避免。根据自由主义者的逻辑,法律的本质是通过强制他人保护我们的自由。法律帮助每个人在自己的周围画出一个不容他人侵犯的疆界。根据共和主义者的理解,“法律不仅通过强制他人的办法,而且还通过直接强制我们每个人以某种特殊的方式采取行动的办法来保护我们的自由。也就是说,法律也被用来强制我们摆脱习惯性的利己行为模式,充分履行我们的公民义务,以此确保我们个人自由赖以为基础的自由国家本身能够免受奴役”③。斯金纳认为共和主义者理解的自由含有消极自由,或者说消极自由的最大化。共和主义者从来没有论证我们拥有某些终极的道德目的,只有实现这些道德目的,才是我们自由的充分实现;共和主义者也从来没有规定应该追求的具体目标,因为这样是违反人类欲望和目的的内在多样性。但是共和主义者最为关注的是为了我们消极自由的最大化,我们应该采取何种行动才是最理性的。他们认为消极自由或许是强制和约束的产物。我们必须认真

---

① [英]昆廷·斯金纳:《共和主义的政治自由理想》,[美]阿兰·博耶等著:《公民共和主义》,应奇、刘训练编,北京:东方出版社,2006年,第74页。

② [英]昆廷·斯金纳:《共和主义的政治自由理想》,[美]阿兰·博耶等著:《公民共和主义》,应奇、刘训练编,北京:东方出版社,2006年,第72页。

③ [英]昆廷·斯金纳:《共和主义的政治自由理想》,[美]阿兰·博耶等著:《公民共和主义》,应奇、刘训练编,北京:东方出版社,2006年,第75页。

对待我们的义务,不试图去逃避任何超乎社会生活最低限度要求以外的事务,力求尽可能地全心全意履行我们的公共责任,才是确保我们自由的唯一途径。“除非我们把我们的义务置于我们的权利之上,否则我们必定会发现我们的权利本身将遭到破坏。”①

斯金纳对共和主义的理解是既无支配(也就是意志的自由),又无干涉(个人追求既定目标的自由)。要实现这个目标,就必须要先尽义务,自由与公共服务是一体的。菲利普·佩迪特(以下简称“佩迪特”)对共和主义的理解也是无支配、无干涉的自由;但是无干涉的自由居于第二位,最重要的是无支配的自由。无支配不是没有干涉,而是不存在任意的干涉。“无干涉的自由认为干涉之阙如就是自由的充分条件,而无支配的自由则要求任何人都不得拥有任意地干涉其他人——个人或法人(corporate agent)——之生活或事务的能力。”②无支配的自由不是把自由与干涉对立起来,而是把它与任意干涉对立起来,这样自由的反面就不是干涉,而是任意干涉。如果一个行为主体对人们的干涉不是任意的,人们就没有失去自由。按照无支配的自由的观点,自由的反面不仅是任意干涉,还包括任意干涉的能力。即使一个行为主体不任意干涉人们,但他拥有这样的能力,也是自由的威胁。比如一个仁慈的奴隶主不去干涉奴隶,也改变不了奴隶是奴隶的事实。无支配的自由就是不仅没有实际的任意干涉,而且也不能拥有这样的能力。什么是任意的干涉呢?任意干涉就是建立在武断基础上的干涉,它完全受制于行为主体的喜好、意愿,根本不考虑对方的利益或观点。反之,不得不考虑承受干涉者的利益和想法的干涉行为,就不是任意干涉。国家的干涉行为必须出于受动者共同利益的考虑,至少在程序上是为接受干涉者所共享的。可见,无支配的自由强调的是共同利益。为了减少对无支配的自由的限制,为了公民公认的利益而实施的干涉,不能说是减少了公民自由。佩迪特认为无支配的自由的实现不仅仅是一个法律问题,它还有赖于公民美德,也就是人们相互帮助的意愿。

哈贝马斯提出了公民参与的新理论,希望通过公民参与实现公民间的理解、凝聚。公民参与被其支持者认为是保护个人利益、防止专制、追逐公益的根本途径,但是它也一直受到质疑,特别是自由主义者一直对其心怀疑虑,害怕它会妨碍自由。自由主义者认为参与是公民权利,是否参与应该听从公民自己的选择。公民参与意愿低下,反而是政治运行稳定的表现。但是,如果公民都不参与,民主体制还能运行吗?民主体制的有效性、合法性何在呢?哈贝马斯的理论应该是深受阿伦特的影响。阿伦特在反思极权主义产生根源时,提出了公共领域的重建问题,他认为极权的产生与资本主义的产生、发展有密切关系。资本主义的发展产生了现代人权观念。人权的意义在于,人代替上帝成为法律的超越性根源。人权的确立不必诉求任何权威,人自身即是人权的根源。即使世界上只有一个人,人权依然有效,它独立于人的复杂多元性之上。但人自身作为

① [英]昆廷·斯金纳:《共和主义的政治自由理想》,[美]阿兰·博耶等著:《公民共和主义》,应奇、刘训练编,北京:东方出版社,2006年,第80页。

② [澳]菲利普·佩迪特:《共和主义的政治理论》,[美]阿兰·博耶等著:《公民共和主义》,应奇、刘训练编,北京:东方出版社,2006年,第89页。

人权根源是否确凿呢？人与人性的本质是什么呢？这种人权观念在历史发展的脉络中，必然会因为“人性”概念的含糊性而受到质疑或挑战。民族主义、社会达尔文主义、“泛……运动”一再侵蚀人权理念，最终以“种族主义”和“阶级斗争”意识形态为根基的极权主义终结了人权理念。阿伦特认为资本主义经济体系与理念也是极权主义的根源。资本主义把人经营生存的私产转变成不断投资和再投资的无限流动的资产，这种转化孕育出资本主义意识。资产和资本主义意识到处扩张，摧毁一切“神圣”事物，它使人们只关心私人利益的满足、财富的积累，疏离政治。市民社会吞噬了私人领域和公共领域。人不再被看作政治的存在。生活的价值不是表现在公共或政治的生活中，而是在经济市场上追逐私人利益。对经济利益无限制的追求、对政治的冷漠、人与人的孤立等，造成维系人认同的公共世界走向支离失序的境况。极权主义乘虚而入。极权主义就是以政治吞噬一切，它否定了政治的真实意义。

为了给无根的人们寻找意义，为了摆脱极权，人们应该重新找回公共领域。公共领域与私人领域必须严格区分，一旦界线消失，两个领域都会失去。阿伦特认为公共领域有两项职能：一是公民互为主体的沟通。“所谓政治即是任何公共之事务都取决于谈论和说服，而非由势力与暴力来决定。”①二是公民展现优异。哈贝马斯继承了阿伦特对公共领域的阐述。哈贝马斯认为国家对人生活的干预造成人与人之间的不信任，人与人的关系物化。人的生活和社会生活仅仅看作是自然的自我维持活动，人的行动仅受工具理性指导，只是为了策略性目的，仅以成就为取向，社会成了工具的社会，而工具的社会是不稳定的。如果要改变这种状况，“我们就必须改变自我维持的自然主义观点”②。为此，哈贝马斯提出交往行动理论，其基本规定有以下几点：一是交往行动是两个以上的主体之间产生的涉及人与人关系的行为；二是它以符号或语言为媒介，并通过这一媒介来协调，因而语言是交往的根本手段；三是它以社会规范作为自己的规则；四是交往的形式主要是对话，对话主要是寻求理解。哈贝马斯说：“如果参与行动者的行动计划不是按照自我中心的成就计算，而是按照理解的活动而合作化的，那么，我就把这种行动称之为交往行动。”③什么是理解呢？“理解是有语言能力和行动能力的主体统一起来的一个过程。”④交往行动中的意见一致与一种纯粹实际上存在的意见一致是不同的。交往行为中的意见一致不能只是外部影响的结果，必须由参与者同意接受，必须是通过交往过程达到的。交往的目的不再是为了工具性成果，而是为了理解、为了信任。

在交往行动理论的基础上，哈贝马斯提出公民参与的新模式，即协商民主。协商民主就是商谈民主。它不同于程序民主，程序民主仅仅把民主看作是解决利益博弈的程序；它也不同于达尔所说的多元竞争民主，多元竞争民主是建立在各个法团组织竞争的基础上。这些社会中独立的子系统都有自己的自我控制方式，都有自己的社会图景。

---

① 蔡英文：《政治实践与公共空间：阿伦特的政治思想》，北京：新星出版社，2006 年，第 105 页。
② [德]哈贝马斯：《交往行动理论》第 1 卷，洪佩郁、蔺菁译，重庆：重庆出版社，1994 年，第 499 页。
③ [德]哈贝马斯：《交往行动理论》第 1 卷，洪佩郁、蔺菁译，重庆：重庆出版社，1994 年，第 362 页。
④ [德]哈贝马斯：《交往行动理论》第 1 卷，洪佩郁、蔺菁译，重庆：重庆出版社，1994 年，第 363 页。

由于过度的自主化和独立化,它们之间很难交往。社会中程序化和组织化的活动已经无法包容多样的现代生活世界。怎样解决这个交往难题呢?哈贝马斯认为在市民社会的基础上还存在着一个公共交往领域。通过这个领域的自由商谈,人们把意见转化为政治立法行为和行政行为。在这里,市民社会提出问题,公共交往领域使问题放大,成为人们共同讨论的问题。公共领域中的共同讨论通过一定程序进入议会立法程序和行政政策的决策过程中。在哈贝马斯的理论中,交往权利获得了特殊地位,成为政治权力合法性的基础。民主政治最重要的不是党派竞争、定期选举、精英和代表在不同利益之间的妥协,而是公共领域对全社会问题的自由讨论和协商。对于民众而言,民主最重要的不是投票,而是加入到商谈中。在现代民族国家中,对于广大民众而言,民主参与仅仅是投票;而现代民族国家人数众多,每张票的分量自然要稀释,这就出现了参与的有效性问题。民众参与意愿低,与此不无关系。从理论而言,哈贝马斯的协商民主显然也想解决参与的有效性问题。协商民主,也是使人们在参与中获得归属感、成就感。

20 世纪 70 年代,女权主义运动兴起。女权主义可被视为社群主义的一个派别,或者说一个变种,因为女权主义是从女性这个群体而不是抽象个人的视角看待问题的。女权主义者关注的焦点已经不再是政治和法律意义上的男女平等,因为当代理论家已逐渐抛弃了女人天生不如男人的假定。他们承认,妇女与男人一样应该被视为“自由而平等的存在者”,并且,妇女也有自我决定的能力和正义感,可以自由地进入公共领域。在民主国家已采纳了反歧视的法规,旨在保证妇女有受教育、工作和从政的平等机会。当代女权主义者更关注从性别角度研究男女的不平等,并从女性角度提出权利理论。

一般人对性别歧视的理解是:在给予利益或赋予职位时,把性别作为一种任意而不合理的考虑依据。除了显性的性别歧视,还有一种隐性的性别歧视即差异论。根据差异论,无法从性别差异中找到依据的差异对待都是不平等的性别歧视。差异论接受这样一个事实:存在着对性别加以区别对待的正当事例。只要切实存在的性别差异可以为区别对待予以解释和提供依据,这些区别对待就不是歧视。差异论有一定的积极作用,因为它让妇女能够有机会去获得男人有机会获得的东西,帮助创造了性别中立的竞争机会。但是,差异论也忽视了这样一个事实:这些职位是在性别不平等的背景下界定的。差异论是这样看待性别平等的:只要妇女在性别中立的规则下能够依据自己的能力去竞争男人所界定的角色,这就是性别平等。当代女权主义者认为,允许男人按照自己的利益去建构社会制度,然后又在决定谁将获得这些制度的角色时漠视竞争者的性别,这并非真正平等,因为那些角色界定的方式可以让男人——即使是在性别中立的竞争条件下——更适合那些角色。社会越是以性别方式规定职位,差异论就越不可能探测到不平等。针对差异论,女权主义者提出了支配论。支配论认为女人的屈从地位从根本上讲并非基于非理性的性别歧视,而是基于男人的支配地位。由于支配才是问题,所以争取平等就不仅是消除歧视,还要改变由男人支配的政治观念、道德观念。女权主义者着重对自由主义者的公私领域的区分进行批判。公私领域区分表面上是建立在普世的个人主义上,实际上是建立在男性模式上的,因为个人这个现代范畴预先假定有一个普世主义和同一化的"公众"而将一切特定性和区别抛给"私人",它没有考虑妇女的特性。

> 公私领域之分离即与自然禁属世界之分离:妇女从传统关系的世界中和从个人,亦即男人中分离出来。天性、特质、差异、不平、感情、爱心、血缘纽带这些女性化和私密的世界从习俗、公民平权、自由、理性、认可和契约的公共、普世性及男性化的领域中分离开来。①

正是这个原因,生育、母权作为公民权的对照面而呈现,它们已经成为一切不属于"公共"而必须保留于另一个分离领域的自然事物的象征。公私领域的区分造成了(女性的)家庭世界与(男性的)公共世界的截然分离。自由主义者对公私领域的区分有两个阶段。最初是国家和社会的区分:国家是公共领域,社会是私人领域;后来又受到第二种区分的补充,即个人隐私与公共领域的分离。第二种区分的公共领域既包括国家又包括公民社会。但是,无论哪一种区分,家庭都被排除在公共领域之外。由于家庭被排除在公共领域之外,家务劳动就被排除在公共承认之外,其结果是,家庭成了把妇女约束于传统角色的文化贬低和经济依附的中心。而且,家庭可以免于正义的公共检验,因为正义被视为调节公共领域的原则,而家庭事务属于隐私权。由于隐私权以家庭集体为单位,家庭之内个人就没有隐私权,所以保护家庭并使之不受干扰,并不必然保证妇女(或孩子)享有免于干扰或受制于他人的退隐领域。对公共领域和家庭领域进行区分并且把妇女贬低到家庭领域的一个后果就是:男人与女人分别养成了不同的思维和情感模式。在整个西方哲学史上,几乎所有的政治理论家都在进行这样的区分。独立、普遍性和不动情感的理性被认为是男人的品德,它是适合公共领域的品德,正义和权利就建立在这些品德的基础上;情感、关怀和责任是女人的品德,它适合于私人关系。以前的女权主义者如沃斯通克拉夫特论证说,妇女的特殊性情不过是不允许妇女拥有充分发展她们的理性能力的机会造成的结果。如果妇女只考虑周围人的需求,而忽略普遍公众的需求,那只是强行禁止她们承担公共责任的后果。当代女权主义者则论证说,区分"男性"道德与"女性"道德的整个传统都是没有经验依据的文化神话。

当然,女权主义者也不是一个统一的派别。有的女权主义者认为应该正视女性的不同道德,并提出自己的政治观念、道德观念。这派女权主义者认为,男人和女人的道德情感的发展确实是不同的。男人的正义伦理是建立在抽象个人的基础上,强调的是每个人对他人权利的尊重,这一原则是抽象普遍的。女性倾向于另一种思维,就是需要情景性的叙事思维模式而不是形式化的抽象思维模式,因此,女性的道德观是关怀伦理。关怀伦理是以母性和关爱为基础的价值观。正义伦理关注的是什么是最好的原

---

① [美]钱特尔·莫菲:《女权主义、公民权及激进民主政治》,[美]佩吉·麦克拉肯主编,艾晓明、柯倩婷副主编:《女权主义理论读本》,桂林:广西师范大学出版社,2007年,第623页。

则,关怀伦理关注的是个人如何才能更好地具备道德行为能力。道德行为能力(道德情感、气质、想象力)能够帮助人们回应具体情形的复杂性。关怀伦理更注重具体处境化中的道德。

> 每个人都嵌入现存的关系网之中,而道德的重要性——当然道德的意义并非仅限于此——就在于对那些与我们有此关系的人予以关注、理解和情感上的回应。①

这就是说,道德不仅是尊重他人的权利,而且是有责任回应他人的要求。总之,关怀伦理是以关爱和责任为核心,注重道德能力在具体情况下的回应,把人当作具体的他人而不是一般的他人。这是从家庭中养成的道德观(家庭是人与人之间的纽带所在,最能经受时间考验的希望之所在,较之公共领域,家庭具有道德上的优越性),但它不应该局限于家庭,它应该成为新的政治道德律替代自由主义的个人主义。

总之,女权主义者认为必须打破建立在男性概念上的正义观、公民观。这种公私两分的观念使妇女处于屈从地位。因为妇女要完全融入公民身份的公共领域,要求平等,就得接受男权主义关于公民的概念,变得与男人一样;同时,要坚持作为妇女的特征,就被排斥在男权制下的公民之外。趋同化、边缘化二者必居其一。要建立不同于男权制下的正义观、公民观,就不能把个体仅仅看作是抽象的个人,而必须把它看作两种基本类型:作为男人的男人和作为女人的女人。作为妇女的妇女认同,必须在正义观和公民观上有所体现。

(四)全球化背景下的公民身份。冷战结束后,民族和宗教冲突加剧。重新认识和界定民族主义及民族与国家的关系就显得尤为重要。因此,有学者对建立在所谓共同祖先、血缘、语言、宗教、文化上的传统民族主义概念提出质疑,因为从实证角度而言,很难有一个民族符合这样的标准。这些学者尤其对所谓共同血缘或血缘与宗教结合的民族主义提出批判,认为这是部族主义、种族主义。只有原始的部落政治才建立在血缘认同的基础上。随着社会的发展,血缘认同转向地缘认同。地缘认同与公民权的出现有密不可分的关系。这些学者对民族自决的原则表示了担忧。民族自决是个人自由和独立原则在民族关系上的延伸。作为实际政治原则的自决权不能不与基本的人权和政治权利相联系,这种人权和政治权利保护所有的个人及不同的种族、宗教、文化群体。但在实际运用中,民族自决权其本身并不能保证其居民的基本政治权利和人权,即使是同一种族的国家也不行,因为自决是选择国家地位的原则,而不是自由选择政府形式的原则。无限制的自决会导致共同体的碎化,引起政治和经济问题。

现代民族国家大多是多元民族和多元文化的国家,在什么原则上造就公民的国家认同呢?阿克顿勋爵曾提出国家应该保持民族的多样性,但他没有进一步论述多元民

---

① [加]威尔·金里卡:《当代政治哲学》,刘莘译,上海:上海译文出版社,2011年,第424页。

族和多元文化的国家如何实现内部的整合。20 世纪 90 年代以后,不少学者提出以公民权作为国家认同的纽带。民族是由共同语言、历史、文化形成的社会;国家是一种把民族社会从政治上统一起来,形成为民族国家这种联合体的特殊结构。这样的国家需要一个公分母,一种超越种族的忠诚,这种忠诚将各个不同种族和文化背景的集团结合为一个整体,那么,这种认同就必须建立在高层次上,超越族属认同和宗教认同。公民权就是造就这种忠诚的原则和纽带。公民权既造就高度的政治忠诚,又承认差异。建立在公民权基础上的国家就是公民国家。

> 公民国家由作为一种独立政治纽带的公民权所联系,公民权独立于族属意识、宗教、文化和种族,是一种与公民个人政治权利相联系的概念和制度。这个意义上的公民权,同样也是一种重要的联系工具,一种绵延政治文化的制度。文化的延续和向新生代的传递,即一种基本制度、价值观和技艺的传递,需要传统的沿袭,它们构成了一种政治文化不可或缺的部分。①

建立在公民权上的国家认同并不排斥或取代其他认同。社会-政治纽带和认同是多重的,性质也是不一样的。只是建立在公民权上的国家认同是最高、最普遍的认同。

20 世纪 90 年代以后,在全球化浪潮的影响下,世界公民开始成为人们讨论的话题。所谓世界公民也就是超越民族国家形式的公民身份。之所以出现世界公民的理念,主要原因如下:一是冷战的结束加速了世界一体化的进程。二是信息革命和互联网使人们的交流更加密切频繁。三是世界范围内非政府组织的快速发展。四是人权理念的新变化。冷战的结束、局部冲突的加剧、人员流动的增加使得难民、移民问题突出。如何来保障他们的权利?人的权利是否一定要依附于以国家为基础的公民身份?以民族国家为基础的公民身份概念已不能完全适应形势,所以就有世界公民的理念、人权高于主权的理念的出现。五是全球化出现的新挑战。全球化带给每个国家和地区的影响并不相同:有获利者,有受害者,即有输有赢。有输赢就有冲突。怎样解决冲突?全球一体化的意识,即不是站在特定国家和地区的本位立场上看待输赢,而是以全球的角度看待这一问题。全球一体化的意识,是以全球一体的意识解决全球化带来的挑战与冲突。全球一体意识当然就是世界公民意识。

全球化也催生了生态公民的概念。20 世纪 70 年代中期,“全球思考,全球行动”已成为环境运动的口号,但很长时间内并没有引起人们广泛的关注。全球化引发的环境问题、信息传递的快速普及使得环境问题真正引起全球关注与思考。生态公民身份强调的是,人不仅要关注自身的利益,也要关注自然的利益;不仅要关注人的权利,也要关注所有生物的权利。人不能把自然置于臣服的地位,用一种工具性控制的方式思考环境问题,人应该以关爱的态度看待自然。生态公民强调地球作为人类共同家园对我们

① [美]菲利克斯·格罗斯:《公民与国家——民族、部族和族属身份》,王建娥、魏强译,北京:新华出版社,2003 年,第 183 页。

生活的重要性，所以说，生态公民就是地球公民。

六、小结：公民教育与公民教育思想

公民教育，顾名思义就是培养合格公民的教育。什么是合格公民？这就不得不牵涉到公民身份的概念，公民身份，英语称作“citizenship”，除了译作公民身份，还可译作公民资格、公民地位、公民权责、公民潜质等。这表明公民与公民身份两个概念有巨大差别。公民更多的是一个地域、法律概念，而公民身份则有着比地域、法律丰富得多的含义。从西方公民演变历史来看，思想家对公民的阐述，无论是否用了公民身份的概念，都是主要围绕着公民身份应具备的内涵展开的。什么是公民身份呢？要对公民身份下一个明晰具体的定义确实不容易，甚至说不可能，因为不同时代的人们、不同政治观点的人们、不同学术群体的人们对其都有不同的解读，就连公民概念中包不包含市民概念、公民与市民是不是一个群体，都有不同的意见。布赖恩·特纳（以下简称“特纳”）这样定义公民身份：“公民身份可以定义为各种权利与义务的集合。”①“公民身份可以定义为各种实践的集合（司法的、政治的、经济的和文化的），通过这些实践，人们获得了成为社会成员的能力，并相应形塑了资源在个人与社会群体之间的流动。”②特纳特别强调了“实践”这个概念，其旨趣如下：一是为了突出公民身份中的权利和义务，并不仅仅是国家和法律上有关公民身份中定义的权利和义务的集合，而是在实践中产生的各种权利和义务。二是为了强调公民身份是随着实践而历史地变化，它是一个实践的结果、政治斗争的结果。三是为了避免将市民身份与公民身份对立起来。将市民与公民区别开来的分析模式，更强调两者之间的分离，甚至对立；把公民身份当作一个实践概念，更强调其包容性。特纳强调公民身份是一个社会学概念，而非仅仅是法律或政治学的概念，就是为了强调其包容性。

根据特纳的论述及公民概念发展的历史，笔者把公民身份定义为：作为一个社会共同体的成员，在社会共同体中享有和承担的各种权利、义务和责任的集合。需要指出的是，这里的社会共同体概念是一个开放、包容的概念，既指自然力形成的社会共同体，也指政治力形成的社会共同体，世界共同体、地球共同体的概念同样包括其中。笔者之所以于权利、义务之外又标出责任，主要是有学者认为义务仅是一个法律概念，如果单单标举权利、义务，不能体现其他性质的义务，或者说责任。当然，权利、义务与责任也是一个实践性、包容性的概念。笔者之所以认同特纳的公民身份概念，就在于其概念体现的实践性、包容性，这有利于把各派关于公民身份的理念涵盖其中。

虽然公民身份是一个实践性、包容性的概念，不同时期、不同社会、不同政治理念的人对其看法不一，但是，在复杂的多样性中是否也存在着一些共同关心的问题呢？答案

---

①　［英］布赖恩·特纳：《文化公民身份的理论概要》，［英］尼克·史蒂文森编：《文化与公民身份》，陈志杰译，长春：吉林出版集团有限责任公司，2007年，第15页。

②　［英］布赖恩·特纳编：《公民身份与社会理论》，郭忠华、蒋红军译，长春：吉林出版集团有限责任公司，2007年，第2页。

是肯定的。公民身份关注的问题有：

一、公民对共同体的认同与忠诚，也就是归属感。公民之所以是公民而不是私民，就是他是共同体的一员，而不是离群索居的个体。既然如此，每个共同体，即使是自由至上主义者所谓的最弱意义上的共同体，也会对其成员有某种程度的归属要求。当然，这种归属感有亲疏厚薄之分。这种归属感可能来源于共同享有的语言、历史、文化、宗教等产生的自然感情，也可能来源于共享的权利，或者共享的正义等。

二、公民的权利。各派对什么是权利、什么是应得权利、不同群体是否应该享有不同的权利及权利性质是不是普世的等问题都有不同看法。但是，有一点是一致的，那就是公民应该享有一定的权利。

三、公民的责任。公民对共同体的忠诚不仅仅是一种情感上的归属，它还应该表现在行动上，这就是说，公民应该领会并接受他的法定义务和道德责任。法定义务，比如纳税、服兵役等。政治参与，特别是选举，有人认为是义务，有人认为是权利。当然，政治参与不只是选举，对政府的监督、对不正义行为的反抗等都是政治参与行为。对于法定义务可以明列，但对于道德责任是很难明列的，所以，公民责任强调的是，公民以责任感为共同体贡献微薄之力。

四、公民美德。什么是公民美德？这很难下一个确切的定义。有的强调道德原则，有的强调道德情感与无私的行为，有的强调公民在公共领域中应该遵守的准则，有的强调品质与能力，有的把公德与私德截然分开，有的把二者融为一体。根据各方论述，笔者认为公民美德大致应包括如下几方面的内容：一是公民应该具有的道德原则与道德情感。道德原则与道德情感事实上是相辅相成的，一个人如果没有道德情感，任何道德原则都是不起作用的，对无法感悟道德的人，无法谈论道德；但是，道德情感如果没有原则的约束，很可能会走向反面。二是公民在公共领域应该遵守的行为准则，如诚实、守诺、宽容、尊重、平等、信任、合作、守秩序等。三是公民为尽公民职责应该具有的品质与能力，比如勇敢、坚毅、勤劳、自尊自立、认知能力、实践能力等。

了解了公民身份应该包含的基本内容，我们就可以为公民教育思想下一个基本的定义。公民教育思想就是对公民身份及其如何养成理念的阐发。当然，其具体内容具有实践性、包容性、开放性。

第二章

中国近代公民教育思想演变的历史考察

中国公民教育的开展始于清末。1906 年,清廷颁布教育宗旨,提出忠君、尊孔、尚公、尚武、尚实五项原则。不过,这时的公民教育是附在修身科中。民国初年,教育部规定中小学课程应设修身一科,明令在修身一科中加入“公民须知”等内容。此时,人们也对公民教育与其他学科的关系进行了探讨。天民在《公民教育问题》一文中指出,公民教育不同于政治教育,不同于知识教育,也不同于生产技能教育。公民教育最重要的是精神教育、意识教育,养成公民意识、公民习惯。“公民教育……乃以国家为本位,振起国民之精神,使各尽其材,从事职业,以营共同生活。”[①] 1919 年,第 5 届全国教育联合会提出编订公民教材案。“凡属国民,自应具有公民知识;值此世界大势日趋改进,平民主义澎湃五洲,苟非于公民知识教养有素,势必盲从轻举,易入歧途,关系国家实非浅鲜。”[②] 1922 年,正式把修身科改为公民科。南京国民政府成立后,一度以党义科代替公民科,1933 年,在各界的批评下,其又把党义科改为公民科。1936 年,国民政府把公民教育由学校范围推广至社会,规定先推行于重要城市,俟行之有效,再普及县市、乡镇。

---

① 天民:《公民教育问题》,《教育杂志》1912 年第 10 期。

② 高时良、吴家镇:《现阶段中国公民训练之鸟瞰及其改进》,《教育杂志》1936 年第 3 期。

中国的公民教育虽然在1906年才具体实施,但中国的公民教育思想却在甲午战后就已逐渐兴起。

第一节 清末民初的公民教育思想

一、公民教育思想的兴起

公民教育的目的是为国家培养合格的公民。因此,公民教育思想的兴起,离不开国家意识和公民意识的出现。中国的公民教育思想之所以在清末兴起,最主要的原因就是在严重的民族危机下,国家意识、公民意识的觉醒。

(一)国家意识的觉醒。清末国家意识的觉醒主要表现在三个方面:国家主权意识的觉醒;区别国家、君主与朝廷的不同;国家至上意识的确立。

1.国家主权意识的觉醒。由于中国人长期抱持"天下一家"的观念,所以在与西方国家的交往中没有主权观念。最明显的表现就是当初清政府在给予西方列强"治外法权""关税协定权""一体均沾"等严重损害中国主权的权益时,并不认为是主权的丧失,反而认为是一种驭夷的手段。直至19世纪60年代,国人才渐有权利意识。1864年,王韬上书李鸿章,提出以"握利权"和"树国威"作为外交纲领。光绪年间,他又提出"除额外权利"的主张。所谓额外权利,就是西方获得的有损中国主权的特权。郑观应在《盛世危言·税则》中严正指出:"'凡遇交涉,异邦客商一切章程均由各国主权自定。'实于公法吻合。彼虽狡悍,亦可以理折之也。"①黄遵宪提出收回治外法权,曾纪泽主张修改最惠国待遇条款。甲午战前,国人对权利的关注主要针对具体事项;甲午战后,才有了全面的主权观念。如《保国会章程》第一条:"本会以国地日割,国权日削,国民日困,思维持振救之。"第三条:"为保全国家之政权土地。"②章程中提到的"国权""政权"显然已经不是单指某项或几项具体主权。章程中也首次明确提出领土主权。《国闻报》载《论保国会》一文说得就更明白:"何谓国?有人民,有政治,有自主之权,有可以与天下并主之势者谓之国……保国宜以保其人民,保其政治,保其自主之权,保其并立于天下之势为第一义。"③"政治、领土、人民"概念的出现清晰地展示了由具体权利意识觉醒到国家主权意识觉醒的过程。

2. 区别国家、君主与朝廷的不同。中国长期以来就是一个绝对王权的国家。君主、朝廷、国家是一而三、三而一的关系。甲午战后,"家天下""君天下"的观念受到强有力的挑战。人们开始自觉地区别国家、君主、朝廷的不同。康有为创立强学会、保国会,以"强中国""保中国"为宗旨。虽然"强中国""保中国"与"强大清""保大清"没有必然矛盾,但二者毕竟不同。1898年5月19日,《国闻报》发表《书保国会题名记后》一文。文

---

① 郑观应:《税则》,《盛世危言》,沈阳:辽宁人民出版社,1994年,第212页。
② 《京中士夫开保国会》,中国史学会编:《戊戌变法》第4册,上海:上海人民出版社,2000年,第399页。
③ 清华大学历史系编:《戊戌变法文献资料系日》,上海:上海书店出版社,1998年,第654页。

章明确指出国与君的不同,以及二者不分的危害。文称:“呜呼!苟无民何有国,苟无国何有君,国者君与民之公称,而非一家一姓之私业也。自秦政以愚黔首,私天下,视国为君之私业……流极至于今日,而其民乃如犬马鹿豕,东家豢之则主东,西家豢之则主西,不复知其一人之身,与一国之安危得失相关。”①唐才常也撰文呼吁:“夫国者非一人之国。”②

3. 国家至上意识的确立。中国国家至上意识的确立,事实上也是伴随着民族意识的觉醒而来。西方列强对中国的侵略逐渐唤醒了中国的民族意识。甲午战后,群学的兴起,就是民族意识觉醒的第一步。戊戌维新时期,严复提出合群的观念,“合以与其外争”。康有为在《保国会序》中说:“我四万万同气同种之胄,忍回视其奴隶牛马哉!天地为愁,我将何容?昧昧我思之,惟有合群以救之,惟有激耻以振之,惟有厉愤气以张之。我四万万人知身之不保,移其营私之心,以营一大公;知家之不存,移其保家之心,以保一大国。”③严复提出的“合群”,康有为所说的合四万万人为一大群以保国,都包含着现代民族主义的意涵。戊戌维新后,随着新的知识阶层的出现,西方政治学说的进一步输入,人们的民族意识也就更明确更系统。

首先明确提出民族主义的是梁启超。他在《国家思想变迁异同论》中写道:“民族主义者,世界最光明正大公平之主义也。不使他族侵我之自由,我亦毋侵他族之自由。其在于本国也,人之独立;其在于世界也,国之独立。使能率由此主义,各明其界线以及于未来永劫,岂非天地间一大快事。”④西方的民族主义演变为对外侵略扩张的帝国主义。为了民族生存,中国只有以民族主义对抗之。梁启超呼吁:“凡国而未经过民族主义之阶段者,不得谓之为国。”⑤《浙江潮》发表余一的《民族主义论》称:“今日者,民族主义发达之时代也,而中国当其冲,故今日而再不以民族主义提倡于吾中国,则吾中国乃真亡矣。”⑥可以看出,正是民族生存危机催生了国家至上意识。1902年,梁启超发表著名的《新民说》。在此文中,梁启超对国家意识进行了系统阐述。他说:“国家思想者何?一曰对于一身而知有国家,二曰对于朝廷而知有国家,三曰对于外族而知有国家,四曰对于世界而知有国家。”⑦“对于一身而知有国家”,就是让国人认识到,个人归属于一个更大更重要的团体国家。“对于朝廷而知有国家”,就是使人明白“两者性质不同,而其大小轻重,自不可以相越”⑧。“对于外族而知有国家”,就是使人知道中国是中国人的中国,其主权不可侵犯。“宁使全国之人流血粉身靡有孑遗,而必不肯以丝毫之权利让于

① 《书保国会题名记后》,中国史学会编:《戊戌变法》第4册,上海:上海人民出版社,2000年,第406页。

② 唐才常:《辨惑》上,《湘报》第50号。

③ 清华大学历史系编:《戊戌变法文献资料系日》,上海:上海书店出版社,1998年,第601页。

④ 梁启超:《国家思想变迁异同论》,林志钧编:《饮冰室合集·文集之六》,北京:中华书局,1989年,第20页。

⑤ 梁启超:《国家思想变迁异同论》,林志钧编:《饮冰室合集·文集之六》,北京:中华书局,1989年,第22页。

⑥ 余一:《民族主义论》,张枬、王忍之编:《辛亥革命前十年间时论选集》第1卷下,北京:生活·读书·新知三联书店,1960年,第485页。

⑦ 梁启超:《新民说·论国家思想》,林志钧编:《饮冰室合集·专集之四》,北京:中华书局,1989年,第16页。

⑧ 梁启超:《新民说·论国家思想》,林志钧编:《饮冰室合集·专集之四》,北京:中华书局,1989年,第17页。

他族。"①"对于世界而知有国家",就是丢掉世界主义、博爱主义的幻想,树立国家的最高本位。"夫竞争者,文明之母也。竞争一日停,则文明之进步立止。由一人之竞争而为一家,由一家而为一乡族,由一乡族而为一国。一国者,团体之最大圈,而竞争之最高潮也。……故定案以国家为最上之团体,而不以世界为最上之团体,盖有由也。"②

(二)公民意识的觉醒。无论是国家意识还是民族主义,其载体当然是人民。甲午战后,国人的公民意识(时人多称之为国民)逐渐觉醒。这种觉醒主要表现在两个方面:对公民的殷切呼唤;对公民内涵的热烈探讨。战后中国面临空前的生存危机,怎样唤起国人的救亡意识?那种被理想化的、西方社会的公民形象,就成为当时仁人志士对国人的一种期望。戊戌维新时期,严复、梁启超等维新人士就指出,国人之所以爱国心薄弱,就是专制者以奴隶对待其民,百姓亦以奴隶自视。奴隶对主人的事情就不会关心,主人亦不许奴隶关心。此时,他们虽然没有明确提出国民的观念,但已明确表达出专制者以奴隶对待其民,百姓也以奴隶自视是不合时代潮流的,这样的国家是无法生存的。1899年,梁启超在《国民十大元气论》中,提到"国民""公民",但并未对其内涵有进一步解释,他只是笼统论述国民(即一国之民)应有独立精神、爱国精神,可见,中国先进分子的国民意识已经发轫。

进入20世纪,国民意识兴起。1901年,《国民报》发表《说国民》一文。文章写道:

然则今日之中国,有国民乎,无国民乎,此二十世纪之一大问题也,中国而有国民也,则二十世纪之中国,将气凌欧美,雄长地球,固可跷足而待也。中国而无国民也,则二十世纪之中国,将为牛为马为奴为隶,所谓万劫不复者也。故得之则存舍之则亡,存亡之机间不容发,国民之不可少也如是。③

章士钊在《读"革命军"》一文中说:

今日之有心人,虑无不言教育普及。教育普及诚善矣,虽然,吾不知其所欲普及之教育,其内容果奚若?将曰求知识耶?练技能耶?非普通之人所不可缺者耶?顾其不可缺也,犹之目之视,耳之听,口之言,手之执,为器械之运动,受动者而非主动者也。主动之权,在乎其脑。其脑而野蛮与,其耳目手口与之为野蛮之举动;其脑而文明与,其耳目手口亦与之为文明之举动。知识技能之于主义也亦然。奴隶主义者,以其知识技能尽奴隶之职;国民主义者,以其知识技能尽国民之职。夫以奴隶主义之人,而增其知识,练其技能,则适足以保守其奴隶之范围,完全其奴隶之伎俩,将使奴隶根性,永不可拔。是其非教育界之罪人,而我国民之公敌哉!居今

① 梁启超:《新民说·论国家思想》,林志钧编:《饮冰室合集·专集之四》,北京:中华书局,1989年,第17页。
② 梁启超:《新民说·论国家思想》,林志钧编:《饮冰室合集·专集之四》,北京:中华书局,1989年,第18页。
③ 《说国民》,张枬、王忍之编:《辛亥革命前十年间时论选集》第1卷上,北京:生活·读书·新知三联书店,1960年,第74页。

日我国而言教育普及，惟在导之脱奴隶就国民。①

显然，这里所说的“国民”绝不是简单的“一国之民”之义。

人们在呼唤国民的同时，也对国民的含义展开探讨。戊戌维新期间，就有人使用“国民”一词。《保国会章程》第二条：“卧薪尝胆，惩前毖后，以图保全国地、国民、国教。”不过这里所使用的“国民”一词，除一国之民的含义外，恐怕没有更多的政治含义。《国闻报》的《书保国会题名记后》一文，恐怕是最早赋予“国民”一词特殊政治含义的文章。该文在呼唤人们群起救亡时称：“虽然，国民之义则固未之闻矣，顾亦尝闻一家之政乎？”②文章虽未对国民之义展开，但可以肯定这里使用的“国民”一词有特殊的含义。戊戌维新以后，人们开始对国民的含义展开探讨。1899年，梁启超在《论近世国民竞争之大势及中国前途》一文中，给国民下了一个定义。他说：“国民者，以国为人民公产之称也。国者积民而成，舍民之外，则无有国。以一国之民，治一国之事，定一国之法，谋一国之利，捍一国之患，其民不可得而侮，其国不可得而亡，是之谓国民。”③而其在另一篇文章《新民说》中给国民下的定义是：“有国家思想，能自布政治者，谓之国民。”④康有为在《公民自治篇》中给公民的定义是：“人人有议政之权，人人有忧国之责，故命之曰公民。”⑤康、梁对国民的定义，更注重国家与个人之间的权利、义务，对国民个人应具的人格品德没有提及。当然，这并不是说他们没有注意到这个问题，而是说他们没有把二者整合到一个概念中。相对于康、梁的定义，邹容、汪精卫给国民的定义，内涵就更丰富一些。邹容给国民的定义是：“国民者，有自治之才力，有独立之性质，有参政之公权，有自由之幸福，无论所执何业，而皆得为完全无缺之人。”⑥汪精卫的定义是：“国民云者，法学上之用语也。自事实论以言，则国民者构成国家之分子也。……自法律论言，则国民者有国法上之人格者也。自其个人的方面观之，则独立自由，无所服从；自其对于国家的方面观之，则以一部对于全部，而有权利义务，此国民之真谛也。”⑦综上所述，可以看出当时人们对国民内涵的理解，基本包括四个方面的内容：其一，国民有忧国之责，应与国家同休戚；其二，国民有参政之权；其三，国民要有人格上的自觉；其四，国民应享有自由之权利。所有这些既是一种价值要求，也是法律上的权利义务。

---

① 章士钊：《读“革命军”》，张枬、王忍之编：《辛亥革命前十年间时论选集》第1卷下，北京：生活·读书·新知三联书店，1960年，第683~684页。

② 《书保国会题名记后》，中国史学会编：《戊戌变法》第4册，上海：上海人民出版社，2000年，第406页。

③ 梁启超：《论近世国民竞争之大势及中国前途》，林志钧编：《饮冰室合集·文集之四》，北京：中华书局，1989年，第56页。

④ 梁启超：《新民说·论国家思想》，林志钧编：《饮冰室合集·专集之四》，北京：中华书局，1989年，第16页。

⑤ 康有为：《公民自治篇》，张枬，王忍之编：《辛亥革命前十年间时论选集》：第1卷上，北京：生活·读书·新知三联书店，1978年，第173页。

⑥ 邹容：《革命军》，中国史学会编：《辛亥革命》第1册，上海：上海人民出版社，2000年，第357页。

⑦ 汪精卫：《民族的国民》，张枬、王忍之编：《辛亥革命前十年间时论选集》第2卷上，北京：生活·读书·新知三联书店，1963年，第83页。

二、清末公民教育思想

国家意识、公民意识的觉醒,为公民教育思想兴起奠定了必要的思想基础。前文已述,公民教育就是塑造合格的公民。培养什么样的公民,是由人们理想国家的理念决定的。虽然清末各政治流派对理想国家有不同的观点,但其中也存在着相同之处。清末正是帝国主义方兴未艾,弱肉强食的丛林法则大行其道之时。理想国家,首要是在生存竞争中能够生存的国家;理想公民,首要是能够适应国民竞争的国民。因此适应生存竞争,就成为清末公民教育的首要目标。根据这一特点,本着异中求同的原则,本文对清末公民教育内容作一宏观概括。

(一)爱国。国家认同几乎被政治学者公认为是现代政治的首要因素。国家认同不仅仅是简单的身份认同,它还包括感情、利益的认同。爱国就是国家认同。当时各政治流派都把爱国作为公民教育的首要内容。“且国家所以成立之元素固何物乎?曰爱国心而已。”①1906年,清廷宣布教育宗旨。其中一项内容即为“尚公”。事实上,清廷所说的尚公就是爱国。

> 列强竞起,人第见其船坚炮利,财富兵雄,以为悉由英雄豪杰主持之,故国以强盛。而不知英雄豪杰,间世一出,不可常恃也。所恃以立国者,乃全国之民之心力如潮如海如雷霆而不可遏,乡亲相恤相扶助而不可解耳。②

所谓“全国之民之心力”,就是爱国心。清廷强调,要通过尚公之教育,“务使人人皆能视人犹己,爱国如家”③。当时各派之所以都强调爱国为公民首要品德,主要原因有三:其一,现代政治合法性的转移。在中国古代,君主是政治合法性的代表。君国一体,忠君即爱国。在清末这种观念受到质疑。国家代替君主成为政治合法性的代表。爱国观念自然就代替忠君观念,具有最高的合法性。即使是清廷官僚,也认识到了忠君与爱国之间不完全和谐。正是如此,清廷学部在奏请宣示教育宗旨时,除忠君尊孔之外,特别强调尚公。事实上,清廷学部后来再宣布教育宗旨时,也把忠君改为了爱国。其二,希图国家独立强盛。严复说:“特观吾国今处之形,则小己自由尚非所急,而所以祛异族之侵略,求有立于天地之间,斯真刻不容缓之事。故所急者乃国群之自由,非小己之自由也。求国群之自由,非合通国之群策群力不可。欲合群策群力,又非人人爱国,人人于国家皆有一部之义务不能。”④其三,时人认为国人缺乏爱国观念。欧榘甲说:“外人

① 柳亚子:《中国立宪问题》,张枏、王忍之编:《辛亥革命前十年间时论选集》第1卷下,北京:生活·读书·新知三联书店,1960年,第595页。

② 朱有瓛编:《中国近代学制史料》第二辑上,上海:华东师范大学出版社,1987年,第153页。

③ 朱有瓛编:《中国近代学制史料》第二辑上,上海:华东师范大学出版社,1987年,第153页。

④ 伍杰编:《严复书评》,石家庄:河北人民出版社,2001年,第267页。

之敢于欺侮侵夺我者,由国之弱也。国之弱,由于人民无爱国心。”①梁启超在《爱国论》一文中说:“我之国民,以国为君相之国,其事其权,其荣其耻,皆视为度外之事。呜呼!不有民,何有国?不有国,何有民?”②陈天华在《警世钟》中呼吁:“须知国家是人人有份的,万不可丝毫不管,随他怎样的。中国的人,最可耻的,是不晓得国家与身家有密切的关系,以为国是国,我是我,国家有难,与我何干。”③即使清廷也慨叹:“群情隔阂,各为其私。”④

既然爱国是国民的首要品德,怎样培养国民的爱国心呢?首先,爱国要知有国,也就是要有国家意识。前文已言,不再赘述 。其次,使民众认识到国家和个人的利益关系。梁启超说:“天下未有国不能保而家尚能存者也。盖国者,合无数家室而成,乃众人民之公产。……国亡即家亡,国存即家存,国兴即家兴,国衰即家衰。”⑤剑男氏云:“夫国者家之积也,家者身之积也。凶于尔国者,即害于尔家;凶于尔家者,即害于尔身。国之不保,未有其家能安宁者;家之不保,未有其身能安宁者。然则保身私也,保家私也,保国亦私也。”⑥实际上,这种化私为公,由私一身、私一家到私一国的思想,在戊戌维新时期就有人提倡。何来保在《说私》中称:“私之极,厥理曰公。……然讲明私理,必舍吾四万万心,私大愿,私大力,私大群,成大私。……不有国何有家?不有家何有我?”⑦再次,应让民众享有参政权。中国人为什么爱国心薄弱呢?时人认为是环境和政治原因造成,而非性之使然也。从环境而言,中国长期保持着相对周边国家的文化优越,这就使中国人以己为天下中心,天下一家的观念油然而生;从政治而言,长期的专制统治造成人民和国家的疏离感。梁启超说:“吾国之大患,由国家视其民为奴隶,积之既久,民之自视,亦如奴隶焉。彼奴隶者苟抗颜而干预主人之家事,主人必拂然而怒,非摈斥则谴责耳,故奴隶于主人之事,罕有关心者,非其性然也,势使之然也。”⑧欧榘甲也说:“历代独夫民贼,不欲民有参议政治之权,离国家而为二,别上下之崇卑,禁言朝政,禁谈国事,以涂其耳目,以怠其心思,以使之易治,而民之受此压塞者,亦自伤卑贱,无裨于时,往往谓我辈之家,朝廷且不能保护,途人之国,我辈亦何必干预。”⑨因而,兴民权,增进国人的爱国心,就成为舆论的主题之一。梁启超说:“爱国者何?民自爱其身也。故民权

---

① 欧榘甲:《论政变为中国不亡之关系》,中国史学会编:《戊戌变法》第3册,上海:上海人民出版社,2000年,第158页。

② 梁启超:《爱国论》,林志钧编:《饮冰室合集·文集之三》,北京:中华书局,1989年,第69页。

③ 陈天华:《警世钟》,中国史学会编:《辛亥革命》第2册,上海:上海人民出版社,2000年,第131页。

④ 朱有瓛编:《中国近代学制史料》第二辑上,上海:华东师范大学出版社,1987年,第153页。

⑤ 丁守和主编:《辛亥革命时期期刊介绍》第1集,北京:人民出版社,1982年,第9~10页。

⑥ 剑男:《私心说》,张枬、王忍之编:《辛亥革命前十年间时论选集》第3卷,北京:生活·读书·新知三联书店,1977年,第818页。

⑦ 何来保:《说私》,《湘报》第33号。

⑧ 梁启超:《戊戌政变记·改革起原》,林志钧编:《饮冰室合集·专集之一》,北京:中华书局,1989年,第113页。

⑨ 欧榘甲:《论政变为中国不亡之关系》,中国史学会编:《戊戌变法》第3册,上海:上海人民出版社,2000年,第158页。

兴则国权立,民权灭则国权亡。……故言爱国,必自兴民权始。”①最后,用民族的优秀历史文化陶冶爱国情操。国粹派无疑是这种主张的代表。章太炎说:“近来有一种欧化主义的人,总说中国人比西洋人所差甚远,所以自甘暴弃,说中国必定灭亡,黄种必定剿绝。因为他不晓得中国的长处,见得别无可爱,就把爱国爱种的心,一日衰薄一日。若他晓得,我想就是全无心肝的人,那爱国爱种的心,必定风发泉涌,不可遏抑的。”②

(二)尚武。严复在《原强》一文中提出:鼓民力、开民智、新民德。鼓民力的主张开清末尚武风尚之先河。汪康年在《论宜令全国讲求武事》一文中,明确提出国家应该以尚武为先。他说:“夫国家所至之境界,实全国人心所结撰也。心注于强则强,心注于巧则巧,心注于弱拙则弱拙,心注于衰乱则衰乱,是故为国家者,莫慎乎驱人心之所注也。……今宜明诏天下曰:自今以后,我君臣上下,其悉惟武是事,官以武为尚,任以武为重,学以武为贵,业以武为美,其不能武事,及临斗而避者为上耻。”③进入20世纪,随着西方民族主义理论为青年知识分子所了解、接受,可以说尚武主张被推上了一个高潮。清末留日学生创办的刊物,大多把尚武作为其宗旨之一。比如《云南杂志》发刊词明确宣布:“执戈从戎,男子义务。为国为家,无海无陆。裹尸马革,葬身鱼腹。光荣无限,愿望乃足。”④《南报》开宗明义宣布:以军国主义、铁血主义把广西建设成小军国。当时最有名的尚武主张,即为军国民主义。所谓军国民,就是国民而兼为军人,有尚武之精神,有国家之思想。“盖惟富于国家思想者,知国与身之关系,而后能牺牲个人之利益,以求多数之幸福,掷头颅,流鲜血,以扬祖国之光焉。亦惟有奋不顾身之气概,而后爱国之热力始能实践。”⑤文学家鲁迅还创作了小说《斯巴达之魂》,宣传尚武精神。尚武也为清廷公布的教育宗旨之一。学部的奏折称:

> 惟中国当列强雄视之时,必造就何等之国民,方足为图存之具,此不可不审者也……今朝廷锐意武备,以练兵为第一要务。然欲薄海之民,咸知捐一生以赴万死,则犹恐有不能深恃者,何也?偷糈之心厚而忠义之气薄,性命之虑重而国家之念轻也。欲救其弊,必以教育为挽回风气之具。凡中小学堂各种教科书,必寓军国民主义,俾儿童熟见而习闻之。国文历史地理等科,宜详述海陆战争之事迹,绘画炮台兵舰旗帜之图形,叙列戍穷边使绝域之勋业。于音乐一科,则恭辑国家之武功战事,演为诗歌,其后先死绥诸臣,尤宜鼓吹盖扬,以励其百折不回视死如归之志。体操一科,幼稚者以游戏体操发育其身体,稍长者以兵式体操严整其纪律,而尤时

---

① 梁启超:《爱国论》,林志钧编:《饮冰室合集·文集之三》,北京:中华书局,1989年,第73页。

② 章太炎:《东京留学生欢迎会演说辞》,汤志钧编:《章太炎政论选集》上,北京:中华书局,1977年,第276页。

③ 汪康年:《论宜令全国讲求武事》,中国史学会编:《戊戌变法》第3册,上海:上海人民出版社,2000年,第144页。

④ 《“云南杂志”发刊词》,张枬、王忍之编:《辛亥革命前十年间时论选集》第2卷上,北京:生活·读书·新知三联书店,1963年,第562页。

⑤ 丁守和主编:《辛亥革命时期期刊介绍》第1集,北京:人民出版社,1982年,第420页。

时勖以守秩序，养威重，以造成完全之人格……中国如采取此义，极力仿行，日月渐染，习与性成，我三代以前人尽知兵之义，庶几可复乎。①

尚武之所以受到当时人们的如此重视，原因不外有二：其一，当时强权政治盛行，力量就是权力。孱弱的中国要想有生存之地，必须以力抗力。梁启超说："民族主义者，世界最光明、正大、公平之主义也，不使他族侵我之自由，我亦毋侵他族之自由。其在于本国也，人之独立；其在于世界也，国之独立。使能率由此主义，各明其界限以及于未来永劫，岂非天地间一大快事！虽然，正理与时势，亦常有不并容者。自有天演以来，即有竞争，有竞争则有优劣，有优劣则有胜败，于是强权之义，虽非公理而不得不成为公理。民族主义发达之既极，其所以求增进本族之幸福者，无有厌足，内力既充，而不得不思伸之于外。故曰：两平等者相遇，无所谓权力，道理即权力也；两不平等者相遇，无所谓道理，权力即道理也。"②其二，耻国人之文弱。这里所说的文弱，当然有指身体上的文弱，但更重要的还是指精神。中国的教育长期以来重文轻武，以温驯忍让为美。这虽有利于统治，但不适合生存竞争。正如尼采发出"上帝死了"的吼声一样，清末中国的仁人志士也对传统的忍让教育说"不"。《杀人篇》一文作者李群说："吾观支那人之性质，曰柔顺，曰巧滑，曰苟且偷安，喻以利则为排外之举动，逼于势则为外军之顺民，总之畏死二字，足以尽之矣。"③中国人天生如此吗？当然不是，传统教育使然。梁启超说："吾中国先哲之教，曰宽柔以教，不报无道，曰犯而不校，曰以德报怨，以直报怨。此自前人有为而发之言，在盛德君子偶一行之，虽有足令人起敬者，而末俗承流，遂借以文其怠惰恇怯之劣根性，而误尽天下。如所谓百忍成金，所谓唾面自干，岂非世俗传为佳话者耶？夫人而至于唾面自干，天下之顽钝无耻，孰过是焉！今乃欲举全国人而惟此之为务，是率全国人而为无骨无血无气之怪物，吾不知如何而可也。中国数千年来，误此见解，习非成是，并为一谈，使勇者日即于销磨，怯者反有所借口，遇势力之强于己者，始而让之，继而畏之，终而媚之，弱者愈弱，强者愈强，奴隶之性，日深一日，对一人如是，对团体亦然，对本国如是，对外国亦然。以是而立于生存竞争最剧最烈之场，吾不知如何而可也。"④

那么尚武的内涵是什么呢？当时人们对尚武赋予了太多的内容。几乎一切阳刚的东西，时人都把它们塞进尚武精神之中。不过，从大的方面尚武主要包含以下内容：

1.强健的体魄。身体是一切的基础。尚武首先需要有强健的体魄。严复说："今者论一国富强之效，而以其民之手足体力为之基，此自功名之士观之，似为甚迂而无当，顾此非不佞一人之私言也。……劳心劳力之事，均非气体强健者不为功。"⑤自严复提出鼓

---

① 黄金麟：《历史、身体、国家：近代中国的身体形成（1895—1937）》，北京：新星出版社，2006年，第48～49页。

② 梁启超：《国家思想变迁异同论》，林志钧编：《饮冰室合集·文集之六》，北京：中华书局，1989年，第20页。

③ 李群：《杀人篇》，张枬、王忍之编：《辛亥革命前十年间时论选集》第1卷上，北京：生活·读书·新知三联书店，1960年，第22页。

④ 梁启超：《新民说·论权利思想》，林志钧编：《饮冰室合集·专集之四》，北京：中华书局，1989年，第35页。

⑤ 严复：《原强》，中国史学会编：《戊戌变法》第3册，上海：上海人民出版社，2000年，第54页。

民力以后,各方都非常重视国民身体素质。戊戌维新时期,维新人士主张戒鸦片、戒缠足都是为了使人民身体强壮。严复于此亦有赞同之语:"(鸦片缠足二事)……种以之弱,国以之贫,兵以之窳,胥于此焉,阶之厉耶,是鸦片缠足二事,不早为之所,则变法者,皆空言而已矣。"①张之洞也在《劝学篇》中写道:"悲哉!洋烟之为害,乃今日之洪水猛兽也。……废人才,弱兵气,耗财力。"②张之洞并赞同戒缠足,他说:"人子之生,得父母气各半,其母既残其筋骸,瘁其血脉,行立操作,无不勉强,日损无已,所生之子女,自必脆弱多病,噫!吾华民之禀赋日薄,躯干不伟,志气颓靡,寿命多夭,远逊欧美各洲之人病实坐此。……今以洋药弱之于既生以后,而又以母气不足弱之于未生以前,数十百年之后,吾华之民,几何不驯致人人为病夫,家家为侏儒,尽受殊方异族之蹂践鱼肉而不能与校也。"③1902年,梁启超又提出禁早婚。早婚不仅有害于自身,而且有害于后代,有害于民族。"夫我既以早婚而产弱子,则子既弱于我躬,子复以早婚而产弱孙,则孙又将弱于我子。如是递传递弱,每下愈况,虽我祖宗有雄健活泼虎视一世之概,其何堪数传之澌灭也。……夫民族所以能立于天地者,惟其多乎?惟其强耳!"④梁启超认为,早婚也是造成中国人缺乏尚武精神的原因之一。"夫我中国民族无活泼之气象,无勇敢之精神,无沉雄强毅之魄力,其原因虽非一端,而早婚亦实尸其咎矣。"⑤

欲有强健的体魄,不仅是要戒除不良的习俗,还要积极锻炼身体,所以体育受到人们的重视。欧榘甲说:"外国教育必有体操(当时人多把体育称为体操——作者注),所以强其体魄,壮其胆气,养成不畏强御,不慑雷霆之志。……盖体魄者,精神之表,体魄衰落,则精神亦从之颓败,志虽有百,而所行不逮其一,一人之精神颓败,则一国之精神亦从之颓败,故体操者,强体魄实强精神也。"⑥1897年,体育开始进入中国的学校教育。20世纪初,体育活动开始在一些大中城市展开,民间体育团体也纷纷建立。体育之所以受到各方如此重视,目的即在希望通过体育教育,强健国民体质,养成尚武精神。正如革命舆论家金松岑所言:"欲强国莫如激发其尚武精神,欲激发其尚武精神先从体操着手。体操之效非一端,约言之曰:强筋骨,习步伐,齐心志三者。"⑦教育家蒋维乔说:"夫学校教育,不专尚多识事物,而以造就人物为主。心意也,身体也,务使均齐发达,庶足以造就健全之国民。否则,国民知识虽进而身体衰弱,不足以任艰巨,国力必为之消耗。……自秦汉以降,专制愈烈,重文轻武深入人心,国民习为文弱,至今以病夫名于世界。……今日学堂日兴,奈何肩教育之任者,犹沿社会之旧习,而视体育为无足轻重之

---

① 严复:《原强》,中国史学会编:《戊戌变法》第3册,上海:上海人民出版社,2000年,第55页。

② 张之洞:《劝学篇·去毒第九》,苑书义等主编:《张之洞全集》第12册,石家庄:河北人民出版社,1998年,第9732页。

③ 张之洞:《〈戒缠足会章程〉叙》,苑书义等主编:《张之洞全集》第12册,石家庄:河北人民出版社,1998年,第10061页。

④ 梁启超:《新民议·禁早婚议》,林志钧编:《饮冰室合集·文集之七》,北京:中华书局,1989年,第110页。

⑤ 梁启超:《新民议·禁早婚议》,林志钧编:《饮冰室合集·文集之七》,北京:中华书局,1989年,第108页。

⑥ 欧榘甲:《论政变为中国不亡之关系》,中国史学会编:《戊戌变法》第3册,上海:上海人民出版社,2000年,第157页。

⑦ 刘志琴主编:《近代中国社会文化变迁录》第2卷,杭州:浙江人民出版社,1998年,第314页。

事,其亦不思之甚矣。”①

2.知耻无畏。“知耻近乎勇。”人不知耻,勇从何来。所以时人非常重视唤起国民的知耻之心。甲午战后,宗室寿富创知耻学会。梁启超在《知耻学会叙》中沉痛而言:“《春秋》曰:‘蒙大辱以生者,无宁死。’痛乎哉!以吾中国四万万戴天履地含生负气之众,轩辕之胤,仲尼之徒,尧舜文王之民,乃伈伈伣伣,忍尤攘垢,靦然为臣为妾为奴为隶为牛马于他族,以偷余命而保残喘也。”②梁启超呼吁国人要“自耻其耻”。进行知耻教育,是为了“激耻以振之……厉愤气以张之”③。所谓无畏就是培养国民的无畏之气。张耀曾说:“安南之民,其气颓靡。缅甸之民,其气怯懦。犹太之民,其气驯柔。亡国民无生气,固如是乎!……虎狼入室,强敌压境,而居尸余之气以待之,鲜有不亡者也。”④容闳在评价义和团时说:“民无气则死,民有气则动,动为生气。”⑤这里所说的“气”,就是无畏之气:无畏生死,无畏强权。

3.冒险进取,不畏艰难。当时对冒险的理解主要有两层意思:一是我们常说的探险。《国民新灵魂》的作者就主要是从探险角度界定冒险。他把探险精神称为“山海魂”,其言:“吾黄族之所以不发达于世界,无探险性质其一也。……心非不往,其如灵魂之已成怯薄而无所用何。……夫气吞云梦,口吸西江,指现须弥,胸蟠五岳,山海魂之谓也。吾欲以此铸我国民之魂,发挥而光大之,此吾国之祥,而新帝国主义之膨胀以出口者也。”⑥一是强调做事勇往直前的态度。“有大刀阔斧之力”,“有雷霆万钧之能”。⑦冒险除了有豪气,还要有不畏艰难的坚忍性。梁启超说:“且夫所志愈大者,则其成就愈难;所行愈远者,则其归宿愈迟。”⑧所以必须有忍耐无数阻力,忍耐一挫再挫三挫的挫折,甚至忍耐及身不克,不见成功的境况的品德。正所谓:“失败之忧,何事能济。吾志吾行,艰苦弗顾。”⑨

4.军人魂、游侠魂。所谓军人魂,也就是以从军为乐、战死为荣。戊戌维新时期,汪康年就提出全国以武事为重的思想。不过,汪康年提倡的以武事为重,更多关注的是武备竞争。进入20世纪后,留日青年学生受日本武士道的影响,提出军国民主义的主张。以武事为重不仅是要国人尽当兵的义务,更重要的是国民养成军人精神。这个运动,首先由蔡锷发起,很快得到众人的响应。蒋百里对军国民主义有一个较为完整的阐述。军国民就是国人既要有国民意识,也要有军人精神。他说:“凡社会上一切之组织,皆当

---

① 蒋维乔:《论学堂轻视体育之非》,《教育杂志》1909年第6期。

② 梁启超:《知耻学会叙》,林志钧编:《饮冰室合集·文集之二》,北京:中华书局,1989年,第67页。

③ 清华大学历史系编:《戊戌变法文献资料系日》,上海:上海书店出版社,1998年,第601页。

④ 张耀曾:《云南民气》,杨琥编:《宪政救国之梦——张耀曾先生文存》,北京:法律出版社,2004年,第8页。

⑤ 刘禺生:《世载堂杂忆》,北京:中华书局,1997年,第114页。

⑥ 壮游:《国民新灵魂》,张枬、王忍之编:《辛亥革命前十年间时论选集》第1卷下,北京:生活·读书·新知三联书店,1978年,第573页。

⑦ 梁启超:《过渡时代论》,林志钧编:《饮冰室合集·文集之六》,北京:中华书局,1989年,第31页。

⑧ 梁启超:《过渡时代论》,林志钧编:《饮冰室合集·文集之六》,北京:中华书局,1989年,第31页。

⑨ 《“云南杂志”发刊词》,张枬、王忍之编:《辛亥革命前十年间时论选集》第2卷上,北京:生活·读书·新知三联书店,1963年,第562页。

以军事的法律布置之；凡国防上一切之机关，皆当以军事的眼光建设之；社会之精神之风俗之习惯，皆当以军人之精神贯注之。军人形质之在于外者，国家赖以安宁，军人精神之在于内者，则国之所由立也，民之所由生也。……军人耶，国民耶，则一而已矣，则一而已矣。"①什么是军人精神？军人精神就是以从军为乐为荣、不畏死的精神。壮游氏称："异哉吾祖国之民乎，我闻从军悲，不闻从军乐也；美哉彼欧西之族乎，但祈战死荣，不愿生还辱也。立于二十世纪之世界，而不以铁血为主义，非脆虫泣虫，则谓之供解剖之雏形果。夫畏战者就战祸，畏死者人乃以死相胁，国民无军人之资格则楚歌四面逼人而来；……是故铁血者神圣之所歆，剑铳者国民第二之衣食住。闻战而喜，战死而相与贺，国未有不雄者也。……吾欲以此铸我国民之魂。吾国民其无以文静而流入于衰弱之结果也。"②游侠魂也就是重然诺，轻生死，慷慨赴难的精神。"重然诺轻生死，一言不合拔剑而起，一发不中屠腹以谢，侠之相也；友难伤而国难忿，财权轻而国权重，侠之概也。"③

（三）尊智。自严复提出开民智的主张后，尊智成为清末人们普遍追求的品德。人们把智育提高到救国救民的高度。梁启超说："凡权利之与智慧，相依者也。有一分之智慧，即有一分之权利；有百分之智慧，即有百分之权利；一毫不容假借者也。故欲求一国之自立，必使一国之人之智慧足可治一国之事，然后可。今日之中国，其大患总在民智不开。"④梁启超又说："愚者天陵，智者天媢。"⑤清末，人们兴学校、创学会、办报纸，都是为了开民智。兴学校，是培植青年后起人才；创学会，是联络成年知识分子；办报纸，是启发一般民众。那么，如何才算得上一个智慧之民呢？

1.具有一定的知识技能。所谓知识技能，包括两层含义：一是有一定的文化素质。梁启超说："尽天下人而读书而识字斯民智矣。"⑥二是有一定的专业知识、谋生技能。"务讲求农工商各科实业，物无弃才，地无遗利，期有益于国计民生。"⑦当然把专业知识、谋生技能过于限定在自然科学方面，是偏颇的。

2.具有一定的政治素养。当时人们痛批专制君主的愚民政策，主要就是从政治方面而言。梁启超说："使公理公法、政治学不明，则虽由千百忠义之人，亦不能免于为奴。"⑧章士钊也指出，开民智如果仅限于知识技能，是增进为奴的资本。总之，"开民智

---

① 蒋百里：《军国民之教育》，《新民丛报》第22期，1902年。

② 壮游：《国民新灵魂》，张枬、王忍之编：《辛亥革命前十年间时论选集》第1卷下，北京：生活·读书·新知三联书店，1960年，第573~574页。

③ 壮游：《国民新灵魂》，张枬、王忍之编：《辛亥革命前十年间时论选集》第1卷下，北京：生活·读书·新知三联书店，1960年，第574页。

④ 梁启超：《湖南时务学堂札记批》，李华兴、吴嘉勋编：《梁启超选集》，上海：上海人民出版社，1984年，第61页。

⑤ 梁启超：《农学会序》，林志钧编：《饮冰室合集·文集之一》，北京：中华书局，1989年，第130页。

⑥ 梁启超：《沈氏音书序》，林志钧编：《饮冰室合集·文集之二》，北京：中华书局，1989年，第1页。

⑦ 《学部奏请宣示教育宗旨折》，朱有瓛编：《中国近代学制史料》第二辑上，上海：华东师范大学出版社，1987年，第156页。

⑧ 梁启超：《湖南时务学堂札记批》，李华兴、吴嘉勋编：《梁启超选集》，上海：上海人民出版社，1984年，第61页。

者,在于精神之教育,而不在于形式之教育也”①。

3.具有基本的科学素养。所谓基本的科学素养,也就是要有一定的科学常识,破除迷信观念。中国是一个传统的多神国家,各种迷信观念盛行。所以增加国民的科学知识,破除迷信观念,也是各方关注的焦点之一。《科学世界》指出,迷信盛行,有碍国家的发展。“学士大夫短于科学之知识,因疏生惰,以实业为可缓。教科偏枯,报章零落,则社会无教育矣。故其人民畏进取、陷迷信,格路矿以风水,掷金帛于鬼神,则无普通之知识矣。以此立国,虽无外患,犹不自保,而况列国竞争。”②清末致力于科学宣传的报刊主要有《亚泉杂志》《科学世界》《新世纪》《大公报》等。《大公报》从创刊起,就每隔数日发表一篇社论斥责迷信。随着科学常识的输入,一些清廷官员也上奏要求废除国家政治中的一些迷信现象,“学堂广设,科学日明,地球掩月而月蚀,月球掩日而日蚀,水汽上蒸而为云,遇冷下坠而为雨,学部审定教科书中诠发至明,五尺之童,靡不灼知其故。而救护日月之典,祈雨祷晴之事,官吏犹循成例举行”,如果因循不改,“实足以启无形之冲突”③。

(四)贵我。所谓贵我,就是个人的初步发现。中国传统的伦理教育都是以无我为宗旨。“个人”一词,虽在古语中早已有之,但都是用来指某一个特定个体,作为权利载体、作为价值载体的个人观念是没有的。据金关涛、刘青峰考证,现代个人权利观念,在19世纪上半叶就传入中国,但相当长时期内中国人没有接受西方的个人观念。“个人”作为现代政治词语,是1884年在日本定名,然后由日本传入中国。中国人以往用“人”“人人”“私”“己”“小己”等词来表达个人观念,第一次在现代意义上使用“个人”一词是在戊戌维新失败后。梁启超翻译《佳人奇遇》中有言:“法人轻佻,竞功名,喋喋于个人自由。”④1900年,佩弦生在《清议报》发文称:“中国之病,曰离曰散,不相任睦,各竞其私;公利众事,无人过问。此所谓个人主义,最足以败害大局。故名虽四万万人,实各自为一人。欧西合国民之全力以驰突个人,此固逆料吾之萎靡而不敢与抗者也。”⑤上述两种情况,都是在负面意义上使用“个人”“个人主义”。正面意义上使用“个人”一词,也是由梁启超首开其端。1901年,梁启超在《十种德性相反相成义》一文中说:“故今日欲言独立,先言个人之独立,乃能言全体之独立。”⑥把个人与权利联系起来,明确表达西方个人权利观念者,也是梁启超。1902年,梁启超在《论政府与人民之权限》一文中说:“重视人民者,谓国家不过人民之结集体;国家之主权,即在个人(谓一个人也)。其说之

---

①　坦厂:《论民气不靖之不宜再事摧抑》,张枏、王忍之编:《辛亥革命前十年间时论选集》第3卷,北京:生活·读书·新知三联书店,1977年,第713页。

②　丁守和主编:《辛亥革命时期期刊介绍》第1集,北京:人民出版社,1982年,第289页。

③　《分省补用道程淯条陈开民智兴实业裕财政等项呈》,故宫博物院明清档案部编:《清末筹备立宪档案史料》上,北京:中华书局,1979年,第281页。

④　[日]柴四郎:《佳人奇遇》,梁启超译,林志钧编:《饮冰室合集·专集之八十八》,北京:中华书局,1989年,第185页。

⑤　佩弦生:《论中国救亡当自增内力》,《清议报》第41册,1900年。

⑥　梁启超:《十种德性相反相成义》,林志钧编:《饮冰室合集·文集之五》,北京:中华书局,1989年,第44页。

极端,使人民之权无限,其弊也。”①总之,20世纪以后,“个人”一词逐渐在中国流行起来,人们也越来越正面意义上使用“个人”一词。虽然此词于20世纪以后才在中国逐渐流行,但是,强调个人自主性,强调人们实现自身价值的观念早在甲午后就已逐渐高涨。先进知识分子普遍接受此观念,将其当作造就国民的应有之义。贵我就是人格独立,做一个堂堂之我。《教育通论》一文作者云:“人不必尽为英雄豪杰,而断断不可不完全人格。”②具体而言,贵我包括以下几个内容:

1.肯定自我价值,肯定自我实现。谭嗣同把人看作是造化创造的精巧机器。之所以创造出这副精巧机器,是为了实现其价值。谭嗣同说:“大抵全体,竟与一副绝精巧之机器,各司其职,缺一不可,与天地之大机器相似。独是天必造此一种全体之精巧机器,果何为也哉。原是要使人顶天立地,做出一番事业来,所谓赞天地之化育与天地参也。诸君当知此堂堂七尺之躯,不是与人当奴仆,当牛马的。”③清末这种肯定自我的言论很多。比如《教育泛论》一文的作者说:“于天地之间而有我,天下皆宾而我则主也,天下皆轻而我则重也,天下之人皆不可恃而我则可恃,天下之理皆不可信,而吾心之理则必可信。吾尽吾之力而已矣,吾行吾所是而已矣。”④作者认为,中国之所以思想蔽锢、缺乏生机,就是因为缺少“贵我”之精神。“窒塞国民之思想,遏绝世界之生机,则皆由于‘贵我’‘通今’二大主义不明之故。”⑤

2.权利之思想。所谓权利思想,就是人人要有权利意识。严复说:“唯天生民,各具赋畀,得自由者,乃为全受,故人人各得自由,国国各得自由,第务令毋相侵损而已。侵人自由者,斯为逆天理、贼人道。”⑥严复主要是从天赋人权的价值观念强调了人的权利,但天赋人权的观念并不能保证人人能得到权利,人的权利不受侵犯,所以人必须有争取权利、保护权利的思想。梁启超说:“权利何自生?曰生于强。……是故权利之为物,必有甲焉先放弃之,然后有乙焉能侵入之。人人务自强以自保吾权。”⑦如果一个人没有权利思想,实为人格不全。“权利思想之强弱,实为其人品格之所关。”⑧人要有权利思想,还必须有自尊之精神。“故教育国民者,不可不使有自尊自重之精神,不可不使有担当责任之观念。”⑨需要指出的是,当时人们所强调的权利,不是消极权利,而是参与政事的

---

① 梁启超:《论政府与人民之权限》,林志钧编:《饮冰室合集·文集之十》,北京:中华书局,1989年,第1页。

② 云窝:《教育通论》,张枬、王忍之编:《辛亥革命前十年间时论选集》第1卷下,北京:生活·读书·新知三联书店,1960年,第556页。

③ 王尔敏:《中国近代思想史论》,北京:社会科学文献出版社,2003年,第95页。

④ 《教育泛论》,张枬、王忍之编:《辛亥革命前十年间时论选集》第1卷上,北京:生活·读书·新知三联书店,1960年,第402页。

⑤ 《教育泛论》,张枬、王忍之编:《辛亥革命前十年间时论选集》第1卷上,北京:生活·读书·新知三联书店,1960年,第403页。

⑥ 严复:《论世变之亟》,中国史学会编:《戊戌变法》第3册,上海:上海人民出版社,2000年,第73页。

⑦ 梁启超:《新民说·论权利思想》,林志钧编:《饮冰室合集·专集之四》,北京:中华书局,1989年,第31~32页。

⑧ 梁启超:《新民说·论权利思想》,林志钧编:《饮冰室合集·专集之四》,北京:中华书局,1989年,第32页。

⑨ 《教育泛论》,张枬、王忍之编:《辛亥革命前十年间时论选集》第1卷上,北京:生活·读书·新知三联书店,1960年,第402页。

积极权利。

3.去除奴隶根性。清末的著名思想家几乎都提出去除国人的奴隶根性。什么是奴隶根性呢？从现象上而言，当然我们可以列举出林林总总。梁启超就提出“勿为古人之奴隶”“勿为世俗之奴隶”“勿为境遇之奴隶”“勿为情欲之奴隶”。但从本质而言，奴性就是屈从于外力，丧失自我；去除奴性，就是不屈从于外力，重视自我权能。外力当然很多，就其最主要者而言有以下几种：(1)强权。当时人们所关注的强权主要指君权和列强。《说国民》一文的作者说：“压制之道不外二端：一曰君权之压制，一曰外权之压制。”①事实上，强权不只此二端，一切不合理的压制都是强权。(2)权威。梁启超所说的“勿为古人之奴隶”，也就是强调不屈从于权威。“古圣贤也、古豪杰也，皆尝有大功德于一群，我辈爱而敬之宜也。虽然，古人自古人，我自我。彼古人之所以能为圣贤为豪杰者，岂不以其能自有我乎哉？”②(3)世俗。《说国民》一文的作者云：“盖脱君权、外权之压制者，犹所谓自由之形体；若能跳出于数千年来风俗、思想、教化、学术之外，乃所谓自由之精神也。无自由之精神者，非国民也。”③(4)社会。鲁迅在《文化偏至论》中，对社会压抑个性的倾向有深刻论述，他说：“凡个人者，即社会之一分子，夷隆实陷，是为指归，使天下人人归于一致，社会之内，荡无高卑。此其为理想诚美矣，顾于个人特殊之性，视之蔑如，既不加以别分，且欲致之灭绝。……流弊所至，将使文化之纯粹者，精神益趋于固陋，颓波日逝，纤屑靡存焉。”④

什么是重视自我权能呢？首先，在人格上要自我尊重，勿自居于奴隶。梁启超说：“人之奴隶我不足畏也，而莫痛于自奴隶于人；自奴隶于人犹不足畏也，而莫惨于我奴隶于我。庄子曰：‘哀莫大于心死，而身死次之。’吾亦曰：辱莫大于心奴，而身奴斯为末矣。”⑤其次，要敢于坚持自我。鲁迅说：“人必发挥自性，而脱观念世界之执持。惟此自性，即造物主。惟有此我，本属自由；……自由之得以力，而力即在乎个人，……故苟有外力来被，则无间出于寡人，或出于众庶，皆专制也。”⑥

三、清末公民教育思想之评价

首先，清末公民教育中，被人们普遍崇尚的爱国、尚武、尊智、贵我是符合时代需要的。在当时弱肉强食、残酷竞争的环境中，处于劣势的中国需要这些精神以振奋民气、革除萎靡。

其次，清末公民教育的主张，毕竟是特殊大环境时代的产物，它也存在着一些偏执，

---

① 《说国民》，张枬、王忍之编：《辛亥革命前十年间时论选集》第1卷上，北京：生活·读书·新知三联书店，1960年，第73页。

② 梁启超：《新民说·论权利思想》，林志钧编：《饮冰室合集·专集之四》，北京：中华书局，1989年，第47页。

③ 《说国民》，张枬、王忍之编：《辛亥革命前十年间时论选集》第1卷上，北京：生活·读书·新知三联书店，1960年，第73页。

④ 鲁迅：《文化偏至论》，《鲁迅全集·坟》第1卷，北京：人民文学出版社，2005年，第51~52页。

⑤ 梁启超：《新民说·论权利思想》，林志钧编：《饮冰室合集·专集之四》，北京：中华书局，1989年，第47页。

⑥ 鲁迅：《文化偏至论》，《鲁迅全集·坟》第1卷，北京：人民文学出版社，2005年，第52页。

这主要表现在过于崇拜铁血强权。虽然弱肉强食是当时国际交往的现实,但强权毕竟是帝国主义者的理论,所以当时就有人对这种不正确的倾向提出了批评。一种意见是从道义上根本否定尚武教育,这主要来自巴黎《新世纪》派的无政府主义者。“近世教育,有所谓军国主义者,已成为普通之义矣。夫此等教育,强权之教育耳。以天性未离之青年,而教以操刀杀人之事业,为强权者计,则诚得矣,果为世界计,又何取乎!(体操讲卫生,不在军国教育列)”①另一种意见是不否定尚武,但反对崇尚强权,鲁迅即为其代表。鲁迅说:“今兹敢告华土壮者曰:勇健有力,果毅不怯斗,固人生宜有事,特此则以自臧,而非用以搏噬无辜之国。”②鲁迅的本意是提倡尚武是为了自卫,但羡慕、崇尚强权的理论是错误的,因为中国也是受侵略国,崇尚强权理论,无疑是承认西方侵略的正确性。

最后,清末公民教育从内容上而言不够全面。第一,它过于注重国家和个人的关系,而且单向强调了个人对国家的义务责任,这与当时人们追求伦理的爱国心有关。所谓伦理的爱国心,就是“养其严格义务之心”③。这在当时确有必要,然而过于崇尚国家,也有其不良之后果,其最著者,莫过于牺牲个人。国家除了是政治共同体,其权力运作还是具体的政府和人。过于崇尚国家,就有造成政府以国家利益之名,侵害个人权益的危险。当时,有极少数人注意到了这一问题。比如《兴国精神之史曜》一文作者云:“不以国为人类上达之所由,而以国为超智绝伦之所立;视国家如天神,而视民生如牺牲,若诏之曰:‘格,汝众无傲。汝惟国家之命是听。躬荐国家,惟汝至德。’……厥言厥行,要为一己之利益耳。国家国家,转为利器,挟之以护彼辈之罪恶耳。……如是而为国民,傀儡亦国民也。吾称之曰有政府而无国民。”④第二,缺乏人文精神的教育。清末公民教育中,工具理性主义占据了主导地位,也就是说,公民教育中以急切实用为目的,少了一些人文关怀。鲁迅说:“故病中国今日之扰攘者,则患志士英雄之多,而患人之少。”⑤所谓“患人之少”,也就是忧虑在工具理性为社会主流之下,敢于坚持人文理想者少,不随波逐流、有主见者少。通观鲁迅《摩罗诗力说》《科学史教篇》《文化偏至论》《破恶声论》几篇文章,都是呼唤人文精神,呼唤人性中的诚善美。第三,缺乏社会伦理的教育。这里所说的社会伦理,是指脱离于政治之外的人与人交往的伦理。清末著名思想家都很重视合群的教育,但这里的合群,是指合民族、国家之大群,而不是社会层次上的合群。在社会交往中,西方社会非常注重的契约观念、诚实、信任、责任等,在清末公民

① 鞠普:《论习惯之碍进化》,张枬、王忍之编:《辛亥革命前十年间时论选集》第3卷,北京:生活·读书·新知三联书店,1977年,第202页。

② 鲁迅:《破恶声论》,张枬、王忍之编:《辛亥革命前十年间时论选集》第3卷,北京:生活·读书·新知三联书店,1977年,第377页。

③ 卫种:《二十世纪之支那初言》,张枬、王忍之编:《辛亥革命前十年间时论选集》第2卷上,北京:生活·读书·新知三联书店,1963年,第64页。

④ 许寿裳:《兴国精神之史曜》,倪墨炎、陈九英编:《许寿裳文集》下,上海:百家出版社,2003年,第466页。

⑤ 鲁迅:《破恶声论》,张枬、王忍之编:《辛亥革命前十年间时论选集》第3卷,北京:生活·读书·新知三联书店,1977年,第371页。

教育思想中论述甚少。第四,缺乏尊重个人权利的教育。这里所说的个人权利是指消极权利、私人空间。当时人们非常注重人格独立,但这里的人格独立,更多强调的是自我的积极实现。争取的权利,也是参政权利。至于私人空间的权利,当时大多数思想家对其是既爱又恨,甚至恨多过于爱。

清末公民教育思想最为突出的特色是国家至上与尚武。虽然其也提倡贵我、尊智,但都是建立在建立新型民族国家的前提下。个体之所以被重视,是因为个体是国民的载体。"盖个人智,则人格之国民必智;个人愚,则人格之国民必愚;个人强个人弱,则国民必随而强弱;个人善良个人腐败,则国民必随而善良腐败也。此个人为因国民为果之说也。"①重视个人,养成国民,都是为了国家。"今言其大旨,曰个人曰国民。无非养成个人与国民,适合今日生存之性格。……个人之为善良人物,即国民之为伟大事业,盖莫不注意国家,莫不欲使国家成强大之结果。"②主张个人争权利,亦是为了国家争权利。"夫个人之权利,即全体权利之一分子也,一人失其权利,即全体之权利已失其一分矣。若相牵相制,驯致人人皆失其权利,即全体之权利,遂荡尽无余矣。"③在个人与国家的关系上,国家是本体。梁启超对此有最为系统的论述。1902 年以后,梁启超就基本上放弃了契约论,而主张国家主义。梁启超认为"主权在君说"与"主权在民说"都已成历史陈迹,主权归属国家说方兴未艾,适逢其会。

> 且近世泰西之言政治者,率分三派:其一曰主权在君主者,其一曰主权在人民者。此二说各有所偏,而皆不适于正。遵之以为治,而利皆不胜其弊。至最近二三十年间,然后主权在国家之说,翕然为斯学之定论。今世四五强国,皆循斯以浡兴焉。④

既然主权在于国家,为了国家的利益,国家可以积极干涉个人。

> 苟有大政治家在上,能善其干涉之术,则其于民也,刓之使圆,砺之使方。唯其所欲,无不如意。……而非以法家之道行之,势固不可得致。夫以一国处万国竞争之涡中,而欲长保其位置,毋俾陨越,且继长增高以求雄长于其侪,则必当先使其民之智德力,常与时势相应,而适于供国家之所需。国家欲左则左之,欲右则右之。全国民若一军队然,令旗之所指,则全军向之。夫如是乃能有功也。而欲致此,则舍法治奚以哉!⑤

---

① 梁启勋:《国民心理学与教育之关系》,《新民丛报》第 25 号,1903 年。

② 《国民教育论》,《游学译编》第 5 册,1903 年。

③ 《教育泛论》,张枬、王忍之编:《辛亥革命前十年间时论选集》第 1 卷上,北京:生活·读书·新知三联书店,1960 年,第 401 页。

④ 梁启超:《管子传》,林志钧编:《饮冰室合集·专集之二十八》,北京:中华书局,1989 年,第 2 页。

⑤ 梁启超:《管子传》,林志钧编:《饮冰室合集·专集之二十八》,北京:中华书局,1989 年,第 17~18 页。

国家至上与尚武,也是民初各派基本的共识。民初虽然分权论一度风行,但很快就为中央集权论所取代。1912年,梁启超在《中国立国大方针》一文中,提出中国立国方针之一就是建设世界的国家。所谓世界的国家也就是世界标准的国家。而当时梁启超认为世界标准的国家就是国家主义的国家。他称:“今世界以国家为本位,凡一切人类动作,皆以国家分子之资格而动作者也。此说果为中庸之真理与否,虽未敢知,而现今时代思潮,实畸于此,虽有大力,莫之能外也。”①梁启超的主张得到各方的普遍赞同,其原因就是人们普遍希望建立一个强盛的国家。民国,历届政府也都非常重视尚武精神的培养。南京临时政府教育总长蔡元培即把军国民教育作为教育第一宗旨。他说:“夫军国民教育者……在他国已有道消之兆。然在我国,则强邻交逼,亟图自卫,而历年丧失之国权,非凭借武力,势难恢复。”②因而军国民教育是必采之政策。袁世凯执政时期,也非常强调尚武。1915年,袁世凯以大总统令公布的教育宗旨中,尚武高居榜首。他说:“国何以强?强于民。民何以强?强于民之身。民之身何以强?强于尚武。”③

第二节 新文化运动时期的公民教育思想

清末民初,国家至上与尚武是各派的普遍共识。但是,在新文化运动时期,这些主张受到人们的质疑与批判。个人主义、和平主义、世界主义、理性主义成为新文化运动时期公民教育思想的显著特色。这一时期公民教育思想的转向是国内、国外两个因素造成的。

从国内因素而言,清末民初,国家主义在思想界占据主导地位。国家主义以国家为至上,个人被视作国家的工具。个体虽在一定程度上受到重视,但是建立在国家是积民而成的前提下,个人首先被视作国民。因此,个体权利、个人实现如果脱离了国家的前提,是得不到承认的。虽然,章太炎、鲁迅等一些思想家也曾呼吁过尊重个性,但这种思想远非主流。随着民初袁世凯利用人们建立强有力国家和政府的愿望,一步步压制民权,走向专制,也有人开始对国家至上的主张进行反思。章士钊在《国家与责任》一文中说:

> 国民者宜享权利者也。何也?无权利不足以自行避苦而趋乐也。苟无权利,则贱种而已矣,国民云乎哉!国家者宜建之于权利之上者也。何也?无权利其所含分子不足以避苦而趋乐也。苟无权利,则奴圈而已矣,国家云乎哉!④

---

① 梁启超:《中国立国大方针》,林志钧编:《饮冰室合集·文集之二十八》,北京:中华书局,1989年,第40页。

② 蔡元培:《对于新教育之意见》,高平叔编:《蔡元培全集》第2卷,北京:中华书局,1984年,第130~131页。

③ 中国第二历史档案馆编:《中华民国档案史料汇编·教育》第三辑,南京:江苏古籍出版社,1991年,第28页。

④ 章士钊:《国家与责任》,章含之编:《章士钊全集》第3册,上海:文汇出版社,2000年,第125页。

针对权利与义务的关系，章士钊指出权利与义务不是对立而是统一的关系。“目论之士，以为权利过张，而义务将没。殊不知求权利正所以尽义务。”①若漫无经界说提倡国权，那是伪国家主义。“吾人有倡为国家主义者，意在损个人以益国家。此说之可取，亦视夫所为损益之界说若何。若漫无经界，犯吾人权根本之说，愚敢断言之曰，此伪国家主义也。”②在《哈蒲浩权利说》一文中，章士钊对权利有进一步诠释。他指出，如果不爱护人的权利，人道主义将不复存在。

人民自由权利之尊，宗教民族利益之异，皆置之于不甚爱惜之伦，以为无足轻重之事，……治道至此，一如机盘，轮轴一旋，举凡人道主义之所赖以存，民之秉彝之所赖以守，博爱行宜之风，衡平司直之道，悉为磨洗以去，不复可求。③

国家、社会之益是一时，个人权利是长久。“为权说者之通病，在昧于一时久远之分。有时抹杀一小己一阶级之权利，诚不失为社会暂时之益。然若为社会计及久长，求其福祉，则此种权利，将万无蹂躏理。”④总之，相对国家利益、社会利益而言，“人生之权利，绝对者也，固定者也，乃吾人于性分所具剖分若干以为契约之后，所永远保存者也”⑤。章士钊对人的基本权利的呼吁，应该说在中国权利发展史上起到一个承上启下的作用。在此以前，中国人所谈的权利基本上是“民权”，也就是参政权。提倡参政权的目的是民族主义，也就是由民主而民族。民族、国家是最高参照系。章士钊所说的权利虽然也包含参政权，但更重视的是基本人权，其最高参照系是人道主义。这种由民权向人权思想的转化，为新文化运动时期人的解放、个性的张扬开辟了先路。

从国外因素而言，第一次世界大战对新文化运动时期公民教育思想的转向，有深远的影响。第一次世界大战结束前，德国被国人视作世界标准国家。梁启超曾说：

自开战之始，吾尝昌言德之必胜，且言其决胜甚速。比则频有难吾说者，……虽然，吾终信德之决不能败也。……吾观德人政治组织之美，其国民品格能力训练发育之得宜，其学术进步之速，其制作改良之勤，其军队之整肃而忠勇，其交通机关之敏捷，其全国人之共为国家一器械而各不失其本能。凡此诸点，举世界各国无一能逮德者。有国如此，其安能败？使德人而败者，则自今以往，凡有国者，其可以不必培植民德，不必奖励学术，不必搜讨军实，乃至一切庶政，其皆可以不讲矣。此非吾矫激之言。彼德国者，实今世国家之模范。国家主义如消灭斯已耳，此主义苟一日存在者，则此模范国断不容陷于劣败之地。不宁惟是，以德与英法诸国战，无异新学艺与旧学艺战，新思想与旧思想战，新人物与旧人物战，新国家与旧国家战，使

① 章士钊：《国家与责任》，章含之编：《章士钊全集》第3册，上海：文汇出版社，2000年，第126页。
② 章士钊：《国家与责任》，章含之编：《章士钊全集》第3册，上海：文汇出版社，2000年，第127页。
③ 章士钊：《哈蒲浩权利说》，章含之编：《章士钊全集》第3册，上海：文汇出版社，2000年，第171～172页。
④ 章士钊：《哈蒲浩权利说》，章含之编：《章士钊全集》第3册，上海：文汇出版社，2000年，第172页。
⑤ 章士钊：《哈蒲浩权利说》，章含之编：《章士钊全集》第3册，上海：文汇出版社，2000年，第176页。

德而败，则历史上进化原则，自今其可以摧弃矣。①

第一次世界大战之结果，对膜拜德国的国人而言，无疑是冷水浇头，故垒全失，这促使思想界不得不对国家主义进行反思。在个人与国家的关系上，梁启超就提出了"尽性主义"的主张，他说："国民树立的根本义，在发展个性。……这回德国致败之原，就是因为国家主义发达得过于偏畸，人民个性，差不多被国家吞灭了，所以碰着英法美等个性最发展的国民，到底抵敌不过。"②在国家关系上，梁启超提出世界主义国家的主张。何谓世界主义的国家？梁启超说："国是要爱的，不能拿顽固偏狭的旧思想。……我们的爱国，一面不能知有国家不知有个人；一面不能知有国家不知有世界。"③在人生问题上，梁启超反对科学万能，崇尚自由意志。梁启超的反思，在当时的中国颇具代表性。第一次世界大战后，个人主义、世界主义在中国风行一时就是明证。第一次世界大战也使和平主义在中国风行一时。协约国的胜利被视作公理战胜强权，强权即公理的信念变为了公理即强权。

一、个人主义

新文化运动时期的个人主义基本表现为三个层面：个人权利、个性实现、个性解放。

（一）个人权利。新文化运动兴起，以陈独秀创办《青年杂志》（后改名为《新青年》）为标志。《青年杂志》创刊号便宣称"科学与人权"并重。陈独秀在《东西民族根本思想之差异》一文中说："西洋民族，自古迄今，彻头彻尾，个人主义之民族也。……举一切伦理、道德、政治、法律，社会之所向往，国家之所祈求，拥护个人之自由权利与幸福而已。思想言论之自由，谋个性之发展也。法律之前，个人平等也。个人之自由权利，载诸宪章，国法不得而剥夺之，所谓人权是也。人权者，成人以往，自非奴隶，悉享此权，无有差别。"④梁漱溟在《东西文化及其哲学》中说："必要有了'人'的观念，必要有了'自己'的观念，才有所谓'自由'的。而西方人便是有了这个观念的，所以他要求自由，得到自由。大家彼此通是一个个的人，谁也不是谁所属有的东西；大家的事便大家一同来作主办，个人的事便自己来作主办，别人不得妨害。所谓'共和''平等''自由'不过如此而已，别无深解。"⑤在个人主义者看来，追求个人利益乃人情之自然。所谓合群，所谓公益，都只能建立在个人主义的基础上。

撒格逊民族以个人主义著闻于世。其为人也，富于独立自尊之心，用能发展民

---

① 梁启超：《欧洲战役史论》，林志钧编：《饮冰室合集·专集之三十》，北京：中华书局，1989年，第69~70页。

② 梁启超：《欧游心影录》，林志钧编：《饮冰室合集·专集之二十三》，北京：中华书局，1989年，第24页。

③ 梁启超：《欧游心影录》，林志钧编：《饮冰室合集·专集之二十三》，北京：中华书局，1989年，第21页。

④ 陈独秀：《东西方民族根本思想之差异》，《陈独秀文章选编》上，北京：生活·读书·新知三联书店，1984年，第98页。

⑤ 梁漱溟：《东西文化及其哲学》，中国文化书院学术委员会编：《梁漱溟全集》第1卷，济南：山东人民出版社，2005年，第365页。

族精神，以臻今日之强盛。我国惩忿窒欲之说，入人最深。凡事涉利己者，皆视为卑卑不足道。必须断绝欲求，济人利物，乃能为世崇仰。不知自我欲求，所以资其生也。设无欲求，则一切活动立时灭绝，岂复有生存之必要？顾欲以人力禁制之，于是日言合群，日言公益；而所谓合群公益者，尽变为涂饰耳目之名词。人人心中各怀一最小限度之个人主义，实不可以告人，亦不肯举以自白，而虚挢诈伪之习，乃日益加剧。

甚矣！人情之不可遏抑。遏抑之，乃不能不走于偏宕，若决江河，沛然莫之能御也。曷若顺人性之自然，堂堂正正以个人主义为前提，以社会之义为利益个人之手段。必明群己之关系，然后可言合群；必明公私之权限，然后可言公益也。①

不同于此前国家主义把个人权利、个人利益视为国家权利、国家利益的工具，新文化运动的倡导者把个人视为本体，国家为人而设，非人为国家而生存。

夫国为人而设者也。国家权利即以人民权利为根基。自由人格，全为蕲求权利之梯阶，而权利又为谋达人生归宿之凭借。人生归宿还在人生，非一有国家便为归宿之所。②

为国家牺牲人民是一种过时的理论，是古代国家的理念。现代国家以保护人权为职责，也只有保护人权，国家才能昌盛。

以人民为国家之牺牲品，若主人之豢畜犬豕麋鹿然，视人若物，剥尽其权，此太古国家之盛衰兴废所以视政府之智愚贤不肖，而其应如响也。今者国本在民之理，大阐明于西方，举国家全力保护人民之权利。人智日启，即国家之文化日高。国家文明，因人演进。自今以往，日新月盛，将永绝一治一乱、突兴突败之局，而立不退转之文明。然则保障人权，其今日立国之神髓也欤。③

人民的权利不只是参政等公共权利，还包括维护个人自由的私权。个人私权是国家保护的对象，而非来源于国家。

向也，握有权利者仅公民耳。希腊公私两法杂空混淆。罗马虽区分其原理，然私法之行，犹全恃人民与国家之意向。小己自由为其与国家抵触也，亦痛恶而深讳之。

今也，小己举有权利，私法公法画然判分。然私法之事，乃国家所认许，非国家

---

① 李亦民：《人生唯一之目的》，《青年杂志》第1卷第2号，1915年10月。
② 高一涵：《近世国家观念与古相异之概略》，《青年杂志》第1卷第2号，1915年10月。
③ 高一涵：《近世国家观念与古相异之概略》，《青年杂志》第1卷第2号，1915年10月。

所创制;乃国家所保护,非国家所指挥。人民自由独立发展,不为国家所侵蚀。行使权利,举由一己之意志,而不为国权之所拘。①

国家主权、国家意志也并非抽象的,而是一个个个人意志的结合而形成的公意。

社会之意志,为由个人结合的国家之意志。离乎自然人,即不能发动。故曰国家之主权,以人民之意志为基础也。盖谓国家之主权,由人民公共为国家所发动之意志而形成之也。且亦非漫指无组织之人民之公共意志,而以为国家之主权也。②

有人甚至反对绝对的爱国主义。早在1914年,陈独秀就称:“国家者,保障人民之权利,谋益人民之幸福者也。不此之务,其国也存之无所荣,亡之无所惜。……盖保民之国家,爱之宜也;残民之国家,爱之也何居?”③这可以说是对国家主义的一个反动。对个人权利的强调,虽然是新文化运动的一个特色,但总体而言,并非是重点所在。个性实现、个性解放才是新文化运动的重点。

(二)个性实现。早在清末,章太炎、鲁迅就提出尊重个性。但是,这种思想在当时远非主流。新文化运动兴起后,提倡个性发展成为一个普遍的要求。1915年,朱元善在《教育杂志》发文称:“教育终局之目的果何在乎?答此问者必曰:将以蕲社会之发展,国家之进步是也。然欲蕲社会之发展,国家之进步果将以何因缘而达之乎?答此问者必更曰:惟发挥个人之特性,使得各展所长,以适应于现实社会之生活而已。夫然所谓真正之教育,自以尊重个性为第一义。”④如果说朱元善更多地是从因材施教的角度谈论个性;那么新文化运动兴起后,人们就更多地是从个性自由、个人价值的角度论述个性的实现。蒋梦麟在《个人之价值与教育之关系》一文中称:“泛言人类之价值,则漫无所归。且人之所以贵于他动物者,以具人类之普遍性之外,又具有特殊之个性。……故欲言人类之价值,当先言个人之价值。不知个人之价值者,不知人类之价值。”⑤所谓个人价值就是每一个自然人所具有的特殊价值。“个人价值,即尔我他各个人之价值。”⑥所谓“自由”“平等”“共和”等价值,都是为了实现个人价值。

个人之价值即存于尔我他天赋秉性之中,新教育之效力,即在尊重个人之价值。所谓“自由”,所谓“平等”,所谓“民权”“共和”“言论自由”“选举权”“代议机关”皆所以尊重个人之价值也。不然,视万民若群羊,用牧民政策足矣,何所用其

① 高一涵:《近世国家观念与古相异之概略》,《青年杂志》第1卷第2号,1915年10月。
② 陈仁:《民国原论》,《大中华》第1卷第7期,1915年7月。
③ 陈独秀:《爱国心与自觉心》,《陈独秀文章选编》上,北京:生活·读书·新知三联书店,1984年,第71页。
④ 朱元善:《尊重个性》,《教育杂志》1915年第1期。
⑤ 蒋梦麟:《个人之价值与教育之关系》,《教育杂志》1918年第4期。
⑥ 蒋梦麟:《个人之价值与教育之关系》,《教育杂志》1918年第4期。

"言论自由"乎？何所用其"选举权"乎？①

甚至有人把群性与奴隶性相等。周建人在《结群性与奴隶性》一文中认为，人间的奴隶性是由动物的结群性而来，而这种结群性造成了个性的丧失。

> 我们的民族中大多数的人都有不敢独断独行的自然倾向，他们以人民之声为神明之声，虽然他们明知道这类声音，是出自类于无人的乌合之众的；他们又甘心为传统、威权以及习俗的奴隶。与这道德的瑕疵相对的智识的缺乏，从他们的缺乏自由与创造的思想，而常常愿意承受威权的意志，去束缚其判断，可以察看出来。我将证明人间的奴隶性，是结群性的直接的结果。②

真正的国民应该是有个性的人。

> 凡一国民不必是一群奴隶的乱众，因为恐慌而互相揪着，大多数缺乏自治力，只求别人的引导；他应由许多有强大的自恃力的人所合成，因了无数的关系而互相联结，成为一个强的紧张的而有弹力的团体。③

总之，人作为人，不仅在于其有社会性，更在于每个人有自己的个性。人的实现不在于去成为一个标准范式的人，而在于去实现个性。李石岑称："讲到做人，也靠这个偏字作一个人的骨干，偏就是教育学上所谓个性。各人因遗传环境教育等的不同，而成功个人的个性；我们发挥这种个性，就成功一种人格；如果侵犯我的个性，就无异侵犯我的人格；换句话说，如果损伤我'偏'的精神，就无异损伤我的人格。"④李石岑认为所谓人格就是人的个性，而不是一个做人标准。李石岑在评价康德的人格说时称："人当行动的时候，须要看作万人之模范万世之轨则的行动去行动。这是康德人格说的梗概。……可惜他的解释，全偏于形式而缺乏内容；即就形式的解释观之，所谓万人之模范万世之轨则的行动，不惟无以启示人格之扩大，且转以伤人格之尊严。"⑤李石岑也反对把人格与个性对立起来。他在评价佛尔斯特的人格说时称："佛氏把人格和个性分作两方面说；他把人格看作精神的东西，个性看作感觉的东西，人格由内部的自立而成立，个性由外部的自立而成立；他以为真正人格。即伏于精神生活里面，精神支配感觉和欲情的时候，则人格始发达；……惟人格发达，个性亦同时发达；而人格持统一的倾向，个性却常走入放散的倾向，因为个性之发展，常易引起许多情欲，而使人为外界的奴隶，所以个

---

① 蒋梦麟：《个人之价值与教育之关系》，《教育杂志》1918年第4期。
② 周建人：《结群性与奴隶性》，《新青年》第9卷第5号，1921年9月。
③ 周建人：《结群性与奴隶性》，《新青年》第9卷第5号，1921年9月。
④ 李石岑：《我的生活态度之自白》，《李石岑讲演集》，桂林：广西师范大学出版社，2004年，第11页。
⑤ 李石岑：《人格之真诠》，《李石岑讲演集》，桂林：广西师范大学出版社，2004年，第70页。

性必须由人格制驭。……但我却根本不赞成这种说法。我以为人格之本质,即个性之实现,离了个性便无人格可说;康德所谓人格不能替代,正以其为个性故,而人格所以不致破裂,正以此能保持个性故,离了个性去谈人格,则人格便空无一物了。"①李石岑所谓的个性、所谓的人格是什么呢?他说:

> 我的人格观,完全从生命表现出发。如何叫生命?……大体讲来,生命以自我为中枢,所谓生命表现,即无异云自我表现。我的言语行事,我的处世接物,均须处处不丧掉自我。我在故我之生命在,我之生命在故万有之生命在。生命就是一个无尽藏,换句话说,自我就是一个无尽藏,只须把他的本来面目表现出来,便是人格。如果正在表现的时候,忽然遇着障碍,那时我这种表现的努力,仍是继续不懈,必须达到充分表现才止,这便是圆满的人格。倘若遇着障碍时,就因而软化,不仅不能表现且因而丧失,这便是人格之破裂。②

那什么又是自我呢?李石岑说:

> 我所谓自我,即我之意志;一切精神作用,都由意志统一。意志作用的结果,即酝酿成一种特性;由这种特性保持的久暂,即可定人格之高低。③

总之,认识自己的个性,以意志力实现自己的个性,就是人格的完成。

需要指出的是,新文化运动时期提倡的个性实现与清末的尊重个性,还是同中有异。相同的是二者都强调了个体的实在性。章太炎说:"若其以世界为本根,以陵藉个人之自主,其束缚人亦与言天理者相若。"④因为"人本独生,非为他生"⑤,非为世界而生,非为国家而生,非为社会而生,非为他人而生。但章太炎强调个人实在性的宗旨,在于强调道德的自律而非他律。"吾为他人尽力,利泽及彼,而不求圭撮之报酬。此自本吾隐爱之念以成,非有他律为之规定。"⑥清末,鲁迅对个性的强调,颇受尼采超人思想影响。鲁迅说:"更睹近世人生,每托平等之名,实乃愈趋于恶浊,庸凡凉薄,日益以深,顽愚之道行,伪诈之势逞,而气宇品性,卓尔不群之士,乃反穷于草莽,辱于泥途,个性之尊严,人类之价值,将咸归于无有,则常为慷慨激昂而不能自已也。……与其抑英哲以就凡庸,曷若置众人而希英哲?则多数之说,缪不中经,个性之尊,所当张大,盖揆之是非利害,已不待繁言深虑而可知矣。"⑦新文化运动时期对个性的强调,更多地是从多样性

---

① 李石岑:《人格之真诠》,《李石岑讲演集》,桂林:广西师范大学出版社,2004年,第70页。
② 李石岑:《人格之真诠》,《李石岑讲演集》,桂林:广西师范大学出版社,2004年,第72~73页。
③ 李石岑:《人格之真诠》,《李石岑讲演集》,桂林:广西师范大学出版社,2004年,第73页。
④ 章太炎:《四惑论》,《章太炎全集》第4卷,上海:上海人民出版社,1985年,第444页。
⑤ 章太炎:《四惑论》,《章太炎全集》第4卷,上海:上海人民出版社,1985年,第444页。
⑥ 章太炎:《四惑论》,《章太炎全集》第4卷,上海:上海人民出版社,1985年,第445页。
⑦ 鲁迅:《文化偏至论》,《鲁迅全集·坟》第1卷,北京:人民文学出版社,2005年,第52~54页。

出发。每个人都有个性、都有价值,而非只有超人才有个性、才有价值。特别是一战后,这一特色就更鲜明。因为一战协约国的胜利,被视作平民主义的胜利,平民主义于是成为一股思潮。平民与超人确有一些不协调。此时的鲁迅虽没有完全放弃超人思想,但也热烈呼吁每个人都应该去实现自身的价值,不管是天才还是庸众。鲁迅说:"愿中国青年都摆脱冷气,只是向上走,不必听自暴自弃者流的话。能做事的做事,能发声的发声。有一分热,发一分光,就令萤火一般,也可以在黑暗里发一点光,不必等候炬火。此后如竟没有炬火:我便是唯一的光。倘若有了炬火,出了太阳,我们自然心悦诚服的消失,不但毫无不平,而且还要随喜赞美这炬火或太阳;因为他照了人类,连我都在内。"①

(三)个性解放。个性解放与个性实现有一定的关联。个性实现强调的是个人特殊性的表现;个性解放强调的是冲破障碍,即冲破实现自身权利与个性道路上的一切障碍。戊戌维新时期,谭嗣同曾经提出"冲破罗网"的口号,但他又认为罗网是人心力所造,心无罗网,自无罗网。所以,谭嗣同以意志在心中消解了现实中的罗网。新文化运动时期所主张的个性解放,是要消除现实中的罗网,而非简单的心无罗网,自无罗网。蒋梦麟称:

> 我要问一句,活泼泼的人到哪里去了?你有感情,为何不解放?你有思想,为何不解放?你所具人类本性的权利放弃了,为何不要求?
>
> "五四"学生运动,就是这解放的起点,改变你做人的态度,……解放感情,解放思想,要求人类本性的权利。这样做去,我心目中那活泼泼的青年,具有丰富的红血轮,优美和快乐的感情,敏捷锋利的思想,勇往直前,把中国萎靡不振的社会,糊糊涂涂的思想,畏畏缩缩的感情,都一一扫除,凡此等等,若非从基本上改变生活的态度做起,东补烂壁,西糊破窗,愈补愈烂,愈糊愈破。②

个性解放,首先是个人的自我决定,独立不依。"我是我自己的,他们谁也没有干涉我的权利!"③这句话可算得是当时人们对自我决定的最好诠释。其次,个性解放就是从各种限制中解放出来:从旧思想旧习惯中解放出来,从社会压制中解放出来,从权威中解放出来,从理性中解放出来。因为要从旧思想旧习惯中解放出来,而有"吃人礼教"口号的喊出。

> 这人肉的筵宴现在还排着,有许多人还想一直排下去。扫荡这些食人者,掀掉这筵席,毁坏这厨房,则是现在的青年的使命!④

---

① 鲁迅:《随感录四十一》,《鲁迅全集·热风》第1卷,北京:人民文学出版社,2005年,第341页。
② 蒋梦麟:《改变人生的态度》,曲士培编:《蒋梦麟教育论著选》,北京:人民教育出版社,1995年,第114页。
③ 鲁迅:《伤逝》,《鲁迅全集·彷徨》第2卷,北京:人民文学出版社,2005年,第115页。
④ 鲁迅:《灯下漫笔》,《鲁迅全集·坟》第1卷,北京:人民文学出版社,2005年,第229页。

因为要从社会压制中解放出来,尼采哲学、易卜生主义风行一时。要敢于坚持“个人的自大”,敢于做自我,即使成为“国民之敌”也在所不惜。因为要从权威中解放出来,而有敢于怀疑权威、打倒权威思想的提倡。胡适在《威权》一诗中写道:

威权坐在山顶上,
指挥一班铁索锁着的奴隶替他开矿。
他说,“你们谁敢倔强?
我要把你们怎么样就怎么样!”

奴隶们做了一万年的工,
头颈上的铁索渐渐的磨断了。
他们说,“等到铁索断时,
我们要造反了!”

奴隶们同心合力,
一锄一锄的掘到山脚底。
山脚底挖空了,
威权倒撞下来,活活的跌死!①

刘半农在一首诗中写道:

朋友!“上帝说,‘要有光’就有了光,”
这种荒唐话,谁要他遗留在世上?
你们听我说:
要有光,应该自己做工,自己造光——
要造太阳的光,不要造萤火的光。②

这无异是在说,没有权威,人人应该做自己的权威。因为要从理性中解放出来,而提倡本性主义。新文化运动时期,特别是第一次世界大战结束后,本性解放的思想在中国风行一时。时人多把这种本性解放的主张称为生命哲学。但什么是本性?观点不一而足。有人认为本性就是欲望。“个性之最显著而最发达者,为享乐欲与支配欲。无享乐则无欲望,无欲望则无活动,无活动则无生命。此享乐所以为本能之特质者也。支配即自己主张之别名。自己主张乃意识体之总相。此支配所以又为本能之一特质也。本

① 胡适:《威权》,《新青年》第6卷第6号,1919年11月。
② 刘半农:《D!》,《新青年》第6卷第6号,1919年11月。

能人所自具，只可利导，不可汩没。”①有人把本性视作自然感情、欲望、直觉。“这自然流行日用不知的法则就是‘天理’，完全听凭直觉，……‘仁’就是本能、情感、直觉。”②这就是说，听凭直觉的自然情感、欲望的流露，就是顺应本性的生活。有人把本性视作权利意志或创造意志。李石岑说：“所谓人类本然性，即生之增进与持续；此生之增进与持续，即尼采所谓‘生活意志’，柏格森所谓‘生之运动’。然生之增进与持续，常伴于快感之增进与持续，乃得生之满足，以发射生命之火花；人类之所以高贵无伦者，恃有此耳。”③总之，无论是把本性视作欲望、自然情感或意志，有一点是可以确定的，即主张本性的自然表露，反对以理性压制本性。既反对以工具理性压制本性，也反对以价值理性压制本性。所谓反对以工具理性压制本性，就是反对把人生视作功利的算计。梁漱溟质问道：“你一笑、一哭，都有一个‘为什么’，都有一个‘用处’吗？这都是随感而应的直觉而已。……仁只是生趣盎然，才一算账则生趣丧矣！即此生趣，是爱人敬人种种美行所油然而发者；生趣丧，情绪恶，则贪诈、暴戾种种劣行由此其兴。”④所谓反对以价值理性压制本性，即反对以理性的道德原则压制本性。李石岑所不满于康德者，正在于此。决定人生的不是上帝，不是理性，而是情、意、直觉。只有如此，才能实现生生不息、日进不已的创造人生。

二、和平主义

应该说，直到第一次世界大战结束前不久，生存竞争、优胜劣汰仍然是中国人的信条。高硎若在《生存竞争与道德》一文中说：“二十世纪，科学昌明，物质之进步愈速，人类之欲望益奢。加以天然物产减而不增，人口孳生增而不减，吾人之取资于天然者，殆达于大极，鲜存余地。故往昔之悠游木石间，顺宇宙之化者，群起图自固，谋遂其生。生物学发达，宇宙之玄妙既明。首得其义、豁然惊醒者，厥维欧西。挟以临非而非靡，挟以图美而美墟。他若太平洋之澳洲，以及南洋群岛，孤悬海中，有一物之产者，莫不有其人之迹。足履所及，席卷以去，莫或能抗。……生存竞争为天演公理之说，随欧风东来。”⑤既然生存竞争是天演公理，一切道德都应该以生存竞争为标准。“道德无择于新旧，但问其适于固吾国保吾群之生存与否？适者，存之。不适者，则不惮更张之。”⑥强弱仍被视为是否适合生存的标准。

吾国人好言“师直为壮曲为老”，而欧洲人有谚曰“威力即为正义”。东西民族

---

① 慧心：《新政治之价值》，《东方杂志》第18卷第17号，1921年9月。

② 梁漱溟：《东西文化及其哲学》，中国文化书院学术委员会编：《梁漱溟全集》第1卷，济南：山东人民出版社，2005年，第454~455页。

③ 李石岑：《美育之原理》，《教育杂志》1922年第1期。

④ 梁漱溟：《东西文化及其哲学》，中国文化书院学术委员会编：《梁漱溟全集》第1卷，济南：山东人民出版社，2005年，第461页。

⑤ 高硎若：《生存竞争与道德》，《新青年》第3卷第3号，1917年5月。

⑥ 高硎若：《生存竞争与道德》，《新青年》第3卷第3号，1917年5月。

之盛衰,即此二成语可见矣。若就个人关系言之,记者诚不能认强凌弱众暴寡为正义。然就今日国际关系言之,则威力诚为正义,强弱诚即曲直。①

弱是万恶之首,优胜劣败是天理,兼弱攻昧是正义。战争是世界进化的推动力。

天下事有字书虽载其名而终古不可得见者,和平二字是也。此二字本卑劣怯弱者脑海中一种幻境,绝无实现于世界之一日。东洋民族之衰亡,实此不祥名词为之总因。其害之烈,十倍于鼠疫微菌。苟不速拔除之,其民族未有不夷灭者也。盖世界所以不灭,乾坤所以不熄者,实赖此永世不休之战争。……举凡国家之兴废,个体之存亡,人之为圣贤为禽兽,为文明为野蛮,莫不由于战争之胜负。……战争者,进化本源也。和平者,退化之总因也。好战者,美德也。爱和平者,罪恶也。欧洲人以德人为最好战,故德意志在欧洲为最强。亚洲人以日人为最好战,故日本在亚洲为最强。世界诸民族中,吾诸华民族最爱和平,故中国亦最弱。此迷梦若不速醒,亡国灭种之祸必无可逃。②

既然和平是迷梦,强弱即曲直,好勇斗狠、崇尚武力就被视为美德。陈独秀说:“若西洋诸民族,好战健斗,根诸天性,成为风俗。自古宗教之战、政治之战、商业之战,欧罗巴之全部文明史,无一字非鲜血所书。英吉利人以鲜血取得世界之霸权,德意志人以鲜血造成今日之荣誉。……西洋民族性,恶侮辱,宁斗死;东洋民族性,恶斗死,宁忍辱。民族而具如斯卑劣无耻之根性,尚有何等颜面,高谈礼教文明而不羞愧!”③正是因为强权崇拜,所以兽性主义、军国民主义仍为思想界所崇尚。陈独秀在《今日之教育方针》一文中,就把兽性主义列为教育方针之一。

强大之族,人性、兽性同时发展。其他或仅保兽性,或独尊人性,而兽性全失,是皆堕落衰弱之民也。兽性之特长谓何?曰意志顽狠,善斗不屈也;曰体魄强健,力抗自然也;曰信赖本能,不依他为活也;曰顺性率真,不饰伪自文也。……余每见吾国曾受教育之青年,手无缚鸡之力,心无一夫之雄;白面纤腰,妩媚若处子;畏寒怯热,柔弱若病夫。以如此心身薄弱之国民,将何以任重而致远乎?……纨绔子弟,遍于国中;朴茂青年,等诸麟凤。欲以此角胜世界文明之猛兽,岂有济乎?茫茫禹域,来日大难。吾人倘不以劣败自甘,司教育者与夫受教育者,其速自觉觉人,慎毋河汉吾言,以常见虚文自蔽也。④

① 刘叔雅:《欧洲战争与青年之觉悟》,《新青年》第2卷第2号,1916年10月。
② 刘叔雅:《欧洲战争与青年之觉悟》,《新青年》第2卷第2号,1916年10月。
③ 陈独秀:《东西民族根本思想之差异》,《青年杂志》第1卷第4号,1915年12月。
④ 陈独秀:《今日之教育方针》,《青年杂志》第1卷第2号,1915年10月。

第一次世界大战德国的战败,成为中国思想界的转折点。强权即公理变为公理即强权。陈独秀说:“自从德国打了败仗,‘公理战胜强权’,这句话几乎成了人人的口头禅。……这‘公理战胜强权’的结果,世界各国的人,都应该明白,无论对内对外,强权是靠不住的,公理是万万不能不讲的了。”①公理战胜强权,也就意味着崇尚强权的军国主义、优胜劣汰的生存竞争哲学不合时宜了。陈独秀称:“德意志以军国主义为厉世界,吾人之所恶也,列国讨之,亦以尊重自由、正义与和平,不得不掊此军国主义之怪物。”②蔡元培说:“专用尼氏主义的德人不久也要失败了,最后的胜利,就在协商国。协商国所用的,就是克氏的互助主义。互助主义,是进化论的一条公例。在达尔文的进化论中,本兼有竞存与互助两条假定义。但他所列的证据是竞存一方面较多。继达氏的学者,遂多说互竞的必要。如前举尼氏的学说,就是专以互竞为进化条件的。1880年顷,俄国圣彼得堡著名动物学教授开勒氏(Kesster)于俄国自然科学讨论会提出‘互助法’,以为自然法中,久存与进步,并不在互竞而实在互助。从此以后,爱斯彼奈(Espinas)、赖耐桑(L. L. Lanessan)、布斯耐(Louis Buchner)、沙克尔(Huxloy)、德普蒙(Henry Drummond)、苏退隆(Sutherland)诸氏都有著作,可以证明互助的公例。克氏集众说的大成,……现今欧战的结果,就给互助主义增了最重大的证据。……此次和平以后,各国必能减杀军备,自由贸易,把一切互竞的准备撤销,将合全世界实行互助的主义。”③

既然强权与优胜劣汰的生存竞争已经成为过去,公理与互助将成为世界潮流,那么这个世界也将成为自由与正义下的和平世界。王星拱在《去兵》一文中称:“协约胜矣;德皇逃矣;……自此以后,世界能否永远完全免除战祸,虽尚不可知,然吾人对于世界大同和平之目的,已是较近一层,此则可断言者也。此目的何以能达,既达之后,何以保守,自以去兵为唯一的方法。”④胡适在《武力解决与解决武力》一文中称:“我说这一次协商国所以能完全大胜,不是‘武力解决’的功效,乃是‘解决武力’的功效。‘武力解决’是说武力强权,可以解决一切争端。……解决武力是说武力是极危险的东西,是一切战争兵祸的根苗,不可不想出一个怎样对付武力的办法。”⑤怎样解决武力呢?

> 要解决武力这个问题,须把各国私有的武力,变成世界公有的武力。这就是说,要把互相对敌互相抵消的武力,变成互相连合的武力,同向一个方向去尽力。这个公同尽力的方向,就是全世界的和平,就是万国公法,就是世界公理。⑥

总之,协约国的胜利和德国的失败,是公理战胜强权之明证,互相竞杀主义消灭,互

---

① 陈独秀:《〈每周评论〉发刊词》,《陈独秀文章选编》上,北京:生活·读书·新知三联书店,1984年,第304页。

② 陈独秀:《自由正义与和平》,《陈独秀文章选编》上,北京:生活·读书·新知三联书店,1984年,第272页。

③ 蔡元培:《欧战与哲学》,《新青年》第5卷第5号,1918年11月。

④ 王星拱:《去兵》,《新青年》第5卷第6号,1918年12月。

⑤ 胡适:《武力解决与解决武力》,《新青年》第5卷第6号,1918年12月。

⑥ 胡适:《武力解决与解决武力》,《新青年》第5卷第6号,1918年12月。

助主义实行,公理伸张,“弱国、小国,皆得吐气,中国有何外患之可言乎”?①

既然世界将成为和平世界,强权将成为过去,以强权竞争为宗旨的尚武教育就显得不合时宜。蒋梦麟称:“向日德国教育主义,与夫自德国采取而来之日本教育主义,即所谓军国民主义是也。日本以实践之科学、武士道之军队,一战而破纸虎之中国,再战而败熊罴之强俄,固军国民教育之功也。然德国挟其军国教育而与世界战,卒败于酷爱平民主义之美国与其他协约国。……强国之道,不在强兵,而在强民,强民之道,惟在养成健全之个人,创造进化的社会。”②蔡元培也认为军国民教育有许多缺点,不合潮流。“既经此番大战,教育界实受莫大之教训。例如德之军国主义以全国人民为机械,而供野心家之利用。其始虽若无敌于天下,而卒以寡助之故,渐致失败。国中人民,亦渐悟政府之不良,起而革命。此后德国永无军国主义之教育,固可断言。而和平会议中,且提议限制军备,废征兵制,则军国民教育之不能容于今日,可概见矣。”③1919年,教育调查会的建议案说:“现在欧战之后,军国民教育不合民主本意,已为世界所公认。我国教育宗旨,亦应顺应潮流有所变更。”④不但军国民教育被认为不合潮流,就连体育也被认为应予改革。陈独秀说:“健全思想,健全身体,本是应该并重的事,……但是讲体育应有三戒:(一)兵式体操,(二)拳术,(三)比赛的剧烈运动。这三件事在生理上都背了平均发达的原则(小学教育更不相宜),在心理上都助长恶思想。军国民教育的时代过去了,什么兵式杀人思想,少输入点到青年底脑筋里罢。……比赛的剧烈运动,于身体不但无益而且有害,至于助长竞争心、嫉妒心、虚荣心,更是他的特色。”⑤

三、世界主义

德国的战败,被认为是极端国家主义的失败。在当时的语境中,国家主义有两层含义:一是与个人主义相对,国家至上,个人是国家的工具(前文已有所述)。一是与世界主义相对,指狭隘的民族主义。第一次世界大战被认为是狭隘的民族主义造成的结果,德国又被认为是狭隘的民族主义的代表。因此,第一次世界大战结束后,世界主义在中国风行一时。蒋梦麟在论述第一次世界大战后世界教育思想发展趋势时,认为世界主义是未来趋势之一。

> 一曰国家主义之外,将兼及世界主义也。国家主义,根据于爱乡土之心。人各爱其乡土,开辟其富源,增进其幸福,实为文明进步之基础。推而广之,国民各爱其国家,开辟其富源,增进其幸福,非世界文明进步之基础乎?故不知爱护其乡者,不知爱护其国;不知爱护其国者,不知爱护世界。故善用之,国家主义实世界主义之

---

① 王星拱:《去兵》,《新青年》第5卷第6号,1918年12月。
② 蒋梦麟:《和平与教育》,《教育杂志》1919年第1期。
③ 蔡元培:《欧战后之教育问题》,高平叔编:《蔡元培全集》第3卷,北京:中华书局,1984年,第282页。
④ 任时先:《中国教育思想史》,上海:上海书店,1984年,第333页。
⑤ 陈独秀:《青年体育问题》,《陈独秀文章选编》上,北京:生活·读书·新知三联书店,1984年,第473页。

基础；不善用之，则足以酿无穷之战祸。此次大战以后，国家主义将略改其方向；而世界主义，将有萌芽之希望。由此而论战后之教育，则除训练爱国心以外，将训练对于他国表同情之心。除己国历史文学以外，将兼及他国之历史与文学。使青年知人之爱己，亦犹我之爱己；他国之爱其文化，亦犹我国之爱自己的文化。推己及人，减少国民之误会，世界主义之基础也。①

蔡元培说：

> 此番战争之后，世界各事无不有所改变。教育主义自不能不随之而改变。鄙人意见，以为战前教育偏于国家主义。战后教育必当偏于世界主义。即战前主持教育者，仅欲为本国家造成应用之人才。而战后主持教育者，在为世界养成适当之人物。②

第一次世界大战后，世界主义虽风行一时；但是，对世界主义的理解还是有所不同。一派虽提倡世界主义，但对国家主义并没有完全否定。国还是要爱的，只不过是反对偏狭的爱国主义而已。梁启超、蒋梦麟持此种观点。在某种程度上，胡适也属于此派。关于国家主义、世界主义，胡适并没有十分明确地表达过观点。不过，胡适明确反对无政府主义，却从来没有反对过国家的存在。他曾热烈提倡易卜生主义，从中也可窥出一些端倪。胡适在《易卜生主义》一文中写道：

> 易卜生从来不主张狭义的国家主义，从来不是狭义的爱国者。1888 年，他写信给一个朋友说道："知识思想略为发达的人，对于旧式的国家观念，总不满意。我们不能以为有了我们所属的政治团体便足够了。据我看来，国家观念不久就要消灭了，将来定有人种观念起来代他。即以我个人而论，我已经过这种变化。我起初觉得我是那威国人，后来变成斯堪丁纳维亚人（那威与瑞典总名斯堪丁纳维亚），我现在已成了条顿人了。"（《尺牍》第二〇六）这是 1888 年的话。我想易卜生晚年临死的时候（1906），一定已进到世界主义的地步了。③

据此看来，胡适向往世界主义，但也没把世界主义与爱国主义对立起来。另一派世界主义者，明确反对国家与民族的概念，而只主张人的概念。周作人、周树人兄弟堪称代表。周作人曾热烈宣传新村主义，其兄鲁迅也大表赞同。什么是新村主义或者说新村精神？人们以人类相待而不是以国家相待的精神。周作人在《新村的精神》一文中

---

① 蒋梦麟：《欧战后世界之思想与教育》，曲士培编：《蒋梦麟教育论著选》，北京：人民教育出版社，1995 年，第 52 页。

② 蔡元培：《欧战后之教育问题》，高平叔编：《蔡元培全集》第 3 卷，北京：中华书局，1984 年，第 281 页。

③ 胡适：《易卜生主义》，姜义华主编：《胡适学术文集·哲学与文化》，北京：中华书局，2001 年，第 388 页。

称：

一切的人都是一样的人，尽了对于人类的义务，却又完全发展自己个性。……新村的精神，首先在承认人类是个总体，个人是这总体的单位。人类的意志在生存与幸福。这也就是个人的目的。①

鲁迅在《〈一个青年的梦〉译者序》中说：

我对于“人人都是人类的相待，不是国家的相待，才得永久和平，但非从民众觉醒不可”这意思，极以为然，而且也相信将来总要做到。现在国家这个东西，虽然依旧存在；但人的真性，却一天比一天的流露：欧战未完时候，在外国报纸上，时时可以看到两军在停战中往来的美谭，战后相爱的至情。他们虽然还蒙在国的鼓子里，然而已经像竞走一般，走时是竞争者，走了是朋友了。②

既然人要以人类相待，所谓种族、国家这些界线都应当消除。周作人说：“如种族国家这些区别，从前当作天经地义的，现在知道都不过是一种偶像。所以现代觉醒的新人的主见，大抵是如此：‘我只承认大的方面有人类，小的方面有我，是真实的。’人类里边有皮色不同、习俗不同的支派，正与国家、地方、家族里有生理、心理不同的分子一样，不是可以认为异类的铁证。我想这各种界线的起因，是由于利害的关系，与神秘的生命上的联络的感情，从前的人认为非损人不能利己，所以连合关系密切的人组织一个攻守同盟；现在知道了人类原是利害相共的，并不限定一族一国，而且利己利人，原只是一件事情，这个攻守同盟便变成了人类对自然的问题了。从前的人从部落时代的‘图腾’思想，引伸到近代的民族观念，这中间都含有血脉的关系；现在又推上去，认定大家都是从‘人’这一个图腾出来的，虽然后来住在各处，异言异服，觉得有点隔膜，其实原是同宗。这样的大人类主义，正是感情与理性的调和的出产物。”③

新文化运动时期，世界主义者虽然对世界主义的理解有些差异，但是在大的原则上还是同大于异。一是极端的国家主义、民族主义是战祸的根源，应该抛弃。“世人未达到人类的成长时，战争不能灭。照现今的国家行下去时，战争将更盛。”④陈独秀在《偶像破坏论》一文中称：

国家是个什么？照政治学家的解释，越解释越教人糊涂。我老实说一句，国家也是一种偶像。……世界上有了什么国家，才有什么国际竞争；现在欧洲的战争，

---

① 周作人：《新村的精神》，《新青年》第7卷第2号，1920年1月。

② 鲁迅：《〈一个青年的梦〉译者序》，《鲁迅全集·译文序跋集》第10卷，北京：人民文学出版社，2005年，第209页。

③ 周作人：《艺术与生活》，石家庄：河北教育出版社，2002年，第22页。

④ 周作人：《读武者小路君所作一个青年的梦》，《新青年》第4卷第5号，1918年5月。

杀人如麻,就是这种偶像在那里作怪。我想各国的人民若是渐渐都明白世界大同的真理,和真正和平的幸福,这种偶像就自然毫无用处了。但是世界上多数的人,若不明白他是一种偶像,而且明白这种偶像的害处,那大同和平的光明,恐怕不会照到我们眼里来!①

之所以有极端的国家主义,是因为极端的民族主义作为其基础。

自有了那国家之后,于是把地球上同样的人类,划了不知多少堆数:什么"支那人""日本人""美国人"……于是而"博爱"这个名词的意义,至多不能超越国界了;国家以外的人,就视同仇敌,大家坚甲利兵,互相防御;从此战争呀,并吞呀,杀人如山,血流成河;号为万物之灵的人,其凶暴乃远出一切动物之上;这是谁为厉阶呢?②

二是人道主义是世界主义的基础。有了人道主义,才有世界主义,世界主义的发展离不开人道主义。蔡元培称:"自人类智德进步,其群性渐溢乎国家以外,则有所谓世界主义若人道主义。"③罗家伦说:"老实说,历来的思想,都没有不受国家主义的一层障碍的;而以十九世纪极端国家主义的发展时代为尤甚。今'一世之雄'的德意志突然倒去,自然国家主义受了一个致命的打击。思想界既去了国家的偶像,又去了种种外面势力的障碍,自然有光明的现象了!……因为这个原因,所以二十世纪可以高唱人道主义!"④

总之,新文化运动人士认为第一次世界大战打破了极端的国家主义、民族主义,打破了优胜劣汰的丛林法则,一个人人以人类相待的人道世界是可期的。鲁迅说:"人类尚未长成,人道自然也尚未长成,但总在那里发荣滋长。我们如果问问良心,觉得一样滋长,便什么都不必忧愁;将来总要走同一的路。看罢,他们是战胜军国主义的,他们的评论家还是自己责备自己,有许多不满。不满是向上的车轮,能够载着不自满的人类,向人道前进。"⑤

四、理性精神

健全的国家,需要健全的国民;健全的国民,建立在健全个人的基础上。健全个人,首先要具有健全之精神,即理性精神。新文化运动时期,人们所谓的理性精神,有以下几方面的含义:

(一)独立之精神。蒋梦麟称:"吾国青年最大之恶德有二:一萎靡不振,一依赖成

---

① 陈独秀:《偶像破坏论》,《陈独秀文章选编》上,北京:生活·读书·新知三联书店,1984年,第277页。
② 郑贤宗:《通信:国家、政治、法律》,《新青年》第8卷第3号,1920年11月。
③ 蔡元培:《教育之对待的发展》,高平叔编:《蔡元培全集》第3卷,北京:中华书局,1984年,第261页。
④ 罗家伦:《近代西洋思想自由的进化》,《新潮》第2卷第2号。
⑤ 鲁迅:《不满》,《鲁迅全集·热风》第1卷,北京:人民文学出版社,2005年,第375~376页。

性。萎靡不振，则遇事畏难，欲望减缩，事无大小，必无成功。依赖成性，则事事随人脚后跟说话，新事业之创造，必不可能矣。故必使具高尚之思想，凡事须进一步想，勇往直前，百折不挠，以是而养成独立不移之精神。"①如何养成独立不移之精神？敢于思想，敢于怀疑。罗家伦说："世界上没有理性不与威权为敌，也没有威权不要压制理性。理性自身本来没有物质的势力，何以能敌得住威权呢？说到此地，我们主张思想自由的惟一妙谛就是'牺牲'了！……所以我们不主张思想自由则已，苟主张思想自由，则不能不以坚强的意志，热烈的情感，作真理的牺牲。死固不足畏，但是不到死的时候，就应当——'出了研究室便入监狱，出了监狱便入研究室'！"②胡适在《少年中国之精神》一文中写道："一切习惯、风俗、制度的改良，都起于一点批评的眼光；个人的行为和社会的习俗，都容易陷入机械的习惯，到了'机械的习惯'的时代，样样事都不知不觉的做去，全不理会何以要这样做，只晓得人家都这样做故我也这样做；这样的个人便成了无意识的两脚机器，这样的社会便成了无生气的守旧社会，我们如果发愿要造成少年的中国，第一步便须有一种批评的精神；批评的精神不是别的，就是随时随地要问我为什么要这样做，为什么不那样做。"③所谓独立之精神，其实就是敢于怀疑，不屈从于权威，不屈从于成见。"吾们的心、吾们的精神，不但要伟大，自由更要紧。一切心里的锢蔽束缚、思想上的网罗，都须尽先解除。……必先有了内部的自由，乃有外面的自由可言。权势不能束缚吾们、传说不能束缚吾们、古人不能束缚吾们、今人也不能束缚吾们。习惯、罔信、成见、偏执，都是应当极力排斥的。吾们只求的是真，吾们只认得的是实。"④

（二）评判的态度。胡适在《新思潮的意义》一文中说："据我个人的观察，新思潮的根本意义只是一种新态度。这种新态度可叫做'评判的态度'。评判的态度，简单说来，只是凡事要重新分别一个好与不好。……尼采说现今时代是一个'重新估定一切价值'(Transvaluation of all Values)的时代。'重新估定一切价值'八个字便是评判的态度的最好解释。"⑤

（三）科学精神与方法。胡适在《〈科学与人生观〉序》中说："这三十年来，有一个名词在国内几乎做到了无上尊严的地位；无论懂与不懂的人，无论守旧和维新的人，都不敢公然对他表示轻视或戏侮的态度。那个名词就是'科学'。"⑥科学为何会受到如此的崇尚呢？这当然有科学能破除迷信、富国强兵的原因。胡适说："中国此时还不曾享着科学的赐福，更谈不到科学带来的'灾难'。我们试睁开眼看看：这遍地的乩坛道院，这遍地的仙方鬼照相，这样不发达的交通，这样不发达的实业，——我们那里配排斥科

① 蒋梦麟：《和平与教育》，《教育杂志》1919年第1期。
② 罗家伦：《近代西洋思想自由的进化》，《新潮》第2卷第2号。
③ 胡适：《少年中国之精神》，姜义华主编：《胡适学术文集·教育》，北京：中华书局，2001年，第47页。
④ 张申府：《自由与秩序》，《张申府文集》第3卷，石家庄：河北人民出版社，2005年，第31页。
⑤ 胡适：《新思潮的意义》，《新青年》第7卷第1号，1919年12月。
⑥ 胡适：《〈科学与人生观〉序》，张君劢等著：《科学与人生观》(一)，沈阳：辽宁教育出版社，1998年，第9页。

学？"[①]但是，科学之所以受到当时人们的如此推崇，原因不止于此。尤其在新文化运动时期，科学已经从富国强兵的工具和求学问的方法，上升到世界观和人生观。科学的意义不仅在于其工具价值，更在于其精神和方法。任鸿隽认为科学的重要性并不在于知识获得的多少，而在于正确的方法论训练。更重要的是，它在于培养一种精神和态度。

既然科学最重要的意义在于其精神和方法，什么是科学精神与科学方法呢？综观当时人们的阐述，所谓的科学精神与科学方法，大致有三个方面的内容：

其一，重视事实和证据。任鸿隽说"只有由证据推出的结论是合理的"；胡适大力宣传的实验主义，其核心也是"拿证据来"！他说：

> 科学方法的要点：第一注重事实。科学方法是用事实作起点的，不要问孔子怎么说，柏拉图怎么说，康德怎么说；我们须要先从研究事实下手。……第二注重假设。单研究事实，算不得科学方法；……科学家最重"假设"。……第三注重证实。许多假设之中，我们挑出一个，认为最合用的假设；但是这个假设是否真正合用？必须实地证明；……证实了的假设，方可说是"真"的，方才可用；一切古人今人的主张、东哲西哲的学说，若不曾经过这一层证实的功夫，只可作为待证的假设，不配认作真理。[②]

其二，逻辑分析和推理的方法。胡适认为，科学需要假设，假设有待证实，但假设如何去证实呢？按照其所主张的实验主义，主要推崇的是经验事实证实；而所谓科学方法，更多的是指事实归纳。与胡适所倡导的实验主义不同，也有人力倡数理逻辑，也就是分析和推理，如张申府就是此观点的热烈倡导者。张申府最倾心罗素，他认为罗素既继承英国的正统经验论，又不为其所限。也就是说罗素既重视经验、重视现象，不相信神秘主义，又重视逻辑的分析和推理。

> 以罗素与詹美士比较：凡詹美士所有的好处，罗素是无一不有的。詹美士的坏处……罗素则无一有之；他更有许多他自有的好处，如数理逻辑，数学哲学，类型论，逻辑解析法……恢宏科学的脾气。[③]

其三，理智的算计和思考。王星拱说："科学这件东西，不是天生成的，乃是由我们造出来的。简括一句话，科学乃是人类智慧的出产品。在心的方面，他和思想律相符；在物的方面，他又适宜于外界。……思想律是普遍的；凡我们的思想动作，都受这个思

---

① 胡适：《〈科学与人生观〉序》，张君劢等著：《科学与人生观》（一），沈阳：辽宁教育出版社，1998年，第11页。

② 胡适：《少年中国之精神》，姜义华主编：《胡适学术文集·教育》，北京：中华书局，2001年，第45页。

③ 张申府：《詹美士的彻底经验论》，《张申府文集》第2卷，石家庄：河北人民出版社，2005年，第75页。

想律所管理。"①王星拱所说的思想律是什么呢？思想律就是人们根据观察和经验而进行的理智思考，也就是其所谓的"审度"。思想律是普遍的，人都是有审度能力的。"就是人类以下的动物的审度，也是和人类一样的，不过他们审度的权能，不如人类的大罢了。"②因为有理智的思考，也有了理智思考下趋利避害的行为。吴稚晖更是认为人类行为，包括所谓是非羞恶等道德情感都是理智算计淘汰的结果。"直觉罢，良知罢，非量罢，良心罢，都明明是理智支配的东西，并不是什么灵机活动，麻醉得了不得的神物。"③

为什么科学精神和科学方法受到如此推崇，形成一种唯科学主义的信仰呢？首先，对科学精神和科学方法的提倡，在于要人们敢于思考、独立思考。胡适说："逻辑即是思想、辩论、办事的方法；一般中国人现在最缺乏的就是一种正当的方法；因为方法缺乏，所以有下列的几种现象：(一)灵异鬼怪的迷信，如上海的盛德坛及各地的各种迷信；(二)谩骂无理的议论；(三)用诗云子曰作根据的议论；(四)把西洋古人当作无上真理的议论；……少年的中国，中国的少年，不可不时时刻刻保存这种科学的方法，实验的态度。"④

其次，科学精神和科学方法被视为有利于思想的解放和自由。这似乎在逻辑上有点吊诡。反对科学万能的人之所以反对科学万能，就是认为它限制了人类的意志自由。张君劢说："科学为因果律所支配，而人生观则为自由意志的。物质现象之第一公例，曰有因必有果。……若夫纯粹之心理现象则反是，而尤以人生观为甚。孔席何以不暇暖，墨突何以不得黔，耶稣何以死于十字架，释迦何以苦身修行：凡此者，皆出于良心之自动，而决非有使之然也。"⑤

限制意志自由，可能使人屈从于环境。"19世纪以降，所谓科学的教育家，诏其学生曰，一切现象皆有因果，人类进化为自然律所支配，故只能求其所以适应于其环境。……然考之他方，其社会革命家告其同志曰，人事变迁，无所谓因果，视吾人之意志何如：意志力强，则环境可以冲破；反是者，人类为环境之奴隶。"⑥

限制意志自由，会限制人的多样性发展。张君劢说："科学起于对象之相同现象，而人生观起于人格之单一性。……盖人生观者，特殊的也，个性的也，有一而无二者也。见于甲者，不得而求之于乙；见于乙者，不得而求之于丙。故自然界现象之特征，则在其互同；而人类界之特征，则在其各异。惟其各异，吾国旧名词曰先觉，曰豪杰；西方之名曰创造，曰天才，无非表示此人格之特性而已。"⑦菊农在《人格与教育》一文中，也坚决

---

① 王星拱：《科学的真实是客观的不是?》，《新潮》第2卷第2号。

② 王星拱：《科学的真实是客观的不是?》，《新潮》第2卷第2号。

③ 吴稚晖：《一个新信仰的宇宙观及人生观》，张君劢等著：《科学与人生观》(二)，沈阳：辽宁教育出版社，1998年，第361页。

④ 胡适：《少年中国之精神》，姜义华主编：《胡适学术文集·教育》，北京：中华书局，2001年，第44~45页。

⑤ 张君劢：《人生观》，张君劢等著：《科学与人生观》(一)，沈阳：辽宁教育出版社，1998年，第33~34页。

⑥ 张君劢：《再论人生观与科学并答丁在君》，张君劢等著：《科学与人生观》(一)，沈阳：辽宁教育出版社，1998年，第97~98页。

⑦ 张君劢：《人生观》，张君劢等著：《科学与人生观》(一)，沈阳：辽宁教育出版社，1998年，第34~35页。

反对有科学统一的人生观,认为这样会造成机械主义。人格的实现,有赖于自由意志。“最要紧的是我们认定人们有自由意志,自由意志便是中心的创造力。……物质可以于某种限度制限我们的身体,却万不能侵犯着人格的活动;人格是绝对的有自由的。”①

限制意志自由,会使人们丧失道德责任。范寿康说:“生命和意志问题,实是自古迄今尚未解决的谜。我们如果能够断定意志毫不自由,生命全无意义,那末,人生不是变做一种机械,试问人类社会里面还有什么道德可言,什么责任可讲呢?果如王氏(王星拱——编者注)所言,今天的社会现象不过是昨天的社会现象所必致的结果;我们人类不是简直毫无参与的余地么?退一步说,王氏纵使承认我们能够参与,但他既以为参与的原动力——意志——全受因果律的支配,那末,所谓参与,充其量也不过是必然的参与,我们对于这种必然的参与那有责任可讲呢?王氏倘不否认道德,我以为王氏对于这种问题还应当慎重研究才是。”②

那么,主张科学万能的人为什么会认为科学不会限制人类的意志自由,反而有利于思想的解放和自由呢?这与他们对科学的看法有密切关系。首先,他们心目中的科学不是狭义的自然科学,而是研究学问、思考问题的方法。丁文江说:“科学的万能,科学的普遍,科学的贯通,不在他的材料,在他的方法。”③所谓科学的方法,就是重事实、重分析的方法。这也就是说科学追求的只是一个明晰的解释,无论这种解释是依据经验事实还是逻辑推理。其次,主张科学万能的人大多没把科学与必然和客观画等号,科学上的“真”是相对的,真理是无穷的。在新文化运动以前,在国人心目中,科学是与公理、公例相连接的。所谓公理、公例,也就是不能违背的必然,无论这种公理、公例是属于自然科学还是社会科学。公理、公例具有永恒、不能违背的意义。新文化运动后,公理一词虽然也还在继续使用,但逐渐被真理所取代。真理也就是由科学方法求证出的真实。真理既然是由科学方法求证出的真实,那也就是相对的,具有可变性和不断接受检验之特点。王星拱在《科学的真实是客观的不是?》一文中,就直言科学是人造出来的,科学的真实不一定是客观的。这一方面是由事实繁杂和张本(Data)不完备所致;一方面是由人的主观性所造成。“我们的自己,乃是外物变迁之认识所靠作标准的。简括一句话,‘我’就是参考的中心点。”④真理的相对性、无穷性还在于人的想象的无穷性。张申府说:“研究数学原理方面的最晓得这个,研究新物理的次之,一般哲学家又次之。现代最新的逻辑……是给思想以翼的,就是大吾们的抽象想象力,而具备无穷不期望的可能的器。世界不止这一个世界。人类也不止这一个人类。”⑤科学由公理、公例变为相对的真理,由外在秩序的发现变为主观意志的建构,这是秩序标准由外在转向内在的突出表现。既然科学是主观意志建构的一部分,它就与自由意志没有矛盾,而是自由意志的体

① 菊农:《人格与教育》,张君劢等著:《科学与人生观》(二),沈阳:辽宁教育出版社,1998年,第224页。

② 范寿康:《评所谓“科学与玄学之争”》,张君劢等著:《科学与人生观》(二),沈阳:辽宁教育出版社,1998年,第291页。

③ 丁文江:《玄学与科学》,张君劢等著:《科学与人生观》(一),沈阳:辽宁教育出版社,1998年,第49页。

④ 王星拱:《科学的真实是客观的不是?》,《新潮》第2卷第2号。

⑤ 张申府:《自由与秩序》,《张申府文集》第3卷,石家庄:河北人民出版社,2005年,第32页。

现。新文化运动时期，提倡科学的人，特别是提倡科学精神的人，并不是要提供一个确切不移的标准、主张，或不可怀疑的真理，而是要人们在接受任何标准、主张、真理时，在心中得到明确的证明。最后，主张科学万能的人认为科学本质除在于其方法外，还在于一个主知的态度，即相信世界是可知的，可以解释的。吴稚晖说："我信'宇宙一切'，皆可以以科学解说。但欲解说一切之'可'，永远不'能'。能解一切之可，无异说能知无始之始，能知无终之终，能知无外之大，能知无内之小，这自然不能。惟能虽不能，而可则自可。向可中求增其能，是之为学。不问其可，自信别有所能，是为美学态度。不信其可，而愿姑试其能，是为玄学态度。心知其可，不肯自限其能，是为科学态度。"①

正是因为把科学视为一种方法，所以才有勇于怀疑的态度。"'拿证据来！'他的证据不充分，我们不相信他；他把比喻猜想来做证据，我们一定要戳穿了他的西洋镜，免得他蒙人。"②正是因为认为科学的真理是相对的，所以不相信任何绝对的东西。胡适说：

> 真理并不是天上掉下来的，也不是人胎里带来的。真理原来是人造的，是为了人造的，是人造出来供人用的，是因为他大有用处所以才给他们"真理"的美名的。我们所谓真理，原不过是人的一种工具，……因为从前这种观念曾经发生功效，故从前的人叫他做"真理"；因为他的用处至今还在，所以我们还叫他做"真理"。万一明天发生他种事实，从前的观念不适用了，他就不是"真理"了，我们就该去找别的真理来代他了。③

一切科学的定理，一切真理，无论新的旧的，都是人们在不断寻找真理过程中的媒介。正是因为相信世界是可知的，真理是无限的，探索是永远的，所以一切成见、偏见、私意都可以被打破。那么，又如何看待科学中的因果律呢？他们认为因果律也不能完全限制人的选择，人有主观能动性。胡适说："甚至于因果律的笼罩一切，也并不见得束缚他的自由，因为因果律的作用一方面使他可以由因求果，由果推因，解释过去，预测未来；一方面又使他可以运用他的智慧，创造新因以求新果。甚至于生存竞争的观念也并不见得就使他成为一个冷酷无情的畜生，也许还可以格外增加他对于同类的同情心，格外使他深信互助的重要，格外使他注重人为的努力以减免天然竞争的惨酷与浪费。"④

最后，科学的精神和方法有助于人们形成理性健康的人生观。任鸿隽、丁文江认为科学有助于人们追求合理的价值，有助于人们形成勇猛乐观的精神。胡适更是拉拉杂杂从十个方面说明科学对人生价值形成的益处，总括而言可为三点：科学使人知道空间

① 吴稚晖：《一个新信仰的宇宙观及人生观》，张君劢等著：《科学与人生观》（二），沈阳：辽宁教育出版社，1998年，第381页。

② 丁文江：《玄学与科学——答张君劢》，张君劢等著：《科学与人生观》（一），沈阳：辽宁教育出版社，1998年，第179页。

③ 胡适：《实验主义》，姜义华主编：《胡适学术文集·哲学与文化》，北京：中华书局，2001年，第16~17页。

④ 胡适：《〈科学与人生观〉序》，张君劢等著：《科学与人生观》（一），沈阳：辽宁教育出版社，1998年，第22~23页。

之大、时间之长，扩人胸襟。科学能够改造自然、利用自然，从而使人认识人的尊严。“这个两手动物的自由真是很有限的了。然而那个自然主义的宇宙里的这个眇小的两手动物却也有他的相当的地位和相当的价值。他用他的两手和一个大脑，居然能做出许多器具，想出许多方法，造成一点文化。”①科学让人认清个人和社会的关系。“根据于生物学及社会学的知识，叫人知道个人——‘小我’——是要死灭的，而人类——‘大我’——是不死的，不朽的；叫人知道‘为全种万世而生活’就是宗教，就是最高的宗教；而那些替个人谋死后的‘天堂’‘净土’的宗教，乃是自私自利的宗教。”②

五、小结

新文化运动时期的公民教育思想虽以个人主义、和平主义、世界主义、理性精神为显著特色，但重心所在仍是个人主义。个人主义固然强调的是个人的解放与实现，但实际上和平主义、世界主义、理性精神也是为个人主义张目。和平主义重点批判的是军国民教育把个人当作国家竞争的工具；世界主义主张世界应是人与人的联合，而非国与国的关系，亦是把人从国家主义中解放出来；理性精神关注的是怎样培养能独立、自由思考的个人。因此，培养健全的个人是这一时期公民教育思想最突出的特色。

需要强调的是，新文化运动时期所主张的个人主义与西方古典个人主义大相径庭。二者的不同，主要表现在两个方面：

一是西方古典个人主义以个人利益为出发点。无论是从功利主义角度，还是从价值理性即人的尊严角度，它主要探讨和关心的是个人在什么原则下结成政治社会，在政治社会中如何保障公民的个人利益。新文化运动时期的个人主义，主要关心的是如何为国家、社会、世界培养健全的个人。其方法论是个人的，但其目的不是个人的。个人主义的价值不是其能维护个人利益，而是有利于培养国家、社会、世界所需要的合格成员。易白沙说：“我之性质，即独立之性质。……有世界矣，有国家矣，斯不能无我以为之主人。以先后论，我为先，世界次之，国家为后。以轻重言，世界为重，国家次之，我为轻。先后之说，天上地下惟我独尊之说也。轻重之义，天下溺者，若我溺之，天下饥者，若我饥之之义。二者相成而不相悖。……由先后之说，必有我而后有世界。由轻重之说，必无我而后有世界。”③被视为自由主义代表人物的胡适也从“小我”“大我”的角度，诠释健康的个人主义。胡适在《不朽——我的宗教》一文中，提出社会不朽论。所谓社会不朽论，就是说小我即个人是不能独立存在的，是会死亡的；不朽不是个人价值、个人精神的不朽，而是把个人融入社会，在社会这个大我中实现不朽。

① 胡适：《〈科学与人生观〉序》，张君劢等著：《科学与人生观》（一），沈阳：辽宁教育出版社，1998年，第22页。

② 胡适：《〈科学与人生观〉序》，张君劢等著：《科学与人生观》（一），沈阳：辽宁教育出版社，1998年，第22页。

③ 易白沙：《我》，《青年杂志》第1卷第5号，1916年1月。

我这个现在的“小我”，对于那永远不朽的“大我”的无穷过去，须负重大的责任；对于那永远不朽的“大我”的无穷未来，也须负重大的责任。我须要时时想着，我应该如何努力利用现在的“小我”，方才可以不辜负了那“大我”的无穷过去，方才可以不遗害那“大我”的无穷未来？①

二是西方古典个人主义关心的是个人行为免于被强制的界限，不管这个范围是大是小，须有一个明确的界限。新文化运动时期的个人主义，主要关心的是个人的解放与实现，即个人的自我决定与个人个性的充分发扬。高一涵在《自治与自由》一文中称：“自由者，事由己决，不为物制之谓也。”②他认为，密尔从人与人行动界限角度解释自由，有消极的一面。“弥尔者，诠自由之名家也。顾谓自由之道，在于人人相关之界，寻得空间以行之。鲍生葵谓其以他人为主，属于消极，终不合为所欲为之旨。”③所谓为所欲为，也就是不受外物限制的自我决定，即自由意志的自我决定。欲自由，先自治。所谓自治，就是以我克我。以我克我，就是以自由意志战胜私心与惰性。“自治者，勉小己以赴大己，克私利群之谓也。……吾人不贵无惰，而贵克惰。……人类所以超越下生，即在能以自力造成安身立命之所。”④自由必须以自治为基础。“吾所以以自治与自由命题者，欲以明自由之福，匪可幸致。设不尽自治之功，即无由享自治之报。……自由者，即超脱乎天行之障碍，迳谋夫吾心之所安，不为外物外力所降逼。自治者，就一己言，以勤力战惰性；就一群言，以大己战小己；就人道言，则以人治战天行。自由乃自治之归宿，自治实自由之途径。二者常相得相用，而不可相离。舍自治以求自由，自奴而已矣，自缚而已矣。”⑤

正是因为把自由理解为自我决定、自我做主，所以没有外物外力限制的自我解放成为新文化运动者追求的目标。无论是提倡主情主意的直觉主义，还是所谓的理性精神都是如此。因为所谓的理性精神其宗旨也是让人勇于怀疑，从权威、成见、偏见中解放出来。胡适说：“真的个人主义就是个性主义。他的特性有两种：一是独立思想——不肯把别人的耳朵当耳朵，不肯把别人的眼睛当眼睛，不肯把别人的脑力当自己的脑力；二是个人对于自己思想信仰的结果要负完全责任，不怕权威，不怕监禁杀身，只认得真理，不认得个人的利害。”⑥这与西方理性主义大相径庭。西方理性主义的宗旨是通过理性推理寻求一个人人可以共守的抽象原则。

正是因为把自由视为自我决定、自我实现，新文化运动时期的个人主义走向了集体主义。意志的自我决定不但是不受自身以外外力的干扰，同样也不受私心私欲这个外

① 胡适：《不朽——我的宗教》，姜义华主编：《胡适学术文集·哲学与文化》，北京：中华书局，2001年，第423页。

② 高一涵：《自治与自由》，《青年杂志》第1卷第5号，1916年1月。

③ 高一涵：《自治与自由》，《青年杂志》第1卷第5号，1916年1月。

④ 高一涵：《自治与自由》，《青年杂志》第1卷第5号，1916年1月。

⑤ 高一涵：《自治与自由》，《青年杂志》第1卷第5号，1916年1月。

⑥ 胡适：《非个人主义的新生活》，《新潮》第2卷第3号。

物的干扰。自我实现就是以小己赴大己，以社会不朽代替个人价值、个人精神的不朽。“假的个人主义，就是为我主义。他的性质是自私自利：只顾自己的利益，不管群众的利益。”①新文化运动时期所谓的自由是一种积极自由。英国思想家伯林曾经对积极自由及其可能的危害做过精辟分析。伯林认为积极自由不是“免于……”的自由，而是“去做……”的自由。积极自由源于个体成为他自己主人的愿望。我希望我的生活与决定取决于我自己，而不是取决于外在的强制力。积极自由与消极自由似乎是自由的两个方面，但事实上却是两种性质完全不同的自由。因为积极自由中的自我会超出经验层次中的具有实际愿望与需要的个体，化身为某种所谓“真实”的、超验的自我，比如理性意志，或者国家、社会等大我。一旦人们被分裂成欲望与低级的自我和理性、超验的自我，理性、超验的自我去控制欲望、经验中的自我就顺理成章，其结果就是以高级自由的名义去强制经验中真实的个体。当然，对新文化运动的倡导者而言，以集体名义去强制个人或许是他们不想要的结果；但是，他们对自由的理解及小我大我的比喻，确实从逻辑上开启了这种可能性。事实上，新文化运动时期，已经有人从强制的角度诠释自由。周佛海在《自由和强制——平等和独裁》一文中称：“怕强制吗？那就不要梦想自由；恶独裁吗？那就不要垂涎平等。事实乃是：强制乃是达到真正自由的唯一道路；独裁乃是获得普遍平等的唯一桥梁。”②

新文化运动时期的公民教育虽然有浓重的积极自由特色，但与清末民初的国家主义已不可同日而语。积极自由虽在逻辑上容易导向集体主义、国家主义，但其仍然首先强调了个人的解放与实现，即首先有独立健全的个人，然后才有健全的公民。国家主义是直接把个人当作国家的工具，国家为了自身目的可以任意塑造公民。

第三节　新文化运动后的公民教育思想（1925—1945）

1925年是中国公民教育思想的转折之年，促成这一转变的就是英日帝国主义无端屠杀中国人民的“五卅惨案”。“五卅惨案”使中国知识界认识到列强的强权本质，新文化运动时期中国知识界所希望的公理世界、世界大同等远未到来。日本帝国主义加紧对中国的侵略步伐，是中国公民教育思想转型的另一重要原因。继“五卅惨案”后，日本接连制造“济南惨案”“九一八”事变、“华北事变”，继而发动全面侵略中国的战争。中华民族再次面临空前的生存危机。这一切都不得不使国人重新思考中国公民教育的宗旨。新文化运动时期所提倡的世界主义、个人主义、和平主义开始退潮，代之而起的是民族主义、国家主义、尚武精神。

一、尚武精神的重新提倡

甲午战后，人们有感于中国积弱不振，极力倡导尚武精神。新文化运动兴起后，这

---

① 胡适：《非个人主义的新生活》，《新潮》第2卷第3号。

② 周佛海：《自由和强制——平等和独裁》，《新青年》第9卷第6号，1922年7月。

一宗旨得到各方认同。第一次世界大战德国战败,被认为是公理战胜强权。中国思想界和平主义思潮兴起,尚武教育被认为是不合时宜。1919 年,教育调查会的建议案说:“现在欧战之后,军国民教育不合民主本意,已为世界所公认。我国教育宗旨,亦应顺应潮流有所变更。”①新文化运动的倡导者陈独秀说:“我们相信世界上的军国主义和金力主义,已经造了无穷罪恶,现在是应该抛弃的了!”②鲁迅先生也说:“人类尚未长成,人道自然也尚未长成,但总在那里发荣滋长。我们如果问问良心,觉得一样滋长,便什么都不必忧愁;将来总要走同一的路。看罢,他们是战胜军国主义的,他们的评论家还是自己责备自己,有许多不满。不满是向上的车轮,能够载着不自满的人类,向人道前进。”③这无异是说一个不以武力强权为尚的人道世界将要到来。1925 年的“五卅惨案”打破了中国知识分子的美梦,它使中国知识分子认识到这个世界仍是一个强权世界。鲁迅说:“公道和武力合为一体的文明,世界上本未出现,那萌芽或者只在几个先驱者和几群被迫压民族的脑中。但是,当自己有了力量的时候,却往往离而为二了。”④“五卅惨案”后重新兴起的尚武精神有以下几个显著特点:

(一)对武德、武力的重视,对软弱无力的痛恨。鲁迅说:“一国当衰弊之际,总有两种意见不同的人。一是民气论者,侧重国民的气概,一是民力论者,专重国民的实力。前者多则国家终亦渐弱,后者多则将强。”⑤著名学者雷海宗认为缺乏武德是中国积弱不振的重要原因。中国自秦以后就是无兵的文化。所谓无兵的文化,并不是说没有兵,而是人们不肯当兵,当兵不被当作荣耀的事。雷海宗说:“秦以上为自主、自动的历史,人民能当兵,肯当兵,对国家负责任。秦以下人民不能当兵,不肯当兵,对国家不负责任。”⑥这样就造成了民族文化中重文轻武的习尚,造成了文弱为尚的国民人格。因此中国人的人格应由“士大夫人格”向“大夫士人格”转化。罗家伦更提出:“弱是罪恶,强而不暴是美。”所谓强就是要有野蛮的体魄、聪明的头脑、不屈的精神。南京国民政府刚刚成立时,一度以党义教育代替公民教育。“济南惨案”发生后,尚武教育重新被确立为教育宗旨。中华民国大学院发布公告:“以外侮日亟,非尚武不足以救国,经饬令全国专门以上学校加授军事教育,中等以下学校特别注重体育。”⑦“九一八”事变后,教育部颁布命令要求“全国高中以上各学校,一律组织青年义勇军,初中以下各学校,一律组织童子义勇军”⑧,实行严格的军事训练。1938 年,教育部制定的战时教育方案中明确提出:“建国之要素有三:一曰武力,二曰经济,三曰文化。有充备之武力而后自立自强之基础

---

① 任时先:《中国教育思想史》,上海:上海书店,1984 年,第 333 页。

② 陈独秀:《〈新青年〉宣言》,《陈独秀文章选编》上,北京:生活·读书·新知三联书店,1984 年,第 427 页。

③ 鲁迅:《不满》,《鲁迅全集·热风》第 1 卷,北京:人民文学出版社,2005 年,第 375~376 页。

④ 鲁迅:《忽然想到十》,《鲁迅全集·华盖集》第 3 卷,北京:人民文学出版社,2005 年,第 94~95 页。

⑤ 鲁迅:《忽然想到十》,《鲁迅全集·华盖集》第 3 卷,北京:人民文学出版社,2005 年,第 96 页。

⑥ 雷海宗:《中国文化与中国的兵》,北京:商务印书馆,2001 年,第 101 页。

⑦ 中国第二历史档案馆编:《中华民国档案史料汇编:教育》第五辑第一编,南京:江苏古籍出版社,1991 年,第 1239 页。

⑧ 中国第二历史档案馆编:《中华民国档案史料汇编:政治》第五辑第一编,南京:江苏古籍出版社,1991 年,第 1267 页。

立，国家之生存得以保障。”[①]为达到充备武力之目的，必须实行文武合一之教育，使人们改变观念，“认军事知能为人生应具之知能，而无歧视，造成全国军国民之精神”[②]。

（二）深沉勇敢之精神。崇尚勇敢是尚武精神的另一重要内容。实际上，甲午战后思想界就提出培养国人勇之精神。此时所谓的勇，主要含义有两个方面：知耻、无畏。所谓知耻就是认识到中华民族所处的地位，耻而振之。中国自古就有“知耻近乎勇”的格言。所谓无畏就是无畏生死、无畏艰险。应该说，“五卅惨案”后，国人对勇的论述既继承了早期知耻、无畏的精神，又有新的发展。相较于勇之外在形迹，人们此时更注重勇之内在精神。鲁迅对勇作了当时最深刻、最好的论述，分为三个层面：(1)勇气与理性的结合。鲁迅说：“当鼓舞他们的感情的时候，还须竭力启发明白的理性；而且还得偏重于勇气和理性，从此继续地训练许多年。这声音，自然断乎不及大叫宣战杀贼的大而闳，但我以为却是更紧要而更艰难伟大的工作。……总之，我以为国民倘没有智，没有勇，而单靠一种所谓‘气’，实在是非常危险的。”[③](2)敢于正视现实，而不沉湎于精神胜利。鲁迅在《论睁了眼看》一文中写道：“中国人的不敢正视各方面，用瞒和骗，造出奇妙的逃路来，而自以为正路。在这路上，就证明着国民性的怯弱、懒惰，而又巧滑。一天一天的满足着，即一天一天的堕落着，但却又得日见其光荣。在事实上，亡国一次，即添加几个殉难的忠臣，后来每不想光复旧物，而只去赞美那几个忠臣；遭劫一次，即造成一群不辱的烈女，事过之后，也每每不思惩凶，自卫，却只顾歌咏那一群烈女。仿佛亡国遭劫的事，反而给中国人发挥‘两间正气’的机会，增高价值，即在此一举，应该一任其至，不足忧悲似的。”[④](3)韧性的战斗。鲁迅认为中国人有一哄而起、一哄而散的特性。这“五分热”的病态，不是仅为哪一个阶层所独有，而是中国的地方病，是全国民的耻辱。之所以有这样一哄而起、一哄而散的“五分热”病，就在于没有韧性。他说：“中国一向就少有失败的英雄，少有韧性的反抗，少有敢单身鏖战的武人，少有敢抚哭叛徒的吊客；见胜兆则纷纷聚集，见败兆则纷纷逃亡。……多有‘不耻最后’的人的民族，无论什么事，怕总不会一下子就‘土崩瓦解’的，我每看运动会时，常常这样想：优胜者固然可敬，但那虽然落后而仍非跑至终点不止的竞技者，和见了这样竞技者而肃然不笑的看客，乃正是中国将来的脊梁。”[⑤]

（三）对生命活力的崇尚。宋明理学主张静以修身。在其强大影响下，主静戒动成为国人的信条。虽然明末清初的颜李学派对其发出挑战，但影响也是昙花一现。自中日甲午战后，这种主静的观念就受到思想界的一再质疑。新文化运动时期，鲁迅就热烈呼吁：“愿中国青年都摆脱冷气，只是向上走，不必听自暴自弃者流的话。能做事的做

---

① 中国第二历史档案馆编：《中华民国档案史料汇编：教育》第五辑第二编，南京：江苏古籍出版社，1991 年，第 17 页。

② 中国第二历史档案馆编：《中华民国档案史料汇编：教育》第五辑第二编，南京：江苏古籍出版社，1991 年，第 21 页。

③ 鲁迅：《杂忆》，《鲁迅全集·坟》第 1 卷，北京：人民文学出版社，2005 年，第 238~239 页。

④ 鲁迅：《论睁了眼看》，《鲁迅全集·坟》第 1 卷，北京：人民文学出版社，2005 年，第 254 页。

⑤ 鲁迅：《这个与那个》，《鲁迅全集·华盖集》第 3 卷，北京：人民文学出版社，2005 年，第 152~153 页。

事,能发声的发声。有一分热,发一分光,就令萤火一般,也可以在黑暗里发一点光,不必等候炬火。"①1925年,鲁迅再次抨击了这种尚静不尚动的生活态度。"古训所教的就是这样的生活法,教人不要动。不动,失错当然就较少了,但不活的岩石泥沙,失错不是更少么?我以为人类为向上,即发展起见,应该活动,活动而有若干失错,也不要紧。惟独半死半生的苟活,是全盘失错的。因为他挂了生活的招牌,其实却引人到死路上去!"②

"九一八"事变后,中华民族面临空前的生存危机,要求焕发民族活力的愿望就更强烈。最能集中体现这一愿望的,就是这一时期人们倡导呼吁的"力的生活"。罗家伦说:"宇宙没有力如何存在?人生没有力如何生存?萎靡柔懦是人生的大敌。力是生机的表现,是自强不息的活动,是一种向上的欲望。你愿意人叫你软骨动物吗?做人不但要有物质的力,而且要有精神的力。不但行为要有力,而且思想也要有力。有力方才站得住,行得开。"③把这种"力的生活"阐述得最完整,提高到一种哲学审美高度的是"战国策派"的林同济。林同济从四个层面阐释"力":

首先,力是生命的表征,也就是说无力也就无生命。

> 力者非他,乃一切生命的表征,一切生物的本体。力即是生,生即是力。天地间没有"无力"之生:无力便是死。诅力咒力的思想,危险就在这里。……诅咒愈烈愈久,其反响到生理上的健康,也愈大愈深。到了最后的阶段,不是不能再生,便是虽生若死。此所以人类历史上诅力的文化,命运若出一辙:不被人家格杀,自家也要僵化若尸。④

其次,力就是动。"中国'动'字从力,是大有意义的。一切的'生'都要'动',一切的'动'都由于'力'。……动是力的运用,就好像力是生的本体一样。生、力、动三字可说是三位一体的宇宙神秘连环。"⑤

再次,力就是战斗。

> 我们回想先民筚路蓝缕,启发山林的当年,每一个"动"都是一个"战",一个"斗"——与天时斗,与地利斗,与猛兽斗,与四邻的民族斗。在这种不断的战斗生活中,我们可以想像得,最重大最可乐可歌的事情就是胜利,成功;最必须最可贵的本领就是勇敢。而我们的功字,胜字,勇字都是从力,我们便大可以看出先民对

---

① 鲁迅:《随感录四十一》,《鲁迅全集·热风》第1卷,北京:人民文学出版社,2005年,第341页。

② 鲁迅:《北京通信》,《鲁迅全集·华盖集》第3卷,北京:人民文学出版社,2005年,第52页。

③ 罗家伦:《建立新人生观》,《写给青年——我的新人生观演讲》,北京:中国人民大学出版社,2005年,第7页。

④ 林同济:《力!》,许纪霖、李琼编:《天地之间——林同济文集》,上海:复旦大学出版社,2004年,第114页。

⑤ 林同济:《力!》,许纪霖、李琼编:《天地之间——林同济文集》,上海:复旦大学出版社,2004年,第115页。

"力"的态度如何了。反而观之,劣字从少从力。"少力为劣"——是一个直截了当不枝不节的"训词",十足地流露出我们先民在当年"如日初升"的时代所抱有的一种天然的焕发襟怀。①

最后,力是客观存在,无论我们是否喜欢。

德是人的价值论上的一个"应当有"。力是宇宙间万有所"必定有""必须有"!

二、民族主义的高涨

甲午战后,中国近代民族意识觉醒。民族主义是否保有,被视作是民族能否生存的关键。新文化运动兴起后,民族主义被当作狭隘过时的主张,世界主义一时被思想界崇奉为圭臬。不过也有人对其提出异议。如孙中山先生就对世界主义不以为然。他认为处在当时的时代,民族主义仍是民族求生存的基础。世界主义则是列强变相的侵略主义。即使世界主义价值上有可取之处,也必须先恢复中华民族的地位,再谈世界主义。"民族主义这个东西,是国家图发达和种族图生存的宝贝。"②

强盛的国家和有力量的民族已经雄占全球,无论什么国家和什么民族的利益,都被他们垄断。他们想永远维持这种垄断的地位,再不准弱小民族复兴,所以天天鼓吹世界主义,谓民族主义的范围太狭隘。其实他们主张的世界主义,就是变相的帝国主义与变相的侵略主义。③

近日中国的新青年,主张新文化,反对民族主义,就是被这种道理所诱惑。……我们受屈民族,必先要把我们民族自由平等的地位恢复起来以后,才配得来讲世界主义。④

然而由于当时主流风潮盛行,孙中山的这种主张在当时的思想界处于边缘地位。"五卅惨案"后,中国的民族主义重新兴起,特别是"九一八"事变后,民族主义更是达到高潮。张君劢说:"世界是否有大同之一日之不可得而知也。在今日言之,民族国家实为各民族之最高组织,有之则存,无之则亡。"⑤相较于此前的民族主义,这一时期的民族主义有以下几个显著特点:

---

① 林同济:《力!》,许纪霖、李琼编:《天地之间——林同济文集》,上海:复旦大学出版社,2004年,第115~116页。

② 孙中山:《三民主义·民族主义》,《孙中山全集》第9卷,北京:中华书局,1986年,第210页。

③ 孙中山:《三民主义·民族主义》,《孙中山全集》第9卷,北京:中华书局,1986年,第223页。

④ 孙中山:《三民主义·民族主义》,《孙中山全集》第9卷,北京:中华书局,1986年,第226页。

⑤ 张君劢:《明日中国之文化》,杨毓滋、孙亚夫编:《张君劢先生九秩诞辰纪念册》下,第68页,沈云龙主编:《近代中国史料丛刊续编》第53辑,台北:文海出版社,1978年。

(一)强调民族的自尊自信。近代中国,特别是中日甲午战争以后的中国,由于国家对外屡次失败,所以很多人思想上就觉得中国万事不如人,丧失民族自尊自信,形成民族虚无主义。"九一八"事变后,要求树立民族自尊自信的呼声高涨,连一贯以揭露国民精神病态为己任的鲁迅,也强调树立民族的自信力。鲁迅认为,中国人虽有他信、自欺等弱点,但是中国人并没有失去自信。

> 我们从古以来,就有埋头苦干的人,有拼命硬干的人,有为民请命的人,有舍身求法的人,……虽是等于为帝王将相作家谱的所谓"正史",也往往掩不住他们的光耀,这就是中国的脊梁。
>
> 这一类的人们,就是现在也何尝少呢?他们有确信,不自欺;他们在前仆后继的战斗,不过一面总在被摧残,被抹杀,消灭于黑暗中,不能为大家所知道罢了。说中国人失掉了自信力,用以指一部分人则可,倘若加于全体,那简直是诬蔑。①

这一时期,人们之所以异常重视树立民族自尊自信心,是因为民族自尊自信是民族生存意志的基础,是民族自救振兴的基础。张君劢说:"盖立国之道,不外自求生存,既求生存,必其自身有生存之价值,或自己生存后对于世界上可以有贡献。自己过去之文化即不足道,难道自己生存价值亦不承认吗?此生存之意志,犹之青年之立志,既难能而尤可贵,因为志气是万事之根源,有了志气,乃可语夫其他各事之进行。"②爱国七君子之一的王造时在《恢复民族的自信力》一文中说:"一个个人,如果倒了志,失掉了自信力,自己看不起自己,觉得前途绝对没有希望,必定自暴自弃,萎靡不振。……反之立志向上,自尊自重,认为前途不可限量的人,他的人生观必定是积极的,他的精神必定是奋发的,……一个民族也复如此。请看长久的人类历史,哪个国家不经过强弱?哪个民族没有过盛衰?但是有些国家可以转弱为强,有些民族可以转衰为盛,当然也有些国家或民族,终至于受淘汰。这其中,人家'虽曰天命',我说'岂非人事哉!'所谓人事,即是要看该民族是否奋发有为,百折不挠地力求上进;换言之,也就是要看该民族有否自信力。有了自信力,亡可以复兴,弱可以转强,衰可以转盛;否则,只有开始于萎靡,沦落于奴隶,终至于消灭。"③

虽然在树立民族自信心上,思想界有一致的意见;但对如何树立民族自信心,他们却是有分歧的。一种意见认为民族自信心应该建立在民族文化的基础上。张君劢说:"提高对于本民族文化之信心。凡为一国之人民,应当尊重其祖国固有之文化……要知一国之人,不尊重本国文化,不相信自己的思想家,便等于自己不相信自己,自己不相信

---

① 鲁迅:《中国人失掉自信力了吗?》,《鲁迅全集·且介亭杂文》第6卷,北京:人民文学出版社,2005年,第122页。

② 张君劢:《立国之道》,杨毓滋、孙亚夫编:《张君劢先生九秩诞辰纪念册》上,第6页,沈云龙主编:《近代中国史料丛刊续编》第53辑,台北:文海出版社,1978年。

③ 叶永烈编:《王造时:我的当场答复》,北京:中国青年出版社,1999年,第158~159页。

自己,则不能为人。岂有一国人民,不尊重自己文化而可以立国的?”①一种意见认为,民族自信心应该建立在民族自省的基础上。这一派仍认为传统文化罪孽深重,必须反省。胡适说:“可靠的民族信心,必须建筑在一个坚固的基础之上,祖宗的光荣自是祖宗之光荣,不能救我们的痛苦羞辱。何况祖宗所建的基业不全是光荣呢?我们要指出:我们的民族信心必须站在‘反省’的唯一基础之上。反省就是要闭门思过,要诚心诚意的想,我们祖宗的罪孽深重,我们自己的罪孽深重;要认清了罪孽所在,然后我们可以用全副精力去消灾灭罪。”②

(二)重塑民族新精神。无人能够否认新文化运动对思想解放的作用。但是,我们也不得不承认新文化运动中存在教条主义、形式主义、民族虚无主义。“五卅惨案”后,理性评估传统文化的声音逐渐高涨起来。在抗战前夕,更兴起所谓的新启蒙运动。总之,人们希望在重新评估传统文化的基础上,重建新文化,塑造民族新精神,增强民族的自信心。其特点主要有三:

1.理性认识传统文化。我们所谓的传统文化,其实主要是指宋明的心性之学。中日甲午战争以后,心性之学就被很多人作为民族积弱的罪魁。对此,有人指出心性之学不是宋朝以来民族积弱的罪魁,政治措施才是根源所在。心性之学不仅不能承担民族积弱的责任,而且其存在有坚固的基础。张君劢说:“吾以为吾国之心性学自有其至强之根据而不易动摇者矣。治此学者,修之于一身,一身有心安理得之乐。施之于一方,则一方之学者受其熏陶而社会风尚为之丕变。及夫国运凌替,则必有忠义愤发之士,或奔走国事,或隐居高蹈,以存士可杀不可辱之精神。如是,心性之学非空谈,盖亦明矣。”③

2.吸收其他文明的优秀精神。当时思想界最看重的西洋精神有三:一是自由精神。张君劢说:“以精神自由为基础之民族文化,乃吾民族今后政治学艺术之方向。”④张君劢又说:“自由学说之最大价值,在其能养成独立人格与健全公民。这一点不可磨灭之价值,可以垂诸千百年而不变。”⑤二是理性。张申府在《什么是新启蒙运动?》一文中说:“凡是启蒙运动都必有三个特性。一是理性的主宰;二是思想的解放;三是新知识新思想的普及。”⑥三是西方人对信仰的坚贞、热忱。当时的思想界都对中国人因缺乏确信而做事缺乏热忱表示忧虑。鲁迅认为中国人对信仰只有利用,没有确信。张君劢说:“由于平日言天事不离乎人事,因而缺少事天之诚敬,陷于信仰上之不专一。彻底言之,吾国人之心灵中有真正确信与真正诚意者,实不可多见。因其念念不忘人事之故,而所希望于宗教者,不外乎‘益寿延年’‘有求必应’之要求;以视西方人对于上帝,但求悔罪

① 张君劢:《民族复兴之学术基础》,北京:中国人民大学出版社,2006年,第97页。

② 胡适:《信心与反省》,姜义华主编:《胡适学术文集·哲学与文化》,北京:中华书局,2001年,第269页。

③ 张君劢:《民族复兴之学术基础》,北京:中国人民大学出版社,2006年,第31~32页。

④ 张君劢:《明日中国之文化》,杨毓滋、孙亚夫编:《张君劢先生九秩诞辰纪念册》下,第2页,沈云龙主编:《近代中国史料丛刊续编》第53辑,台北:文海出版社,1978年。

⑤ 张君劢:《立国之道》,杨毓滋、孙亚夫编:《张君劢先生九秩诞辰纪念册》上,第149页,沈云龙主编:《近代中国史料丛刊续编》第53辑,台北:文海出版社,1978年。

⑥ 张申府:《什么是新启蒙运动?》,《张申府文集》第1卷,石家庄:河北人民出版社,2005年,第189页。

赦免者，大不同矣。西方人有此信心，故处事有诚意，社交上率直而不失其真，政治上有百折不挠之气概；视吾国人之专以敷衍应酬为生者，不可同日而语。”①正因如此，所以当时思想界有不少人希望在儒家人文精神中注入宗教精神。

3.重新阐释民族文化中的一些道德观念。传统文化是多方面的，对中国人影响至深的恐怕是忠、孝、节，三纲之观念，而这些观念在当时都被重新阐释。忠历来被解释为忠君，因而自甲午战争以后，就受到人们的猛烈抨击。事实上，孙中山早就提出以忠于国家、民族来解释忠，也有人以忠于人、忠于事来解释忠。“九一八”事变以后，特别是全面抗日战争开始后，忠的观念再次受到人们的关注。林同济指出，在以全体化国力为竞争单位的世界，最重要的是每个人都要成为国家有机体的一分子，每个人民都要成为公民。大政治世界，公德比私德更重要。公德中最重要的就是忠。

> 一切的政治德行之中，忠为第一。所谓忠者，不是古代忠于君或忠于朋友的忠。忠于君或忠于朋友的忠不免含有五分私德意。大政治时代的忠，绝对忠于国。唯其人人能绝对忠，然后可化个个国民之力而成为全体化的国力。忠是国力形成的基础，形成的先决条件。……现代国家的组织，就是根基于此纯政治的德行——忠——而建立，而运用，而维持，而发展的。换言之，就是忠为百行先。②

因为提倡忠，所以就不得不非孝。因为在中国根深蒂固的传统观念是“孝为百行先”。这一时期的非孝与五四时期的非孝不同。五四时期非孝主要是以个人解放、个性解放为目的。这一时期的非孝主要着眼于孝与忠的冲突，也就是孝于父母与忠于国家的冲突，其表现有以下几点：首先，对小团体的忠，有碍于对大团体的忠。张荫麟说：“现代社会心理学上有一条可立的定律：对于一个团体的专心，可使这个团体的分子对于别个团体的同情之扩张成为不可能。当国命垂危，要塞迭失的时候，绾兵符的要人可以不赴疆场而回故乡省墓——这种现象，非有‘百行孝为先’和‘以孝治天下’的道德观念是不容易解释的。”③其次，孝为百行先的观念与现代国家的价值不符。“孝为百行先，便是以孝为国民伦理的基础。……它不但以孝为百行先，它还要把孝字来解说一切人生的价值。……此于现代各国的趋向，要把一切价值纳于忠一样。孰优孰劣，是玄理上不可解决的问题，我们不谈。我们所要穷究的，哪一个适应于现代的生存？分明时代要求是公德，是政治德行，是忠为第一。”④其三，以孝为百行先的结果，可能是以孝破忠。“中国重孝轻忠，便是说它以孝为先，以忠为后。孝为百行先之说，自汉以后，坚牢不拔

---

① 张君劢：《明日中国之文化》，杨毓滋、孙亚夫编：《张君劢先生九秩诞辰纪念册》下，第116页，沈云龙主编：《近代中国史料丛刊续编》第53辑，台北：文海出版社，1978年。

② 林同济：《大政治时代的伦理》，许纪霖、李琼编：《天地之间——林同济文集》，上海：复旦大学出版社，2004年，第71页。

③ 张荫麟：《中国民族前途的两大障碍物》，《素痴集》，天津：百花文艺出版社，2003年，第34页。

④ 林同济：《大政治时代的伦理》，许纪霖、李琼编：《天地之间——林同济文集》，上海：复旦大学出版社，2004年，第74页。

的深入民间。而忠之一字,无形中成为次要之次要。结果,大家的心目中总认得不孝之罪大于不忠。所以在我们的社会里,逆父母者乡党不齿,而卖国者反可取得一般亲友的优容。"①其四,忠孝两全之理想,私德公德合一之现象,在现实中并不多见。"古圣贤学说之中,实含有不少种子,为今天制度上积弊之原,甚且成为制度上积弊之护符。那些'父母在不远游','孝子不登高,不临深','身体发肤,受之父母,不敢毁伤'的孝的哲学,乃与经传'明哲保身'之训混合,而在那家庭势力膨胀的环境中,竟结成一套'怕死的人生观'磅礴于'神州'的全部!至于那些'莅官不敬,非孝也','战阵无勇,非孝也'的公德化的孝论,欲在历史上其实行者乃亘千秋而落落如晨星。"②这也就是说忠与孝并不统一,其实有时是对立的。需要指出的是,这一时期的非孝并不是要声讨父母。如果把孝作敬爱父母讲,他们并不反对,只是期望孝与国家的利益不发生冲突。他们期期所争者,只是一个"先"字,也就是说孝不能作为百行先。林同济说:"我们不反对孝:如果孝只作为'敬爱父母'解,我们不但不反对,并且赞成。……其实我们期期所不能不争执者,只是一'先'之字。"③

重视气节,也是传统文化的一个重要方面。在新文化运动时,气节的观念也受到人们的抨击。程颐的一句"饿死事小,失节事大",不知被多少人当作吃人礼教的铁证。"九一八"事变后,气节问题再次被提到一个新高度。曹聚仁说:"中国历史上所谓士君子,以节操为重,取巧躲避,却并不是儒家之道。……'哀莫大于心死',假使人人以偷巧躲避为得计,那么,中国读书人都要个个变成'汉奸'了!'礼义廉耻'之说方兴,我愿国人注重'耻'字,就该把'节操'比一切都看得重些。"④贺麟从哲理的高度,说明"饿死事小,失节事大"作为一种伦理原则,是四海皆准,百世不惑。他说:"'饿死事小,失节事大'这个有普遍性的原则,并不只限于贞操一事,若单就其为伦理原则而论,恐怕是四海皆准、百世不惑的原则,我们似乎仍不能根本否认。因为人人都有其立身处世而不可夺的大节,大节一亏,人格扫地。故凡忠臣义士,烈女贞夫,英雄豪杰,矢志不二的学者,大都愿牺牲性命以保持节操,亦即所以保持其人格。伊川此语之意,亦不过是孟子'舍生取义,贫贱不能移'的另一说法。因为'舍生取义'实即'舍生守节','贫贱不能移'实即'贫贱或饿死不能移其节操'之意。今日很多爱国之士,宁饿死甚至宁被敌人迫害死而不失其爱国之节,今日许多穷教授,宁贫病致死,而不失其忠于教育和学术之节,可以说是都在有意无意间遵循伊川'饿死事小,失节事大'的遗训。"⑤

自甲午战争后,三纲观念就被人痛批。这一时期,贺麟对三纲作出了新解释。他认

① 林同济:《大政治时代的伦理》,许纪霖、李琼编:《天地之间——林同济文集》,上海:复旦大学出版社,2004年,第76页。

② 林同济:《大政治时代的伦理》,许纪霖、李琼编:《天地之间——林同济文集》,上海:复旦大学出版社,2004年,第75页。

③ 林同济:《大政治时代的伦理》,许纪霖、李琼编:《天地之间——林同济文集》,上海:复旦大学出版社,2004年,第75页。

④ 曹聚仁:《节操》,《曹聚仁杂文集》,北京:生活·读书·新知三联书店,1994年,第259~260页。

⑤ 贺麟:《宋儒的新评价》,《文化与人生》,北京:商务印书馆,2002年,第192~193页。

为,中国的道德观念由五伦发展到三纲,有其必然性与合理性。因为五伦是相对的,三纲是绝对的。相对关系会造成社会基础不稳,变乱随时发生。另外,三纲不是要人做君主、丈夫、父亲个人的奴隶。"完全是对名分,对理尽忠。"①它背后的道德内涵是:"不论对方的生死离合,不管对方的智愚贤不肖,我总是应绝对守我自己的位分,履行我自己的常德,尽我自己应尽的单方面的义务。不随环境而改变,不随对方为转移。"②重新解释过去,是为了现实的需要。贺麟绝不是在重新提倡君君、臣臣,父父、子子,夫夫、妻妻,而是希望把这种绝对的道德观念转移到民族、国家身上。

(三)民族主义教育的内容更加充实。中国虽然自甲午战争后即大力倡导民族主义,但如何在教育中加以体现却显得比较空洞。应该说当时对民族主义的提倡更多注重精神意识。"九一八"事变后,在平常的教育内容中逐渐开始落实民族教育。一是注重民族历史教育。"灌输儿童中华民族过去伟大之事迹及伟大人物之言行,以坚定其自信力,及爱国家、爱民族之观念。"③二是注重国难史,特别是日本侵华史的教育。如教育部令文说:"查日本帝国主义者对我横加侵略,欲雪奇耻,自非从教育入手不为功,惟各级学校课程及授课时间均有规定,若中途增加实有未便。为应目前需要起见,于课外另加临时讲演,专讲日本帝国主义侵略中国史。"④

三、国家主义伦理观的重新兴起

所谓国家主义伦理观也就是认为国家为人类最高之团体,国家有其自身之目的,爱国是人人应尽之义务与责任,是绝对的、无条件的。中国有近代国家观念与爱国主义是在中日甲午战争以后,但在不同时期,人们对国家的认知不同。在新文化运动以前,国家主义是主流,梁启超即是国家主义的热烈提倡者。新文化运动时期,国家主义受到人们的批判,认为它是造成第一次世界大战的原因。由于要求个人权利与个性解放,所以这一时期思想界主流认为国家的目的应该是保护和实现个人权利,而不是人生之归宿。正是因为反对把国家当作最高目的,所以他们认为国家主义的爱国观是片面、绝对的。要人爱国,首先国家要可爱。"国家者,保障人民权利,谋人民之幸福者也。不此之务,其国也存之无所荣,亡之无所惜。盖保民之国家,爱之宜也;残民之国家,爱之也何居?"⑤"九一八"事变后,国家主义伦理观重新兴起。理论上的代表人物,恐非张君劢莫属。张君劢说:"国家为民族生死与共之体,非保护个人权力之机关。"⑥"国家本身,乃

---

① 贺麟:《五伦观念的新检讨》,《文化与人生》,北京:商务印书馆,2002年,第59页。

② 贺麟:《五伦观念的新检讨》,《文化与人生》,北京:商务印书馆,2002年,第59页。

③ 中国第二历史档案馆编:《中华民国档案史料汇编:政治》第五辑第一编,南京:江苏古籍出版社,1991年,第400页。

④ 中国第二历史档案馆编:《中华民国档案史料汇编:教育》第五辑第一编,南京:江苏古籍出版社,1991年,第1266页。

⑤ 陈独秀:《爱国心与自觉心》,《陈独秀文章选编》上,北京:生活·读书·新知三联书店,1981年,第71页。

⑥ 张君劢:《民族复兴之学术基础》,北京:中国人民大学出版社,2006年,第143页。

目的而非手段。"①正因如此，张君劢提出：国家之存在理由在一切之上，个人利益应因国家之利益而牺牲。

正是把国家当作最高目的，爱国就不能是有条件的，它是一种本能、是真情的流露。王造时在《泛论爱国心》一文中说："的确，爱国心是一种感情，是一种强有力的感情，并且是出乎人类本性的一种感情，但是这种感情比较其它情绪高尚一等，因为它根本上是利他的，不是自私自利的。一个人爱国并没有想到于自己有什么好处；若因为于自己有好处而爱国，便不是真爱国了。"②王造时认为，爱国是无条件的，不论其强弱贫富大小。"爱国心是一种真情的流露，比你爱你的情人更是无条件的。你爱你的情人，有时还因为她长得好看。你爱国便不管本国是强，是弱，是富，是贫，是大，是小，是新，是旧，富强如现在的美国固有人爱，亡国如现在的高丽、印度也有人爱，恐怕爱得更厉害！同时，爱国心，在这些爱国志士看来是一种自觉的责任，不得不爱，不能不爱。"③

爱国之表现就是为国尽责。相较于新文化运动时期强调个人权利，此时人们更注重责任。罗家伦说："从最高的道德意识来讲，责任就是权利。只有从尽责任的过程里面，才能得到充分权利的实现。"④他又说："一个人能够替大我尽责任，才能够实现自我。能够创造新的价值，才能够享受和扩大新的权利。权利的享受，只是尽责任的结果；若是不负责任，而固守个人权利，则保守愈久，权利的范围愈小。所以我们唯有投身于大我中，尽人生所应尽的责任，充实自我以扩张大我，乃有真正的权利可言。不然的话，只谈人权，不尽己责，国家灭亡，民族灭亡，自己也就灭亡！"⑤

综上所述，我们可以发现，这一时期的公民教育思想，既是对新文化运动时期公民教育思想的否定，又继承了其合理部分；既是对甲午战后公民教育思想的某种精神传承，又有新的发展。这一时期对公民教育思想最有益的探索，就是对树立民族自信，以及重塑民族精神的提倡与探索。当然，有些观念在现在看来不合时宜，但如果我们从大的历史背景考察，也是可以理解的。

第四节　抗战后中国的公民教育思想

1925年以后，特别是"九一八"事变后，由于空前的民族危机，中国的公民教育自然围绕民族的生存而展开。抗战胜利，民族生存危机暂时得以解除。和平民主建国成为人们普遍的愿望。自由、民主、法治又成为中国公民教育思想的主流。正如潘光旦在费

---

① 张君劢：《民族复兴之学术基础》，北京：中国人民大学出版社，2006年，第143页。

② 叶永烈编：《王造时：我的当场答复》，北京：中国青年出版社，1999年，第198页。

③ 叶永烈编：《王造时：我的当场答复》，北京：中国青年出版社，1999年，第198~199页。

④ 罗家伦：《从完成责任到实现权利》，《写给青年——我的新人生观演讲》，北京：中国人民大学出版社，2005年，第111页。

⑤ 罗家伦：《从完成责任到实现权利》，《写给青年——我的新人生观演讲》，北京：中国人民大学出版社，2005年，第118页。

孝通《作之民》一书序言中所说:"民主国家不能没有公民,公民不能没有公民教育。"① 民主国家的公民教育,又不能不以自由、民主、法治作为指导原则。被潘光旦誉为"未经'国定'的一册公民读本"的《作之民》一书,就是以对话、讲故事的形式,阐释自由、民主、法治的。

这一时期,自由、民主、法治之所以成为中国公民教育思想的主流,一方面是因为建设民主法治国家是国人的长期梦想,一方面是因为对国民党打着抗战与训政的旗号剥夺人民权利不满。

> 历年以来,在抗战与训政的两大帽子或两大金箍的压力下,……我们只觉得关于国家与政府,或对于假国家与政府的命令以行的团体或个人,一切都是实在的,一切都很有着落,而关于人民,一切是虚空的,一切是不兑现的支票。②

因此,人们更注重作为公民应该怎样去争取权益,而不仅仅是宣传公民应享有什么权利与义务。要实现自由与法治,就需要民众主张、维护自己的权利。李浩培说:"我国的不真正实行法治,一部分的原因在于人民自身。权利需要主张,方能确立,需要维护,方能保持。一个人依法享有的权利,可能被他人违法侵害。于此被违法侵害的情形,如权利人能依法保护其权利,以各种合法的手段与违法者相周旋,并寻求适当的救济,则其权利仍有保持的希望,而法律效力亦赖以保持。故权利人的努力卫护其依法享有的权利,实有拥护法治的效果。相反的,如权利人不卫护权利,不与违法侵害者相周旋,则权利人的行为,等于权利的抛弃。如权利人每次被违法侵害权利时,每次予以容忍,则在侵害者与一般人的心理中,将逐渐视违法的侵害为正当,而权利人依法享有的权利将归于乌有,法律亦将等于具文。故不卫护依法享有的权利,不与违法侵害者相周旋,实毁弃法治。不幸,我国的一般人民,大都有权利而不卫护。"③要实现民主,就要尊重自己,尊重别人。"要别人尊重你,你必须尊重别人。若是你觉得别人全不及你,人家的判断都不正确,只有你是有能力,有资格知道是非的话,你就不必考虑别人的意见了。民主不但要尊重别人,认为每个人是最能从自己立场辨别是非利害的人;而且也是尊重自己的。尊重自己,所以不肯把决定自己利害生死的事托付给别人去包办。"④这一时期,人们对各种权利之间的关系,比如自由与民主、自由与经济权利等作了一些探讨。

---

① 费孝通:《作之民》,上海:生活书店,1946 年,第 1 页。
② 费孝通:《作之民》,上海:生活书店,1946 年,第 6~7 页。
③ 李浩培:《法治实行问题》,《观察》第 2 卷第 12 期。
④ 费孝通:《作之民》,上海:生活书店,1946 年,第 18 页。

第三章

中国近代公民教育中的公民道德教育

道德教育是公民教育的重要内容。关于道德教育,中国近代思想家首先关注的是公德与私德的问题,其次是道德本源的问题。

第一节　中国近代公民教育中的公德问题

在近代中国,第一个提出公德概念,引起人们广泛关注并热烈而持久加以探讨的是梁启超。梁启超在《新民说》中说:"我国民所最缺者,公德其一端也。……吾中国道德之发达,不可谓不早,虽然,偏于私德,而公德殆阙如。"[①]梁启超提出中国缺乏公德这一论断,得到广泛认同。黄遵宪说:"合群之道,始以独立,继以群治,其中有公德,有实力,有善法,前王先圣所以谆谆教人者,于一人一身自修之道尽矣,于群学尚缺,然其未备也。"[②]公德概念的提出引发了人们对公德的广泛讨论。当时一些著名刊物如《大公报》《东方杂志》《云南杂志》等,都有发表讨论公德问题的文章。

① 梁启超:《新民说·论公德》,林志钧编:《饮冰室合集:专集之四》,北京:中华书局,1989年,第12页。

② 黄遵宪:《致梁启超函》,陈铮编:《黄遵宪全集》上,北京:中华书局,2005年,第444页。

公德问题为何引起人们如此关注？无公德无以为国，无公德无以造就新民。梁启超说："无公德则不能团。虽有无量数束身自好廉谨良愿之人，仍无以为国也。吾中国道德之发达，不可谓不早。虽然，偏于私德，而公德殆阙如。试观《论语》《孟子》诸书，吾国民之木铎，而道德所从出者也。其中所教，私德居十之九，而公德不及其一焉。……要之吾中国数千年来，束身寡过主义，实为德育之中心点。范围既日缩日小，其间有言论行事，出此范围外，欲为本群本国之公利公益有所尽力者，彼曲士贱儒，动辄援'不在其位，不谋其政'等偏义，以非笑之挤排之。谬种流传，习非胜是。而国民益不复知公德为何物。……然则吾辈生于此群，生于此群之今日，宜纵观宇内之大势，静察吾族之所宜，而发明一种新道德，以求所以固吾群善吾群进吾群之道。未可以前王先哲所罕言者，遂以自画而不敢进也。知有公德，而新道德出焉矣，而新民出焉矣。"①这就是说，要想民族生存、民族进化，必须有新民；新民之所以新，在于有新道德，新道德就是公德；而公德恰恰是传统道德中所缺乏的。其他探讨公德的人，也基本上未超出梁启超的逻辑。

有无公德既然关系到一个民族的生存、发展，那么公德的内涵是什么？近代中国思想界对于公德的讨论虽多，但明确给公德下定义的并不多。梁启超给公德下的定义是："公德者何？人群之所以为群，国家之所以为国，赖此德焉以成立者也。……人人独善其身者谓之私德。人人相善其群者谓之公德。……旧伦理所重者，则一私人对于一私人之事也。新伦理所重者，则一私人对于一团体之事也。……公德之大目的既在利群，而万千条理即由是生焉。"②这就是说，公德是个人与团体之间的原则，但梁启超显然偏重于个人与国家的关系。梁漱溟亦是从团体与个人角度定义公德，但团体范围显然有所扩大。梁漱溟说："所谓公共观念，即指国民之于其国，地方人之于其地方，教徒之于其教，党员之于其党，合作社之于其社……如是之类的观念。"③马君武从公私领域角度定义公德。其在《论公德》一文中说："私德者何？对于身家上之德义是也。公德者何？对于社会上之德义是也。"④有的学者并没有直接给公德下定义，而是列举现象。《论中国人的责任》一文作者称："欧美人民最重公德，其对于公共之物，皆能守义务心。……我国人则不然，其对于公、所、地方，如学校，如会馆肆行破坏，无所顾恋，而其不洁之处有不堪入目者。其他对于人群亦然，但计以己之满足，不计他人之损失。凡若此者，均足以贱人格而污品行。我国民亦可以反省矣。"⑤这里所说的公德，就是爱护公共利益。遵守公共禁戒，遵守公共秩序也是公德的一种表现。马君武在《论公德》一文中说："人

① 梁启超：《新民说·论公德》，林志钧编：《饮冰室合集：专集之四》，北京：中华书局，1989年，第12~15页。

② 梁启超：《新民说·论公德》，林志钧编：《饮冰室合集：专集之四》，北京：中华书局，1989年，第12~15页。

③ 梁漱溟：《中国文化要义》，中国文化书院学术委员会编：《梁漱溟全集》第3卷，济南：山东人民出版社，2005年，第72页。

④ 马君武：《论公德》，莫世祥编：《马君武集》，武汉：华中师范大学出版社，1991年，第152页。

⑤ 陈永森：《告别臣民的尝试——清末民初的公民意识与公民行为》，北京：中国人民大学出版社，2004年，第110~111页。

民既有公德,则自爱公共之乐利,守公共之禁戒,而不敢犯。”①

其实,还有一种道德也应被称为公德。这就是无论在什么场合,人人必须遵守的道德原则。康德就认为道德原则是人人应该遵守的原则,不论时间和地点,没有功利的因果关系。这一点被很多中国近代思想家所忽视。冯友兰有相似的提法,他说:“一个社会,如其存在,其中分子必须遵守一种维持社会的规律。其依照这种规律的行为,就是道德行为。……凡是某种社会,必须有某种规律,这个某种社会的分子,必须遵守这些规律以维持这个社会的生存。于是规律又可分为两大类,一种是维持社会的规律,凡是社会均须有的;另一种是维持某种社会的规律,是某种社会所特有的。……那种不论何种社会均须有的规律是不可变的,不论古今中外都是一样。那种只须某种社会有的规律则是可变的。”②冯友兰所说的不变的社会规律,即不变的道德,就类似于康德所说的道德原则。不同的是康德的道德律是建立在自由意志的基础上,建立在每个人都是目的这一预设之上;而冯友兰所谓不变的道德是建立在维持社会的基础上。需要指出的是,中国近代思想家虽没有从理论上指出公共道德也应包括不论时空人人应该遵守的道德原则,但在公德的列举中也包括了类似的原则。比如中国近代思想家特别强调诚实守信这一道德原则,他们把它作为每个人应守的基本原则,而没有刻意去区分公私。

综上所述,可以看出,中国近代思想家所说的公德包含四个方面的内容:国家、民族意识,社会公共心,公共秩序,人与人交往的一些基本原则如诚实守信。

一、国家、民族意识

传统政治与现代政治的最大不同,就在于对国家的认同。“推动政治现代化最为重要的政治信念,就是政治认同,意指个人对其自身为某特定国家之成员无所置疑。”③中国近代思想家也把树立国家、民族意识作为公德的首选。甲午战后,中国现代国家、民族意识萌生。戊戌维新时期,维新志士提出群学的概念。群学催生了中国近代国家、民族意识的初步形成。辛亥革命时期,民族、国家的概念被正式提出,其主要原因就是列强侵略加深,激起中国民族主义的进一步觉醒。19世纪末20世纪初,列强相继走上帝国主义的道路。当时的仁人志士清楚地觉察到这一趋势。《开智录》的一篇文章写道:

> 帝国主义(Imperialism)之名,何自昉乎?乃起于当时拿破仑党之欲谋恢复帝政,故称其主义为Imperialisme(Opinion des Imperialistes),此真帝国主义也。至今日之所谓帝国主义,实大有不同。如北亚美利加洲所行之帝国主义,乃膨胀主义也,扩张版图主义也,侵略主义也。总言之,今世界之帝国主义,实狄塔偏 Dick Tur-

---

① 马君武:《论公德》,莫世祥编:《马君武集》,武汉:华中师范大学出版社,1991年,第155页。

② 冯友兰:《新旧道德问题》,《三松堂全集》第14卷,郑州:河南人民出版社,2001年,第274~275页。

③ [美]Fred I. Greenstein、Nelson W.Polsby 主编:《政治科学大全:总体政治论》,台北:幼狮文化事业公司,1983年,第41页。

pin 主义,即强盗主义也。……虽然,亦姑可从俗之称,名之曰帝国主义焉。①

列强相继走上帝国主义,也就意味着对外侵略变本加厉,中国的民族危机更加深重。

欧人之初贸易于远东诸国也。……初不过乞通商博微利,无政治上之野心也。自屡败以后,列国知睡狮之易与,乃骎骎然议瓜分,认势力范围,有政治上侵略之意。及庚子之乱,而列国之手段又一变,前之瓜分主义,势力范围主义,一转而为领土保全、门户开放主义矣。……而瓜分云者,势力范围者,皆政治上之侵略,列国互角之手段也;保全云者,开放云者,皆经济上之侵略,列国共同之手段也。……呜呼,至是而吾国遂亡于列强共同之经济侵略之手矣!庸讵知经济上之侵略,较之政治上之侵略,其为祸乃更烈也!②

面对列强的帝国主义政策,中国只有以民族主义相抗。梁启超首先明确提出民族主义,系统阐释国家概念。义和团运动后,留日青年学子日多,他们纷纷办刊物、发文章,宣传民族、国家观念。需要指出的是,国家、民族的概念虽然有区别,但是当时人们对两者大都是混用的。革命派提出"反满革命"后,立宪派更多用国家的概念。即使用到民族的概念,也是指中华民族。革命派则更多用民族的概念。辛亥革命后,孙中山提出民族平等、五族共和,民族与国家的概念也就更为趋同。可以说,自从辛亥革命时期人们提出民族主义、国家主义的主张后,民族、国家观念就基本上居于中国公民教育思想的主导地位。新文化运动时期,民族主义、国家主义虽受到一些冲击,但为时短暂。"九一八"事变后,民族主义、国家主义达到顶峰。特别是在抗战时期,国家至上、民族至上成为当时各派的共识。

既然国家、民族意识是最重要的公德,如何养成国家、民族意识呢?第一,国民要具有爱国心。第二,使民众认识到国家和个人的利益关系。第三,应让民众享有参政权。第四,用民族的优秀历史文化陶冶爱国情操。第五,通过感知教育,培养人民的爱国心。

义和团运动后,有不少国人丧失文化自信,甚至有民族虚无主义的思想。吴稚晖就认为中国的种种文明都已属历史陈迹,当在淘汰之列。他说:"近数年来,中国之号称识者,动则称国粹。……然当万事以进化为衡之世,是种种者当在淘汰之列。其补助于社会文明之功,已属过去之陈迹。……中国文化进退之如何,当视国粹之受若何之处分。"③

---

① 《论帝国主义之发达及二十世纪世界之前途》,张枬、王忍之编:《辛亥革命前十年间时论选集》第1卷上,北京:生活·读书·新知三联书店,1960年,第53页。

② 雨尘子:《论世界经济竞争之大势》,张枬、王忍之编:《辛亥革命前十年间时论选集》第1卷上,北京:生活·读书·新知三联书店,1960年,第202~203页。

③ 吴稚晖:《国粹之处分》,张枬、王忍之编:《辛亥革命前十年间时论选集》第3卷,北京:生活·读书·新知三联书店,1977年,第192~193页。

与欧化主义不同，国粹派认为民族文化是民族生命所在。丧失民族文化，就等于民族灭亡。如果对民族文化采取虚无主义，爱国主义就成无源之水、无本之木。新文化运动时期，同样存在着浓厚的民族虚无主义。民族虚无主义者甚至认为除了小脚与辫子，中国文化没有任何特色与价值。如胡适说："我们的文化，比起欧洲一系的文化来，'我们所有的，人家也都有；我们所没有的，人家所独有的，人家都比我们强。至于我们所独有的宝贝，骈文、律诗、八股、小脚……又都是使我们抬不起头来的文物制度。"①又如萧楚女在《显微镜下之醒狮派》一文中说："我们不懂所谓本国文化究竟是什么？所谓本国文化，当然是本国所特有的文化。我们在中国所有的文化中，打起灯笼找遍了，也没见在小脚与辫子之外，还有什么特别的东西，值得我们引为光荣。"②因此，以国家主义为宗旨的青年党进一步阐发了以民族文化认同增进爱国主义的理论。他们认为，鄙夷自己文化的民族难以生存。只有建立起民族文化自信，才能求得民族生存。青年党的喉舌《醒狮》在出版宣言中开宗明义地说："夫自信心者进步之源也，于个人然，于民族亦然。……旷观世界各民族从未有诅咒其固有之文化，鄙夷其祖先之历史，……自居于劣等而获与人竞胜者。"③陈逸凡在《国家主义今昔观》一文中说："世界人民从无蔑视本国文化而能独立者。"④余家菊在《国家主义释疑》一文中称："现在正当着内乱和外患交迫的时候，欲救中国自然是要实行国家主义，要救中国确非实行国家主义不可。国家主义要发挥本国的文化，阐扬本国的民性。"⑤

青年党认为建立在民族文化基础上的国家认同，既源于历史，也源于天性。李璜在《释国家主义》一文中说："国家主义乃是被压迫的国性的政治上的要求。"⑥那么什么是国性呢？

> "国性"乃是国家的人格。每个国家从其静的（Statique）组织成分而言，有其种族之不同，地理之不同；自其动的（Dynamique）组织成分而言，有其文化之特殊，信仰之特殊。于是每个国家所有的国民其生活的志愿便不能尽同于其他一个国家的国民。本着这个特殊的生活志愿，便发现特殊的生活状态。因此由内而外，皆认识得一个群体的自我（Le moi collectif）：这便是国家人格的构成与表现。⑦

---

① 胡适：《再论信心与反省》，姜义华主编：《胡适学术文集·哲学与文化》，北京：中华书局，2001年，第272页。

② 蔡尚思编：《中国现代思想史资料简编》第2卷，杭州：浙江人民出版社，1986年，第558页。

③ 李义彬编：《中国青年党》，北京：中国社会科学出版社，1982年，第108页。

④ 少年中国学会编：《国家主义论文集》第1辑，第134页，沈云龙主编：《近代中国史料丛刊》第91辑，台北：文海出版社，1978年。

⑤ 高军主编：《中国现代政治思想史资料选辑》上，成都：四川人民出版社，1983年，第341页。

⑥ 少年中国学会编：《国家主义论文集》第1辑，第5页，沈云龙主编：《近代中国史料丛刊》第91辑，台北：文海出版社，1978年。

⑦ 少年中国学会编：《国家主义论文集》第1辑，第2~3页，沈云龙主编：《近代中国史料丛刊》第91辑，台北：文海出版社，1978年。

李璜所说的国性或国家人格,实际上就是国民的群体自我认同。产生这种自我认同的根源,当然首先是每个民族和国家特殊历史而形成的独特文化;除此之外,也源于人爱的本能。

> 爱的趋向虽不能不与外界生活生密切关系,而爱的本体(或称良能)终有他的独立存在的价值。所以我们谈感情生活,在在不能离却人的天性说话。认识了天性上本有这种爱,则爱国,爱乡或爱人方有真实的源头,而不是虚浮的。于是方了然我们爱国并不是随声附和或有意铺张,是本乎天良而又缘于实际,有不得不然的意思。①

文化的发展也促使了人的自我认同意识的觉醒。李璜引用卢梭的话说:"一文化愈进步,社会意识愈明了,由回想的生活而方了然于彼此权界之义。个人与个人,社会与社会间方显出了自由的人格。"②外力的压迫,也会促使这种自我认同的觉醒。李璜称人的群体自我认同是本性所有,但在常态下是含混的。外力压迫与宣传教育,使其由含混到清楚,由自发到自觉。总之,青年党认为源于民族文化的自我认同是历史造就,本性所有,只能发扬光大,成为爱国情感的不竭之源,而不应该采取民族虚无主义。

以民族文化树立民族自信,增进人民爱国心的主张,在"九一八"事变后达到高潮。据学者研究,据不完全统计,民国时期出版的有关文化和中国文化史的著作大约有 50 种,其中大部分出版于"九一八"事变后。③ 研究文化的目的就是振奋民族精神,树立民族自信心。"中国人应当了解中国文化,则无疑问,否则,吾族艰难奋斗、努力创造之历史,无由明了,而吾人之民族意识,即无由发生,民族精神即无由振起。"④不知振作,只知夸耀过去的荣光不行;但是,连过去荣光完全忘记,只知羡慕他人眼前荣光的更无希望。

所谓通过感知教育,培养人民的爱国心,就是通过一些形象、符号的感知,培养人民的爱国心。比如通过历史教育让人了解中华民族历史上伟大人物的丰功伟业及言行,通过地理教育让人了解祖国疆域之广大,山河之壮丽,以激发人们的爱国感情。应该说,从清末到民国,人们都很重视感知教育的作用。清末时期,清政府提出通过历史教育,"以养国民忠爱之本源";通过地理教育,"使知今日中国疆域之大略,五洲之简图,以养成其爱国之心,兼破其乡曲僻陋之见"⑤。国民政府在关于训育的命令中也指出:"关于史地学科者:如叙述我国文化之悠久,山河之壮丽及祖先之丰功伟业,以激发青年爱

---

① 少年中国学会编:《国家主义论文集》第 1 辑,第 12 页,沈云龙主编:《近代中国史料丛刊》第 91 辑,台北:文海出版社,1978 年。

② 少年中国学会编:《国家主义论文集》第 1 辑,第 3 页,沈云龙主编:《近代中国史料丛刊》第 91 辑,台北:文海出版社,1978 年。

③ 郑大华:《民国思想史论续集》,北京:社会科学文献出版社,2010 年,第 325 页。

④ 郑大华:《民国思想史论续集》,北京:社会科学文献出版社,2010 年,第 325 页。

⑤ 程美宝:《由爱乡而爱国:清末广东乡土教材的国家话语》,《历史研究》2003 年第 4 期。

护国族情绪,承继文化大志及开拓自然宏愿。”①对于感知教育,人们认为应该由近及远,也就是由感知乡土到感知中国。爱国必基于爱乡。史地教育虽然是感知教育的主要方法,但感知教育绝不仅限于史地教育。比如,通过升国旗、唱国歌增进人们对国家的认同,也是感知教育的一种方法。国民政府在训育要项中就规定:“我尊敬党旗国旗。国旗升降的时候,我一定对国旗行礼。唱国歌的时候,我一定脱帽立正。”②

二、社会公共心

首先指出中国人缺乏社会公共心的是西方人。清末来华传教士写了不少介绍中国人的书,其中影响最大的当属美国人亚瑟·亨·史密斯(中国名字明恩溥)所著的《中国人的气质》一书。《中国人的气质》出版于1894年,曾一度在英语世界非常畅销,但其为国人所了解并重视是在20世纪以后。明恩溥在《中国人的气质》一书中指出中国人缺乏公共心:

> 当周朝时,以及以前古时一般人民,或者有公共心,亦未可知。然至今日,则农夫决先祈雨他人之公共之田,固无论矣。③

明恩溥又称:

> 支那人对于属于公共之事物,不但不感利害而已。若有财产,则无论产为何人所保管,必取之以为利益,而常盗夺之。④

明恩溥这一论断,得到近代中国思想界的普遍赞同。从清末至民国,凡是论述国民性格的,无不把缺乏公共心列为重要内容。梁启超在《论中国国民之品格》一文中说:“公共心之缺乏,……公德盛者其群必盛,公德衰者其群必衰。公德者,诚人类生存之基本哉。我国人同此人类,非能逃于群外也。然素缺于公德之教育,风俗日习于浇漓。故上者守一自了主义,断断然束身寡过,任众事之废堕芜秽,群治之弛纵败坏,惟是塞耳瞑目,不与闻公事以为高;下者则标为我为宗旨,先私利而后公益,嗜利无耻,乘便营私。”⑤潘光旦在《民族特性与民族卫生》一书中说:“在国人自己,对于别的病象也许不肯自承、时常要加以解释辩白,对于自私这一点,却也异口同声的直认不讳。二三十年来的忧时

---

① 中国第二历史档案馆编:《中华民国档案史料汇编:教育》第五辑第二编,南京:江苏古籍出版社,1991年,第208页。

② 中国第二历史档案馆编:《中华民国档案史料汇编:教育》第五辑第二编,南京:江苏古籍出版社,1991年,第181页。

③ [美]明恩溥:《中国人的气质》,佚名译,黄兴涛校注,北京:中华书局,2006年,第75页。

④ [美]明恩溥:《中国人的气质》,佚名译,黄兴涛校注,北京:中华书局,2006年,第78页。

⑤ 梁启超:《论中国国民之品格》,林志钧编:《饮冰室合集·文集之十四》,北京:中华书局,1989年,第3~4页。

的笔墨里，时常可以看见类似下列的话：‘……论事则无人不至公至明，任事则无人不自私自利，此则败亡之原因，下走殆不欲深言之，徒付之浩叹耳’（张鹤龄《与友人书》）。近年以来，此种认识，更越来越普遍，所以胡适之先生既把它认作民族五大仇敌之一，在各处兴办平民教育的一班领袖也把它列入四大病态，认为有从速铲除的必要。私的病态所影响到的生活的方面自不止一端，但和它关系最切的总要推经济生活。……中国人的经济生活，根本是一种私人或私家的经济生活，不以一个人做单位，便以一家人做策万全的对象。所以弄得好，也不过是一人的克苦辛勤，一家的自给自足，弄得不好，就是吝啬、刻薄、贪小利、损人利己、假公济私。”①梁启超、潘光旦侧重于公事、公私利益与损人利己的角度论述中国人缺乏公共心。有的学者则侧重于从公共场所的行为论述中国人缺乏公共心。马君武在《论公德》一文中称：“居上海之西人，等我国人于犬类之下（广大之洋房及花园常有告白曰：犬及华人不得入）。吾国人有能忍之大德，故常受大辱而不惊。虽然，吾国人固自有取辱之道焉。上海之例，道路侧不许便溺，公园之花草不许毁伤，公共之建筑不许污秽，是岂非公德之所当有事乎？而吾国人之干犯此等禁例，受其科罚者固日有所闻也。”②费孝通在《乡土中国》中，对国人在公共场所缺乏公共观念亦有一个很形象的描述：“说起私，我们就会想到‘各人自扫门前雪，莫管他人瓦上霜’的俗语。谁也不敢否认这俗语多少是中国人的信条。其实抱有这种态度的并不只是乡下人，就是所谓城里人，何尝不是如此。扫清自己门前雪的还算是了不起的有公德的人，普通人家把垃圾在门口的街道上一倒，就完事了。……一说是公家的，差不多就是说大家可以占一点便宜的意思，有权利而没有义务了。小到两三家合住的院子，公共的走廊上照例是尘灰堆积，满院生了荒草，谁也不想去拔拔清楚，更难以插足的自然是厕所。没有一家愿意去管‘闲事’，谁看不惯，谁就得白服侍人，半声谢意都得不到。于是像格兰亨姆的公律，坏钱驱逐好钱一般，公德心就在这里被自私心驱走。”③这种对缺乏公共心的挞伐，事实上就是对公共心的渴望与呼吁。

三、公共秩序

梁启超说：“凡一群之立也，少至二三人，多至千百兆，莫不赖有法律以维持之。……而不然者，人人相抗，不肯相下；人人孤立，无所统一；其势必相率为野蛮之自由。”④孙中山也把学会遵守规则作为固结国民、实行民权的第一步。为什么近代思想家如此重视规则的养成呢？因为守规则是养成团体生活习惯、建设现代国家的基础之一。储安平说：“参加团体生活时，个人必能约束个人的私人习惯而适合团体的公共习惯。在中国，很少人在公共生活中能约束他个人的意见，约束他个人的感情，约束他个人的习

---

① 潘光旦：《民族特性与民族卫生》，潘乃穆、潘乃和编：《潘光旦文集》第3卷，北京：北京大学出版社，2000年，第189~190页。

② 马君武：《论公德》，莫世祥编：《马君武集》，武汉：华中师范大学出版社，1991年，第154页。

③ 费孝通：《乡土中国》，北京：北京大学出版社，2003年，第24页。

④ 梁启超：《新民说·论合群》，林志钧编：《饮冰室合集·专集之四》，北京：中华书局，1989年，第78页。

惯与嗜好,想到自己以外的他人及团体。所以在中国,一切关于公共生活的组合如公共食堂、公共宿舍以及公共厕所等,最难管理,最难得到圆满的成绩。你要睡眠,他偏唱戏,你爱清洁,他偏不顾公共卫生。中国人无论在私人生活或公共生活中,尽量放纵他自己的意志和感情,而毫不知有所约束。中国人只知一己而不知他人,只知独行其是而不知与他人协力合作,所以中国的社会散漫而不凝结。"①其实守规则不仅仅是遵守公共场合秩序,它还包括遵守团体纪律,遵守法律。遵守法律是最大的守规则。"中国人的社会以人为中心,大如国家的制度,常常以一人为转移,小至买一张车票,也视有无人事关系而决定买到之先后或有无。中国实是一个人情的社会,无论大事小事,若有人的关系,总会得到或多或少的方便,所以即使是一封八行或一张名片,在中国社会上无不有它的效用。"②缺乏法治不仅使人耗费精力于人事关系,也造成社会不公,国家社会的进步受到阻碍。"一个不合理不合法不公正的社会,自然是一个不健全的病态的社会。……所以我们的人心总是不能振奋,而我们的国家社会遂亦总是停滞而不能前进。"③

四、诚实守信

明恩溥在《中国人的气质》中写道:"支那人之所谓信,即通常英语译为(Sincerity)者,其字从人从言,支那人位之于所谓五常之五,国人之所重也。虽然,如堪得教授(Professor Kidd)从通晓支那之事情之人之说言之,则彼国之人,决不富有此德。……从实际言之,则彼等者不但不富此德也,宁可谓之为乏信义。故评彼等以虚言、二心、不信、面从等,以为彼等最著之恶德。"④明恩溥这一论断,也得到中国近代思想家的普遍赞同,并把它作为应当极力提倡的公德。马君武把诚信作为公德的根本:

> 公德之根本,则曰诚实,诚实者,不自欺而亦不欺人之谓也。欧美之宗教有大戒曰虚诳,垂为格言,著为大训。
>
> ……吾国之礼经曰:幼子常视勿诳。其言岂不善?然欧美既有勿诳之训,则务实行之,故能养成其国民之公德。吾国礼经之言,徒为人弋取科第之资料而已。故作五经题者,苟遇考官以幼子常视勿诳命题也,则必能敷衍之为洋洋大文,而试自问己为童子之时,及己教其子女之时,有以勿诳二字谆谆然教其身体力行者乎?无有也。此其弊可以一言以蔽之,曰不诚实而已。⑤

章太炎在诸德中,也最重视"信"。其称:"昔人以信为民宝,虽孔氏之权谲,而犹曰无信不立。"⑥

---

① 谢泳编:《储安平:一条河流般的忧郁》,北京:中国青年出版社,1999年,第211页。
② 谢泳编:《储安平:一条河流般的忧郁》,北京:中国青年出版社,1999年,第217页。
③ 谢泳编:《储安平:一条河流般的忧郁》,北京:中国青年出版社,1999年,第217~218页。
④ [美]明恩溥:《中国人的气质》,佚名译,黄兴涛校注,北京:中华书局,2006年,第206页。
⑤ 马君武:《论公德》,莫世祥编:《马君武集》,武汉:华中师范大学出版社,1991年,第153~154页。
⑥ 章太炎:《革命之道德》,汤志钧编:《章太炎政论选集》上,北京:中华书局,1977年,第322页。

何谓诚信?“无伪谓之诚,不渝谓之信。”[①]诚信也就是真实无欺,信守诺言。诚信首先是要诚,也就是不作伪。梁启超说:“好伪至极,至于如今日之中国人,真天下所希闻,古今所未有也。君之使其臣,臣之事其君;长之率其属,属之奉其长;官之治其民,民之待其官;士之结其耦,友之交其朋。无论何人,无论何事,无论何地,无论何时,而皆以伪之一字行之。……至举国之人,而持一伪字以相往来,则亦成一虚伪泡幻之国而已。”[②]陈独秀称:“浮词夸诞,立言之不诚也。居丧守节,道德之不诚也。时亡而往拜,圣人之不诚也。吾人习于不诚也久矣。”[③]

其次是不欺。刘师培说:“其尤甚者,则以险诈相高。以险诈可以得利,即以正直足以被欺,由是所行所为,无一非出于诈伪始也。”[④]

再次是守信。“中国人民言与行既不能合一,故于己之所言及他人所言者,均不复措意于其间。或视契约为空文,或视约期为虚设,或朝言而夕改,或见异而思迁,盖背约之事相习成风,不以为异,此其所以不信也。”[⑤]

不信不仅不利于人与人之间的交往,也不利于国家的生存与发展。汪康年就认为现代社会是一个契约社会。契约不仅有利于强者,也有利于弱者。不仅利民,而且利国。他说:“凡夫合同及条约等云云者,强者执之为责问之具,而亦不能不受其限制;弱者依之为抵制之用,而亦时得其保障。假非此,则一愈横恣,一愈亏损,更不可为矣。今世界虽号称强权用事,而犹彼此以是相持,故犹得谓之契约时代。盖世界所谓太平者,不过如是。虽然,世事无常此终古之理,则必有一日破坏此契约之藩篱,而为非契约时代,彼时生民之祸大烈,而弱国几无立足之地。故弱国之得益于契约而保存,此乃为最要。”[⑥]陈独秀亦认为,不信不只是道德上的缺失,因不信而造成的信任缺失,影响到国家的经济发展,影响到人民生活。他说:“人而无信,不独为道德之羞,亦且为经济之累。政府无信,则纸币不行,内债难得,其最大之恶果,为无人民信托之国家银行,金融大权操诸外人之手。人民无信,则非独资无由创业。当此工商发达时代,非资本集合,必不适于营业竞争。而吾国人之视集资创业也,不啻为驱钱之别名,由是全国资金皆成死物,绝无流通生长之机缘。以视欧美人之资财,衣食之余悉贮之银行,经营产业,息息流通,递加生长也。其社会金融之日就枯竭,殆与人身之血不流行,坐待衰萎以死同一现象。是故民信不立,国之金融决无起死回生之望。政府以借债而存,人民以盗窃而活,由贫而弱,由弱而亡,讵不滋痛。”[⑦]怎样养成诚信?由诚而信。只有真诚,才能伪念不生;只有伪念不生,才能不欺;只有不欺,才能守信。诚信不仅利人,而且利己。“盖至诚

---

① 刘师培:《伦理教科书》,《刘申叔遗书》下,南京:江苏古籍出版社,1997年,第2068页。

② 梁启超:《中国积弱溯源论》,林志钧编:《饮冰室合集·文集之五》,北京:中华书局,1989年,第23~24页。

③ 陈独秀:《我之爱国主义》,《新青年》第2卷第2号,1916年10月。

④ 刘师培:《伦理教科书》,《刘申叔遗书》下,南京:江苏古籍出版社,1997年,第2068页。

⑤ 刘师培:《伦理教科书》,《刘申叔遗书》下,南京:江苏古籍出版社,1997年,第2068页。

⑥ 汪康年:《杂说》,汪林茂编:《汪康年文集》上,杭州:浙江古籍出版社,2011年,第234页。

⑦ 陈独秀:《我之爱国主义》,《新青年》第2卷第2号,1916年10月。

易以感人，大信易以取信于人，不惟有利于人，抑且有利于己。”①

第二节　公德私德关系之探讨

梁启超提出中国缺乏公德这一论断，虽得到广泛认同，但还是有不同意见。不同意见主要不是针对中国缺乏公德这一论断，而是道德是否应该分公私。章太炎就反对道德有公私之分，其称：

今之言道德者曰：公德不逾闲，私德出入可也。道德果有大小公私之异乎？于小且私者，苟有所出入矣；于大且公者，而欲其不逾闲，此乃迫于约束，非自然为之也。政府既立，法律既成，其人知大且公者之逾闲，则必不免于刑戮；其小且私者，虽出入而无所害。是故一举一废，应于外界而为之耳。政府未立，法律未成，小且私者之出入，刑戮所不及也；大且公者之逾闲，亦刑戮所不及也。如此，则恣其性情，顺其意欲，一切破坏而毁弃之，此必然之势也。吾辈所处革命之世，此政府未立，法律未成之世也，方得一芥不与，一芥不取者，而后可与任天下之重。②

章太炎的议论虽是为革命党人而发，但其提出的问题却有普遍性。那就是有人会以公德为借口，废弃私德，甚至废弃道德。冯友兰也不赞成道德分公私，他说：

我们现在还常常听到公德的问题，其实严格地说，道德并没有公私之分。假使私德是纯粹对个人自己而言的，那实在没有道德问题的存在。例如我喝茶，喝一杯或者喝两杯均与别人不生关系，就是我要现在喝，或者等一下再喝，也与别人无关。可是假使茶很少，人很多，大家要喝茶，而我偏偏要一杯两杯地喝下去，这自然是不道德的行为了，于是就会发生道德问题。由此看来，道德必与社会有关系是更明显了。纯粹个人的事就不会有道德问题，所以我们可以说，道德是根本不能分为公私的。③

冯友兰认为，纯粹个人的事不属于道德范畴，只能说是好习惯或坏习惯。这就是说凡是道德都是公德，没有所谓私德。冯友兰为什么反对道德有公私之别呢？

说道德有公私的分别，是错误底，说特别有救国道德，亦是错误底，这种错误，对于国家社会是有害底。因为什么呢？以为道德有公私分别底人，大都以为一个

① 刘师培：《伦理教科书》，《刘申叔遗书》下，南京：江苏古籍出版社，1997年，第2068页。

② 章太炎：《革命之道德》，汤志钧编：《章太炎政论选集》上，北京：中华书局，1977年，第311页。

③ 冯友兰：《新旧道德问题》，《三松堂全集》第14卷，郑州：河南人民出版社，2001年，第277页。

人的行为，若是属于所谓私德方面者，大家不能或不必求全责备。我们不承认有所谓公德私德的分别，即令有之，而在实际行为中，所谓公私的分别，往往亦很难分清。有些人做了不道德底事，别人要责备他，他说：这是我的私德，与你无干。……特别指出某一部分底道德，说这是救国道德，其害更有甚焉。因为如此，可以使一般人以为，除此以外，别底道德底事，都与救国无关，都是承平时候的事，在抗战时候，则可以做可以不做。①

如果道德有公私之分，公德私德关系如何呢？首先，个人是道德之载体。梁启超说："私德与公德，非对待之名词，而相属之名词也。斯宾塞之言曰：'凡群者皆一之积也。所以为群之德，自其一之德而已定。'群者，谓之拓都。一者，谓之么匿。拓都之性情形制，么匿为之。么匿之所本无者，不能从拓都而成有。么匿之所同具者，不能以拓都而忽亡。……夫聚群盲不能成一离娄，聚群聋不能成一师旷，聚群怯不能成一乌获。故一私人而无所私有之德性，则群此百千万亿之私人，而必不能成公有之德性。"②其次，私德是公德的基础。马君武说："夫私德者，公德之根本也。公德不完之国民，其私德亦必不能完，无可疑也。"③公德私德之分，不过就其运用对象而言。就道德本体而言，道德是一体的。"所谓道德，皆谓其有赞于公安公益者云尔。其所谓不德，皆谓其有戕于公安公益者云尔。"④没有私德低下，而公德高尚者。"就析义言之，则容有私德醇美，而公德尚多未完者。断无私德浊下，而公德可以袭取者。"⑤最后，公德是私德之发扬光大。"公德者，私德之推也。知私德而不知公德，所缺者只在一推。蔑私德而谬托公德，则并所以推之具而不存也。故养成私德，而德育之事思过半焉矣。"⑥

既然私德是公德的基础，怎样养成私德呢？一是反对破坏一切。梁启超说："苟欲行道德也，则因于社会性质之不同，而各有所受。其先哲之微言，祖宗之芳躅，随此冥然之躯壳，以遗传于我躬。斯乃一社会之所以为养也。一旦突然欲以他社会之所养者养我，谈何容易耶？……今日所恃以维持吾社会于一线者何在乎？亦曰吾祖宗遗传固有之旧道德而已。……而'一切破坏'之论兴，势必将并取旧道德而亦摧弃之。呜呼！作始也简，将毕也钜。"⑦二是不忽视小节。梁启超说："'大德不逾闲，小德可出入'，此固先圣之遗训哉。虽然，以我辈之根器本薄弱，而自治力常不足以自卫也。故常随所熏习以为迁流。小德出入既多，大德之逾闲，遂将继之矣。所谓涓涓不塞，将成江河；绵绵不

① 冯友兰：《论救国道德》，《三松堂全集》第5卷，郑州：河南人民出版社，2001年，第393~394页。

② 梁启超：《新民说·论私德》，林志钧编：《饮冰室合集·专集之四》，北京：中华书局，1989年，第118~119页。

③ 马君武：《论公德》，莫世祥编：《马君武集》，武汉：华中师范大学出版社，1991年，第152页。

④ 梁启超：《新民说·论私德》，林志钧编：《饮冰室合集·专集之四》，北京：中华书局，1989年，第119页。

⑤ 梁启超：《新民说·论私德》，林志钧编：《饮冰室合集·专集之四》，北京：中华书局，1989年，第119页。

⑥ 梁启超：《新民说·论私德》，林志钧编：《饮冰室合集·专集之四》，北京：中华书局，1989年，第119页。

⑦ 梁启超：《新民说·论私德》，林志钧编：《饮冰室合集·专集之四》，北京：中华书局，1989年，第131~132页。

绝,将寻斧柯也。”①三是自治。所谓自治,也就是自我克制,其有两层含义:(1)意志上的自我克制,也就是中国古人所说的慎独。慎独即不自欺其心,时时省察自身,不为自己的不善寻找外在的理由。梁启超说:“呜呼!吾人而欲求为人以立于天地间也,则亦谁能助我?谁能规我?舍息息慎独之外,更何恃哉!更何恃哉!”②(2)欲望上的自我克制。中国近代思想家虽然大都反对禁欲,但也大都反对纵欲,特别是物质上的欲望,即使在新文化运动时期也不例外。

综上所述,中国近代思想家都认为道德作为本体是一源的。有的思想家之所以在道德中区分公私,只是认为公德是中国所急需。这既不代表私德比公德重要,也不代表中国人私德无憾。相反,私德是公德之基础,没有私德也就没有公德。没有道德观念的人,无论公德、私德都不可能有。这也是一些思想家反对把道德划分公私的原因。

第三节　公德缺失原因之探讨及其养成

应该说中国近代思想家对道德的讨论,基本上是围绕公德而展开。即使赞成道德有公私之分的思想家,其所关注的也是公德。所以,关于中国道德缺失的探讨也主要集中在公德上。即使有所谓私德的讨论,目的也在养成公德。那么,造成中国人公德缺失的原因是什么?近代思想家从不同角度进行了探讨。

其一,同情心缺失。明恩溥在《中国人的气质》一书中写道:“仁者,有爱人之心(well-wishing);而同情者,则即其所遣之情也(fellow-felling)。支那人于实际之仁,虽尚有行若干事者,而至其同情之欠乏,则实著者。”③这一论断得到中国近代思想家的普遍赞同。所谓同情心缺乏,也就是事不关己高高挂起,以及极端的自私自利。梁启超认为中国国民性中有凉薄之性。鲁迅说:“在中国,尤其是在都市里,倘使路上有暴病倒地,或翻车摔伤的人,路人围观或甚至于高兴的人尽有,肯伸手来扶助一下的人却是极少的。”④潘光旦说:“这种自私自利的品性似乎也成了种族血统的一部分,深深的镌刻在精质里面,可以说它是种族遗传的一部分。”⑤罗家伦说:“中国人论交,有所谓‘患难之交’;这是最可宝贵的,就因为讲‘患难之交’的人太少了。中国社会有一种最凉薄的现象,就是看见别人在患难之中,不但不表示同情,而反高兴快乐。”⑥同情心或者说道德感是道德的基础。马君武在《论公德》中说,正直与爱情是培养公德的养料。这里所说的爱情显然不是男女之间的爱情,而是同情心。俞平伯说:“道德是人类一种广泛同情的

---

① 梁启超:《新民说·论私德》,林志钧编:《饮冰室合集·专集之四》,北京:中华书局,1989年,第141页。

② 梁启超:《新民说·论私德》,林志钧编:《饮冰室合集·专集之四》,北京:中华书局,1989年,第140页。

③ [美]明恩溥:《中国人的气质》,佚名译,黄兴涛校注,北京:中华书局,2006年,第147页。

④ 鲁迅:《经验》,《鲁迅全集·南腔北调集》第4卷,北京:人民文学出版社,2005年,第555页。

⑤ 潘光旦:《民族特性与民族卫生》,潘乃穆、潘乃和编:《潘光旦文集》第3卷,北京:北京大学出版社,2000年,第162~163页。

⑥ 罗家伦:《侠出于伟大的同情》,《写给青年——我的新人生观演讲》,北京:中国人民大学出版社,2005年,第50页。

实现,就是说道德是爱也没有什么不可。人类于弱肉强食之外,对于非我之人及动物,另具有一种真挚的情感。所以常有许多事情,既没有强力逼迫着去做又做了之后,在实际上对于他自己并没有利益,或及有所损,在这种情形,尽可以不做,但他觉得不得不做;或者有许多事情,很可以快他一己的欲念,并没有强力不叫做,也不是他不能做,而心里总觉得不愿意。这类心思,是广泛同情的实现,是人类的灵性,就是道德的根本。"①

同情心的缺乏,导致人心凉薄。什么原因导致中国人同情心缺失?梁启超和潘光旦都认为是生计艰难。梁启超说:"夫世无论何代,地无论何国,固莫不有其少数畸异绝俗之士,既非专制魔力所能束缚,亦非恒产困乏所能销磨。虽然,不可以律众人也。多数之人民,必其于仰事俯蓄之外,而稍有所余裕,乃能自重而惜名誉,泛爱而好慈善。……故贪鄙之性,褊狭之性,凉薄之性,虚伪之性,谄阿之性,暴弃之性,偷苟之性,强半皆由于生计憔悴造之。"②潘光旦说:"二千年来,卖儿鬻女,尤其是鬻女,早就成为过度荒年的一个公认的方法;法律和政府且往往加以许可。于是凡是自私自利的心越重,生存的机会就越大;多经一次荒年,人品上自私自利的心理就深一分。……总之,极端的自私自利心肠可以使一家人家度过荒年,生存下去。"③罗家伦也认为激烈的生存竞争是造成中国人缺乏同情心的原因,他说:"在贫苦的社会里,生存竞争,非常激烈。'要解衣衣人,推食食人',是不可能的。漂母饭韩信,也要她自己有一饭才行。我们常常看见,有些贫苦的人,为争一两毛钱,而打得头破血流,甚至打出人命事来。轮船将靠岸的时候,那些脚夫不等船靠妥,就抢着向船上乱跳,稍不当心,就扑通下水。他们自己的生活,尚且无法解决,哪里谈得上对人的同情?"④仓廪实而知礼节,有恒产才有恒心。

除了生计艰难,思想的影响也不可忽视。罗家伦认为"明哲保身"的古训,就是造成中国人缺乏同情心的重要原因。另外,对人特别是弱者的不尊重也会造成同情心缺乏,如歧视残疾人、欺负年幼孤弱的人、打丫头、虐奴婢等,都不是仅用生计艰难所可解释。因此,罗家伦认为思想与生活要同时改进,社会的病态才能消除。鲁迅认为政治腐败也是造成中国人缺乏同情心的重要原因。"救急扶伤,一不小心,向来就很容易被人所诬陷,而还有一种坏经验的结果的歌诀,是'衙门八字开,有理无钱莫进来',于是人们就只要事不干己,还是远远的站开干净。我想,人们在社会里,当初是并不这样彼此漠不相关的,但因豺狼当道,事实上因此出过许多牺牲,后来就自然的都走到这条道路上去了。"⑤

其二,专制流毒。一是专制政体之下,人们为了生存自保,不得不巧诈相遇,苟且偷生。孟德斯鸠说专制之国无道德。这一思想也为中国近代思想家所赞同。梁启超说:

---

① 俞平伯:《我的道德谈》,《新潮》第1卷第5号。

② 梁启超:《新民说·论私德》,林志钧编:《饮冰室合集·专集之四》,北京:中华书局,1989年,第125页。

③ 潘光旦:《民族特性与民族卫生》,潘乃穆、潘乃和编:《潘光旦文集》第3卷,北京:北京大学出版社,2000年,第164页。

④ 罗家伦:《侠出于伟大的同情》,《写给青年——我的新人生观演讲》,北京:中国人民大学出版社,2005年,第53~54页。

⑤ 鲁迅:《经验》,《鲁迅全集·南腔北调集》第4卷,北京:人民文学出版社,2005年,第555页。

“专制之国,无论上下贵贱,一皆以变诈倾巧相遇,盖有迫之使不得不然者矣。……夫既竞天择之公例,惟适者乃能生存。吾民族数千年生息于专制空气之下,苟欲进取,必以诈伪;苟欲自全,必以卑屈。其最富于此两种性质之人,即其在社会上占最优胜之位置者也。而其稍缺乏者,则以劣败而澌灭,不复能传其种于来裔者也。”①二是专制政体下,无自由、无权利。马君武说:“夫人必能爱权利,而后能真自治,选举议员无所私曲,地方之事,无所不治。而中国私德之提倡爱权利者厥如,举一国之公权,委诸政府一二人之手,而国人遂茫然无政治之思想矣。夫人必能爱自由,而后其人格乃尊,为一国中之主人,不为一国中之奴隶。而中国私德之提倡爱自由者厥如,下则放弃其自由,上则妄侵人之自由,而中国人遂以能服从异种之令名,著闻天下矣。”②孙中山说:“在满清之世,集会有禁,文字成狱,偶语弃市,是人民之集会自由、出版自由、思想自由皆以削夺净尽,至二百六十余年之久。种族不至灭绝亦云幸矣,岂复能期其人心固结、群力发扬耶!”③统治者以奴隶待其民,人民也以奴隶自待,人民不敢过问政事,无从养成责任心。自甲午战后,中国近代思想家都倡民权,原因即在此。

其三,社会结构的特殊。很多思想家都把中国人缺乏公德归结于中国特殊的社会构成。马君武认为公德的养成,必须从知有公共乐利始,而中国人的公共乐利之心,从没超出一家族之外。费孝通把中国社会构成称为“差序格局”。“以‘己’为中心,像石子一般投入水中,和别人所联系成的社会关系,不像团体中的分子一般大家立在一个平面上的,而是像水的波纹一般,一圈圈推出去,愈推愈远,也愈推愈薄。……我们儒家最考究的是人伦,伦是什么呢?我的解释就是从自己推出去的和自己发生社会关系的那一群人里所发生的一轮轮波纹的差序。”④“以己为中心”并不是个人主义,因为个人主义是团体对个人的关系,团体内个人平等。“以己为中心”是从自己出发所结成的私人关系圈。差序格局中的关系,都是私人关系。这也就是中国为什么缺乏公德的原因。梁漱溟认为中国人缺乏公德是由于中国是一个伦理社会。伦理不同于团体者,就是不划定范围。近就是身家,远就是天下。“然而可惜是小起来太小,大起来又太大——大到没有边际。抓亦抓不着,靠亦靠不得,真所谓‘大而无当’。不象西洋人小不至身家,大不至天下,有个适中范围,公私合成一片,正好培养公德。”⑤梁漱溟并不认为伦理社会是一个自私社会,只是缺乏团体社会所需要的公德而已。

正是由于近代思想家都把缺乏团体生活看作是中国人公德缺乏的主要原因,所以提倡团体生活,就成为近代思想家的一致主张。杨贤江认为公民教育的旨趣就在于培养群己间生活的常识及习惯,具备做一个好公民的资格。什么是好公民的资格?杨贤江说:“我现在给他另创一个新名词,叫做好的团体员。因为我们的生活既是团体的生

---

① 梁启超:《新民说·论私德》,林志钧编:《饮冰室合集·专集之四》,北京:中华书局,1989年,第120页。

② 马君武:《论公德》,莫世祥编:《马君武集》,武汉:华中师范大学出版社,1991年,第152~153页。

③ 孙中山:《民权初步》,《孙中山全集》第6册,北京:中华书局,1985年,第412页。

④ 费孝通:《乡土中国》,北京:北京大学出版社,2003年,第27页。

⑤ 梁漱溟:《中国文化要义》,中国文化书院学术委员会编:《梁漱溟全集》第3卷,济南:山东人民出版社,2005年,第314页。

活,我们大家便都是组成团体的分子。公民科就在教我们怎样做一个好的团体成员。"①过团体生活,就是要养成团体生活的规则,也在团体生活中养成公共利益的观念。黄子通在《组织的重要》一文中说:"我以为中国的大病是道德的堕落与组织的缺乏。为少数的领袖与创造者说,道德是极其重要;但为大多数的人说法,组织的精密尤为重要。无创造力的人是随着社会走的,随着制度而改变的。……假如每一个团体,每一个机关,都是能管束人的组织,那末,团体之结合自然坚固,国家的观念自然养成。"②梁漱溟认为不守秩序,没有纪律,并非中国人天性如此,而是缺乏团体生活训练所致。"西洋人所以能守秩序,有纪律习惯,也是因为他们过团体生活久了,自然训练出来的。中国人因为从来没有过过团体生活,没有受过团体生活的训练,所以也就没有了纪律习惯。反过来说,亦正因为缺乏守纪律的习惯,团体生活也就老过不好,老不能结成一个团体。二者循环相因,遂让中国益形散漫了。"③

其四,缺乏公共生活。笔者这里所说的公共生活,主要指公共场所的生活。可以说在甲午战争以前,中国有私人藏书楼,私人花园、会馆、宗祠等,但没有对公众开放的公共场所。公共场所的缺乏,导致中国人缺乏公共生活,公共生活的规则无从养成。张謇在南通搞地方自治,非常注意兴建公共场所,一个很重要的原因,就是希望通过公共场所的兴建,培养民众过公共生活的规则。比如张謇就观剧有人不守秩序一事,对南通人提出忠告:"闻人言,看剧人好言自由,不愿座位之拘束。此则大误。如彼说,必以一人之自由妨碍他人之自由;以不规矩之自由,妨碍有规矩之自由。古今中外以为不可,謇亦确以为不可。謇虽至庸懦,而矫正地方风俗,引为己任,必由细微积至于高大。"④

其五,文化原因。中国人最提倡的道德是忠孝,忠孝都是个人对个人。以忠孝作为最高原则,就不利于其他道德观念比如诚信的建立。严复说:"今夫中国之詈诟人也,骂曰'畜产',可谓极矣,而在西人则莫须有之词也。而试入其国,而骂人曰'无信之诳子',或曰'无勇之怯夫',则朝言出口,而挑斗相死之书,已暮下矣。何则?彼固以是为至辱,而较之畜产,万万有加焉,故宁相死而不可以并存也。而我中国则言信行果,仅成硁硁小人,君子弗尚也。……苟求其故,有可言也。西之教平等,故以公治众,而尚自由,自由故贵信果;东之教立纲,故以孝治天下,而首尊亲,尊亲故薄信果,然其流弊之极,至于怀诈相欺,上下相遁,则忠孝之所存,转不若贵信果者之多也。"⑤

中国文化重实质正义,轻形式正义,也是中国人不重规则的一个重要原因。梁漱溟曾说,中国人所讲的理是情理。情理注重的是道德感情是否相安,道德感情相安则为之,不安则不为之。这也就是中国人常说的活在当下。以当下的道德感情作为行为的

---

① 杨贤江:《什么叫做公民常识?》,《杨贤江全集》第1卷,郑州:河南教育出版社,1995年,第818~819页。

② 黄子通:《组织的重要》,《独立评论》第55号,1933年6月。

③ 梁漱溟:《乡村建设大意》,中国文化书院学术委员会编:《梁漱溟全集》第1卷,济南:山东人民出版社,2005年,第630~631页。

④ 张謇:《通告城区父老昨日一日之观念》,曹从坡、杨桐等编:《张謇全集》第4卷,南京:江苏古籍出版社,1994年,第467页。

⑤ 严复:《原强》,中国史学会编:《戊戌变法》第3册,上海:上海人民出版社,2000年,第58页。

准则,事实上就是否定了对任何具体规则的固守。事实上,梁漱溟也确实认为没有可以完全固守的规则。冯友兰亦说:"'言必信,行必果',是侠义的信条。'言不必信,行不必果,惟义所在',是圣贤的信条。此所谓义,即'义者,宜也'之义。所谓宜者即合适于某事及某情形之谓。做事必须做到恰好处。但所谓恰好者,可随事随情形不同。"①随时随地恰到好处,事实上也是否定对某一原则的固守。无论是活在当下,还是恰到好处,不但会随时随地而不同,也会因人而不同。因为每个人对每件事的道德感觉是不同的。这也就是康德虽然认为道德感情是道德基础,但又反对以其作为道德原则的原因。因为如果以道德感情或实质正义作为原则,就没有可以通行的道德原则。遵守普遍透明的规则,恰恰是养成公德的入门途径。也有学者看到了中国文化的这一缺陷,并对其提出了激烈批评。黄子通说:"中国人向来不喜欢组织的,政治上讲王道,看轻法治……其实'王道不外乎人情',是一句骗人的话。假若顺着情感去走,不去管束它,不去引导它,情感的无规则,也可以出乱子,也可以阻碍社会的结合。"②

第四节　道德本源之探讨

道德既为人类社会所必需,那么道德的本源是什么?即道德原则应该建立在什么基础上?总体而言,中国近代思想家对道德本源的认识可以分为两大派:功利派、反功利派。在中国最早倡导道德应该建立在功利主义基础上的是严复。严复反对把道德建立在仁义的基础上,反对"正其宜不谋其利,明其道不计其功"的主张。他说:

> 民之所以为仁若登,为不仁若崩,而治化之所难进者,分义利为二者害之也。孟子曰:"亦有仁义而已矣,何必曰利?"董生曰:"正谊不谋利,明道不计功。"泰东西之旧教,莫不分义利为二涂,此其用意至美,然而于化于道皆浅,几率天下祸仁义矣。自天演学兴,而后非谊不利非道无功之理,洞若观火。而计学之论,为之先声焉。斯密之言,其一事耳。尝谓天下有浅夫,有昏子,而无真小人。何则?小人之见,不出乎利,然使其规长久真实之利,则不与君子同术焉,固不可矣。人品之下,至于穿窬极矣,朝攫金而夕败露,取后此凡所应享之利而易之,此而为利,则何者为害耶?故天演之道,不以浅夫、昏子之利为利矣,亦不以谿刻自敦、滥施妄与者之义为义,以其无所利也。庶几义利合,民乐从善,而治化之进不远欤?③

严复认为人人自营自利、积私为公是科学真理,也不一定与道义相背离,所以功利不足病,如何达到功利才是人们应该关心的。于是他提出开明自营。所谓开明自营,就是非明道无以计功,非正谊无以谋利。

---

① 冯友兰:《新世驯·道中庸》,《三松堂全集》第4卷,郑州:河南人民出版社,2001年,第391页。
② 黄子通:《组织的重要》,《独立评论》第55号,1933年6月。
③ 伍杰编:《严复书评》,石家庄:河北人民出版社,2001年,第58页。

自严复在中国首倡功利主义,功利主义在中国大行其道。功利主义对中国近代道德观的影响主要表现在三方面:(1)道德无固定标准,随社会的变化而变化。刘师培说:"夫人之初生,本无一定奉行之准则。风俗习惯各自不同,则所奉善恶亦不同。一群之中以为善,则相率而行之,目之为道。习之既久,以为公是公非之所在,复悬为准则,以立善恶之衡。一群人民以为是,则称为善德;一群人民以为非,则称为恶德。然溯其善恶之起源,则以人民境遇各殊,以事之宜于此群者为善,以事之背于此群者为恶。其始也,以利害为善恶。然一国多数人民之意向既奉此善恶为依归,及相习成风之后,即不能越其范围。"①刘师培认为,除了风俗,道德也源于政治法律。陈独秀说:"一切宗教、法律、道德、政治,不过是维持社会不得已的方法,非个人所以乐生的原意,可以随着事时势变更的。"②他们之所以主张道德随社会变化而变化,目的是改良或者反对旧道德。

(2)苦乐、欲望或者说幸福是道德的标准。严复说:"人道以苦乐为究竟乎?以善恶为究竟乎?应之曰:以苦乐为究竟,而善恶则以苦乐之广狭为分。乐者为善,苦者为恶,苦乐者所视以定善恶者也。"③以苦乐定善恶的道德观,在近代中国影响巨大,特别是在新文化运动时期。李亦民说:"欧西自唯物哲学发明,文人学士大声疾呼号召于众曰:人类之目的,幸福而已,快乐而已;人类之仇敌,痛苦而已。……其势力浸淫磅礴,至于今日,已举一切政治、法律、风俗、习惯而受其支配;社会群众,各向所谓幸福快乐之途而奔驰。我讲道德说仁义,耕田食凿井饮之民族,与彼相见,遂以形见势绌而无可如何。是岂民族之咎哉?不能不太息痛恨于功利主义之见嫉也。"④陈独秀说:"执行意志,满足欲望(自食色以至道德的名誉,都是欲望)是个人生存的根本理由,始终不变的(此处可以说'天不变,道亦不变')。"⑤

功利派虽主张以苦乐作为道德判断的标准,但对什么是苦乐还是做了一些延伸解释。他们把苦乐分为高尚之快乐与低级之快乐,或者目前之快乐与长远之快乐。严复认为论快乐应该全面衡量,不能拘于一隅。有人以自私自利为乐,有人以摩顶放踵以利天下为乐。所以"善恶以苦乐之广狭分也"⑥。李亦民亦认为不应该追求狭隘的快乐、目前的快乐,他说:"彼杨氏之为我,拔一毛而利天下不为,其目光至短,见地至狭,非吾人所谓为我也。谚所谓'今朝有酒今朝醉',只顾目前娱乐,不计来日痛苦,非吾人所谓快乐也。"⑦把快乐分为高级低级、广远狭隘,显然是中国功利派对边沁功利主义的一个修正。因为在边沁那里,快乐只有强度之分,没有高级低级、广远狭隘之分。生理快乐与精神快乐,只要它带给某个人的快乐强度是一样的,就是平等的。中国功利派之所以在快乐之间作出区分,显然还是不能忘情于社会与国家。虽然他们在宣扬个人快乐是

---

① 刘师培:《理学字义通释》,《刘申叔遗书》上,南京:江苏古籍出版社,1997年,第473页。
② 陈独秀:《人生真意》,《陈独秀文章选编》上,北京:生活·读书·新知三联书店,1981年,第240页。
③ 伍杰编:《严复书评》,石家庄:河北人民出版社,2001年,第23页。
④ 李亦民:《人生唯一之目的》,《青年杂志》第1卷第2号,1915年10月。
⑤ 陈独秀:《人生真意》,《陈独秀文章选编》上,北京:生活·读书·新知三联书店,1981年,第240页。
⑥ 伍杰编:《严复书评》,石家庄:河北人民出版社,2001年,第23页。
⑦ 李亦民:《人生唯一之目的》,《青年杂志》第1卷第2号,1915年10月。

个人生存的基本理由，甚至有些人不惜用极端的语言主张“发达个人利己心”，但是究其实，理由还是利己是利他的基础。只有对个人苦乐有感受，才能以同理心对他人的苦乐有感受；只有追求高尚的快乐，才能得到极乐。他们把利他、牺牲精神的道德基础由道德义务转换成了快乐。严复说：“且夫为人之士，摩顶放踵以利天下，亦谓苦者吾身，而天下缘此而乐者众也。使无乐者，则摩放之为，无谓甚矣。慈母之于子也，劬劳顾恤，若忘其身，母苦而子乐也。至得其所求，母且即苦以为乐，不见苦也。即如婆罗旧教苦行熏修，亦谓大苦之余，偿我极乐，而后从之。”①功利主义者认为把道德基础由责任或义务转为快乐，是化被动为主动，化压抑为快乐。

> 快乐主义……仍具有牺牲之精神。特其牺牲也，仍以自我快乐为动机，非于自身快乐以外，别有被动之义务也。为快乐而牺牲，肉体方面虽不无苦楚，精神上尽有无限愉快。以其牺牲也，固出于自动的自由意志也。若受外力强迫而为之，则五衷俱痛矣。②

功利主义者之所以以欲望作为道德的基础，也是为了实现个性的发展。“无享乐则无欲望，无欲望则无活动，无活动则无生命。”③既然欲望是本性所具有，不可遏抑，莫若因势利导，使其超出本能走向奋斗创造一途。“且夫当此剧烈竞争之世，欲求社会之发达，必人人各自发展其天能而为相当之贡献于社会，则社会之幸福可增。而利己利他，胥于是乎在矣。”④

(3)任何道德的提倡，都应以有利民族生存为判断标准。有利民族生存就是好德，不利民族生存就是恶德，无论其在价值上是否应该。高硎若说：“道德者，以群力立标准范围以限个人者也。……故道德无择于新旧，但问其适于固吾国保吾群之生存与否。适者存之；不适者，则不惮更张之。”⑤

物有两极，事有相反。有功利主义的道德观，就有反功利主义的道德观。事实上，中国古代的道德哲学基本上都是反功利的。中国近代功利主义道德观的兴起，也是对这种非功利主义的道德观的一种反动。但中国近代功利主义道德观兴起后，有风靡天下之势，这也引起一些人的担忧。钱智修在《功利主义与学术》一文中称：

> 吾国自与西洋文明相触接，其最占势力者，厥维功利主义 Utilitarianism。功利主义之评判美恶，以适于实用与否为标准，故国人于一切有形无形之事务，亦以适于实用与否为弃取。……是故除功利主义无政治，其所谓政治，则一权利竞争之修

---

① 伍杰编：《严复书评》，石家庄：河北人民出版社，2001 年，第 23 页。
② 李亦民：《人生唯一之目的》，《青年杂志》第 1 卷第 2 号，1915 年 10 月。
③ 慧心：《新政治之价值》，《东方杂志》第 18 卷第 17 号，1921 年 9 月。
④ 吴康：《论吾国今日道德之根本问题》，《新潮》第 1 卷第 2 号。
⑤ 高硎若：《生存竞争与道德》，《新青年》第 3 卷第 3 号，1917 年 5 月。

罗场也;除功利主义无伦理,其所谓伦理,则一崇拜强权之势利语也;除功利主义无学术,其所谓学术,则一高资厚禄之敲门砖也。盖此时之社会,于一切文化制度已看穿后壁,只赤条条地剩一个穿衣吃饭之目的而已。①

非功利主义者对功利主义者的不满,主要表现在以下几点:

(1)非功利主义者反对以生存竞争作为评判道德的标准。近代中国处在一个弱肉强食的世界。自从严复将进化论引入中国,物竞天择、适者生存几乎成为国人的一致信仰。强者才能生存,这就造成国人的强权崇拜。虽然在新文化运动时期,强权崇拜一度受到质疑,但为时非常短暂。强权崇拜造成的结果就是有强权无是非。

强有力主义者,一切是非,置之不论,而以兵力与财力之强弱决之,即以强力压倒一切主义主张之谓。……质言之,即无所谓正,无所谓义,惟以强力贯彻者,斯为正义。②

其实,对于这种强权崇拜,早在辛亥革命时期就有人提出质疑。章太炎说:"主张竞争者,流入害为正法论;主张功利者,流入顺世外道论。恶慧既深,道德日败。"③一些无政府主义者对此也提出过质疑。非功利主义者认为:"夫精神文明之优劣,不能以富强与否为标准,犹之人之心地,安乐与否,不能以贫富贵贱为衡。"④

(2)非功利主义者反对以理智计算作为道德准则。朱光潜说:"乐利派心理学者以为一切都不外寻求快感与避免痛感。快感与痛感就是行为的动机。吾人心中预存何者发生快感何者发生痛感的计算,而后才有寻求与避免的行为。换句话说,行为是理智的产品,而理智所去取,则以感觉之快与不快为标准。这种学说在十八、十九两世纪颇盛行,到了现代,因为受墨独孤派心理学者的攻击,已成体无完肤。依墨独孤派学者看,乐利主义误在倒果为因,快感与痛感是行为的结果,不是行为的动机。动作顺利,于是生快感,动作受阻碍,于是生痛感;在动作未发生之前,吾人心中实未曾运用理智,预期快感如何寻求,痛感如何避免。行为的原动力是本能与情绪,不是理智。"⑤理智计算,会造成人刻薄寡思。

(3)非功利主义者反对把道德与伦理风俗混为一谈。梁启超说:"道德与伦理异。道德可以包伦理,伦理不可以尽道德。伦理者,或因于时势而稍变其解释,道德则放诸四海而皆准,俟诸百世而不惑者也。如要君之为有罪,多妻之非不德,此伦理之不宜于今者也。若夫忠之德,爱之德,则通古今中西而为一者也。诸如此类,不可枚举。故谓

---

① 钱智修:《功利主义与学术》,《东方杂志》第15卷第6号,1918年6月。

② 杜亚泉:《迷乱之现代人心》,许纪霖、田建业编:《杜亚泉文存》,上海:上海教育出版社,2003年,第364页。

③ 章太炎:《人无我论》,《章太炎全集》第4卷,上海:上海人民出版社,1984年,第429页。

④ 杜亚泉:《迷乱之现代人心》,许纪霖、田建业编:《杜亚泉文存》,上海:上海教育出版社,2003年,第366~367页。

⑤ 朱孟实:《谈情与理》,《一般》第3卷第2号,1927年10月。

中国言伦理有缺点则可，谓中国言道德有缺点则不可。"①熊十力亦有类似观点："今人动说旧道德不足保存，此缘不辨道德与伦理之分。故无知而横决。夫伦理有随时制宜者，可云有新旧。如夫妇之伦，古者丈夫掳掠妇女为淫乐而已，无所谓匹偶之重也。后圣制礼以明人道，始尊伉俪。此随时制宜，有新旧之异也。古者有朋友一伦。师弟之谊，未闻特异。中世圣人隆道术而尊师道，遂著在三之义。此又制时之宜，而新旧异也。……若夫道德则异于是。乃贞于性，而通万变以不易焉。如忠之为道德也，古者以之忠于君，今可谓其旧而不适用乎？毋自暴自弃，所以忠于己。执事敬，所以忠于职务。为国民争平等自由，所以忠于民众。为人类倡明真理，所以忠于人类。准此一谈，忠之为道德也，其可谓古之所以事君者，今不宜存乎？"②张东荪认为道德源于风俗，但道德不同于风俗。风俗中真正的真善美者才是道德。人们的理性会逐渐认识真正的道德。他说："须知道德是在风俗习惯中固无可讳言，惟除了风俗习惯以外便绝对不能另外有超越的道德，却亦不尽然。我亦知道这种超越的道德很不容易发见，大家今天只在暗中摸索。不过我们可以说真的是非，真的善恶是借时代的风俗而表显，而其自身却非即与风俗合而为一。风俗习惯所以为道德就是因其中包含有真是非真善恶的道德。"③当然，并非所有的非功利主义者都认为道德是不变的。冯友兰认为道德会随社会变化而变化。但是，冯友兰也强调有不变的道德，即仁义礼智信是也。非功利主义者之所以要在道德与风俗之间作出区分，要强调有不变的道德，显然是要在变化中寻找出不变。如果一切价值都是变化的，也就没有了永恒价值，道德就丧失了坚实的基础；如果认为一切都是变化的，就会陷入怀疑甚至破坏的境地。

非功利主义者既然反对以功利作为道德的基础，道德来源于何处？对于这个问题，非功利主义者有不同的回答：(1)道德来源于自由意志。梁启超在《自由意志》一文中说："苟欲言道德也，则其本原出于良心之自由。无古无今无中无外，无不同一。是无有新旧之可云也。"④又说："若是人类没有了自由意志，则一切道德法律宗教，便根本的不能存在。"⑤章太炎亦力主自由意志，他说："昔人以为神圣不可干者，曰名分。今人以为神圣不可干者，一曰公理，二曰进化，三曰惟物，四曰自然。……然则天理之束缚人，甚于法律；而公理之束缚人，又几甚于天理矣。……即实而言，人本独生，非为他生。而造物无物，亦不得有其命令者。吾为他人尽力，利泽及彼，而不求圭撮之报酬。此自本吾隐爱之念以成，非有他律为之规定。"⑥其实，功利主义者也承认自由意志。功利计算也是出于自由意志，而非别人代为计算。双方的差别就在于有所为与无所为。非功利主义者强调的是道德就是道德，无求回报与所得。道德非来源于功利，非来源于外在的

① 梁启超：《新民说·论私德》，林志钧编：《饮冰室合集·专集之四》，北京：中华书局，1989年，第132页。
② 胡晓明编：《大海与众沤——熊十力集》，上海：上海文艺出版社，1998年，第153页。
③ 张东荪：《人生观ABC》，上海：世界书局，1928年，第26页。
④ 梁启超：《新民说·论私德》，林志钧编：《饮冰室合集·专集之四》，北京：中华书局，1989年，第131页。
⑤ 梁启超：《自由意志》，夏晓红编：《饮冰室合集集外文》中，北京：北京大学出版社，2005年，第759页。
⑥ 章太炎：《四惑论》，《章太炎全集》第4卷，上海：上海人民出版社，1984年，第443~445页。

理,而是源于内心。需要指出的是,在非功利主义者之间,对于什么是自由意志,理解也不尽相同。一派认为自由意志就是本能的欲望与情感,反对在其之上再加一个理性。因为在本能欲望与情感上再加一个理性,会限制压抑人的欲望与情感,是以外在压抑内在,甚至会造成禁欲。朱光潜与李石岑都持此说,他们所谓问心的道德就是听从本能的欲望与情感,也就是所谓的主情。一派认为自由意志就是自律,自律就离不开理性。梁启超、章太炎、杜亚泉持此说。梁启超认为离开自律谈自由是非常危险的。章太炎认为"我"字,古义就是杀,就是克己。杜亚泉说:"理性原是人类精神中的一个要素,决不能把理提出在心外的。……我也主张主情的道德。但主情的道德,就是从情发出的道德,情内不完全只有道德,那不道德的情是很多的。我们就要用理智来指导他,把道德的情长养起来,不道德的情抑制下去,所谓修养工夫,就是在此。理智也不是完全道德的,但道德不道德,总靠理智来择别。情是盲目的,没有择别道德的本领,除去了理智,还有什么道德可言。"①讲理性、讲道德义务不是还债的意思,而是情理中所应有。(2)道德来源于某种本体。熊十力说:"学不究体,道德无内在根源。将只在己与人,或与物的关系上,去讲道德规律。是犹立法也。是外铄也。"②熊十力所说的本体,就是心体、性体,人所固有。自由意志的作用就是去体证这心体、性体。张东荪、冯友兰都认为道德来源于实理。

在近代中国,道德上的功利主义与非功利主义之争,绝不是简单的学术之争。功利主义者之所以提倡功利主义,在于他们认为道德只有讲求实功实效,才能顺应社会发展,国家才能保存并富强。非功利主义者认为,道德只有脱离功利计算,才能使道德有实在基础,才能树立起道德勇气,不杂私念,具有献身之精神。其实,无论功利主义者还是非功利主义者,所关心的都是社会与国家。在这一点上,二者是殊途同归。功利主义者所讲的功利也基本上是大功利、高尚的功利,而非完全是个人物欲的功利。非功利主义者所反对的也是个人物欲的功利,而非大功利。道德就是最大多数人的最大幸福,可说是二者最大的公约数。功利主义者对此固然不反对,因为这是其宗旨趋向所在。非功利主义者也并没对此提出批评,甚至表示欣赏。比如梁启超对边沁学说不尽赞同,但是对边沁的最大多数人的最大幸福之论,却表赞赏。他说:

> 边氏所谓最大幸福者,谓将其苦之部分除去,而以所余之乐为衡也。而一群之公益不进,则群内之人其所苦必多于所乐。故真明算学而精于计量之法者,则未有不以公益与私益并重者也。苟犹私尔忘公焉,则不过其眼光之短,思虑之浅,不知何者为真乐真利,何者为最大幸福而已,非能应用边沁之学理者也。由此观之,则边沁之说,其终颠扑不破矣。虽然,无教育之人不可以语此,以其无教育则不能思

---

① 杜亚泉:《关于情与理的辩论》,许纪霖、田建业编:《杜亚泉文存》,上海:上海教育出版社,2003 年,第 455 页。

② 胡晓明编:《大海与众沤——熊十力集》,上海:上海文艺出版社,1998 年,第 3 页。

虑，审之不确，必误用其术以自毒而毒人也。①

非功利主义者忧心的不是功利主义的宗旨，而是对功利主义思之不明、审之不确，会造成人自私自利，危害公益。所以从表面上看，功利主义者与非功利主义者似乎壁垒分明，严格而言，基本上都是功利主义的信徒。这与西方功利主义与非功利主义之分，还是有明显的区别的。之所以造成这种吊诡的局面，固然与近代的民族危机有关，但更深层的原因还是来自文化。

中国文化对人的预设都是从类而言，也就是从人之通性而言。人之为人，不是要在每个具体的人之间作出区别，而是要在人与禽兽、君子与小人之间作出区别。人之为人就是要尽人性，也就是尽人伦。一个摆脱各种关系的抽象的个人，在中国文化中是没有的，也是不可想象的。虽然近代中国从西方引入了个人主义，但个人仍然首先是各种社会关系中的人，只不过在人伦中又加入了团体、社会、国家而已。由于抽象个人的缺乏，所以自我也不是具体的有血有肉的自我，而是所谓的真我大我。只有无我，才能实现真我大我。即使所谓的个人主义者，也不过是强调只有自我生存，才能利他，个人生存的价值仍在利他上。胡适所谓的非个人主义的新生活即是此意。这就导致了在价值取向上，个人与社会、国家相比，处于极端的弱势地位。在价值取向上，不但霍布斯、洛克预设的个人在中国不被接受，就是康德预设的个人在中国也不被接受。因为康德预设的人，也首先是具体的个人。康德的道德哲学也是建立在每个人人之为人其自身即是一目的的个人主义立场上。所以梁启超在解释康德意志自由时，就把康德的意志自由解释成脱离躯壳之真我。抽象（摆脱一切关系）但又具体（有血有肉）的个人的缺乏，致使建立在个人价值尊严上的道德观被忽视。最大多数人的最大幸福的道德观就被广泛接受。从直观上而言，最大多数人的最大幸福的道德观具有强势的道德意义，但是严格分析，它会对每个人人之为人其自身即是一目的这一道德原则造成破坏。因为每个个人把别人视为自己实现目的的工具，可能不为人所接受；但为最大多数人最大幸福而把一个人当作工具，就会与最大多数人的最大幸福的道德观相符。只有把每个人视为一目的，道德才有坚实的基础。如其不然，所谓强势的善、强势的道德也很难建立。这不能不说是近代中国公民道德教育中的一个缺陷。

---

① 梁启超：《乐利主义泰斗边沁之学说》，林志钧编：《饮冰室合集·文集之十三》，北京：中华书局，1989年，第39页。

第四章

中国近代公民教育中的权利、义务、责任意识

第一节　中国近代公民教育中的权利意识

权利意识,是现代公民与传统臣民的重要区别之一。马歇尔曾把公民权利分为三种类型:个人权利,即财产、人身、自由(言论自由、思想自由)的权利;政治权利,即参与政治的权利;社会权利,即社会保障的权利。17、18世纪,人们争取的是个人权利。19世纪,人们争取的是政治权利。20世纪,人们争取的是社会权利。马歇尔所说的公民权利的演进过程主要是以英国为准,其他国家公民权利的演进过程,无论是时间或顺序,与英国都不尽相同。但是,在20世纪80年代以前,马歇尔所概括的三种权利基本上与事实相符。近代中国,人们关于权利的探讨,也主要围绕这三种权利展开,但是,权利的演进顺序与英国大不相同。笔者把近代中国公民权利意识的演进分为五个时期。

一、权利意识觉醒时期(甲午战前—1899)

关于中国近代权利意识觉醒的渊源,学界主要有三种观点:一是西学的输入。严复在《主客平议》一文中说:"夫自由、平等、民主、人权、立宪、革命诸义,为吾国六经历史之不言固也。然即以其不言,见古人论治之所短。"①这也就是说权利意识完全由西方输入。二是认为权利意识觉醒得益于西学输入与中国传统哲学中权利意识之再发现。比如夏勇先生就认为,从价值层次而言,中国先秦的民本哲学中,包含有权利意识,可资近人借鉴。三是认为事实的刺激(比如苦力贸易、妇女缠足等)激起人格的觉醒与保护,再汇合西方已有的理论,形成权利的觉醒。三者都言之成理,但无论哪一种观点,西学东渐都是不可忽视的事实。事实上,民权、人权概念的提出也都是受西学的启发。据学者考证:民权一词最早见于郭嵩焘光绪四年四月(1875 年 5 月)的日记:"西洋政教以民为重,故一切取顺民意,即诸君主之国,大政一出之议绅,民权常重于君。"②在中国,人权一词最早出现于何时,笔者不敢确定。康有为仿照几何原理编著的《实理公法》(1887 年编成)一书中称:"公法于父母不得责子女以孝,子女不得责父母以慈,人有自主之权焉。"③这应该是较早提到人权概念的一例了,它同样也受到西学的启发。虽然在甲午战前,民权、人权都被提到过,但作为一种主张被公开宣扬,形成一种思潮,是在甲午战后。严复首先提出天赋人权的观念,他在《论世变之极》一文中说:"西人之言曰:唯天生民,各具赋畀,得自由者,乃为全受,故人人各得自由,国国各得自由,第务令毋相侵损而已。侵人自由者,斯为逆天理,贼人道,……故侵人自由,虽国君不能。"④在《辟韩》一文中,严复再次重申:"民之自由,天之所畀也,吾又乌得而靳之。"⑤何启、胡礼垣在《新政真诠·劝学篇书后》中说:"权者乃天之所为,非人之所立也。天既赋人以性命,则必畀以顾此性命之权。天既备人以百物,则必与以保其身家之权。"⑥

从甲午战前至戊戌变法时期,中国人关于权利的论述,有三个显著特点:其一,基于人的价值实现谈论人权。比如谭嗣同说:"大抵全体,竟与一副绝精巧之机器,各司其职,缺一不可,与天地之大机器相似。独是天必造此一种全体之精巧机器,果何为也哉。原是要使人顶天立地,做出一番事业来,所谓赞天地之化育与天地参也。诸君当知此堂堂七尺之躯,不是与人当奴仆,当牛马的。诸君诸君,我辈不好自为之,则去当奴仆牛马之日不远矣。"⑦其二,基于人格平等谈论人权。皮嘉祐说:"夫平等之说,导源于墨子,阐义于佛氏,立法于泰西。墨子兼爱尚同也,佛法之平等也,泰西之人人有自主权利,爱汝邻如己,而倡为君民一体也,名不同而旨则一也。"⑧其三,基于人道主义谈论人权。比如黄遵宪在阐述妇女缠足的危害时,其中一条就是阐述妇女缠足有违人道。他说:"夫讥不亲迎,《春秋》平等之微言;妻之言齐,《礼经》应有之义例。而乃曲附抑阴扶阳之说,只为冶容好色之求。以充服役,则视之如犬马;以供玩好,则饰之如花鸟。既不学以

---

① 王尔敏:《中国近代思想史论续集》,北京:社会科学文献出版社,2005 年,第 373 页。
② 熊月之:《中国近代民主思想史》,上海:上海社会科学出版社,2002 年,第 9 页。
③ 萧公权:《康有为思想研究》,北京:新星出版社,2005 年,第 292 页。
④ 严复:《论世变之亟》,中国史学会编:《戊戌变法》第 3 册,上海:上海人民出版社,2000 年,第 73 页。
⑤ 严复:《辟韩》,中国史学会编:《戊戌变法》第 3 册,上海:上海人民出版社,2000 年,第 81 页。
⑥ 何启、胡礼垣:《劝学篇书后》,《新政真诠》,沈阳:辽宁人民出版社,1994 年,第 397 页。
⑦ 王尔敏:《中国近代思想史论》,北京:社会科学文献出版社,2003 年,第 95 页。
⑧ 皮嘉祐:《平等说》,《湘报》第 60 号。

愚其心,更残刑以斫其性,遂使遇强暴则膝行而前,嗟实命则抱足而泣。锁闭在室,呼吁无门;战战在心,拳拳缩足。人权丧失,何义之有?"①

笔者之所以把这一时期称为权利意识觉醒时期,在于这一时期人们对权利的论述,还主要限于抽象观念。既没有指出权利的具体内容,也没有区分所谓积极权利与消极权利,更没有理论的展开。

二、参与意识觉醒时期(1899—1915)

戊戌变法的失败,阻挡不住思想解放的潮流。特别是随着新的知识阶层的出现,中国人对权利内涵的认识显然更加深入。这一时期,国人对权利的认识呈现出一些新的特点:

(一)基于人格的觉醒认识人权。人格觉醒包括两个方面的含义:一是人之为人的人格觉醒。何启、胡礼垣说:"夫自主之谓,何谓哉?盖以人之一身而言也。人之一身而不能自主,此说也,虽极至下愚之辈,绝无学问之人,亦断断乎不谓其然。一身而不能自主,为受缚之禽兽言之则可,禽兽而非受缚,仍不能以此说加之也。至于人之能自主其身,则推而极之于五大洲数十国二十万万之人,无一不然。"②二是公民人格的自觉。公民当然是与奴隶、臣民相对而言。戊戌变法前,国人基本上没有提到过公民的概念。戊戌变法后,公民意识觉醒。公民的内涵很多,其中非常重要的一点就是权利意识。麦孟华说:"夫权者,身所自有,固非他人可以侵窃之物。昔惟弃之,故人得而夺之,今惟收之,则人孰得而争之。得权者为天民,为强国,无权者为奴隶,为藩属。"③欧榘甲说:"生天地之间者,自非犬马奴隶,皆有自主之权。"④后来,邹容进一步阐述国民人格与奴隶人格的差别:"奴隶者,与国民相对待而不齿于人类之贱称也。国民者,有自治之才力,有独立之性质,有参政之公权、有自由之幸福。无论所执何业,而皆得为完全无欠缺之人。曰奴隶矣,则既无自治之力,亦无独立之心。举凡饮食男女,衣服起居,无不待命于主人,而天赋之人权,应享之幸福,亦遂无不奉之主人之手。"⑤

(二)争取权利的意识。权利不仅是价值上所应必有,而且要努力去争取。梁启超说:"权利思想之强弱,实为其人品格之所关。"⑥权利的保障,在于人们的争取。"权利何自生?曰生于强。……人人欲伸张己之权力而无所厌,天性然也。是故权利之为物,必有甲焉先放弃之,然后有乙焉能侵入之。人人务自强以自保吾权,此实固其群善其群之不二法门也。"⑦要想争取权利,必须放弃圣君贤相的观念。"夫出吾仁以仁人者,虽

---

① 黄遵宪:《禁止缠足告示》,陈铮编:《黄遵宪全集》上,北京:中华书局,2005年,第530页。

② 何启、胡礼垣:《劝学篇书后》,《新政真诠》,沈阳:辽宁人民出版社,1994年,第412页。

③ 王尔敏:《中国近代思想史论续集》,北京:社会科学文献出版社,2005年,第396页。

④ 王尔敏:《中国近代思想史论续集》,北京:社会科学文献出版社,2005年,第386页。

⑤ 邹容:《革命军》,中国史学会编:《辛亥革命》第1册,上海:上海人民出版社,2000年,第357页。

⑥ 梁启超:《新民说·论权利思想》,林志钧编:《饮冰室合集·专集之四》,北京:中华书局,1989年,第32页。

⑦ 梁启超:《新民说·论权利思想》,林志钧编:《饮冰室合集·专集之四》,北京:中华书局,1989年,第31~32页。

非侵人自由，而待仁于人者，则是放弃自由也。仁焉者多，则待仁于人者亦必多，其弊可以使人格日趋于卑下。若是乎仁政者，非政体之至焉者也。吾中国人惟日望仁政于其君上也，故遇仁焉者，则为之婴儿，遇不仁焉者，则为之鱼肉。古今仁君少而暴君多，故吾民自数千年来祖宗之遗传，即以受人鱼肉为天经地义，则权利二字之识想，断绝于吾人脑质中者固已久矣。"①严复也认为只有民之自为，权利才能得到保证。"夫制之所以仁者，必其民自为之，使其民而不自为，徒坐待他人之仁我，不必蕲之而不可得也。就令得之，顾其君则诚仁矣，而制则犹未仁也。使暴者得而用之，向之所以为吾慈母者，乃今为之豹狼可也。呜呼！国之所以常处于安，民之所以常免于暴者，亦恃制而已，非恃其人之仁也。恃其欲为不仁而不可得也，权在我者也。使彼而能吾仁，即亦可以吾不仁，权在彼者也。……必在我，无在彼，此之谓民权。"②总之，圣君贤相是不可靠的，赵孟能贵之，赵孟能贱之。

（三）对权利认识进一步具体化。戊戌维新时期，国人对权利的认识是抽象的、整体的，更多的是一种意识。具体而言，也就是没对权利作出进一步的具体区分。这一时期，国人对权利的认识具体化。邹容在《革命军》中指出："各人不可夺之权利，皆由天授。生命自由及一切利益之事，皆属天赋之权利。不得侵人自由，如言论、思想、出版等事。"③这一时期，国人对积极自由与消极自由也作出了区分。梁启超在《开明专制论》一文中称"人人自由，而以不侵人之自由为界"者，为消极自由。"人人有自发达其体力之义务，同时有不使他人妨害吾发达之权利"者，为积极自由。④ 同时，值得注意的是女权意识的兴起。戊戌维新时期，对妇女权利的认识是基于人道主义角度，基于国民之母角度，主要关注的是缠足等不良习俗对妇女身体的戕害。这一时期，对女权的认识上升到男女平等、女子参政权的角度。秋谨在《勉女权歌》中写道："吾辈爱自由，勉励自由一杯酒。男女平权天赋就，岂甘居牛后？……愿奴隶根除，知识学问历诗就。责任上肩头，国民女杰期无负。"⑤何震在《妇女解放问题》一文中，谈到了女子参政权，但何震是无政府主义者，她认为真正的自由只有在无政府社会才能实现。争取女子参政权的运动，是在民国成立以后才具有一定的规模和影响。这一时期，人们对传统文化中妨碍权利意识形成的因素也作了一定的剖析。欧榘甲说："生天地之间者，自非犬马奴隶，皆有自主之权。此义在西国虽童子皆能识之，而在中国则罕有知之者。其原因亦有二焉：一由呻吟于历代专制政体之下，独夫民贼，务为严刑峻法，以收天下之权归于己，使其下戢戢受治，奉令惟谨，无敢异己者。……此政治上灭自主之权者一。一由于深中陋儒之毒，桎梏于纲常名教之虚文，谬创'君虽不仁，臣不可以不忠；父虽不慈，子不可以不孝'之说，以为上可虐下，下不得违上。……而不知君君臣臣，父父子子，夫夫妇妇，君得自

① 梁启超：《新民说·论权利思想》，林志钧编：《饮冰室合集·专集之四》，北京：中华书局，1989年，第35页。
② 伍杰编：《严复书评》，石家庄：河北人民出版社，2001年，第258页。
③ 邹容：《革命军》，中国史学会编：《辛亥革命》第1册，上海：上海人民出版社，2000年，第362页。
④ 梁启超：《开明专制论》，林志钧编：《饮冰室合集·文集之十七》，北京：中华书局，1989年，第29页。
⑤ 秋瑾：《勉女权歌》，郭长海、郭君兮辑注：《秋瑾全集笺注》，长春：吉林文史出版社，2003年，第341页。

主,臣亦得自主;父得自主,子亦得自主;夫得自主,妇亦得自主。非君尊而臣卑,父尊而子卑,夫尊而妇卑,可以夺人天赋自由之权也。"[①]但总体而言,这一时期人们更关注的是封建专制制度对权利的危害。

(四)特别强调国民对国事的参与权,尤其是国民对国家的义务。虽然这一时期思想界人人谈论权利,但他们强调的权利更多的是参政公权,而不是个人私权。正如严复所说:"特观吾国今处之形,则小己自由,尚非所急,而所以祛异族之侵横,求有立于天地之间,斯真刻不容缓之事。故所急者乃国群自由,非小己自由也。"[②]思想界所希望的是,通过对国民参政公权的强调,国民由爱一己之权利,去争取国家之权利。梁启超说:"一部分之权利,合之即为全体之权利;一私人之权利思想,积之即为一国家之权利思想。故欲养成此思想,必自个人始。"[③]严复也说:"求国群之自由,非合通国之群策群力不可。欲合群策群力,又非人人爱国,人人于国家皆有一部分之义务不能。欲人人皆有一部分之义务,因以生其爱国之心,非诱之使与闻国事,教之使洞达外情,又不可得也。"[④]这也就是说,参政公权是为了让国民关心国事,了解世界大势,从而培养其爱国之心,为国尽义务。正是基于这一目的,参政公权而非个人权利成为当时思想界关心的首要问题。梁启超说:"有国家思想,能自布政治者,谓之国民。"[⑤]"凡生息于一国中者,苟及岁而即有公民之资格,可以参与一国政事,是国民全体对于政府所争得之自由也。"[⑥]邹容说:"一国之政治机关,一国之人共司之,苟不能司政治机关,参预行政权者,不得谓之国,不得谓之国民,此世界之公理,万国所同然也。"[⑦]康有为说:"人人有议政之权,人人有忧国之责,故命之曰公民。"[⑧]权利是义务,争权利首先是为国争权利。梁启超说:"权利思想者,非徒我对于我应尽之义务而已,实亦一私人对于一公群应当尽之义务也。"[⑨]1907年,崇实(张耀曾)在《云南杂志》发表《说权利》一文,通篇没有提到一句个人权利,都是为国争权。他说:

> 如何叫做权利,如何叫做权利思想,必如何保守然后才算得自己的权利,必有如何能力,诸君不可不细想一想。诸君呀!今日非竭力保守权利,必不能立国于地球上,非使中国人人都有保守权力的能力,必不能救中国之众。……我们自己的权利应该大家出力挽救,已失者竭力挽回,未失者竭力保守,这才

---

① 欧榘甲:《论政变为中国不亡之关系》,中国史学会编:《戊戌变法》第3册,上海:上海人民出版社,2000年,第158~159页。

② 伍杰编:《严复书评》,石家庄:河北人民出版社,2001年,第267页。

③ 梁启超:《新民说·论权利思想》,林志钧编:《饮冰室合集·专集之四》,北京:中华书局,1989年,第36页。

④ 伍杰编:《严复书评》,石家庄:河北人民出版社,2001年,第267页。

⑤ 梁启超:《新民说·论国家思想》,林志钧编:《饮冰室合集·专集之四》,北京:中华书局,1989年,第16页。

⑥ 梁启超:《新民说·论自由》,林志钧编:《饮冰室合集·专集之四》,北京:中华书局,1989年,第40~41页。

⑦ 王尔敏:《中国近代思想史论》,北京:社会科学文献出版社,2003年,第100页。

⑧ 明夷:《公民自治篇》,《新民丛报》第4号,1902年。

⑨ 梁启超:《新民说·论权利思想》,林志钧编:《饮冰室合集·专集之四》,北京:中华书局,1989年,第36页。

是大家应尽的义务。①

所以说,此时思想界所强调的“权利意识”“权利思想”,其实是一种义务思想、责任思想,呼唤的是国民挽救危亡的责任心。“群雄纷纷,兆民昏昏,猛虎在门,仇敌比临。当此时也,不激发其责任心者,必非人类。责任心者何,旁观之反对也。无推诿,无依赖,一往直前,所以尽当然之责任也。夫人之一身,对于一家有责任,对于一国有责任。人子不尽人子之责任家必败,国民不尽国民之责任国必亡。故责任心者,国民所不可须臾离者也。”②

三、伦理人权时期(1915—1925)

1915年9月,陈独秀在上海创办《青年杂志》,这标志着新文化运动的兴起。提到新文化运动,人们自然想起科学与民主。其实,他在《青年杂志》创刊号上首先提到的是科学与人权。他在《敬告青年》一文中对青年的第一个要求就是“自主的而非奴隶的”,“等一人也,各有自主之权,绝无奴隶他人之权利,亦绝无以奴自处之义务”③。在《东西民族根本思想之差异》一文中,陈独秀明确提出个人人权。

> 西洋民族,自古迄今,彻头彻尾,个人主义之民族也。……举一切伦理、道德、政治、法律、社会之所向往,国家之所祈求,拥护个人之自由权利与幸福而已。思想言论之自由,谋个性之发展也。法律之前,个人平等也。个人之自由权利,载诸宪章,国法不得而剥夺之,所谓人权是也。④

如前文所述,新文化运动时期人们主要争取的是个人的解放与实现。权利的论述也主要是从这个角度展开。笔者之所以把这一时期称作伦理人权时期,就在于这一时期,人们主要关注的是各种伦理观念对人们实现权利的束缚。

(一)国家伦理与个人人权。国家与个人孰轻孰重?国家与个人谁是目的?在新文化运动以前,这个答案是非常明确的,即国家是目的。关于这个问题,梁启超有最系统的论述。梁启超的国家至上理论有几个原则组成:其一,主权归属国家说。梁启超认为“主权在君说”与“主权在民说”都已成为历史陈迹,主权归属国家说方兴未艾,适逢其会。其二,国家以自身为目的说。国家以自身为目的,也就是国家有自己独立的目的与利益,而且是居第一位的。“国家自身为目的者,实国家目的之第一位,而各私人实为达

---

① 崇实:《说权利》,《云南杂志》第8号,1907年8月。

② 崇实:《论云南人之责任》,《云南杂志》第3号,1907年1月。

③ 陈独秀:《敬告青年》,《陈独秀文章选编》上,北京:生活·读书·新知三联书店,1984年,第74页。

④ 陈独秀:《东西民族根本思想之差异》,《陈独秀文章选编》上,北京:生活·读书·新知三联书店,1984年,第98页。

此目的之器具也。”①其三,国家积极干涉论。所谓积极干涉论,就是国家干涉范围甚广,主要包括:(1)国家为了自身目的可以对个人进行干涉。“民之所以乐有国家者,正以幸福之一大部分,各自谋焉而决不能得,故赖国家以代谋之。国家而一切放任,则是自荒其职也。且国家者非徒为人民个人谋利益而已,又当为国家自身谋利益,故以图国家之生存发达为第一义,而图人民个人之幸福次之。苟个人之幸福而与国家之生存发达不相容,则毋宁牺牲个人以裨益国家。”②(2)国家为了个人的发展,也可进行积极干涉。梁启超借德国哲学家倭儿弗之口说:“人人皆有自发达其体力意力之义务,同时有不使他人妨吾发达之权利。而代人人保此权利,督人人履此义务者,国家也。故国家为助长个人发达之故,有干涉之之权利,且有不可不干涉之之义务。”③

民国建立后,有所谓的民权派与国权派之争,其实是反袁与拥袁之争。双方在对国家权力的认识上并没大的原则差别。当然,随着袁世凯一步步以加强国权为名走向专制独裁,也有人强调了国民个人权利。章士钊是其中代表,前文已有论述。无疑,章士钊关于权利的论述,在中国权利思想发展史上有其重要的位置;但在当时,这是空谷幽音。真正将个人权利置于国家权利之上,作为一种思潮被人们普遍接受,还是在新文化运动时期。高一涵在《国家非人生之归宿论》一文中说:

今吾国之主张国家主义者,多宗数千年前之古义,而以损己利国为主。以为苟利于国,虽尽损其权利以至于零而不惜。推厥旨归,盖以国家为人生之蕲响,人生为国家之凭借。易词言之,即人为国家而生,人生之归宿即在国家是也。人生离外国家,绝无毫黍之价值。国家行为,茫然无限制之标准,小己对于国家,绝无并立之资格,而国家万能主义实为此种思想所酿成。④

要想改变国家万能主义观念,必须首先改变国家伦理观念。高一涵认为,把国家当作人生道德、幸福的归宿,必然造成国权过大,“必损人民之自由以为国家之刍狗”⑤。正确的国家观念应该是国家非人生之归宿,而是保护人民权利的机构。

国家职务在立于亿兆之间,以裁判其相侵相害之事实,调和其相需相待之机宜。奖励其自由,所以发其自治之动因;保护其人格,所以期其独立之结果;人民求其归宿,必取径于权利之一途。国家惟立于人民之后,持其权力,鼓舞而振起之,以杜其害,以启其机,足矣。⑥

① 梁启超:《政治学大家伯伦知理之学说》,林志钧编:《饮冰室合集·文集之十三》,北京:中华书局,1989年,第88页。

② 梁启超:《管子传》,林志钧编:《饮冰室合集·专集之二十八》,北京:中华书局,1989年,第16页。

③ 梁启超:《开明专制论》,林志钧编:《饮冰室合集·文集之十七》,北京:中华书局,1989年,第28页。

④ 高一涵:《国家非人生之归宿论》,《青年杂志》第1卷第4号,1915年12月。

⑤ 高一涵:《国家非人生之归宿论》,《青年杂志》第1卷第4号,1915年12月。

⑥ 高一涵:《国家非人生之归宿论》,《青年杂志》第1卷第4号,1915年12月。

“无人民不成国家,无权利不成人民,无自由不成权利”①,如果牺牲一己之权利以撑拄国家,是自污兼污国。“吾人爱国之行为,在扩张一己之权利以撑拄国家。牺牲一己之权利,则反损害国家存立之要素。……美其名曰爱国,乃自剥其人格,自侪于禽兽皂隶之列,不独自污,兼以污国。”②

(二)政治伦理与人权。中国传统政治伦理是君师主义。严复曾说:“西国之王者,其事专于作君而已;而中国帝王,作君而外,兼以作师。……使后而仁,其视民也犹儿子耳;使后而暴,其过民也犹奴虏矣。为儿子奴虏异,而其于国也,无尺寸之治柄,无丝毫应有必不可夺之权利,则同。”③新文化运动时期,人们对于这种传统的君师主义也作了深刻批判。高一涵在《非“君师主义”》一文中,对君师主义的危害作了详细剖析,他认为其危害有三:(1)专制政治的基础。“扩张国家的权力,使干涉人民精神上的自由;凡信仰、感情、思想等事,莫不受国权之拘束;则道德的范围,道德的解释,皆由统治者自定,于是专制之弊端见矣。”④(2)贤人政治的基础。“柏拉图以道德为国家的绝对目的,所以柏拉图又尊尚贤人政治。因凡在道德法律混合的国家,其国家的元首,不是教主,即是家长,不然则是‘首出庶物’‘天亶聪明’的伟人。……所以被治者之沦灵启智,皆须得治者为之引导。此即贤人政治所以成立之基础,以元首不自信为贤人,则必不敢‘揭橥道德,以为群伦之表率’也。”⑤(3)政教混合政治的基础。“中古以后,道德属宗教的范围,法律属国家的范围,本有界线。惟元首并法律道德而皆得干涉之,则是‘奉天承运’‘替天行道’的教主与‘元后作民父母’的皇帝合而为一矣。”⑥总之,君师主义是极权政治、神权政治的思想沃土,不消除君师主义的思想,人权社会就建立不起来。

(三)社会伦理与人权。人与人当如何相处?传统伦理的要求是克己无欲,牺牲一己以利他人。新文化运动时期,人们高唱为我主义、个人主义。李亦民在《人生唯一之目的》一文中说:“撒格逊民族以个人主义著闻于世。其为人也,富于独立自尊之心,用能发展民族精神,以臻今日之强盛。我国惩忿窒欲之说,入人最深。凡事涉利己者,皆视为卑卑不足道,必须断绝欲求,济人利物,乃能为世崇仰。不知自我欲求所以资其生也。设无欲求,则一切活动立时灭绝,岂复有生存之必要?顾欲以人力禁制之,于是日言合群日言公益,而所谓合群公益者,尽变为涂饰耳目之名词。人人心中各怀一最小限度之个人主义,实不可以告人,亦不肯举以自白,而虚搞诈伪之习,乃日益加剧。”⑦济人利物,只能建立在先有自我的基础上。“如谓人曰汝须爱人、须利人、须爱物、须利物。为达爱人利人、爱物利物之目的,虽牺牲本身,亦为当然之事,则必决定一前提曰‘人也

---

① 高一涵:《国家非人生之归宿论》,《青年杂志》第1卷第4号,1915年12月。
② 高一涵:《国家非人生之归宿论》,《青年杂志》第1卷第4号,1915年12月。
③ 伍杰编:《严复书评》,石家庄:河北人民出版社,2001年,第191页。
④ 高一涵:《非“君师主义”》,《新青年》第5卷第6号,1918年12月。
⑤ 高一涵:《非“君师主义”》,《新青年》第5卷第6号,1918年12月。
⑥ 高一涵:《非“君师主义”》,《新青年》第5卷第6号,1918年12月。
⑦ 李亦民:《人生唯一之目的》,《青年杂志》第1卷第2号,1915年10月。

者,为人与物而生者也',然后乃有立脚之根据,否则其结论为不可通。盖叩其何以爱与利不在本身而在人物,不能得切当之解答也。人类既无为人为物之天职,则所当为者舍我而外,更有谁哉!……为我两字既为天经地义,无可为讳,……人性之自然,天赋之权利,吾人所当自为主张者也。"①

(四)家族伦理与人权。关于传统家族伦理对人权的危害,辛亥革命时期就有人批判过。到了新文化运动时期,这一批判更为猛烈深入。陈独秀在《东西民族根本思想之差异》一文中,总结了宗法制度的四大危害:"一曰损坏个人独立自尊之人格;一曰窒碍个人意思之自由;一曰剥夺个人法律上平等之权利(如尊长卑幼同罪异罚之类);一曰养成依赖性戕贼个人之生产力。"②应该说其他批判家族伦理的文章,虽言辞激烈,但基本上没超出陈独秀的论证范围。值得一提的是,这一时期关于女子权利的探讨更加深入,并提出了儿童的权益问题。关于女子权利问题的讨论,罗家伦的《妇女解放》一文可称是代表作。该文从自然、经济、社会、教育、政治、伦理等各方面,阐述了妇女解放问题。妇女不但要追求男女平等、参政公权,而且还应该有财产继承权,摆脱贤妻良母的社会定位,做一个堂堂正正的人。关于儿童权利问题,除了鲁迅、胡适等提出的尊重儿童的人格独立,也有人提出了儿童的实实在在的权益保护问题。发表在《建设》杂志第1期的《童权》一文,就提出了儿童有天赋的受教养的权利,也就是说受教育权、不做工权是儿童应享受的天赋权利。

四、法治人权时期(1929—1936)

1929年5月,胡适在《新月》发表《人权与约法》一文,标志着人权论战的开始。1932年12月,国民党四届二中全会决定拟定宪法。围绕着制宪问题,人权问题又被提起。这一时期国人的权利观念有哪些变化发展,这正是笔者要讨论的问题。

(一)厘清人权概念。自从严复在中国提出天赋人权的概念,人们从没有对天赋人权的内涵作出过详细的解释。进入民国后,开始有人对天赋人权,特别是天赋二字提出质疑。如严复在《民约评议》一文中亦认为天赋人权不合事实。"天然之自由平等,诚无此物","自由平等者,法律之所据以为施,而非云民质之本如此也。"③孙中山也提出革命民权以代替天赋人权。人权到底是什么?这一时期,思想界对此作了梳理。罗隆基在《论人权》一文中说:"人权,简单说,是一些做人的权。人权是做人的那些必要的条件。"④同一时期,人们对"人权"与"民权"是否同义也作出了解释。本来在此之前,人权与民权是通用的。但此时有人以"民权"反对"人权"。章渊若在《民国日报》发表《论人权》一文,认为不应该用"人权",而应改为"民权"。他认为"人之本义,既带天地之性,

---

① 李亦民:《人生唯一之目的》,《青年杂志》第1卷第2号,1915年10月。

② 陈独秀:《东西民族根本思想之差异》,《陈独秀文章选编》上,北京:生活·读书·新知三联书店,1984年,第98页。

③ 伍杰编:《严复书评》,石家庄:河北人民出版社,2001年,第337页。

④ 罗隆基:《论人权》,《新月》第2卷第5号。

则人权之上,即不带天赋二字,亦有天赋之精神也"。而天赋人权是过时的理念,"考人权始意,本在限制国权,其志固可嘉,其论实至谬;徒云因人类而享有此权,实为一种纯理的主观的武断,而无直接间接可证之事实,更未示人以客观合理基础之所在"!章渊若认为把"人民身体、言论种种之自由"作为"构成人格之要素,为做人之自然权","国家目的,只在保障人权"是不对的。①"国权之所以应限制,国家之所以不得任意侵犯人民之自由,乃因人民之自由,为发展人民智德体优性之所必需;而人民之所以必须发展其智德体优性者,则因社会联立关系之需要,为完成其分工合作的社会使命也。故现代人民之自由,不仅有其消极的限制,复应有其积极的限制。"②这也就是说身体、言论自由等权利不具价值目的,只有工具意义,为了人的积极发展,国家可以进行积极干涉。对于章渊若的言论,人权派的回答是:"人"与"民"并无根本的区别。人权派也并不认为,在历史上某个时期,人类有过完美自然的社会,那里一切人权都是具备了的。但是,人权派坚持"人权先国家法律而存在,意谓先承认了这些人类生活上必需的条件,而后才谈得上国家,谈得上法律。"③关于人与国家的关系,人权派认为:"国家……是人的工具;人不是国家的工具。"④

人为何需要人权?罗隆基在《论人权》一文中的回答是:"人权是做人的那些必需的条件。人权是衣、食、住的权利,是身体安全的保障,是个人'成我至善之我',享受个人生命上的幸福,进而达到人群完成人群可能的至善,达到最大多数享受最大幸福目的的必需条件。"⑤这也就是说人权并不是如一些人所认为的那样是"抽象的名词,是饥不可食、寒不可衣的口头语",而是切切实实的维持生命、表现自我所必需的条件。所以人权就不应只限于生存权,还要有人身安全、言论自由、思想自由等权利,罗隆基共列举了35条人权。

(二)法治与人权。这一时期,关于人权讨论的显著特点是非常重视法治与人权的关系。以往讨论法治,更多注重的是程序,也就是人人守法,而没有认真思考法律应该是什么。这一时期人们对法治的认识,除了强调人人守法,特别是当权者更应守法,更注重的是法律应具有的精神:(1)拥护人权的人认为,法律精神应该是保障人权。罗隆基说:"争人权的人,主张法治,逻辑上是对的,法律的根本作用在保障人权。"⑥伍朝枢在《保障人民身体自由之手续》一文中说:"宪法最大目的,在为人民谋幸福,为人民谋幸福,莫要于保障人民之自由权利,尤莫重于保障人民之身体自由。"⑦如果离开保障人权而谈法律,那就是法律之治而非法治。罗隆基说:"国家有了形式上白纸黑字的法律条文,这不算法治。是一个国家,姑无论他野蛮退化,他的执政者横暴专制到什么地步,他

---

① 努生:《"人权"释疑》,《新月》第3卷第10号。
② 努生:《"人权"释疑》,《新月》第3卷第10号。
③ 努生:《"人权"释疑》,《新月》第3卷第10号。
④ 努生:《"人权"释疑》,《新月》第3卷第10号。
⑤ 罗隆基:《论人权》,《新月》第2卷第5号。
⑥ 罗隆基:《论人权》,《新月》第2卷第5号。
⑦ 伍朝枢:《保障人民身体自由之手续》,《东方杂志》第30卷第7号。

总有几条法律。”①(2)人权先于法律而存在。丘汉平在《宪法上关于人民之权利规定之商榷》一文中说:“说人民的权利是宪法所给予的,没有宪法就没有人权,要有人权就要有宪法,这是很不通的,很矛盾的,因为人之生存权利是先宪法而存在。”②人们之所以强调人权先于法律存在,有两个考量:一是强调人权的至上价值。因为如果认为人权依赖法律为根据,那么法律既可予之,就可取之。二是针对当时中国的现实而言。在中国,把人权规定于法律之中,始于《中华民国临时约法》,但无论是《中华民国临时约法》还是以后制定的约法、宪法,在关于人民权利的规定中,都有一句话:“依法律得停止或限制。”正是这条规定,给统治者以玩弄法律的凭据。所有权利都成了“左手与之,右手取之”。人权拥护者希望的是,一些人的基本权利,法律是不能干涉的。即使有特殊情况,也应该是只能限制,不能停止或取消。(3)人权的保障。口头上承认权利易,实际行动中保障权利难。如何保障权利?有人寄希望于宪法,有人寄希望于三权分立中的司法独立,有人寄希望于程序正义。伍朝枢说:“手续法尤要于实体法,盖保障救济于手续未备而空言原则,未有能实行者也。”③人权之保障,最根本的还在于社会力量的保障。“宪法的颁布,固然是很重要,但须知宪法本身并无力量,必须国人拥护宪法与遵守宪法,它才可发生力量。故欲使宪法有效,非于宪法颁布前先行培养国人爱护法治的习惯不为功。”④

五、权利理论的深入探讨时期(1945—1949)

从1937年至1945年,全民族的力量主要集中于伟大的抗日战争中,因此,关于权利的讨论也一时趋于沉寂。抗战胜利后,思想界关于这一问题的讨论重新趋于活跃,并达到高潮。这一时期,人们对一些基本公民权利之间的关系,以及实现权利的社会基础作了较为深入的探讨。

(一)强调普通人的权益意识,是建立法治社会的基础。以前思想界探讨权利意识,更注重的是国家权利,或言论、思想自由等。这当然没有什么不正确,但毕竟与普通人特别是下层民众的关系不是很密切。这一时期,思想界更强调普通百姓争取权益的重要性。李浩培说:“笔者以为我国的不真正实行法治,一部分的原因在于人民自身。权利需要主张,方能确立,需要卫护,方能保持。一个人依法享有的权利,可能被他人违法侵害。于此被违法侵害的情形,如权利人能依法卫护其权利,以各种合法的手段与违法者相周旋,并寻求适当的救济,则其权利仍有保持的希望,而法律的效力亦赖以保持。故权利人的努力卫护其依法享有的权利,实有拥护法治的效果。相反的,如权利人不卫护其权利,不与违法侵害者相周旋,则权利人的行为,等于权利的抛弃。如权利人每次被违法侵害权利时,每次予以容忍,则在侵害者与一般人的心理中,将逐渐视违法的侵

① 罗隆基:《什么是法治?》,《新月》第3卷第11号。
② 丘汉平:《宪法上关于人民之权利规定之商榷》,《东方杂志》第30卷第7号。
③ 伍朝枢:《保障人民身体自由之手续》,《东方杂志》第30卷第7号。
④ 吴颂皋:《关于中国制宪问题的几个意见》,《东方杂志》第30卷第7号。

害为正当,而权利人依法享有的权利将归于乌有,法律亦将等于具文。故不卫护依法享有的权利,不与违法侵害者相周旋,实等于毁弃法治。不幸,我国的一般人民,大都有权利而不卫护。”①这也就是说争取权利、争取法治,不但要从大处着眼,更要从小处着手。

(二)自由与民主的关系。从一般意义上而言,自由是指对个人权利的保护,民主更注重对政治的参与权利。无论自由还是民主,都是思想界极力提倡的。但二者关系如何?谁是基础?以往思想界基本上是二者并重,从某种程度而言,或许更重视民主,认为民主是自由的保证。但在这一时期,思想界更重视自由,认为自由是民主的基础。邹文海说:“民主政治产生于自由主义之后,这是不能否认的事实。假使现在的欧洲人还是除圣经外不能读其他的书籍,还是除天主教外不能有其他的信仰,还是除帝王外不能有其他的威权,我们很难想象如何会有民主国家的产生。闭塞的社会,迷信的传统,专制的威权,完全是不能生长民主种子的石田。……人民从无知无识的奴隶,变成有选举权的公民,这是要经过无数的奋斗和努力的。但是没有自由主义作动力,一切的运动都会归于失败。”②

(三)个人自由与社会公道的关系。抗战后,中国面临着向何处去的问题,也就是以苏联为榜样,还是以英美为榜样的问题。这争论的背后,其实是政治权利与经济权利之争。或言之,也就是个人自由与社会公道哪个更重要。当时人们的普遍观点是:“英美人民有充分的权,而利则不足;苏联人民有充分的利,而权则不足。”③那么在“权”和“利”之间如何取舍呢?最理想的办法当然是二者兼顾。杨人楩说:“民主政治演变到今日,显然要包括经济民主的意义,否则便是倒退或固着,必为自由主义者所摈弃。不过在自由主义者看来,一张票与一碗饭是同样重要的,我们必须努力达到兼而有之的地步。……试想,如果没有政治民主,手里拿着这一碗饭等于是奉旨吃饭,……得来未免过于机械。‘吃饭第一’的理论并非遍效。”④那么二者不能统一时怎么办呢?有人说:“中国人需要丰衣足食是天经地义,而自由则更可贵。”⑤然而,总体而言,中国的自由主义者对此看法是虽要二者兼顾,也有主次之分:个人自由第一,社会公道第二。张君劢说:“所谓个人自由,就是说一国之中,有千万人民,各人的才能、思想、职业、境遇各不相同,政府无法以一种统制的方法使其平均发展,因为各人有各人的能力,唯有听其自由发挥所长,倘使政府干涉,才能是无法发挥的,所以民主政治的第一个条件在发展个人自由。社会上各种人民,既各有各的职业、境遇,好比工程师、工匠、农夫无法使其一律,但其生活程度,教育机会,求业机会,参政权力,应差不多求其平等,否则,要使教育普及,工会组织普遍化是不可能的,压迫无产阶级,不令其得到向上发展的机会,人生乐趣的享受也是不可能的,所以,社会公道为民主政治的第二个条件。”⑥

---

① 李浩培:《法治实行问题》,《观察》第2卷第12期。
② 邹文海:《民主政治与自由》,《观察》第1卷第13期。
③ 吴世昌:《政治民主与经济民主》,《观察》第1卷第5期。
④ 杨人楩:《再论自由主义的途径》,《观察》第5卷第8期。
⑤ 吴世昌:《政治民主与经济民主》,《观察》第1卷第5期。
⑥ 蔡尚思编:《中国现代思想史资料简编》第5卷,杭州:浙江人民出版社,1983年,第366页。

总体而言,近代中国人对权利的认识是一步一步深入而具体的,但是,也存在着一些遗憾。其一,天赋权利的观念从没有建立起来。虽然在戊戌维新时期,严复就提出了天赋人权观念,但其很快就进行了自我否定。此后,天赋人权的观念一再遭到质疑。20世纪30年代,人权派虽然提出人权先于国家,人权先于法律,但其理论根据严格而言不是天赋人权,而是功利主义。比如罗隆基认为人权之可贵,在于其能养成至善之我,在于其能达成最大多数人的最大幸福。张熙若认为个人自由的好处是能培养人的忠勇人格,而此种人格可以立国本、救国难。

但是,以功利主义对权利进行辩护是把双刃剑。既然社会进步是权利的根据,为了社会的进步是否也可取消人的一些自由权利?这绝不是文字游戏或危言耸听。事实上,一些自认为是人权辩护者的人,也确实从这一角度提出了问题。张佛泉在《论自由》一文中,就对密尔的自由观提出质疑。他认为密尔的自由观是把个人与社会隔绝。因为个人的任何一项行为都不会只影响到他个人,而不影响其他人。所以,为了社会的善而干预个人都是可行的。张佛泉借斯提文之口说:"如果目标是善的,所用的强制也足以实现它,并且所得到的好处还足以超过用强制时所生的不便,那末依功利主义的原则,我不明白强制为甚么是恶的。由我这样的说法,很可以证明密尔先生的'单纯原则'实是一种谬论。"①这种功利主义的权利理论,一方面会导致以功利否定权利;另一方面会造成对某方面权利的漠视,比如财产权。

如果我们仔细考察中国近代思想家关于个人权利的论述,就会发现得到最多关注的是言论自由、思想自由,得到最少关注的是财产权。虽然人们认为财产权是人的一项基本权利,但在思想界几乎无人将其置于神圣不可侵犯的地位。比如张知本一方面认为身体、居住、言论、结社等自由应绝对化,一方面认为对私有财产应严格限制。他说:"与社会生计有重大关系的财产自由和契约自由等,我以为无妨使之社会化,换句话说,即无妨加以严格的限制。本来在资本主义初期的绝对个人主义时代,所谓'财产神圣不可侵犯',所谓'个人意志自由不能干涉',是不容许法律对于财产自由和契约自由加以任何限制的。但个人本位法律观念一变而为社会本位后,此种有关社会生计之财产自由和契约自由,已是要在维持社会福利的范围内,才得受到保护。"②应该说这种观点,在思想界是非常普遍的。为什么会出现这种状况?笔者认为,这与功利主义的权利理论有密不可分的关系。近代中国思想界基本上都赞同言论自由、思想自由,因为他们相信言论自由、思想自由有利于培养人们的独立人格,养成合格公民,有利于社会思想、文化的进步。胡适说:"欧洲十八九世纪的个人主义造出了无数爱自由过于面包,爱真理过于生命的特立独行之士,方才有今日的文明世界。我们现在看见苏俄的压迫个人自由思想,但我们应该想想,当日在西伯利亚冰天雪地里受监禁拘囚的十万革命志士,是不是新俄国的先锋?……我们不能不深信:一个新社会、新国家,总是一些爱自由爱真理

① 张佛泉:《论自由》,《自由与权利:宪政的中国言说》,北京:清华大学出版社,2010年,第120页。

② 张知本:《宪法草案委员会之使命及草案要应行研究之问题》,《东方杂志》第30卷第7号。

的人造成的,决不是一班奴才造成的。……个人没有自由,思想又何从转变,社会又何从进步,革命又何从成功?"①相对于言论自由、思想自由,个人财产权的公益性似乎显得不足。只有把权利视为天赋人权,才能使人的权利建立在坚固的基础上。天赋权利并不是说人类初期或某一个黄金时期享有完美的权利,而是说,人的权利来源基于人的尊严,基于每一个人都被预设为自由、平等理性的人,每一个人都是一目的。为什么国家主义者认为人是国家的工具,为了国家的目的,甚至为了所谓个人的积极实现,国家有干涉个人的权利,且有不得不干涉的义务?为什么功利主义者要在权利之间区分出轻重,为了所谓的社会公益,可以对人实行强制?其根本的误区在于以功利的观点看待权利,没有把每个人都预设为自由、平等、理性的人。权利来源于功利,就可因功利而取舍;因为有人不理性,不能正确认识自己的真正利益,所以需要有理性的人代为其判断,强制在所难免。在中国,恐怕张佛泉是第一位从每个人都是自由、平等、理性的人,每一个人即是一目的的角度论述权利。但是,这已经是20世纪50年代以后的事情。

其二,没有在自由之间作出区分。在近代中国,人们是把个人自由(包括所谓的消极自由、积极自由)、意志自由、国家自由、民族自由等当作自由的不同面看待,完全没有认识到这是几种不同的自由。这就难免出现自由之间相互打架、相互抵消的局面。即使谈论的是同一自由,含义也可能大相径庭。正是在自由之间没有作出区分,所以即使所谓的自由主义者,也不太清楚到底想争取的是哪一种自由。理论上陷于混乱,行动上左支右绌。一时谈民主,一时谈专制;一方面高喊自由,一方面又大谈国家主义。

第二节　中国近代公民教育中的义务、责任意识

一、中国近代公民教育中的义务意识

中国近代思想家关注公民的权利意识,但更关注公民的义务和责任意识。中国近代公民意识的觉醒,是建立在国家、民族意识的觉醒之上的。这就是说,一个人是公民而非私民,首先表现在为国家、为民族尽义务、责任上。中国近代思想家对义务与责任二词并没有过多的区分,两者常常通用。严格意义上而言,义务偏于法律性质,责任偏于道德性质。法律性质的义务是可以列举的,道德性质的义务即责任是无法列举的。公民对国家应该尽哪些法律义务呢?中国近代思想家对公民义务讨论虽多,但大多是偏向道德义务的讨论。康有为在《公民自治篇》中提到公民纳税的义务,但仍是从公民荣誉、责任角度看待公民纳税。在中国,最早从法律角度指出公民应担的义务的人,应该是梁启超。梁启超在《各国宪法异同论》中写道:

---

① 胡适:《个人自由与社会进步》,胡明编:《胡适精品集》第12册,北京:光明日报出版社,1998年,第93~95页。

厘定臣民之权利及职分,皆各国宪法中之要端也。如言论著作之自由,集会结社之自由,行为之自由,居住之自由,所有权利,请愿权利及其他重大之各权利,并纳税义务、兵役义务及其他重大之各义务,皆须确定之。①

在清末预备立宪时期,对于公民的法律义务讨论相对较多。目的是向清政府表明,实行立宪就有要求人民纳税、当兵的合法性。

夫立宪之国家,其人民皆有纳税、当兵之义务,以此二义务,易一参政之权利。君主得彼之二义务,则权利可以发展。国民得此一权利,则国家思想可以养成。②

民国初年,梁启超在《进步党拟中华民国宪法草案》中说:"中华人民依法律所定,有纳租税之义务。中华人民依法律所定,有服兵役之义务。"③杨贤江在《新法公民教科书》中也指出公民有纳税当兵的义务。除了纳税、当兵,服从法律的义务也被提出。梁启超在《服从释义》中说:"不可服从私人之命令,而不可不服从公定之法律。欲维持国家之秩序,必以服从法律为第一义。欲保护个人之自由,亦必以服从法律为第一义。"④杨贤江说:"国家定出许多法律,无非为保护人民的自由和安宁。如果有人不守法律,就会扰乱秩序,引起争乱,必致大家受着祸害。所以遵守法律,也成为公民的一种义务。"⑤

对于纳税、当兵、遵守法律是公民的法律义务,人们是比较有共识的。比较有争议的是,选举和受教育应否是公民的法律义务。对于选举更多人把其看作公民权利,但也有人指出,选举是权利,同时也应是法律义务。

自然权利的学说,在推翻专制的运动中,是一个大功臣。这个学说告诉我们,人有生以来即有一种天赋的权利,具体表现出来,就须人人都有参政权。这个学说为鼓动革命,为推进一种剧烈的改革,是很有用的。⑥

张佛泉认为,把选举当作一项权利,其作用主要在于争取权利。当选举权成为一项现实权利后再提倡选举是一项自然权利就没有太大意义,因为选举既然是一项权利,人们就可以放弃,可以出卖,可以不负责任地投票,所以不能把选举仅仅看作权利,必须还是一项功能、一种义务。张佛泉说:"我们如果明白了选举乃是一种功能、是一种义务,

① 梁启超:《各国宪法异同论》,林志钧编:《饮冰室合集·文集之四》,北京:中华书局,1989年,第78~79页。

② 《考察宪政大臣达寿奏考察日本宪政情形折》,《东方杂志》第5卷第8期。

③ 梁启超:《进步党拟中华民国宪法草案》,林志钧编:《饮冰室合集·文集之三十》,北京:中华书局,1989年,第61页。

④ 梁启超:《服从释义》,林志钧编:《饮冰室合集·文集之十四》,北京:中华书局,1989年,第13页。

⑤ 杨贤江:《新法公民教科书》,任钟印等编:《杨贤江全集》第6卷,郑州:河南教育出版社,1995年,第799~800页。

⑥ 张佛泉:《选举为的是甚么?》,《自由与权利:宪政的中国言说》,北京:清华大学出版社,2010年,第388~389页。

而不是单纯的权利,是为完成政治上的重大使命,并须我们用判断力,代我们选择政府的首脑官员,决定政治方向,那末我们就应该知道选举这件事是多么大的责任了。英儒约翰·穆勒论到投票的重要性时,曾这样说过:'在任何政治选举中,即使在普选权之下(更明显的如在限制选举权之下),一个投票人须在绝对的道德责任下去考虑公共的而非他自己的利益,要用他最好的判断去投票,正假如他是唯一的投票者,而选举结果的决定全在他一人。'顾炎武所说的'天下兴亡,匹夫有责',所指不过是道德责任而已。依穆勒的说法,天下兴亡在匹夫匹妇的一票,这个责任又岂止是道德的呢!"①

受教育应该是义务还是权利呢?有人认为是义务。杨贤江说:"一个人不受教育,就不懂得做人的道理,不能替社会做有益的事情。一个国家的国民,如果大多数没有受过教育,这个国家一定不能有十分的进步。国内的文化处处比人不上,自然受人轻侮,被人干涉了。因此,每个国家都以振兴教育为要事。做国民的,至少须受过初等教育才算有完全的资格。"②有人不同意把受教育作为一项义务。潘光旦在为费孝通《作之民》一书写的序言中质问道:"我百思不得其解的是,何以'受基本的教育'的一点也列为义务的一种,而不是权利的一种。教育就是发育的一个步骤,目的在求人格的完成,好比一棵植物要长成,要开花,要结果,试问哪一个人会不愿意,哪一个人会推诿,而不得不安排在义务或责任里面。"③

除了法律义务,还有一种介于法律和道德之间的义务,那就是尊重他人权利的义务。严复在翻译密尔的《论自由》时就注意到这个问题。他说:"自繇者凡所欲为,理无不可,此如有人独居世外,其自繇界域,岂有限制?为善为恶,一切皆自本身起义,谁复禁之?但自入群而后,我自繇者人亦自繇,使无限制约束,便入强权世界,而相冲突。故曰人得自繇,而必以他人之自繇为界,此则《大学》絜矩之道,君子所恃以平天下者矣。"④中国近代思想家基本上都是如此理解自由界限的。杜威来华演讲时,用更通俗的语言对此进行了论述:"尊重利权并非蔑视义务。况且义务利权本非二事,所谓义务,不过是尊重他人的利权罢了。假使我们拿个人做中心,认为我们的利权为神圣不可侵犯,那么,推己及人,自当会尽义务,自然会尊重他人的利权了。所以你的利权就是我的义务,我的义务就是你的利权。"⑤

二、中国近代公民教育中的责任意识

所谓责任,就是道德义务。唤醒国民的责任心是中国近代思想家一致的共识。梁启超说:"人生于天地之间,各有责任。知责任者,大丈夫之始也。行责任者,大丈夫之

---

① 张佛泉:《选举为的是甚么?》,《自由与权利:宪政的中国言说》,北京:清华大学出版社,2010年,第391页。

② 杨贤江:《新法公民教科书》,任钟印等编:《杨贤江全集》第6卷,郑州:河南教育出版社,1995年,第799页。

③ 潘光旦:《未经"国定"的一册公民读本》,费孝通:《作之民》,上海:生活书店,1946年,第5页。

④ 伍杰编:《严复书评》,石家庄:河北人民出版社,2001年,第156页。

⑤ 袁刚、孙家祥、任丙强编:《民治主义与现代社会——杜威在华讲演集》,北京:北京大学出版社,2004年,第182页。

终也。自放弃其责任，则是自放弃其所以为人之具也。是故人也者，对于一家而有一家之责任，对于一国而有一国之责任，对于世界而有世界之责任。”①张耀曾说：“责任心者，国民所不可须臾离者也。……况处竞争剧烈之场，国民不能人人身负责任，而欲侥幸苟免，求生存于二十世纪之新世界，岂可得乎？”②责任心的反面，就是旁观。“责任心者何，旁观之反对也。无推诿，无依赖，一往直前，所以尽当然之责任也。”③梁启超在《呵旁观者文》中，对旁观者进行了痛斥。他说：“天下最可厌可憎可鄙之人，莫过于旁观者。……故旁观者，人类之蟊贼，世界之仇敌也。”④梁启超还为旁观者画像，将其分为六类。一类是混沌派。梁启超称其为无脑筋之动物。此派人不知有世界，不知有国家，不知何者为忧，何者为惧。饥而食，饱而游，困而睡，觉而起。一类是为我派。此派人只关心一己之私利，对于公众利害袖手旁观。即使参与公事，也是将其作为谋利的手段。一类是呜呼派。此派人面有忧国之容，口有哀时之语，只是叹息痛哭，却不办一件实事。一类是笑骂派。此类人自己不干事，却冷言热语地笑骂做事之人。一类是暴弃派。此类人自暴自弃，把责任寄托在别人身上。一类是待时派。此类人观风使舵，风向向东就向东，风向向西就向西，投机取巧，乡愿本色。

尽责任，除了要有责任心，更表现在对责任的践履上。“劳一己之心力，尽分内之义务。”⑤在日常生活中，尽责任就表现为敬业乐业。梁启超说：“凡做一件事便忠于一件事。将全副精力集中这事上头，一点不旁骛，便是敬业。”⑥梁启超所说的敬业，不仅是要努力去做，还包含有职业道德，就是所谓的职业神圣。拉黄包车的把黄包车拉好，挑粪的把马桶收拾干净，当政治家的把国家建设成一个共和国，做军人的抵抗外侮。乐业是敬业的进一步提升，即在敬业中求得快乐。尽责任，还包括在责任中分出轻重。罗家伦说：“人在社会上有关的方面太多，所以应负责任的地方也太多，有时责任与责任之间，常常发生冲突。比方一个人结了婚，有了家庭，就有对妻子的责任。这种责任是不可否认的，在平时愈能尽责愈好。但是遇到国家在危难的时候，需要我们执干戈以卫社稷，就不能说因为自己有了抚养妻子的责任，遂留恋畏缩，因循不前。在这种责任互相冲突的时候，只能抛弃较轻的责任，去担负较重的责任。不是如此，大我无从实现，自我也无从发展。”⑦

权利、义务、责任意识，都是公民所应有的意识。中国近代思想家如何理解它们之间的关系呢？(1)权利、义务相互对待。“义务者，与权利相对待而有之词也，故民有可

---

① 梁启超：《呵旁观者文》，林志钧编：《饮冰室合集·文集之五》，北京：中华书局，1989年，第69页。

② 崇实：《论云南人之责任》，《云南杂志》第3号，1907年1月。

③ 崇实：《论云南人之责任》，《云南杂志》第3号，1907年1月。

④ 梁启超：《呵旁观者文》，林志钧编：《饮冰室合集·文集之五》，北京：中华书局，1989年，第69页。

⑤ 崇实：《论云南人之责任》，《云南杂志》第3号，1907年1月。

⑥ 梁启超：《敬业与乐业》，林志钧编：《饮冰室合集·文集之三十九》，北京：中华书局，1989年，第26页。

⑦ 罗家伦：《从完成责任到实现权利》，《写给青年——我的新人生观演讲》，北京：中国人民大学出版社，2005年，第115~116页。

据之权利,而后应尽之义务生焉。无权利,而责民以义务者,非义务也,直奴分耳。”①(2)个人权利是国家权利实现的基础。国家要强盛必须立足个人要争权利。只有个人有权利意识,才能为国家争权利。权利之可贵,在于个人有了权利意识,就能人人为国争权。(3)权利要在尽义务、尽责任中实现。罗家伦说:“我们立身行事,应该为国为人,尽其在我。我们不说人在世上没有权利,但是权利是责任的产物,不是凭自己的欲望去要求的,更不是坐享其成可以得到的。我们现在所享的权利,就是旁人已尽责任的结果。必定我们尽了应尽的责任,才能够安心享受应得的权利,何况许多权利只有在尽责任的过程中才可以得到呢?”②梁启超强调尽性,梁漱溟把中国文化精神概括为义务本位,都是要人“尽其在我”,尽义务比享权利更值得肯定。

---

① 伍杰编:《严复书评》,石家庄:河北人民出版社,2001年,第302页。

② 罗家伦:《从完成责任到实现权利》,《写给青年——我的新人生观演讲》,北京:中国人民大学出版社,2005年,第117页。

第五章

中国近代公民教育中的人格教育

中国近代思想家非常注重公民人格意识的培养,但是,人格的含义是什么,却是见仁见智,各有侧重。有人从人的尊严角度定义人格。蔡元培说:“盖吾人既非木石,又非禽兽,则自有所以为人之品格,是为人格。……人格之价值,即所以为人之价值。世界一切有价值之物,无足以拟之者,故为无对待之价值,虽以数人之人格言之,未尝不可为同异高下之比较;而自一人言之,则人格之价值,不可得而数量也。”[①]有人从法律义务角度定义人格。“Duty 以尽人之所以为人者是也,法律上之人格者。”[②]有人从法律权利角度定义人格。张耀曾说:“法律对一切自然人均赋予权利能力,认为法律上之人(即人格),盖出于人类平等之观念也。人类平等故人格平等,而欲贯彻此平等主旨,必须人格者自己尊重,并相互尊重,如有不自重或不互重者,必有以防制之、纠正之,而后其人格乃能保持平等,此保护人格之规定所由生也。”[③]有人从人的自我实现角度定义人格。“人格就是自我的发展。人格主义的要旨,就是要求圆

---

① 蔡元培:《中国伦理学史》,北京:商务印书馆,2004 年,第 215 页。

② 金观涛、刘青峰:《观念史研究》,北京:法律出版社,2009 年,第 136 页。

③ 张耀曾:《民法总则讲义》,杨琥编:《宪政救国之梦——张耀曾先生文存》,北京:法律出版社,2004 年,第 133 页。

满地自我实现。”①有人从政治角度定义人格。张君劢说:“关于人格,就是说既称人,便有人格自由,就是说凡一个人不能将其人身出卖做奴隶。”②有人从道德义务角度定义人格。孙中山先生谈论人格时,就主要指道德人格。蔡元培虽然从人的尊严角度定义人格,但其人的尊严的内涵,仍是道德义务。蔡元培说:“发展人格之法,随其人所处之时地而异,不必苟同,其致力之所,即在本务,……对于自己、若家族、若社会、若国家之本务皆是也。而其间所尤当致意者,为人与社会之关系。盖社会者,人类集合之有机体。故一人不能离社会而独存,而人格之发展,必与社会之发展相应。不明乎此,则有以独善其身为鹄,而不措意于社会者。岂知人格者,谓吾人在社会中之品格,外乎社会,又何所谓人格耶?”③那么,什么是人格呢?笔者以为,人格就是每个人做人的尊严,就是每个人被当作自由、平等、理性的人看待。中国近代思想家阐述人格时,所关注的亦主要是独立人格(在近代中国,独立与自由几乎可以互用,特别在修饰人格时,更是如此)、平等人格。

第一节　独立人格

人格意识的觉醒,首先是人作为一个人独立自主意识的觉醒。梁启超说:“独立者何?不藉他力之扶助,而屹然自立于世界者也。人而不独立,时曰奴隶。”④《说国民》的作者称:

何为独立?曰:奴隶者,其喜惧颠倒悉听于他人之憎爱,闻有挫我折我者则色然而忧,闻有庇我豢我者则欣然而喜。……牛之马之不以为苦,盗之贼之不以为辱,苟能遂其高车驷马锦衣美食之心,则甘为一姓之家奴而不辞。……若夫国民者,则虽率通国之君相、官吏、学士、贤者,以誉我敬我富我贵我而我不少动;虽率通国之君相、官吏、学士、贤者,以毁我贱我杀我戮我而我不少动;虽率地球为文明,而大倡权利、责任、自由、平等之说,而我之倡权利、责任、自由、平等者如故;虽率地球为野蛮,而大倡无权利、无责任、不自由、不平等之说,而我之倡权利、责任、自由、平等者犹如故。⑤

作者虽没有直接给独立下定义,但从其关于奴隶与国民的论述中,独立的含义即可自现,独立就是不听命随从于他者。人之所以要有独立人格,是来源于天赋予人之尊

① 高元:《民主政治与伦常主义》,《新潮》第2卷第2号。

② 张君劢:《中华民国民主宪法十讲》,孙亚夫、杨毓滋编:《张君劢先生九秩诞辰纪念册》下,第26页,沈云龙主编:《近代中国史料丛刊续编》第53辑,台北:文海出版社,1978年。

③ 蔡元培:《中国伦理学史》,北京:商务印书馆,2004年,第216页。

④ 梁启超:《国民十大元气论》,林志钧编:《饮冰室合集·文集之三》,北京:中华书局,1989年,第62页。

⑤ 《说国民》,张枬、王忍之编:《辛亥革命前十年间时论选集》第1卷上,北京:生活·读书·新知三联书店,1960年,第74页。

严。“夫天之生人也，皆赋予独立之性，其分配最公平无颇。他性之禀受或有厚薄，而独立之性，则无厚薄。”①

既然独立是源于天之所赋的尊严，怎样养成独立人格？

(1)自爱，即知人格之可贵。蔡元培说：“人格之可贵如此，故抱发展人格之鹄者，当不以富贵而淫，不以贫贱而移，不以威武而屈。死生亦大矣，而自昔若颜真卿、文天祥辈，以身殉国，曾不踌躇，所以保全其人格也。人格既堕，则生亦胡颜；人格无亏，则死而不朽。孔子曰：‘朝闻道，夕死可矣。’良有以也。”②这就是说，人格不可用来交易。人格不但不可交易，甚至应该用生命去保全它。

(2)自尊。自尊就是对自我价值的肯定。人皆圆颅方趾四肢五官，等一人也，不可自轻自贱。梁启超说：“夫周公何人也？孔圣人何人也？颅同此圆，趾同此方，官同此五，支同此四。而必曰此也者，彼之责任，非我之责任也，天下之不自爱，孰有过是也。”③

(3)自信。《教育泛论》的作者称：“于天地之间而有我，天下皆宾而我则主也，天下皆轻而我则重也，天下之人皆不可恃而我则可恃，天下之理皆不可信，而吾心之理则必可信。吾尽吾之力而已矣，吾行吾所是而已矣。”④自信当然不是让人目空一切。自信与虚心不是对立关系，而是相辅相成的关系。梁启超说：“自信与虚心，相反而相成者也。人之能有自信力者，必其气象阔大，其胆识雄远，既注定一目的地，则必求贯达之而后已。而当其始之求此目的地也，必校群长以择之；其继之行此目的地也，必集群力以图之。故愈自重者，愈不敢轻薄天下人；愈坚忍者，愈不敢易视天下事。海纳百川，任重致远，殆其势所必然也。彼故见自封、一得自喜者，是表明其器小易盈之迹于天下。如河伯之见海若，终必望洋而气沮；如辽豕之到河东，卒乃怀惭而不前。未见其自信力之能全始全终者也。故自信与骄傲异。自信者常沈著，而骄傲者常浮扬。自信者在主权，而骄傲者在客气。故豪杰之士，其取于人者，常以三人行必有我师为心；其立于己者，常以百世俟圣而不惑为鹄。夫是之谓虚心之自信。”⑤

(4)勿迷信盲从。不迷信盲从，即不屈服于外在势力。外在势力林林总总，就其主要者而言有以下几种：一是强权。比如君权、外来压迫等。一切不合理的压制都是强权，都不应该屈服。二是权威。梁启超所说的勿为古人之奴隶，即是不屈从于权威。“俗论动曰非古人之法言不敢道，非古人之法行不敢行。此奴隶根性之言也。夫古人自古人，我自我。我有官体，我有脑筋，不自用之，而以古人之官体为官体，以古人之筋脑为脑筋，是我不过一有机无灵之土木偶，是不啻世界上无复我之一人也。”⑥梁启超认为古豪杰之所以成为豪杰，亦是因为有自我。“古圣贤也，古豪杰也，皆尝有大功德于一

---

① 王尔敏：《中国近代思想史论续集》，北京：社会科学文献出版社，2005年，第391页。

② 蔡元培：《中国伦理学史》，北京：商务印书馆，2004年，第215~216页。

③ 梁启超：《新民说·论自尊》，林志钧编：《饮冰室合集·专集之四》，北京：中华书局，1989年，第75页。

④ 《教育泛论》，张枬、王忍之编：《辛亥革命前十年间时论选集》第1卷上，北京：生活·读书·新知三联书店，1960年，第402页。

⑤ 梁启超：《十种德性相反相成义》，林志钧编：《饮冰室合集·文集之五》，北京：中华书局，1989年，第48页。

⑥ 梁启超：《国民十大元气论》，林志钧编：《饮冰室合集·文集之三》，北京：中华书局，1989年，第63页。

群，我辈爱而敬之宜也。虽然，古人自古人，我自我。彼古人之所以能为圣贤为豪杰者，岂不以其能自有我乎哉？使不尔者，则有先圣无后圣，有一杰无再杰矣。”①三是风俗。《说国民》作者称：“盖脱君权、外权之压制者，犹所谓自由之形体；若能跳出于数千年来风俗、思想、教化、学术之外，乃所谓自由之精神也。无自由之精神者，非国民也。”②不但不为世俗之奴隶，更应该跳出世俗创造新风尚。梁启超说：“人有三等：一曰困缚于旧风气之中者；二曰跳出于旧风气之外者；三曰跳出旧风气而后能造新风气者。夫世界之所以长不灭而日进化者，赖有造新风气之人而已。……故独立性者，孕育世界之原料也。”③

新文化运动时期，胡适也特别提倡敢于思考、敢于怀疑，勿随流俗。胡适说：“一切习惯、风俗、制度的改良，都起于一点批评的眼光；个人的行为和社会的习俗，都最容易陷入机械的习惯，到了机械的习惯的时代，样样都不知不觉的做去，全不理会何以要这样做，只晓得人家都这样做，故我也这样做；这样的个人便成了无意识的两脚机器，这样的社会便成了无生气的守旧社会，我们如果发愿要造成少年的中国，第一步，便须有一种批评的精神；批评的精神不是别的，就是随时随地都要问我为什么这样做，为什么不那样。”④四是社会。章太炎认为，人非为世界而生，非为社会而生，非为国家而生，非为他人而生。所谓责任是后起之事。人与人相处的原则，以无害为界限。只要一个人的行为无害于人，无害于社会，社会无干涉之权，不能以所谓的社会利益、社会公理压制之。以社会压制个人与以强权压制个人没有根本的差别，其害甚至超过以强权压制个人。因为强权不可能无时无地存在，而社会压制却是无时无地不在。不仅如此，强权压制个人，被压制者还能得到社会的同情；社会压制个人，被压制者却无处申说。

> 言公理者，以社会常存之力抑制个人，则束缚无时而断。言天理者，谓臣子当受君父抑制，而不谓君父当抑制。君父以不道遇其臣子者，非独天理家非之，一切社会亦非之。故见屈于一人，而常受怜于万类，是尚有讼冤之地。言公理者，以社会抑制个人，则无所逃于宙合。然则以众暴寡，甚于以强陵弱。而公理之惨刻少恩，尤有过于天理。⑤

章太炎之所以激烈反对公理，是因为他认为所谓公理，要么是以己意认作公理，要么是所谓的社会大多数公认之理。既然人为独生，非为他生，那么理就应该依个人良心而起。一个社会应该允许瑰意琦行之士存在。鲁迅在《文化偏至论》中亦表达了相同意见。

---

① 梁启超：《新民说·论自由》，林志钧编：《饮冰室合集·专集之四》，北京：中华书局，1989年，第47页。

② 《说国民》，张枬、王忍之编：《辛亥革命前十年间时论选集》第1卷上，北京：生活·读书·新知三联书店，1960年，第73页。

③ 梁启超：《国民十大元气论》，林志钧编：《饮冰室合集·文集之三》，北京：中华书局，1989年，第63页。

④ 胡适：《少年中国之精神》，姜义华主编：《胡适学术文集·教育》，北京：中华书局，1998年，第46页。

⑤ 章太炎：《四惑论》，《章太炎全集》第4卷，上海：上海人民出版社，1984年，第449页。

(5)自立。所谓自立,就是要有不依赖他人之心。梁启超说:“天下不能独立之人,其别亦有二:一曰望人之助者;二曰仰人之庇者。望人之助者,盖凡民也,犹可言也。仰人之庇者,真奴隶也,不可言也。”①欲求自立,先求自养自存。不能自养自存,就没有自立的基础。梁启超说:“凡有自尊思想,不欲玷辱彼苍所以予我之人格者,必以先求自立为第一要义。自立之具不一端,其最显要者,则生计上之自劳自活。……苟不尔者,欲不倚赖人,乌可得也。”②蔡元培称:“生计者,万事之基本也。人苟非独立而生存,则其他皆无足道。自力不足,庇他人而糊口者,其卑屈固无足言;至若窥人鼻息,而以其一颦一笑为忧喜,信人之所信而不敢忤,是亦一赘物耳,是皆不能自存故也。”③鲁迅在《娜拉走后怎样》一文中写道:“自由固不是钱所能买到的,但能够为钱而卖掉。”④怎样能够自存?首先,要有自立心,人无求养于人的权利。

> 人之与人,谁负养人之义务,谁有受养之权利?无权而责养于人,谓之横暴。横暴者,人将嫉恶而诛除之。无权而求养于人,谓之卑鄙。卑鄙者,人必轻贱而役使之。受诛者死,受役者奴。不欲为奴,则人将能除其养,仍困顿以即于死。故不甘为奴而欲自存者,除自养外,无他道也。⑤

其次,除去依赖心,培养独立性。杨昌济在《治生篇》中提出,不可使子弟起依赖父兄之心,为父兄者亦不可有依赖子弟之心,兄弟之间不可相互依赖,女子也不可忽视治生的天职。家庭之间尚且不能有相互依赖之心,仰给他人更为不可。再次,要有谋生之能力。单有独立之心,没有谋生之能力,亦属空谈。杨昌济说:“方子弟幼少之时,必与以相当之教育,随其性之所近,各畀一业,使专习之,期于长成之后,能自谋生,而无借于父兄之助。”⑥最后,养成良好品德。关于治生方面的良好品德,就是勤勉与节俭。杨昌济说:“欲生之者众,食之者寡,则必使一家之人咸勤厥职。”⑦陈独秀说:“劳动神圣,皙族之恒言,养尊处优,吾华之风尚。……游民遍国,乞丐载途。美好丈夫,往往四体不勤,安坐而食他人之食。自食其力,乃社会有体面者所羞为,宁甘厚颜以仰权门之余沥。呜呼!人力废而产业衰,产业衰而国力隳,爱国君子,必尚乎勤!”⑧节俭不但有利生计,也有利于美好品德的养成。陈独秀说:“奢侈之为害,自个人言之,贪食渔色,戕害其生,奢以伤廉,堕落人格。吾见夫世之倒行逆施者,非必皆丧心病狂,恒以生活习于奢华,不得不捐耻昧心,自趋陷阱。”⑨蔡元培称:“节俭者必寡欲,寡欲则不为物役,然后可以养德

---

① 梁启超:《国民十大元气论》,林志钧编:《饮冰室合集·文集之三》,北京:中华书局,1989年,第64页。
② 梁启超:《新民说·论自尊》,林志钧编:《饮冰室合集·专集之四》,北京:中华书局,1989年,第73页。
③ 蔡元培:《中国伦理学史》,北京:商务印书馆,2004年,第129页。
④ 鲁迅:《娜拉走后怎样》,《鲁迅全集·坟》第1册,北京:人民文学出版社,2005年,第168页。
⑤ 次山:《青年之生死关头》,《新青年》第3卷第1号,1917年3月。
⑥ 杨昌济:《治生篇》,《新青年》第2卷第4号,1916年12月。
⑦ 杨昌济:《治生篇》,《新青年》第2卷第4号,1916年12月。
⑧ 陈独秀:《我之爱国主义》,《陈独秀文章选编》上,北京:生活·读书·新知三联书店,1984年,第133页。
⑨ 陈独秀:《我之爱国主义》,《陈独秀文章选编》上,北京:生活·读书·新知三联书店,1984年,第133页。

性，而完人道矣。家人皆节俭，则一家齐；国人皆节俭，则一国安。盖人人以节俭之故，而赀产丰裕，则各安其堵，敬其业，爱国之念，油然而生。否则奢侈之风弥漫，人人滥费无节，将救贫之不暇，而遑恤国家。"①

培养独立人格，除了个人的自爱、自尊、自信、自立，重自由、尊权利也很重要。政治学者张奚若说："个人解放是现代一切文化的基础，……个人主义的优点在能养成忠诚勇敢的人格，而此种人格在任何政制下，都有无上的价值，都应该大量培养。"②而个人解放的实现，首先表现为思想和言论的自由。

> 个人主义的政治哲学的神髓……全在承认政治上一切是非的最终判断者是个人而非国家或政府，全在承认个人有批评政府之权，说得更具体，全在承认思想自由和言论自由。因为个人是最终的判断者，所以举世皆以为是而我尽可以为非，或举世皆以为非而我尽可以为是。③

这种个人良心上的不屈服，就是造就独立人格的基础。张君劢也有相同的见解：

> 自由学说之最大价值，在其能养成独立人格与健全公民。这一点不可磨灭之价值，可以垂诸千百年不变。……不养成自由人格，不有自动自发之精神以参加国事，而件件敕政府之指示，则此国家之基础当然不健全，不巩固。……一国之健全与否，视其各分子能否自由发展，而自由发展中最精密部分，则为思想与创造之能力。④

国家重视人权，亦是人们养成独立人格的重要保障。因为人权就是人的价值、尊严、人格的体现。"惟有保障人权，然后政府地位愈加巩固，因为人民有人格，明礼义，知廉耻，自然成为一国中之中坚分子。……一国要希望人权得到保障，第一，要拿人民当人，不可拿人民当奴隶。"⑤

中国近代思想家为何如此重视独立人格养成呢？一是独立人格是每个人人之为人、人之为国民的尊严所在。"自尊云者，非尊其区区七尺也。尊其为国民之一分子，人类之一阿屯也。故凡为国民一分子人类一阿屯者，皆必如其所尊以尊之。故惟自尊者为能尊人。"⑥二是只有每个人具有独立人格，国家独立之基础乃固。蔡元培说："要之

---

① 蔡元培：《中国伦理学史》，北京：商务印书馆，2004 年，第 124 页。

② 张奚若：《国民人格之培养》，《张奚若文集》，北京：清华大学出版社，1989 年，第 359 页。

③ 张奚若：《国民人格之培养》，《张奚若文集》，北京：清华大学出版社，1989 年，第 356 页。

④ 张君劢：《立国之道》，孙亚夫、杨毓滋编：《张君劢先生九秩诞辰纪念册》上，第 149 页，沈云龙主编：《近代中国史料丛刊续编》第 53 辑，台北：文海出版社，1978 年。

⑤ 张君劢：《中华民国民主宪法十讲》，孙亚夫、杨毓滋编：《张君劢先生九秩诞辰纪念册》下，第 38 页，沈云龙主编：《近代中国史料丛刊续编》第 53 辑，台北：文海出版社，1978 年。

⑥ 梁启超：《新民说·论自尊》，林志钧编：《饮冰室合集·专集之四》，北京：中华书局，1989 年，第 74 页。

无独立之心之人，恒不自重，既不自重，则亦不知重人，此其所以损品位而伤德义者大矣。苟合全国之人而悉无独立心，乃冀国家之独立而巩固，得乎？”①

第二节　平等人格

随着天赋人权观念的输入，天赋平等的观念也相伴而来。戊戌维新时期，谭嗣同、樊锥、皮嘉祐等都曾大力宣传平等。樊锥说：“天之于生，无非一也。一也者，公理焉。公理也者，平等焉。无人非天之所生，则无人非天之子也。进之则无物非天所生天之子也。进之则一切世界，所有微尘野马，不可言说，无非天之所生天之子也。进之则一切行星恒星，端倪变动，无非天之所生天之子也。平等也。进之则天且平等也。一切出于天，则一切无非天焉，进之则无量天，亦平等也。一切名之天，则一切无不同焉。进之则无量天之上，尘尘万积，率平等也。”②辛亥革命时期，人们对平等的论述进一步具体化。一是政治权利平等。“何谓平等？曰：天之生人也，原非有尊卑上下之分；自强凌弱众暴寡，而贵贱形焉，主奴判焉。故治人者为主则被治者为奴，贵族为主则平民为奴，自由民为主则不自由民为奴，男子为主则女子为奴，若是者谓之奴隶之国。国民则不然。冲决治人者与被治者之网罗，则人人皆治人者，即人人皆被治者；冲决贵族与平民之网罗，则人人皆王侯，即人人皆皂隶；……冲决男子与女子之网罗，则男子有参政权，即女子亦有参政权。夫然后一国之内无一人不得其平，举国之人无一人不得其所，有平等之民斯为平等之国。”③二是实质平等，主要表现为财产平等。刘师培说：“吾人确信人类有三大权：一曰平等权，二曰独立权，三曰自由权。平等者，权利义务无复差别之谓也；独立者，不役他人不倚他人之谓也；自由者，不受制于人不受役于人之谓也。此三权者，吾人均认为天赋。独立自由二权，以个人为本位，而平等之权必合人类全体而后见，故为人类全体幸福，当以平等之权为尤重。独立权者，所以维持平等权者也。惟过用其自由权，则与他人之自由生冲突，与人类平等之旨，或相背驰，故欲维持人类平等，宁限制个人之自由权。”④为什么平等权会与独立权、自由权相冲突？因为刘师培所理解的平等权，不仅是形式平等。他认为仅有形式平等，不能达到实质平等。“一国显贵之职，咸属于少数之富民。名曰普通选举，实则多数之贫民屈于地主一人之下，……虽有选举之名，实则失选举自由之柄。”⑤

随着平等内涵的具体化，关于平等的争议也由此而起。蒋智由说：

---

① 蔡元培：《中国伦理学史》，北京：商务印书馆，2004年，第129~130页。

② 王尔敏：《中国近代思想史论续集》，北京：社会科学文献出版社，2005年，第387页。

③ 《说国民》，张枬、王忍之编：《辛亥革命前十年间时论选集》第1卷上，北京：生活·读书·新知三联书店，1960年，第73~74页。

④ 刘师培：《无政府主义之平等观》，李妙根编：《刘师培辛亥前文选》，北京：生活·读书·新知三联书店，1998年，第116页。

⑤ 刘师培：《无政府主义之平等观》，李妙根编：《刘师培辛亥前文选》，北京：生活·读书·新知三联书店，1998年，第127页。

顾曰平等平等,人人之口所能道,而试一踏入此问题之中,其条理之错综繁密,虽有极明晰之头脑,而亦苦于不能理,故日日言平等之一境,终与此世界远距,而不能到。即第一所欲问者,果求平等,则所谓平等下手之一方法,果若何乎?今夫谓富贵贫贱必平等是也,然果能举世界之富贵而一一均分之乎?此固事之所不能,就令号之曰能,而今日平等,明日又不平等。何则?平等不可能之第一根原,则人类间智愚勤惰之先不平等是也。夫如今日以愚与惰之人而得富贵,以智与勤之人而得贫贱,此固至颠倒之不平等。然但曰平等,则将无智愚勤惰,而一一以富贵均分之乎,则愚者惰者,以不能保其富贵,而又以自然之势,至于不平等。至是而果欲平等,势不能不夺智者勤者之所有,而以与之愚者惰者,其结果反能使人人安于愚惰,而世界且因而退化。于是言平等者,不能不分为两个阶级。一,智愚勤惰富贵贫贱均一之平等,此则必待教育之大进步,其期限甚远,可别为一问题。一,智愚勤惰与富贵贫贱相准之平等,即社会不能无富贵贫贱,而以富贵予智与勤者之人,以贫贱予愚与惰者之人,所谓非事实上之平等,而理由上之平等。①

蒋智由认为人类世界谋存在之终极目的,不能不讲平等。平等世界实现之途径先由事实之平等至有理由之平等最后过渡到终极之平等。即通过教育进步,人们争为智者、勤者,没有愚者、惰者,世界平等得以实现。

相对蒋智由的乐观,为平等留一线之希望,不少学者则是根本反对平等。反对平等者理由如下:

其一,平等诸理论如阶级理论、自然平等理论、法律平等、教育平等、经济平等、机会平等、男女平等,都是不符合历史、不符合事实的。潘光旦在《平等驳议》一文中,对平等诸理论皆有驳斥,他认为:“世无平等之事实,世仅有平等之理论。然世人不加思考,动辄以平等二字相号召,一若实有其事者。名之不立,祸变随之,是不可以不辨。”②

其二,不平等是天然事实。章太炎说:“天地之道,无平不陂,故曰水平而不流,无源则遬竭,云平而雨不甚,无委云雨则遬已,政平而无威则不行,然则平非拨乱之要也。”③人类之不平等,是由于人天赋的先天不平等。“欧洲十八世纪学者如卢梭陆克之伦,盛倡人类平等之说,颇震动一时。然自近时生理研究,及心理测验之结果,则知人类之体魄才识实未尝平等,且往往有先天之不平等。”④孙中山就把人分为八等:圣、贤、才、智、平、庸、愚、劣。按照孙中山的划分,人的天赋不平等,恐怕就不仅仅是体魄才识的不平等了,因为圣贤不仅仅是有才智,更重要的是德行。人的天赋不平等,靠教育是无法完全改变的。潘光旦说:“教育机会扩大与普及之说固我辈所绝对赞同者也。近年来教育

① 观云:《平等说与中国旧伦理之冲突》,张枬、王忍之编:《辛亥革命前十年间时论选集》第2卷上,北京:生活·读书·新知三联书店,1963年,第23页。

② 潘光旦:《平等驳议》,潘乃穆、潘乃和编:《潘光旦文集》第2卷,北京:北京大学出版社,2000年,第353页。

③ 章太炎:《平等论》,汤志钧编:《章太炎政论选集》上,北京:中华书局,1977年,第25页。

④ 萧纯锦:《平等真诠》,《学衡》第5期。

心理学之论断曰:教育之机会愈充溢,则人与人间不平等之现象愈显著。何则?人人得为尽量之发展,而量之不同,得以完全呈露。"①这就是说,即使有教育机会的平等,也不可能达到人人平等。因为每个人利用机会的能力不一样。"机会之平不平,胥视众人利用机会之能力之平不平而定,利用机会之能力既人各不平,则徒以机会平等相呼号奔走,亦无意识甚矣。"②

其三,平等有害于个性之发挥。鲁迅说:"更睹近世人生,每托平等之名,实乃愈趋于恶浊,庸凡凉薄,日益以深,顽愚之道行,伪诈之势逞,而气宇品性,卓尔不群之士,乃反穷于草莽,辱于泥涂,个性之尊严,人类之价值,将咸归于无有。"③萧纯锦说:"所谓平等者,机会平等 Equality of Opportunity 也。政治上,无阶级贵贱之分;法律上,无特权豪强之别;智愚贤不肖之禀赋虽有不同,而皆以尽其性命之理,而充量发达。至于造诣不同,成就异趋,虽有圣智无能为力,则贤者常有以自见,而不肖者亦不失其应得之地位。贤者得以发抒其才智,无隐厄不遇之感;而不肖者,心安理得,亦无屈抑沉沦之叹。……故民治主义之真谛,舍与人以机会平等外,实不啻为贤贤主义,而不认人类平等之存在也。"④

其四,平等有碍社会之进步。潘光旦认为,平等使人消极不上进,不利社会进步。"平等之哲学,消极之哲学也。不求己之自同于人,见贤而不思齐,而私心唯冀人之降格以同于我;即不冀人之降格,而大声疾呼,徒争平等之名,而不图袪不平等之实;若是者,我徒见其自馁心理之日益扩大而已,于实际生活之促进无裨也。……今欲举一比较健全之心理而代之,有道乎?《易》曰,君子自强不息。演化论之人原则亦曰:竞则进,苟安则退;竞则存,苟安则亡。竞与争不为一事。争者求胜,必先损人,故胜则自肆,败则自馁;竞者以损人而胜为耻,故胜不自肆,败不自馁;故领袖者不骄人,服从者知安分;自强之至意,其在斯乎?君子无所争,而竞固不宜废也。人与人以自强相竞,群与群以自强相竞,而社会不进步者,未之有也。"⑤

反对平等者,不仅反对实质平等,甚至反对形式平等。比如选举亦不应该一人一票。"以言政治组织,有所谓均平选举制者。政治领袖之产生由公民投票,而投票之数不因资格地位而有多寡之分。美国实行此种制度者也,故杜威博士投一票,其寓前日事洒扫之清道夫亦投一票,曾无稍异,而若杜威博士者,又时或适潜心于学问,并此一票而不及投焉。谓此非自然平等论之实施不可也。一国之中,平庸之人居大多数,而中上者居少数,今既人投一票,而中上者或因事冗,不克投票,或明知其意见之寡不敌众,不欲投票;于是平庸之政治主张充塞社会,而一乡之愿人,得因风云际会,一跃而执政治之牛

---

① 潘光旦:《平等驳议》,潘乃穆、潘乃和编:《潘光旦文集》第2卷,北京:北京大学出版社,2000年,第359页。

② 潘光旦:《平等驳议》,潘乃穆、潘乃和编:《潘光旦文集》第2卷,北京:北京大学出版社,2000年,第359页。

③ 鲁迅:《文化偏至论》,《鲁迅全集·坟》第1册,北京:人民文学出版社,2005年,第52~53页。

④ 萧纯锦:《平等真诠》,《学衡》第5期。

⑤ 潘光旦:《平等驳议》,潘乃穆、潘乃和编:《潘光旦文集》第2卷,北京:北京大学出版社,2000年,第368~369页。

耳矣。……谓此非自然平等论实施后之效果,亦不可也。"①总之,人的天赋不同、能力不一,应予分别对待。人不应该讲平等,而应该倡公道。所谓公道,即"人人认定人类多形之现象,各视其性质与程度之不同而异其权利与义务之支配,达荀子所称'人载其事,各得其宜'之至理,则庶乎其可矣"②。

以天赋条件的不同论证平等的不合理性缺乏充分的说服力,因为人们可同样指出,人的自然属性亦有很多相同。即使我们把所谓天赋的不同仅仅集中在智力上,也无法做到根据每个人智力的不同,赋予其不同的权利义务。没有人能计算出每个人因智力不同应该享受的权利义务是多少。根据后天的表现区分每个人的权利义务,既是不合理的,亦是不可能的,因为每个人后天的表现成功与否,与每个人的天赋条件,甚至每个人的努力程度,并不总是成正比。根据每个人的后天表现,把人区分为三六九等,不仅不完全符合经验事实,也不符合道德原则,因为它是根据后天表现给人贴标签。所谓的失败者或不成功者被认为是劣等,被认为是理所应得,这是对道德与人格的侮辱。

事实上,所谓的人生而平等,不是原生意义上的平等,即既不是指人类历史的初期有一个人人平等的黄金时代,亦不是指人生于天,所以人人平等。人生而平等来源于价值,来源于道德。康德所说的人的尊严是后来思想家论证平等的理论基石。科恩说:"只要那是价值,都可为另一具有相等或较大价值的同样实体所代替。……作为一个人,却没有人可能被另一个人替换。使他在此领域内占有一席之地的就是因为它有人的尊严,那是他存在的内在的属性。必须尊重每个人的尊严,这句老生常谈,正好表达了这种思想。此处所说的尊严,不包含内心的自尊或外部的举止,而是每个人内在的值得尊重,与他的智力、技艺、才能、等级、财产、信仰无关。肯定人人平等这一原则的,一般都承认人人都拥有这一意义上的尊严。"③这就是说,人生而平等首先表现为尊严平等,即人格平等。

中国近代思想家中亦有人认识到人格平等的重要性。章士钊曾有名言:"中国人之理想,动欲为圣贤,为王者,为天吏,作君作师,不肯自降其身,仅求为社会中之一分子,尽我一分子之义务,与其余等量齐观之辈,合为同心戮力之谋,以共齐其家,共治其国,共平其天下。"④与这种圣贤人格相对应的就是奴性人格。所谓奴性人格就是主子面前是奴才,奴才面前是主子。鲁迅在《论照相之类》中写道:"Th.Lipps 在他那《伦理学的根本问题》中,说过这样意思的话。就是凡是人主,也容易变成奴隶,因为他一面既承认可做主人,一面就当然承认可做奴隶。所以威力一坠,就死心塌地,俯首帖耳于新主人之前了。……中国常语说,临下骄者事上必谄,也就是看穿了这把戏的话。"⑤鲁迅很深刻地把奴性人格概括为"肤主而骨奴"。无论是圣贤人格还是奴性人格,都是因为缺乏人

---

① 潘光旦:《平等驳议》,潘乃穆、潘乃和编:《潘光旦文集》第2卷,北京:北京大学出版社,2000年,第365页。
② 潘光旦:《平等驳议》,潘乃穆、潘乃和编:《潘光旦文集》第2卷,北京:北京大学出版社,2000年,第368页。
③ [美]科恩:《论民主》,聂崇信、朱秀贤译,北京:商务印书馆,2005年,第255页。
④ 章士钊:《新旧》,章含之编:《章士钊全集》第5册,上海:文汇出版社,2000年,第243页。
⑤ 鲁迅:《论照相之类》,《鲁迅全集·坟》第1册,北京:人民文学出版社,2005年,第193~194页。

己平等的人格观念。

20世纪30年代,有一位名叫张安国的学者提出凡人主义教育主张。所谓凡人主义教育是相对英雄主义、豪杰主义、人上人主义而言。英雄主义、豪杰主义、人上人主义的教育造成支配人的观念、优越者的观念。凡人主义教育的目的是“支配阶级的与被支配阶级之二重道德观念,亦决不容其存在于这种社会内。没有英雄,也没有奴隶;没有支配者,也没有被支配者”①。当然,这不是说不要人上进,而是从观念上要改变做人的价值,要有平等人格。没有人格平等观念,就不会有权利平等观念。张耀曾对此有所论述(见上文)。他认为,人的权利是基于人格,而非其他外在条件。“近代法制,凡属人类皆赋予权利能力,当然与个人之出生同时发生。……若既已生产,能独立为人的生活,则纵为畸形儿或变形儿,亦当取得权利能力。至已否达成熟期,能否有生活力,更非所问。”②没有平等人格,就没有民主政治,因为人己平等的观念是最接近民主核心的。梁漱溟先生在《中国文化要义》一书中对此有深刻论述。民主是一种精神,它从人己平等这一根本点出发。“我承认我,同时承认旁人。……若有己无人,便是反民主。”③“从承认旁人,就发展有彼此平等之一精神出现。在团体内,则大家平等,若惟我独尊,便是反民主。”④民主始于承认旁人,承认人己平等的价值观。

无可否认的是,相对独立人格的论述,近代思想家对平等人格的论述是薄弱的,其原因如下:

一是认为社会效率优于社会公平。近代中国面临的最大问题是国家的独立富强。国家的独立富强是建立在个人独立性养成,以及个人个性发挥与实现的基础上的。相对独立人格,平等人格似与此关系较远,甚至有冲突之处。潘光旦力倡自强而反对平等,就是认为平等有害效率。他说:“论者谓七十年来西方社会进步之动力已不复为人权平等各说,而为社会效率之说,自是确论。乃国人不察此种变迁之迹,既拾人之唾余,复从而簸扬之,若惟恐其臭味之不广被者;恶劣概念之奴使人类,而人类堕性之深,甘受其奴使,抑何若是之甚耶?”⑤鲁迅早期力反平等,也是认为平等不利于个性发挥。

二是中国传统文化的影响。中国传统文化中并非没有平等之概念,但中国传统文化中的平等概念是指人性平等。所谓人性平等,是指人人皆有成为圣贤的可能,而所谓圣贤,就是人伦之至。中国人伦是强调别与分的。柳诒徵说:“他族之言平等,多本于天赋人权之说。吾国之言平等,则基于人性皆善之说。然人性皆善,特原其始耳。至列于礼之阶级,则相差而不平矣。吾之圣哲又为之下一定义曰:自天子以至于庶人,壹是皆以修身为本。(《大学》)则礼之阶级为表,而修身之平等为里,显示阶级制度不足以限

---

① 张安国:《凡人主义的教育》,《东方杂志》第29卷第8号。

② 张耀曾:《民法总则讲义》,杨琥编:《宪政救国之梦——张耀曾先生文存》,北京:法律出版社,2004年,第125~126页。

③ 梁漱溟:《中国文化要义》,上海:上海人民出版社,2003年,第219页。

④ 梁漱溟:《中国文化要义》,上海:上海人民出版社,2003年,第280页。

⑤ 潘光旦:《平等驳议》,潘乃穆、潘乃和编:《潘光旦文集》第2卷,北京:北京大学出版社,2000年,第365页。

人,而人之平等者,惟在道德。”①所谓道德平等,就是根据人的造就,是圣贤就以圣贤待之,是不肖就以不肖待之。“强不平为平,何如因其智愚贤不肖为之差等为之平乎?”②这种圣贤论与近代精英论、效率论颇有相合之处。它们结合在一起,成为一些中国近代思想家反对平等的有力武器。

三是中国近代思想家所宣传的平等理论本身有缺陷。中国近代思想家对平等的论述有两个缺陷:其一,把平等理解为无差别,即所谓的“齐”,而人之不齐是社会现实,这就无怪乎反对平等的思想家振振有词。其二,关于平等的论述,侧重于反君权、反阶级身份的不平等,而不是个人之间的平等。日本学者沟口雄三在评论刘师培的《民约精义》时说:

> 刘师培关心的,主要是社会成立的原初形态是君民支配还是民众自治。与此相关,不用说,他主张的本旨是,“未立君长之前,先有集众立约之级,乃天下会一之后,然后立天子”(《民约精义》卷二),即在社会的原初有民众之间自治的“立约”。而且“集众立约”的原理本身不是他要问的,只要是民的“天下会一”就可以了,对他来说,使“会一”为“会一”的原理才是问题。③

这就是说,刘师培关心的只是民众与君主之间的契约,而不关心民众之间结合的契约,这就是问题所在。之所以反对君权是因为它不公,把天下作为一己之私,君主、贵族凭借自己的等级垄断权力,所以应该提倡人人有权的民权。(在近代中国,人人虽有每个人的含义,但与西方语境中的个人不一样,人人更多指数量、多数的含义)实际上,在近代中国,如此解读权利的人不只是刘师培,而是一普遍现象。人人有权就是与君权相对的多数民权。但是反对以身份等级为特征的君权,并不必然带来以个体自由、平等为基础的人人权利平等。中国近代思想家中反对平等者,亦反对以身份等级为基础的权利观念。他们之所以反对平等,是因为社会中身份贵族虽不合理,自然贵族却是合理的。之所以有如此观念,除了中国近代特殊环境的影响,缺乏人与人相结合的社会原理的探讨,亦是重要原因。西方近代契约论主要关心的是人与人以何原则结合而组成社会;而在中国,却主要用于反对君权,忽视了人与人如何组成社会。由于缺乏对人与人应该以自由、平等身份结合而组成社会这一观念的探讨、认同,所以反对人与人人格平等、权利平等就不足为奇了。

四是中国传统思维方式的影响。在很多人的思维中,一个脱离具体经验特征的人格概念,是很难被理解的。潘光旦说:“人格又为一不可知之数,宜其不可究诘也。何以知人格为一不可知之数?胡适之先生《中国哲学史大纲》中,尝为孟子之平等论辩护,其

---

① 柳诒徵:《国史要义》,北京:商务印书馆,2011 年,第 285 页。

② 柳诒徵:《国史要义》,北京:商务印书馆,2011 年,第 285 页。

③ [日]沟口雄三:《中国的公与私·公私》,郑静译,孙歌校,北京:生活·读书·新知三联书店,2011 年,第 84~85 页。

意谓：孟子非谓人人之才智德行皆平等，第言人格平等耳。将一人之才智德行除外后，我诚不知我侪所谓人格者果为何物。我所识于人格者，举一人一切品性之和而言也。”①这就是说不存在脱离具体品性的人格。既然人格不能脱离具体品性，而人之具体品性又不一，所以人格平等就是假命题。

① 潘光旦：《平等驳议》，潘乃穆、潘乃和编：《潘光旦文集》第2卷，北京：北京大学出版社，2000年，第362页。

第六章

公民精神之铸造

中国近代思想家十分注重国民精神的塑造。作为一个公民应该具备怎样的精神风貌呢？中国近代思想家主要从四方面进行了论述：

一是阳刚之精神。阳刚精神主要包括以下四方面的内容：(1)尚武。除了欧战后一个短暂时期，尚武精神一直为各方所重视。尚武从精神层面而言，就是崇尚武力、崇尚勇敢、无畏生死、无畏困难、敢于冒险、百折不挠，不含垢忍辱。从身体方面而言，就是要有强健的体魄，崇尚壮美，反对柔美。(2)创造进取。欧战后，尚武精神一度受到人们的诟病。人们诟病尚武，主要诟病其崇尚武力，并非诟病阳刚精神，于是创造进取成为新风尚。所谓创造就是不停留于已往。“新道德最要之一特点，即为创造的，而非已成就的。”[①]所谓进取就是不满足。鲁迅说，不满是向上的车轮。进取不仅是不满足，更要有积极行动。(3)耻静尚动，崇尚力行。甲午战后，人们就对宋明理学中的“静”持批判态度，提倡王阳明知行合一之旨；新文化运动时期，李大钊、陈独秀等把中国文化概括为静的文化；新文化运动后，“战国策派”主张力的文化，其宗旨都是耻静尚动，崇尚力行。(4)乐观。由于近代中国积贫积弱，国民难免有悲观情绪。

① 陶履恭：《新青年之新道德》，《新青年》第4卷第2号，1918年2月。

所以,乐观精神亦为中国近代思想家所倡导。梁启超说,天下最惨之境莫过于绝望,希望是人的第二灵魂。因此,梁启超饱含热情地呼吁:"四百余州,河山重重;四亿万人,泱泱大风;任我飞跃,海阔天空;美哉前途,郁郁葱葱。谁为人豪?谁为国雄?我国民其有希望乎?其各立于所欲立之地,又安能郁郁以终也。"[①]孙中山亦非常重视乐观精神的培养。

二是理性精神。关于理性精神的阐释,不同时期有不同的侧重点。清末时期,人们主要是主张勿盲从,特别是不要盲从古权威。新文化运动时期,理性精神的提倡达到一个高潮。勇于怀疑、敢于怀疑,重新估定一切价值是这一时期理性精神的主要内涵。从方法论而言,就是注重证据,注重逻辑思维。但由于新文化运动时期怀疑的对象主要是中国传统文化,所以这时提倡的理性精神有机械主义、民族虚无主义之缺陷。新文化运动后,特别是"九一八"事变后,人们提倡新理性精神。所谓新理性精神,就是不但要不盲从,有怀疑精神,还要做到辩证分析。不盲从古人,也不盲从西方。对传统文化、西方文化都要有实事求是的分析。

三是人文精神。

四是法治精神。

关于阳刚精神、理性精神,前文多有涉及,不再赘述。下文重点阐释人文精神与法治精神。

第一节　人文精神之铸造

人文主义教育是公民教育的一项重要内容,但长期以来,学界对近代公民教育中的人文主义却关注甚少。之所以如此,或许与以下因素有关:一是近代中国积贫积弱,如何培养适合生存竞争的公民成为近代公民教育的主流。二是人文主义的提倡与东西方文化之争交织在一起。提倡人文主义者,大多被划归东方文化派,贴上保守的标签,这也妨碍了人们对近代人文主义的真实了解。三是人文主义的概念难以界定。本文并不想给人文主义下一个规范性的概念,而是就中国近代人文主义者所关心的问题作一探讨。中国近代人文主义是对当时流行的生存竞争、唯科学主义、功利人生观的一种反动,是对美好道德情感、美好和谐人生的呼唤,是对人的情、感、意,人生的真、善、美的关怀。

一、近代人文主义的兴起

近代中国,首先明确提出人文主义教育的应是蔡元培先生。1912 年 4 月,蔡元培在《新教育意见》一文中,首先提出美感教育。他认为,教育从其根本性质上而言分为隶属于政治者和超轶乎政治者。军国民教育、实利主义教育、公民道德教育都是为现实政治

① 梁启超:《说希望》,林志钧编:《饮冰室合集·文集之十四》,北京:中华书局,1989 年,第 22 页。

服务的。但教育不应仅限于现实,应该有所超越。美感教育就是培养超越感的教育。

> 美感者,合美丽与尊严而言之,……在现象世界,凡人皆有爱恶惊惧喜怒悲乐之情,随离合生死祸福利害之现象而流转。至美术则即以此等现象为资料,而能使对之者,自美感以外,一无杂念。……是则对于现象世界,无厌弃而亦无执著也。人既脱离一切现象世界相对之感情,而为浑然之美感,则即所谓与造物为友,而已接触于实体世界之观念矣。①

蔡元培的美感教育主张提出后,反对的声音不小。贾丰臻说:"若军国民教育主义、实利主义、公民道德主义,固可择定一者以为方针。至超轶政治之教育,若世界观主义、美育主义,则可谓玉卮无当,虽宝非用。无论其若何高尚,若何快活,若何尊严,若何流动,而其不能定为教育之方针,则敢断言也。"②

在中国,人文主义受到比较广泛的关注,是在第一次世界大战爆发后。既有外部影响,又有内部刺激。第一次世界大战爆发促使人们思考:物竞天择,适者生存是否应当是人类生存的最高原则。其实在一战之前,就有人对这种观念提出过质疑。早在清末,就有人指出:"近世教育,有所谓军国主义者,已成为普通之义矣。夫此等教育,强权之教育耳。以天性未离之青年,而教以操刀杀人之事业,为强权者计,则诚得矣,果为世界计,又何取乎!"③1913年,杜亚泉在《国民今后之道德》一文中慨叹:"吾国自古迄今,言道德者均以仁为大本,……盖深知乎人类非此无以主存。而一切道德,亦非此无所附丽也。晚近学子,习焉不察,视为老生常谈,且惑于争存之说,遂认弱肉强食,为天演之常经,而利人济物之懿德,转为世俗所诟病。……循是不返,人道不灭绝者几何?"④然而这种声音,在当时实属空谷幽音。一战给人类带来的浩劫,无疑使这种反思的声音增强。当时的中国思想界普遍认为,无节制的欲望,弱肉强食的竞争观念,是战争爆发的主要原因。辜鸿铭说:"必须承认,今日欧洲的现代文明在征服自然方面是取得了成功,而且迄今为止,尚没有任何别的文明能达到这一点。但是,在这个世界上,除了自然力,还存在有一种较自然力量更可怕的力量,那就是蕴藏于人心的情欲。自然界的物质力量对人类所能造成的伤害,是没法与人类情欲所造成的伤害相比的。毫无疑问,如果这一力量——人类情欲——不予以调控的话,那么不仅无所谓文明存在之可言,而且人类的生存也是不可能的。"⑤杜亚泉也认为19世纪以来,欧洲文明的转向,是一战的主要原因。

---

① 蔡元培:《对于新教育之意见》,高平叔编:《蔡元培全集》第2卷,北京:中华书局,1984年,第134页。

② 贾丰臻:《讨论教育部长对于新教育之意见》,《民国经世文编·教育》,第4095页,沈云龙主编:《近代中国史料丛刊》第496辑,台北:文海出版社,1978年。

③ 鞠普:《论习惯之碍进化》,张枬、王忍之编:《辛亥革命前十年间时论选集》第3卷,北京:生活·读书·新知三联书店,1977年,第202页。

④ 杜亚泉:《国民今后之道德》,许纪霖、田建业编:《杜亚泉文存》,上海:上海教育出版社,2003年,第295~296页。

⑤ 辜鸿铭:《中国人的精神》,黄兴涛、宋小庆译,桂林:广西师范大学出版社,2002年,第18页。

至十九世纪科学勃兴，物质主义大炽，更由达尔文之生存竞争说，与叔本华之意志论，推而演之，为强权主义、奋斗主义、活动主义、精力主义，张而大之，为帝国主义、军国主义；其尤甚者，则有托拉邱克及般哈提之战争万能主义。不但宗教本位之希伯来思想被其破坏，即理性本位之希腊思想，亦蔑弃无遗矣！现代之道德观念，为权力本位、意志本位。道德不道德之判决，在力不在理；弱者劣者，为人类罪恶之魁，战争之责任，不归咎于强国之凭陵，而诿罪于弱国之存在。①

德国的战败，更是给崇尚生存竞争价值观念的人浇了一头冷水。因为一战前的德国被国人视为模范国，视为最适宜于生存竞争的国家。梁启超说："自开战之始，吾尝昌言德之必胜，且言其决胜甚速。比则频有难吾说者，……虽然，吾终信德之决不能败也。……使德人而败者，则自今以往，凡有国者，其可以不必培植民德，不必奖励学术，不必搜讨军实，乃至一切庶政，其皆可以不讲矣。此非吾矫激之言。彼德国者，实今世国家之模范。国家主义如消灭斯已耳，此主义苟一日存在者，则此模范国断不容陷于劣败之地。"②德国的战败，被中国知识界定性为公理战胜强权，这也促使人文价值的回归。

内部刺激，主要来源于新文化运动。新文化运动的倡导者，在科学一元观思维方式的指导下，出于反传统的需要，对传统的宗教、道德价值一概怀疑、否定。对于这种否定一切的反动，也是人文主义兴起的重要原因。

二、中国近代人文主义者之主张

（一）赞美生命，肯定人生正当之欲望。既是人文主义者，当然就要对现世人生抱一种积极态度。熊十力说："生生之谓易，故《易》道，尊生也。"③梁漱溟说："孔子的人生哲学出于这种形而上学之初一步，就是以人生为对，为好的态度。……这一个'生'字是最重要的观念，知道这个就可以知道所有孔家的话。孔家没有别的，就是要顺着自然道理，顶活泼顶流畅的去生发。他以为宇宙总是向前生发的，万物欲生，即任其生，不加造作必能与宇宙契合，使全宇宙充满了生意春气。"④既是肯定现世人生，就不能避开人的欲望这个问题。应该说中国近代人文主义者都是反对禁欲的。梁漱溟说："孔家本是赞美生活的，所有饮食男女本能的情欲，都出于自然流行，并不排斥。若能顺理得中，生机活泼，更非常之好的。"⑤

对此问题，熊十力有更系统的论述。首先，熊十力认为欲不可禁。"欲可禁乎？欲

① 杜亚泉：《战后东西文明之调和》，许纪霖、田建业编：《杜亚泉文存》，上海：上海教育出版社，2003年，第347~348页。

② 梁启超：《欧洲战役史论》，林志钧编：《饮冰室合集·专集之三十》，北京：中华书局，1989年，第69~70页。

③ 胡晓明编：《大海与众沤——熊十力集》，上海：上海文艺出版社，1998年，第250页。

④ 梁漱溟：《东西文化及其哲学》，中国文化书院学术委员会编：《梁漱溟全集》第1卷，济南：山东人民出版社，2005年，第448页。

⑤ 梁漱溟：《东西文化及其哲学》，中国文化书院学术委员会编：《梁漱溟全集》第1卷，济南：山东人民出版社，2005年，第454页。

能禁而绝乎？人心者，非顽然一物，其间前念方灭，后念即起，迁流不息，亦如河海之流而无穷也。今欲人欲之不起，惟务抑之遏之。不知欲之起也无已，抑之遏之亦无已。是非如治水之雍塞其流，终将使之决于一旦，滔天而不可挽乎。"①其次，不能把人欲与天理对立。"夫欲曰人欲，亦是人之欲也，……使天理常作得吾身之主，则欲皆从理，而饮食男女莫非天理中事矣。"②最后，熊十力认为，禁欲从根本上不合人道。"若过恃固有具足，徒以减除物欲为功，则夫物欲者，亦斯人生生之局，岂有皆恶害而皆可减哉。纵减到至处，亦非体天立极之道。"③

中国近代人文主义者虽不反对人之欲望，但对新文化运动中提出的兽性主义、乐利主义、求生为我，甚至"执行意志满足欲望（自食色以至道德的名誉）是个人生存的根本理由"的主张，也不赞同。熊十力、梁漱溟主张以良知指导欲望。熊十力说："凡以绝欲为道者固甚谬。若反对绝欲而不知性，不务率性之功，则未有不殉欲而丧失其生生之本然也。"④梁漱溟说："私心人欲不一定是声色名利的欲望之类，是理智的一切打量、计较、安排，不由直觉去随感而应。"⑤熊十力所说的性，梁漱溟所说的直觉，都是指人的良知。杜亚泉、吴宓主张以理制欲。杜亚泉说："人以理性率领情欲，不可以情欲率领理性。"⑥吴宓说："人之内心，理欲相争，以理制欲，则人可日趋高明，而社会得受其福。"⑦

无论以良知指导欲望，还是以理制欲，都是从消极层面而言。因此，熊十力更提出了转移欲望和"人生主创"的积极主张。熊十力说："盖不在禁欲，惟务转依。转依者，转移此心之倾向也。知欲之不可禁，惟移此心之倾向而令其依于善。则念念向上，将邪欲不禁而自伏除。"⑧所谓人生主创，就是积极的人为，发挥人的创造性。熊十力说："成才是成性，这成的意义就是创。而所谓天性者，恰是由人创出来。"⑨这也就是说道德、功业等都是由积极人为而成，所以应该以创造欲转移代替占有欲。"人道极尊。当转化占有冲动，而为创造胜能。如学术上之灵思独辟、宗教上之超越感（哲学家亦有此）、道德上极纯洁崇高之价值，不期而引人瞻天仰日之信念。政治与社会上重大之革新，使群众同蒙其福利。凡此，皆谓之创造。人生一息而缺乏创造胜能，即占有冲动乘机思逞。占有冲动横溢，人则物化，而丧其生命。故创造者，资养生命之粮，不可一日不具。"⑩

（二）以仁爱为本，反对弱肉强食的生存竞争法则。仁爱无争，是中华民族传统之

---

① 胡晓明编：《大海与众沤——熊十力集》，上海：上海文艺出版社，1998年，第149页。

② 胡晓明编：《大海与众沤——熊十力集》，上海：上海文艺出版社，1998年，第147页。

③ 胡晓明编：《大海与众沤——熊十力集》，上海：上海文艺出版社，1998年，第157页。

④ 胡晓明编：《大海与众沤——熊十力集》，上海：上海文艺出版社，1998年，第251页。

⑤ 梁漱溟：《东西文化及其哲学》，中国文化书院学术委员会编：《梁漱溟全集》第1卷，济南：山东人民出版社，2005年，第455页。

⑥ 杜亚泉：《对蒋梦麟〈何谓新思想〉一文的附志》，许纪霖、田建业编：《杜亚泉文存》，上海：上海教育出版社，2003年，第416页。

⑦ 吴宓：《论新文化运动》，徐葆耕编：《会通派如是说——吴宓集》，上海：上海文艺出版社，1998年，第21页。

⑧ 胡晓明编：《大海与众沤——熊十力集》，上海：上海文艺出版社，1998年，第149页。

⑨ 胡晓明编：《大海与众沤——熊十力集》，上海：上海文艺出版社，1998年，第156页。

⑩ 胡晓明编：《大海与众沤——熊十力集》，上海：上海文艺出版社，1998年，第105页。

道德。但这种道德标准在近代,特别是甲午战后受到严峻挑战。严复认为正是中国传统道德崇尚无争,“民智因之以日窳,民力因之以日衰,其究也,至不能与外国争一旦之命,则圣人计虑之所不及者也”①。梁启超认为,仁爱虽高,尚非救时之策。“大抵中国善言仁,而泰西善言义。仁者人也,我利人,人亦利我,是所重者常在人也;义者我也,我不害人,而亦不许人之害我,是所重者常在我也。此二德果孰为至乎?在千万年后大同太平之世界,吾不敢言,若在今日,则义也者,诚救时之至德要道哉。夫出吾仁以仁人者,虽非侵人自由,而待仁于人者,则是放弃自由也。仁焉者多,则待仁于人者亦必多,其弊可以使人格日趋于卑下。”②

物竞天择虽是一时救亡图存之策,但从根本上而言,毕竟不合乎人们应有的道德观念。所以秉持人文关怀的人就不时地对其发出质疑。杜亚泉认为,弱肉强食的生存竞争观念使人失去善恶美丑是非观念的判断,使人陷于悲观心理,强者恣肆无忌,弱者自暴自弃。

> 盖物质主义深入人心以来,宇宙无神,人间无灵,惟物质力之万能是认,复以惨酷无情之竞争淘汰说,鼓吹其间,觉自然之迫压,生活之难关,既临于吾人之头上而无可抵抗,地狱相之人生,修罗场之世界,复横于吾人之眼前而不能幸免,于是社会之各方面,悉现凄怆之色。悲观主义之下,一切人生之目的如何,宇宙之美观如何,均无暇问及,惟以如何而得保其生存,如何而得免于淘汰,为处世之紧急问题。质言之,即如何而使我为优者胜者,使人为劣者败者而已。如此世界,有优劣而无善恶,有胜败而无是非。道德云者,竞争之假面具也,教育云者,竞争之练习场也;其为和平之竞争,则为拜金主义焉,其为激烈之竞争,则为杀人主义焉。……其抱极端之厌世主义者,以为死后之名,不如生前之酒,则有醇酒妇人以自弃其身者,其抱极端之奋斗主义者,以为我不杀人,毋宁自杀,则有行险侥幸以自戕其生者。③

第一次世界大战爆发后,质疑生存竞争法则的声音越来越强。严复,这位把社会达尔文主义介绍到中国的第一人,也开始反对生存竞争的法则,主张把人道而不是富强作为人类最高法则。梁启超也有相同见解。正是出于对生存竞争法则的质疑,人文主义者主张以仁爱作为人类准则。辜鸿铭说:“中国人的全部生活是一种情感的生活——这种情感既不来源于感官直觉意义上的那种情感,也不是来源于你们所说的神经系统奔流的情欲那种意义上的情感,而是一种产生于我们人性深处——心灵的激越或人类之爱那种意义上的情感。”④熊十力也提出人生必须有感的主张:“吾人之生也,必有感触,而后可以为人。感触大者,则为大人。感触小者,则为小人。绝无感触者,则一禽兽而

---

① 严复:《论世变之亟》,中国史学会编:《戊戌变法》第3册,上海:上海人民出版社,2000年,第72页。
② 梁启超:《新民说·论权利思想》,林志钧编:《饮冰室合集·专集之四》,北京:中华书局,1989年,第35页。
③ 杜亚泉:《精神救国论》,许纪霖、田建业编:《杜亚泉文存》,上海:上海教育出版社,2003年,第36~37页。
④ 辜鸿铭:《中国人的精神》,黄兴涛、宋小庆译,桂林:广西师范大学出版社,2002年,第28页。

已。”[①]熊十力所说的“感”也就是民胞物与之感。感是仁的基础,无感也就不可能有仁人之心。“仁人之心,须与群生痛痒相关。否则麻木不仁,非人类矣。”[②]

(三)反对科学一元主义,坚守信仰的价值。甲午战后,科学在中国人的心目中,特别是在以新派自居的人的心目中取得了崇高地位。正是这种对科学的崇拜,造成中国知识界很多人有唯科学主义的思维方式与信仰。所谓唯科学主义,有人将其定义为“其意义可以理解为一种信仰,这种信仰认为只有现代意义上的科学和由现代科学家所描述的科学方法,才是获得那种能应用于任何现实的知识的唯一手段”[③]。在近代中国,科学至少有三层含义:科学知识、科学思维方式、科学精神。唯科学主义最主要的就是对科学思维方式和科学精神的崇拜。最能代表这种崇拜的就是胡适倡导的“拿证据来”和“怀疑精神”。这种科学一元主义的思维方式,严重冲击着人们的信仰和道德观念,冲击着人文主义的基础。这就不能不引起人文主义者对这种科学一元观的反思。

首先,人文主义者反对怀疑一切的思维方式,强调信仰对人安身立命的重要性。吴宓说:“徒虚心怀疑而无信仰,则终迷惘消极而无所成就。”[④]五四时期新文化大将罗家伦后来也说:“一切人类的伟迹,政治的、社会的、文化的,何曾不是以信仰为基础?若是一个人自己对于自己所学的所做的都没有信心,那还说什么?对于自己所从事的还不敢相信,那不但这事业不会有成就,而且自己的生命也就没有意义。……若是持绝对的怀疑论,那必至否定一切、毁灭一切而后已。”[⑤]

提起信仰,不能不谈到宗教。因为相对于世俗的种种主义而言,宗教有其科学方法、逻辑思维不能证明之处,宗教的仪式也有似迷信。所以科学一元主义者都把宗教视为迷信,是骗人的东西。对此,人文主义者认为对宗教应有正确的看法:(1)宗教是道德的源泉。“宗教的价值和意义在于,它能够使普通大众服从并严格地遵守道德。”[⑥]宗教之所以能使人信仰,在于它符合了人们内心深处对道德的要求。人们不是因为信奉宗教才信奉上帝,而是上帝代表着人们心目中的道德源泉。辜鸿铭说:“以为使人们服从道德规范的力量来自信仰上帝,这是错误的。马丁·路德在评述一部希伯来预言著作时说过:‘上帝不过是人们心中忠诚、信义、希望和慈爱所在,心目中有了忠诚、信义、希望和慈爱,上帝就是真实的,相反,上帝则成为虚幻。’”[⑦](2)宗教能激发人类之爱的美好感情。辜鸿铭说:“正如我们所知,世界上所有伟大宗教的创始者,都是性格特殊、感情强烈的人。这使得他们感受到一种强烈的爱,或称为人类之爱。……这种爱使宗教

---

① 胡晓明编:《大海与众沤——熊十力集》,上海:上海文艺出版社,1998年,第148页。

② 胡晓明编:《大海与众沤——熊十力集》,上海:上海文艺出版社,1998年,第118页。

③ [美]郭颖颐:《中国现代思想中的唯科学主义》,雷颐译,南京:江苏人民出版社,1998年,第16页。

④ 吴宓:《我之人生观》,徐葆耕编:《会通派如是说——吴宓集》,上海:上海文艺出版社,1998年,第90页。

⑤ 罗家伦:《信仰、理性、热忱》,《写给青年——我的新人生观演讲》,北京:中国人民大学出版社,2005年,第164~165页。

⑥ 辜鸿铭:《中国人的精神》,黄兴涛、宋小庆译,桂林:广西师范大学出版社,2002年,第53页。

⑦ 辜鸿铭:《中国人的精神》,黄兴涛、宋小庆译,桂林:广西师范大学出版社,2002年,第53页。

具有了感染力,它是宗教的灵魂。"①(3)宗教使人谦卑自牧。吴宓说:"宗教之主旨为谦卑自牧,……惟内心谦卑之人为能克己。人不能克己,则道德必无所成。谦卑为宗教之本,克己为道德之源。此所以宗教实足辅助道德,而若宗教全然熄灭,则道德亦必不能苟存也。"②(4)宗教和人类理性并不冲突。贺麟说:"信仰与迷信根本有别,迷信起于愚昧,代表未开化的民族、未受科学教育的人民的原始心理。而信仰乃基于知识。唯有受过科学教育的洗礼和启蒙运动开导的文明人,方足以言信仰。迷信可为科学知识所祛除净尽,而信仰不仅非科学知识所能推翻,而且有时科学知识反而可以加强我们的信仰。"③贺麟又认为:"真正的伟大的宗教的或道德的信仰的养成,多是出于大智慧、大悲悯,出于真知灼见和理性的直观。每每须经历过极大的忧患、极深的怀疑,有看破一切、超出世俗的襟怀的人,如大宗教家、政治家、诗人、哲学家、科学家,才能达到深刻的宗教或道德的信仰。这种信仰是建筑在深厚的爱人类与爱智慧的两大基石上,绝非科学……所能动摇。"④

其次,人文主义者认为应该正确对待科学。(1)人文主义者并不菲薄科学。熊十力说:"若有一个不挟偏见的中国学者,他必定不抹杀西人努力知识底成绩,并不反对知识,……如自然对于人生底种种妨害,以及社会上许多不平的问题,如君民间的不平,男女间的不平,如此等类,都缘于科学发展,乃得逐渐谋以解决。"⑤(2)人文主义者认为,科学的功用有其范围,不能越俎代庖。缪凤林说:"余尝博观科学哲学之梗概,穷究宗教伦理之精微,恍然于二者之间各有领域,无异白黑之不能相紊,其于人生之不可或缺,亦如车之两轮,鸟之两翼。彼奉人道而薄科哲,固足征其褊隘;徒崇科学而非人道,亦自绝夫正路。"⑥景昌极说:"凡恒人所可经验者,不待宗教。恒人所不可经验者,无用于科学。真正科学,必不犯宗教。"⑦(3)人文主义者认为,理智认识有其局限性。胡稷咸说:"理智之能力,究属有限。自由意志问题、上帝存在问题、灵魂不朽问题,皆非理智所可解决。故理智所不能穷者,惟有归诸信仰而已。"⑧吴宓也认为应该以信仰济理智之穷。"宇宙间之事物,有可知者,有不可知者。可知者有限,不可知者无穷,故须以信仰及幻想济理智之穷,而不可强求知其所不能知,……又须以宗教道德成科学之美,而不可以以已所知者为自足而败坏一切。"⑨总之,人文主义者认为科学不能解决价值理性的善恶问题,价值理性的探讨只能归诸宗教、道德。

最后,关于信与疑,人文主义者认为人必须有确信,过疑之害甚于过信。景昌极在

---

① 辜鸿铭:《中国人的精神》,黄兴涛、宋小庆译,桂林:广西师范大学出版社,2002年,第56页。
② 吴宓:《我之人生观》,徐葆耕编:《会通派如是说——吴宓集》,上海:上海文艺出版社,1998年,第92页。
③ 贺麟:《信仰与生活》,《文化与人生》,北京:商务印书馆,2002年,第87页。
④ 贺麟:《信仰与生活》,《文化与人生》,北京:商务印书馆,2002年,第93页。
⑤ 胡晓明编:《大海与众沤——熊十力集》,上海:上海文艺出版社,1998年,第41页。
⑥ 缪凤林:《人道论发凡》,《学衡》第46期。
⑦ 景昌极:《论学生拥护宗教之必要》,《学衡》第6期。
⑧ 胡稷咸:《批评态度的精神改造运动》,《学衡》第75期。
⑨ 吴宓:《我之人生观》,徐葆耕编:《会通派如是说——吴宓集》,上海:上海文艺出版社,1998年,第88页。

评论道德制度时指出,过信之弊在于不知变通,过疑将丧失道德。“过信社会上之道德制度,其流弊如此。然则一切不信若何?曰:其流弊有甚于此者。既于社会上一切道德制度而皆不信,斯不啻信一己之行事,毋待于导引,无待于裁制。既不信他,势必信自。纵情恣欲,将无忌惮。人各纵其情,各恣其欲,悍然不受任何导引与裁制,天下尚可以一朝居乎。故曰:恶法犹胜于无法,过信犹胜于过不信。”①吴宓说:“宗教与迷信,犹医药之于疾病。今人动斥宗教为迷信,遂欲举宗教而歼除之——呜呼!误矣。迷信属于仪式者,即不能革而听其暂存。其为害于世尚浅,今以不慊于仪式之故而去宗教,绝道德,岂特犯投鼠忌器之嫌,抑且真有率兽食人之事矣。”②当然,人文主义者并不是禁止人怀疑,而是反对怀疑一切。他们更希望由消极的怀疑,进而发展到积极的确信。胡稷咸说:“与批评态度相似而偏于消极者,则为怀疑。究极言之,怀疑仅为批评之初步。由怀疑进至思索推想而有积极之判断,方为批评。”③这也就是说由消极怀疑,进而进行理性思索判断,最终达到确信的境地。

(四)坚持道德为社会和谐、身心和谐所必需,反对道德相对主义。或出于反传统的需要,或受进化论的影响,所谓的新派人物,大多支持道德相对主义,反对有绝对的道德观念。陈定谟说:“我不承认据一种道德律足以判断人类一切的行为宜与不宜。因为某种道德必以处于某社会环境一定条件之下而后有其意义与价值。环境变,则道德观念亦必随之而变。若仍以一成不变的道德,来判断环境已变的人类行为,非愚便诬了。”④我们不能说这种解释完全不对。但从其效果而言,这种道德相对主义会造成此一是非,彼一是非,社会失去可遵守的共同道德。正是出于这种忧虑,人文主义者强调道德有其本体。吴宓说:“吾信有各种‘绝对’(又曰纯正)观念之存在,……惟然,故吾信世间有绝对之善,绝对之恶,绝对之是,绝对之非,乃至绝对之美,之丑。由是类及。盖善恶是非美丑,皆观念也。仁义礼智,慈惠贞廉,亦观念也。……此诸观念所附丽之实体,所藉以表现之外物,则千差万别,时刻转变。常人只能见此实体外物,而由是间接以知观念。故每感其繁杂淆乱,迁转靡常,遂堕于迷惘,甚或悍然曰:世间无所谓善恶是非美丑,从人之所好,设词以强欺而已。此其误。”⑤景昌极说:“道者,导引也。导人由不德以入于德也。制者,裁制也。制人之无度使有度也。古今来之道德制度,虽千变万化,未始有极,或各适其所适,或各不适其所不适,而其信人之不可纵情恣欲,必有待于导引裁制则同。”⑥总之,人文主义者相信,道德是维持人类社会所必需的,且必有相通之道德。道德不仅是维持人类社会所必需,也是个人身心和谐所必需。一方面,道德是人内在情感的要求。梁漱溟说:“道德是一种力量,没有力量不成道德。……我们的行动背后,都有感情与意志的存在(或者说都有情感要求在内)。情感要求越直接,越有力量;情感要求越

---

① 景昌极:《信与疑》,《学衡》第47期。
② 吴宓:《论新文化运动》,徐葆耕编:《会通派如是说——吴宓集》,上海:上海文艺出版社,1998年,第20页。
③ 胡稷咸:《批评态度的精神改造运动》,《学衡》第75期。
④ 陈定谟:《社会科学的行为中心说》,《东方杂志》第22卷第8号。
⑤ 吴宓:《我之人生观》,徐葆耕编:《会通派如是说——吴宓集》,上海:上海文艺出版社,1998年,第90页。
⑥ 景昌极:《信与疑》,《学衡》第47期。

深细,越有味道。”①另一方面,道德是人生趣味、意义的一种表现。梁漱溟说:“人生不能无趣味,没趣味就不能活下去。人之趣味高下,即其人格之高下,——人格高下,从其趣味高下之不同而来;……道德是最深最永的趣味,因为道德乃是生命的和谐,也就是人生的艺术。所谓生命的和谐,即人生生理心理——知、情、意——的和谐;同时亦是我的生命与社会其他的人的生命的和谐。”②

(五)反对功利人生,追求美化人生。所谓功利人生,就是计算的人生,处处问一个为什么,有什么用,以功效作为判断人生的标准。在近代中国,功利人生大行其道。胡适在其《中国哲学史大纲》中,对墨子主张的功利人生大加赞赏,对儒家所讲求的“正其宜不谋其利,明其道不计其功”颇有微词。胡适认为墨家哲学最值得称赞的有两点:一是讲求实用。“墨子以为无论何种事物、制度、学说、观念,都有一个‘为什么’。换言之,事事物物都有一个用处。知道那事物的用处,方才可以知道他的是非善恶。为什么呢?因为事事物物既是为应用的,若不能应用,便失了那事那物的原意了,便应该改良了。”③二是讲求实利。“儒家说:‘义也者,宜也。’宜即是‘应该’。凡是应该如此做的,便是‘义’。墨家说:‘义利也。’便进一层说,说凡事如此做去便可有利的即是‘义的’。因为如此做才有利,所以‘应该’如此做。义所以为‘宜’,正因其为‘利’。”④胡适对只讲应该、不管实用的观念颇有微词。他说:“大凡天下人没有不会说几句仁义道德的话的,正如瞎子虽不曾见过白黑,也会说白黑的界说。须是到了实际上应用的时候,才知道口头的界说是没有用的。高谈仁义道德的人,也是如此。……真‘知识’在于能把这些观念来应用。”⑤

人文主义者反对以功利作为人生最高标准。(1)人是有情感的,不是机械。罗家伦说:“我相信人类终究是富有感情的。唯其富有感情,所以才不是机械,不能当作工具利用。”⑥朱光潜说:“如果纯任理智……离开情感,音乐只是空气的震动,图画只是涂着颜色的纸,文学只是联串起来的字。”⑦(2)以功利为人生最高标准,不但加剧人与人之间的疏离感,也使人丧失人生趣味。梁漱溟说:“最与仁相违的生活就是算账的生活。……算计不必为恶,然算计实唯一妨害仁的,……象墨子那样办法使人完全成了机械,要窒息而死。”⑧梁启超说:“吾侪确信‘人生’的意义不是用算盘可以算得出来。吾侪确

---

① 梁漱溟:《朝话》,中国文化书院学术委员会编:《梁漱溟全集》第2卷,济南:山东人民出版社,2005年,第86页。

② 梁漱溟:《朝话》,中国文化书院学术委员会编:《梁漱溟全集》第2卷,济南:山东人民出版社,2005年,第86~87页。

③ 胡适:《中国哲学史大纲》,北京:东方出版社,1996年,第136页。

④ 胡适:《中国哲学史大纲》,北京:东方出版社,1996年,第137页。

⑤ 胡适:《中国哲学史大纲》,北京:东方出版社,1996年,第138页。

⑥ 罗家伦:《目的与手段》,《写给青年——我的新人生观演讲》,北京:中国人民大学出版社,2005年,第124页。

⑦ 朱孟实:《谈情与理》,《一般》第3卷第2号,1927年10月。

⑧ 梁漱溟:《东西文化及其哲学》,中国文化书院学术委员会编:《梁漱溟全集》第1卷,济南:山东人民出版社,2005年,第461~462页。

信人类只是为了生活而生活，并非为求得何种效率而生活。”①(3)人文主义者不仅反对一味追求功效的生活，而且提倡追求一种陶冶情感的闲暇人生。一提到美化人生，大家都会想起美术、音乐等。其实美术、音乐都是手段，最根本的是一种心灵的放松与愉悦。罗家伦说：“在现代机械文明工业社会里面，谁都容易感觉到生活的紧张、干枯和单调。因此而更感觉到厌倦、烦闷和不安。有的是情感的刺激，无的是情感的安慰。”②效率固然紧要，情感的调剂也同样重要。“一张一弛的道理，不只是适用于调弓，而且适用于人生。”③徐志摩也认为工业文明的本质是竞争和效率，它造成了人生异化，整天无谓忙碌，缺少必要的闲暇。所以，他提出自然的人生：“自然的幸福、友谊的情感、爱与创作的奖励、纯粹知识——科学的寻求。”④吴宓说：“其所谓闲暇者，既非工作，亦非游戏，乃谓以人之智力专用于高尚之思想，及美术诗文宗教之域，使人觉有超乎一己之上，而又确为我心目中一切实境之根据者；使人视己之生涯，不以目前有形得失，及过倏即灭之我为标准，而以永远之价值为归宿焉。”⑤

总之，人文主义者认为，人生是一个囫囵的人生。人生不仅有对知的观照，还应该有对情和意的观照，对人心灵的观照。人生不仅有功利，还要有超越。蔡元培称之为“美与高”；冯友兰称之为“天地境界”；梁漱溟称之为“趣味人生”。人生不只有现实的“是”，还有价值的“应该”。虽然人生中有假恶丑，但不应该丧失对真善美的信仰。否则，人生必陷于空虚与枯燥。

第二节　公民法治精神的铸造

一、法治思潮的兴起

法治是实现国家长治久安的基础。中国近代思想家十分注重对法治的探讨。在近代中国，谁最早提出“法治”还不能确定。黄遵宪应该是比较早提出以法治国的人。他在《日本国志》(1887 年成书，1895 年刊行)一书中称：“余观欧美大小诸国，无论君主、君民共主、民主，一言以蔽之曰：以法治国而已矣。自非举世崇尚，数百年来观摩研究讨论修改精密至于此，能以之治国乎。嗟夫，此固先哲王之所不及料，抑亦后世法家之不能知者矣。”⑥黄遵宪又从社会发展的角度，论述了以法治国的必要性：“中国士大夫好

① 梁启超：《先秦政治思想史》，天津：天津古籍出版社，2003 年，第 105 页。
② 罗家伦：《文化的修养》，《写给青年——我的新人生观演讲》，北京：中国人民大学出版社，2005 年，第 153 页。
③ 罗家伦：《文化的修养》，《写给青年——我的新人生观演讲》，北京：中国人民大学出版社，2005 年，第 153 页。
④ 徐志摩：《罗素又来说话了》，《东方杂志》第 20 卷第 23 号。
⑤ 吴宓：《白璧德之人文主义》，徐葆耕编：《会通派如是说——吴宓集》，上海：上海文艺出版社，1998 年，第 70 页。
⑥ 黄遵宪：《日本国志 · 刑法志》，陈铮编：《黄遵宪全集》下，北京：中华书局，2005 年，第 1323 页。

谈古治,见古人画像示禁,刑措不用,则睾然高望,慨慕黄农虞夏之盛,欲挽末俗而趋古风。盖所重者在道德,遂以刑法卑卑无足道也。而泰西论者专重刑法,谓民智日开,各思所以保其权利,则讼狱不得不滋,法令不得不密。其崇尚刑法以为治国保家之具,尊之乃若圣经贤传。然同一法律,而中西立论相背驰至于如此者,一穷其本,一究其用故也。……积世愈多,即立法愈密,事变所趋,中有不得不然。虽圣君贤相不能不因时而增益,西人所谓民智益开,则国法益详,要非无理欤?"①黄遵宪对西方的立法精神和原则,也有所认识。"余闻泰西人好论权限二字。今读西人法律诸书,见其反复推阐亦不外所谓权限者。人无论尊卑,事无论大小,悉予之以权,以使之无抑,复立之限,以使之无纵,胥全国上下同受治于法律之中。举所谓正名定分息争弭患一以法行之。"②

甲午战后,中国思想界空前活跃,西方资产阶级的政治思想得到比较广泛的传播。在这股学习西方的思潮中,西方的法治思想如法律面前人人平等,人的自由、生命、财产不可侵犯等也被介绍到中国来。《万国公报》中就登载多篇介绍西方法治思想的文章,这些宣传自然会对当时的士大夫起到潜移默化的作用。一位《万国公报》的读者称:"济览一过,即羡西国政教之美而爽然自失。"③孙宝瑄在其日记中多次对中西法律进行评论。他说:"治天下之术无他,法而已。法善,则小人不敢为非;法不善,则君子不得行其是。泰西多为善之人,非人心善也,法使之然也;中国多为不善之人,非人心不善也,法使之然也。或问中国之法与泰西何以异乎?曰:公私而已矣。法为万姓立则公,法为一家立则私。"④孙宝瑄又说:"余谓君主之世人重于法,故有治人而后有治法。民主之世法重于人,故有治法而后有治人。"⑤清末,立宪运动兴起,大大激发了法治思潮的兴起。沈家本说"今者法治之说,洋溢乎四表,方兴未艾"⑥,确为不虚。

二、法治内涵的界定

随着法治思想传入中国,关于法治内涵的讨论也逐步深入。清末以前,人们对法治的认识,主要限于两点:一是探讨刑与法的区别。章太炎称:"法者,制度之大名,周之六官,官别其守,而陈其典,以扰乂天下,是之谓法。故法家者流,则犹西方所谓政治家也,非胶于刑律而已。"⑦这就是说,法是大的政治制度,法本刑末。刑只是为了维护法律而存在。二是注意到了法律的至上性。这就是说法治的一个重要特征是任法不任人,人人受治于法律之下。孙宝瑄在抒发读《管子》的感想时称:"读《管子·明法篇》云:先王之治国也,使法择人,不自举也。使法量功,不自度也。故能匿而不可蔽,败而不可饰

① 黄遵宪:《日本国志·刑法志》,陈铮编:《黄遵宪全集》下,北京:中华书局,2005年,第1322页。
② 黄遵宪:《日本国志·刑法志》,陈铮编:《黄遵宪全集》下,北京:中华书局,2005年,第1322页。
③ 李董寿:《广学会大有益于中国论》,《万国公报》第107期。
④ 孙宝瑄:《忘山庐日记》上,上海:上海古籍出版社,1983年,第189页。
⑤ 孙宝瑄:《忘山庐日记》上,上海:上海古籍出版社,1983年,第251页。
⑥ 沈家本:《历代刑法考》第4册,北京:中华书局,1985年,第2246页。
⑦ 章太炎:《商鞅》,汤志钧编:《章太炎政论选集》上,北京:中华书局,1977年,第68页。

也。其言诚当矣。"[①]黄遵宪虽然谈到"权限"二字，但又把"权限"二字与正名定分联系在一起，目的仍是让人同受治于法律之下。但人人受治于法律之下，是否就是真正的法治呢？此时，人们对此问题还未深究。应该说，人们只是注意到了法律是什么，应当按照法律行事的问题，未深入到法律应当是什么这一层次。

清末立宪运动兴起后，人们对法治内涵有了更深层次的探讨。法治，首先表现为法律的公正性。哈耶克说："法治……不是一种关注法律是什么的规则，而是一种关注法律应当是什么的规则，亦即一种'元法律原则'或一种政治理想。"[②]这就是说，并非所有的成文法都能称得上法律，因而也并非所有的依法行事都是法治。如果一项法律被赋予了政府或最高统治者按其意志行事的无限权力，那么政府或最高统治者所有行动在形式上都是合法的，但这不是法治意义上的合法。严复就指出法治不同于法律之治。他说："顾申、韩、商、李皆法家，其言督责也，亦劝其君以任法。然则秦固有法，而自今观之，若为专制之尤者。……若夫督责书所谓法者，直刑而已，所以驱迫束缚其臣民，而国君则超乎法之上，可以意用法易法，而不为法所拘。夫如是，虽有法，亦适成专制而已矣。"[③]法治就是要限制权力，如果有权力不受拘束，自外于法律，就不是法治。

其次，法治表现为法律内容的公平性。法律要反映人民的利益，要得到人民的赞同。严复说："治国之法，为民而立者也，故其行也，求便于民。乱国之法，为上而立者也，故其行也，求利于上。夫求利于上，而不求便其民，斯法因人立，其不悖于天理人性者寡矣。"[④]所谓便于民，也就是法律不仅仅是要限制人，更在于保护人的权利。"法律者，含制限与保护之意。制限者，制限侵人之自由；保护者，保护被侵之自由。故曰宪法者，自由之藩屏也。"[⑤]沈家本说："或者议曰，以法治者，其流弊必入于申、韩，学者不可不慎。抑知申、韩之学，以刻覈为宗旨，恃威相劫，实专制之尤。泰西之学，以保护治安为宗旨，人人有自由之便利，仍人人不得稍越法律之范围。"[⑥]严复更强调，人的某些基本权利，即使以最正当的理由，也不能违法剥夺。"主治当国之人，谓以谋一国之安全，乃可以牺牲一无罪个人之身家性命以求之，则为违天蔑理之言。此言一兴，将假民贼以利资，而元元无所措其手足。"[⑦]清末，人们虽然注意到了法律对权利的保障作用，但没有涉及法律与权利本质关系的探讨，即权利来源于法律，或权利先于法律。如果权利来源于法律，是其派生物，法律对权利就具有决定作用，可与可取。新文化运动时期，有人提出法治来源于自由。"法治思想由自由思想而出。盖个人皆立于法律保障之下，始有真实

---

① 孙宝瑄：《忘山庐日记》上，上海：上海古籍出版社，1983年，第113页。

② ［英］弗里德利希·冯·哈耶克：《自由秩序原理》上，邓正来译，北京：生活·读书·新知三联书店，1997年，第261页。

③ 伍杰编：《严复书评》，石家庄：河北人民出版社，2001年，第215页。

④ 伍杰编：《严复书评》，石家庄：河北人民出版社，2001年，第320页。

⑤ 孙宝瑄：《忘山庐日记》上，上海：上海古籍出版社，1983年，第805页。

⑥ 沈家本：《历代刑法考》第4册，北京：中华书局，1985年，第2240页。

⑦ 伍杰编：《严复书评》，石家庄：河北人民出版社，2001年，第322页。

确固之自由也。”[1]20世纪30年代，新月派明确提出人权先于法律。无论是法治来源于自由之说，或是人权先于法律之说，无非是要强调人权高于法律，人权是法律的保护对象，而非可与可取的调整对象。

再次，法律要有稳定性、可预期性。法律的制定要考虑其普遍性、稳定性，不能因一人一事一地的情况而立法。如果法律朝令夕改，没有稳定性，也就失去了可预期性，人们就会无所适从，这就是陷人于法。严复说：“国家惩一事之失，立不变之法，防一吏之奸，造非常之律，法之不良，无逾此者。夫叔季法令之所以烦苛，大都由此。此君主之法，所以常不及于立宪。立宪之国，最重造律之权，有所变更创垂，必经数十百人之详议，议定而后呈之国主，而准驳之，此其法之所以无苟且，而下令常如流水之原也。”[2]

最后，法律要有透明性。所谓法律的透明性，就是说法律之颁布要使人广而知之，不能秘而不宣。冯邦幹在《法律平谈》一文中写道：“吾国之俗语曰‘不知者不罪’，此是一私人对一私人之语，道德上之格言也。至若法律上则不然。法律一经制定发布之后，即有强行力以实施其法。……此原则天下各国皆采用之，不特一二国为然。彼何故皆用此原则？盖各国皆于制定法律之后，必以之颁布于国中，令人民皆知之。既颁布之后，则人民服从之义务生。……吾国自古来颁布法律之法甚不备。……自唐宋以来，其法更秘。以为民可使由而不可使知。于官役之外，无知之者。本朝仍守此主义，民以读法为禁。即官役之中，舍司刑狱者，亦鲜知之。呜呼哀哉！吾人于不知不识之中陷于法网者，不知几何人也。”[3]当然，这不是说人们犯法后可以因为不知法而逃脱法律的惩罚，而是强调要公开颁布，广为告知。既经颁布告知，就视作已知。“据法律之理，‘法律既颁布，则以全人民普知为推定’推定云者，谓虽或实有不知之者，然于理论则作为知之也。”[4]

三、法治意义的探讨

法治之所以成为人们追求的目标，当然与法治的意义有密不可分的关系。法治的意义主要在于保护权利。除了保护权利，人们还从以下三方面讨论了法治的意义。(1)法治可以避免人存政举、人亡政息之患，保持国家的长治久安。梁启超在《论立法权》一文中写道：“呜呼！荀卿有治人无治法一言，误尽天下，遂使吾中华数千年，国为无法之国，民为无法之民，……彼祖述荀卿之说者曰：但得其人可矣，何必断断于立法。不知一人之时代甚短，而法则甚长，一人之范围甚狭，而法则甚广，恃人而不恃法者，其人亡则其政息焉。”[5]黄瑞麒称：“法治国任法而不任人，人失而法不失，故其能长治久安。非法

① 光昇：《中国国民性及其弱点》，《新青年》第2卷第6号，1917年2月。
② 伍杰编：《严复书评》，石家庄：河北人民出版社，2001年，第285页。
③ 冯邦幹：《法律平谈》，《新民丛报》第4号。
④ 冯邦幹：《法律平谈》，《新民丛报》第4号。
⑤ 梁启超：《论立法权》，林志钧编：《饮冰室合集·文集之九》，北京：中华书局，1989年，第103页。

治国任人而不任法,人失则法亦失,故常朝治而夕乱。”①(2)法治是政治修明的制度保证。黄瑞麒称:“立宪云者,立法以统治官吏、人民,使人人皆受治于法,法有权而人无权。……行政官吏但能奉法而行,一有诡失,国家执法以绳其后,人民据法以发其私。立宪各国之所以政治修明,人能尽职,而不肖官吏不常有者,非人尽圣贤,实其法有以限制之,一己之私无由逞也。”②张荫麟说:“没有法律的尊严,不会有公平的赏罚。没有公平的赏罚,不会有廉洁的官吏。”③(3)法治有利于经济发展。严复就注意到经济建设与法治的关系。他在论述中国筹资之难时,有感而发:“居中国之境土,其法度治制,非官者故无权,小之守令,大之督抚,乃至政府朝廷,皆可以一旦之觊觎,一纸之文书,而夺其所有。此又近事,而无假不佞赘言者矣。夫民之置财也,固必措之至安之地而后为之,而吾国之法如此,谁复有取其辛苦仅得之财,而措之至不安之地,则趑趄缩葸,犹人情耳。”④

四、法治精神的养成

法治的实现,当然需要许多条件,但从公民教育角度而言,离不开法治精神的养成。哈耶克说:“法治只在立法者认为受其约束的时候才是有效的。……这意味着除非法治业已构成了此社会共同体之道德传统的一部分(亦即那种为多数所信奉且毫无疑问地接受的共同理想),否则它就不会普遍有效。”⑤事实上,早在清末,中国思想界就注意到这一问题。《论法律与道德之关系》一文作者指出,法律不过是一纸空文,为什么能得到人们的遵奉?如果仅仅是惧怕公权力的制裁,为什么每个社会都有公权力,而法治只在文化较发达的国家得到落实?“顾公力群所同有,然法治之效何以仅行于文化较深之国?文化诸国之宪章法典厘然具在,何以浅化之群卒莫之能移植因用?即移植因用矣,何以龃龉动摇守之不固?乃悟法治之制固以道德为元气,有公力之制裁以确定。外行之规律,必当有自力之制裁,以严树其内意之规律,盾其后而植其基,然后有以相维于不敝。”⑥那么,如何养成法治精神呢?

(一)辨明法律与道德之关系。在中国,德治有强大的影响力。主张德治的人认为法治只是外铄,只是强制,不合人情。熊十力说:

> 盖德礼之治,所与法治根本不同者。法治,则从一人与他人,或团体之关系上,

---

① 《御史黄瑞麒奏筹备立宪应统筹全局分年确定办法折》,故宫明清档案部编:《清末筹备立宪档案史料》上,北京:中华书局,1979年,第316页。

② 《御史黄瑞麒奏筹备立宪应统筹全局分年确定办法折》,故宫明清档案部编:《清末筹备立宪档案史料》上,北京:中华书局,1979年,第316页。

③ 张荫麟:《中国民族前途的两大障碍物》,《素痴集》,天津:百花文艺出版社,2005年,第32页。

④ 伍杰编:《严复书评》,石家庄:河北人民出版社,2001年,第322页。

⑤ [英]弗里德利希·冯·哈耶克:《自由秩序原理》上,邓正来译,北京:生活·读书·新知三联书店,1997年,第261页。

⑥ 蜕菴:《论法律与道德之关系》,《新民丛报》第36号。

> 而为之法制约束,责以必从,使之惯习若自然。此乃自外制之者也。如穿牛鼻,络马颈,岂顺牛马之性哉?人以强力从而穿之络之而已。若夫道民以德者,则因人之自性所固有而导之,使其自知自觉者也。①

他们虽不完全反对法律,但认为法律应该以德礼为本。“夫德礼为本,则政刑皆本德礼之义,以运用之。其精神与作用,自与专尚政刑者不同。故德礼中,自有政刑,非穷而后有之也。”②反对德治者,认为德治与自由不符,在实际运用中更加残酷。

> 与法治主义相对者,则有德治主义。人类之所以形成国家者,乃以保安全长幸福,与增进道德之目的殆不相关。故曰国家者,形式的强制组织也。即国家强制作用只能为形式上之干涉而不能为精神上之干涉也。人之精神藏于内部,必非政治之力所能侵入。执道德主义为政,消极行之,不免空言而无效,积极行之,且有危险之结果。盖道德者,至高美而至无标准。孰规定是?孰操制是?徒为强者所持以制服弱者之具。故德治实与力治为缘者也。……庄子所谓侯之门仁义存者,此也。……故德治与自由思想绝不相容者也。若法律者,嫩美虽不可定,而矩镬则有可循。弱者得依托以为安,即强者亦范围而不过。盖德治者,不恃法而恃人;人之性格不定,法之程限有常,故德治易流为专制而法治可企于平等也。且德治云者,自政治理想言之,则为太平之极轨,自进化阶级言之,实则野蛮之陋风。③

上述两种观点虽都言之有故,但其弊则一,即把道德与法律置于某种对立关系之上。道德与法律非对立关系,而是相辅相成。主张法治,并非摒弃道德。孙宝瑄说:“道德者,法律之母也。法律生于道德,而法律之用,正所以维持道德。”④蜕菴称:“法律道德之进化,其初并出于一途,无所谓法律道德之分也。群化既进,则厘然划其区域,各自用治于群俗之中。群化递进,则法律之界限愈严,法律之范围亦愈狭,而道德之力乃大伸。”⑤这就是说法律起源于道德。有善恶邪正之辨,才有道德;有道德,才有法律。起初,道德与法律并无区别。随着人群进化、人自治能力的提高,原属于强制力调整范围的内容,渐进入良心调整的范围。因此,法律、道德便区分开来。人的道德能力越高,法律调整的范围越小。法律与道德并非毫无联系的两个领域。“法律既与道德判其区域,然固非厘然绝为二事也。盖自其无差别者观之,则法律固隶于道德之中。”⑥

法律与道德的区别是什么呢?法律实施的范围与程度不同于道德。从广义而言,道德无所不施,而且程度也没有上线。“道德之所命令,固非徒惩忿窒欲也。乃将进之

---

① 熊十力:《读经示要》,北京:中国人民大学出版社,2006年,第32页。
② 熊十力:《读经示要》,北京:中国人民大学出版社,2006年,第31页。
③ 光昇:《中国国民性及其弱点》,《新青年》第2卷第6号,1917年2月。
④ 孙宝瑄:《忘山庐日记》上,上海:上海古籍出版社,1983年,第586页。
⑤ 蜕菴:《论法律与道德之关系》,《新民丛报》第36号。
⑥ 蜕菴:《论法律与道德之关系》,《新民丛报》第36号。

以公信亲爱,道之以睦姻任恤,甚者至匹夫匹妇之饥溺,皆若已推而纳之沟壑,而皇然不慊于心,乃至舍生取义、杀身成仁,皆为道德所奖励,务跻之至善之途。”①法律在范围与程度上都有界限。如果法律调整的范围与程度没有界限,认为一切道德之事都归其调整,个人自由将无立足之地。“盖法律者,维持公群之秩序而亦拥护私人之自由,苟干涉过度,则自由将为所蹂躏。”②从范围而言,法律调整的是已显之外部的行为,不能诛心。从程度而言,法律是禁恶而非责善。“若夫法律,则但使循循绳墨勿相抵触以贼其群。……故质而言之,则法律之所祈,固止禁人之恶而不能命人之善。盖不如是,则法律之力且滥溢将烦扰尚不胜其害也。”③只有明了法律与道德的关系,才不会以德治反法治。既然道德与法律同源,就不存在谁高尚谁低下的问题。法律虽不责善,但法律亦不禁止人为善,更不反对道德的教化作用。如果以道德代法律,其弊将有甚于完全任刑任法,因为道德义务是无穷的。反之,以法治反德治,法治也无实现的基础,因为法律亦是一个社会所接受的最低道德标准。另外,法律如果不能转化为道德义务,法治将无从实现。

(二)树立制度权威与权利保护意识。既然法治不只是束缚拘迫、纳人于轨物之中,更在于保护权利,那么树立制度权威与权利保护意识就成为必然。保护权利,首先依靠的是制度,而非圣君贤相。权利要得到切实保障,就必须消除圣贤政治的观念。严复说:“夫制之所以仁者,必其民自为之,使其民而不自为,徒坐待他人之仁我,不必蕲之而不可得也。就令得之,顾其君则诚仁矣,而制则犹未仁也。使暴者得而用之,向之所以为吾慈母者,乃今为之豺狼可也。呜呼!国之所以常处于安,民之所以常免于暴者,亦恃制而已,非恃其人之仁也。恃其欲为不仁而不可得也,权在我者也。使彼而能吾仁,即亦可以吾不仁,权在彼者也。在我者,自由之民也;在彼者,所胜之民也。必在我,无在彼,此之谓民权。”④圣贤政治是不可靠的。因为所谓的圣贤政治不仅有人亡政息之患,而且圣贤之人格也未必完全可靠。“三代以上,非圣人不立法。自立法而自行法,虽圣人未必不留一毫私意于其间。”⑤应该说,从清末至抗战结束以前,人们更多的是呼吁制度建立以保障权利。抗战结束后,有学者从个人维护自身权利意识的角度,论述法治观念的确立。前文已述,不再赘言。

(三)树立法律尊严。法律尊严体现在法律能够得到贯彻。如果法律得不到遵守,它将毫无尊严。欲使法律得到遵守,需有四点得以实现:

一是有法必依。严复说:“今日所谓立宪,不止有恒久之法度已也,……使法立矣,而其循在或然或不然之数,是则专制之尤者耳。有累作之圣君,无一朝之法宪,如吾中国者,不以为专制,而以为立宪,殆未可欤!”⑥

---

① 蜕菴:《论法律与道德之关系》,《新民丛报》第36号。
② 蜕菴:《论法律与道德之关系》,《新民丛报》第36号。
③ 蜕菴:《论法律与道德之关系》,《新民丛报》第36号。
④ 伍杰编:《严复书评》,石家庄:河北人民出版社,2001年,第258页。
⑤ 《庚戌资政院议案草》第1卷,第24页,沈云龙:《近代中国史料丛刊三编》,台北:文海出版社,1978年。
⑥ 伍杰编:《严复书评》,石家庄:河北人民出版社,2001年,第215页。

二是法律不承认特权。中国传统文化中有三讳的传统。所谓"三讳",就是为尊者讳、为贤者讳、为亲者讳。三讳就是特权主义。张荫麟说:"三讳主义是法律的最大仇敌。它在自觉或不自觉间,给予违反法律的行为以'道德的支撑'(moral support)和精神的慰安。它弄到今日中国'上无道揆,下无法守'!"①三讳中,危害最大的是为尊者讳。因为贤者无确定标准,往往是尊者就变成了贤者。为亲者讳,似乎不分等级,但一般老百姓是没有力量为亲者讳的。三讳成了官员的特权。特权主义,不仅表现在掌握权力者的个人身上,还表现在掌握公权力的团体身上。罗隆基说:"中国一班执政者的习惯,法律条文自为法律条文;个人行动自为个人行动。要人的字条,官吏的电话,团体的公函,随时可以发生司法上的效力;党部衙门,军警机关,随时可以自动执行司法职权。在人民方面,如今亦找不着安分守法的原则,只有听天由命的活路。"②法权高于一切,是法治的必要条件。张荫麟说:"我们今日所需要的口号,不是'党权高于一切',而是'法律高于一切'!便是党权高于一切的大前提,也在党的法律高于一切。不然,党权靠什么去维持?"③

三是不能以所谓的实质正义取代形式正义。汪康年在谈论慈善与法律之关系时说:"吾国向来有一大病,则误以法律及慈善并为一谈是也。夫民遭饥馑而赈之,此慈善事也,不许民取非其有,及强入人家,此法律事也。二者万不可偏废。然就二者言之,与其废法而为善,无宁废善而全法,以一日无法,即大乱以起,吾国人多不明此,致误大事,可痛也。"④这就是说与其因实质正义而违法,不如保全法律。因为没有形式正义,实质正义最终也无法得到保障。

四是不能以法律不善的名义而抗法。孙宝瑄说:"法律设有不善,倡议修改之可也。未修改之先,不可不暂时屈从。何也?人倚法律为生命,苟因其小不善而任意背之,则并其善者亦可背之矣。如此,则法律可以不立矣,又何必争言法律神圣世界耶!"⑤如果人人以法律不善而违法,就等于无法,而恶法亦胜于无法。罗隆基说:"好法律胜于恶法律;恶法律胜于无法律。"⑥事实上,法律任何时候都不可能完美。法治的实现,最重要的就是有守法精神。

五是不能以风俗取代法律。法律固然要考虑风俗,但不能媚俗。严复说:"善为治者,未有以法媚俗者也。"⑦特别是对那些严重违背法治的风俗,更不能视为故常而予以容忍。比如,个人复仇,特别是为亲复仇、为友复仇,在中国被视为孝顺侠义之举。严复对此痛心疾首:"不知人之所以可杀者,法杀之耳。"⑧如果认为仇人可杀,我杀人,人杀

---

① 张荫麟:《中国民族前途的两大障碍物》,《素痴集》,天津:百花文艺出版社,2005年,第32页。
② 罗隆基:《什么是法治》,《新月》第3卷第11号。
③ 张荫麟:《中国民族前途的两大障碍物》,《素痴集》,天津:百花文艺出版社,2005年,第33页。
④ 汪康年:《宜知》,汪林茂:《汪康年文集》上,杭州:浙江古籍出版社,2011年,第291页。
⑤ 孙宝瑄:《忘山庐日记》上,上海:上海古籍出版社,1983年,第773页。
⑥ 罗隆基:《对训政时期约法的批评》,《新月》第3卷第8号。
⑦ 伍杰编:《严复书评》,石家庄:河北人民出版社,2001年,第327页。
⑧ 伍杰编:《严复书评》,石家庄:河北人民出版社,2001年,第327页。

我,法律何在?!

(四)普及法律,人人知法。养成法治精神,知法是重要前提。清末就有人提出普及法律知识的问题,民国时期仍有人提出此问题。张耀曾认为法学应该通俗化。要想人人生于法律、活于法律、动作于法律之中,就应当使人人有相当的法律知识。社会扰乱,是因为法律无效;法律无效,是因为缺少对法律坚固的信赖;对法律缺乏坚固的信赖,是因为"对于法律本没有明确的认识"①。法学是一门复杂高深的学问,怎么能够通俗化呢?张耀曾说:"我说的法学通俗化是说法律的原理原则,现在已发现的,社会一般人都应该知道,不是说对法制更广的探讨、更高的推求。"②

> 法学通俗化应有具体的方法。譬如编印通俗的法学书,做通俗的法学讲演,把社会中种种法律上的现象尽力宣播,都是帮助一般人了解法律的好法子。但是,有最切实、最有效的一件事就是,在教育制度上注重法学教育。……我今试作一个提议:第一,初中课程里专设法制一门,把法制现状讲个大概;第二,凡各大学社会科学一科,无论是经济系、政治系、商学系、社会学系,都要把宪法、民法、刑法、法理学四门列为必修科目,如同法律系把政治学、经济学、社会学作为必修科目一样。③

普及法律,不仅是要普及法律知识,更重要的是普及规则意识。"社会怎样能构成,要人人都照一定的规则行动。所以,一定的规则在一定意义内就是法规,是人类生活须臾不可离的方式。生活的善恶盛衰都受他的范围,所以一个民族的生活要改革,要向上,要合理化,当然他那生活的方式要同时改革、向上、合理化。但是改革呀、向上呀、合理化呀,都是存在意识的基础上的事情,他们对于现在社会的规则尚茫然不觉,对那法规的理路尚辨不清楚,更何从发生改革向上的欲求呢?"④这就是说通过法律的普及养成规则意识,即法治精神。

---

① 张耀曾:《法学应该通俗化》,杨琥编:《宪政救国之梦——张耀曾先生文存》,北京:法律出版社,2004年,第57页。

② 张耀曾:《法学应该通俗化》,杨琥编:《宪政救国之梦——张耀曾先生文存》,北京:法律出版社,2004年,第57页。

③ 张耀曾:《法学应该通俗化》,杨琥编:《宪政救国之梦——张耀曾先生文存》,北京:法律出版社,2004年,第57~58页。

④ 张耀曾:《法学应该通俗化》,杨琥编:《宪政救国之梦——张耀曾先生文存》,北京:法律出版社,2004年,第57页。

第七章

公民能力与素质的养成

第一节　公民能力的养成

一、公民能力问题的提出

所谓公民能力，就是公民行使政治权利的能力。在近代中国，首先明确提出公民能力这一问题者，应为梁启超。1903 年，梁启超应美洲保皇会之邀，游历美洲。通过对海外华人生活状况和美洲政治状况的观察，他注意到了公民能力与民主政治的关系。如果公民缺乏政治能力，贸然实行民主政体，结果适得其反。梁启超说：

> 论者动曰：美国人民离英独立而得自由。此知其一不知其二也。谓美国人之自由，以独立后而始巩固则可；谓美国人之自由，以独立后而始发生则不可。世界无突然发生之物。故使美国人前此而无自由，断不能以一次之革命战争而得此完全无上之自由。彼法兰西以革命求自由者也，乃一变为暴民专制，再变为帝政专制，经八十余年而犹未得如美国之自由。彼南美诸国皆以革命求自由者也，而六七十年来，未尝有经四年无暴动者，始终为蛮酋专制政体。求

如美国之自由者,更无望也。故美国之获自由,其原因必有在革命以外者,不可不察也。①

梁启超此时虽未明确提出政治能力的问题,但已显端倪。他在《新大陆游记节录》一书中指出,中国人能族自治而不能市自治,有村落思想而无国家思想,只能受专制而不能享自由。他在《政治学大家伯伦知理之学说》中,提出了共和国民应有之资格问题:

深察祖国之大患,莫痛乎有部民资格而无国民资格。……今新思想方始萌芽耳,顾已往往滥用自由平等之语,思想过度而能力不足以副之。芸芸志士曾不能组织一巩固之团体,或偶成矣,而旋集旋散,诚有如近人所谓"无三人以上之法团,无能支一年之党派"者。以此资格而欲创造一国家,以立于此物竞最剧之世界,能耶否耶?②

梁启超在《论中国国民之品格》中,又明确提出中国人缺乏自治能力。

盎格鲁撒逊人种最富于自治之力。故其移殖他地,即布其自治之制度而规律井然。……中国人之出洋者亦众矣,然毫无自治之能力,漫然绝无纪律,故虽有数百万人,但供他人之牛马,备他人之奴隶。③

在《新民说·论政治能力》一文中,他又写道:

我中国自黄帝以来,立国数千年,而至今不能组织一合式有机完全秩序顺理发达之政府者,其故安在?一言以蔽之,亦曰无政治能力而已。④

综上所述,梁启超所谓政治能力或公民能力,就是自治能力,即有序实行立宪政治的能力,它包括习惯及运用的能力。梁启超特别指出,能力不同于观念与思想。有其观念与思想,不等于有其能力。"今之忧国者,每睊睊而悲哀,哀而号曰:呜呼!中国人无政治思想。斯固然矣。虽然,吾以为今后之中国,非无思想之为患,而无能力之为患。凡百皆然,而政治尤其重要者也。普通之思想,由言论听受可以得之;实际之思想,由学问讲求可以得之。言论听受者,数月而其效可睹矣;学问讲求者,数年而其效可睹矣。

① 梁启超:《新大陆游记节录》,林志钧编:《饮冰室合集·专集之二十二》,北京:中华书局,1989年,第134页。

② 梁启超:《政治学大家伯伦知理之学说》,林志钧编:《饮冰室合集·文集之十三》,北京:中华书局,1989年,第69页。

③ 梁启超:《论中国国民之品格》,林志钧编:《饮冰室合集·文集之十四》,北京:中华书局,1989年,第4页。

④ 梁启超:《新民说·论政治能力》,林志钧编:《饮冰室合集·专集之四》,北京:中华书局,1989年,第150页。

故欲进无思想者为有思想者，其事犹易；欲进无能力者为有能力者，其事实难。”①

梁启超在与革命派论战时，更加强调二者的差别。革命派认为，有思想即有能力。汪精卫说：“自由、平等、博爱三者，人类之普通性也，特其所翕受之量，有多寡之殊而已。论者虽武断，敢谓我国民自有历史以来，绝无自由、平等、博爱之思想乎？但观贵族政治，至战国而荡尽，我国民之精神，宁可诬者？夫我国民既有此自由、平等、博爱之精神，而民权立宪，则本乎此精神之制度也，故此制度之精神，必适合于我国民，而决无虞其格格不入也。……盖凡模仿者自无而有则难，自粗而精则易。何也？此有而彼无，则未知二者之性质果相同否也，若此粗而彼精，则性质同矣，所不同者，其程度耳，性质同则模仿易。”②汪精卫认为，自由、平等即为人们普遍之心理，通过革命就会很快被人接受，民权立宪指日可待。“去专制之苦，尝自由之乐，夷阶级之制，立平等之域，国民主义、民族主义昔存于理想，今现于实际，心理之感孚，速于置邮而传命也。”③梁启超坚持认为，有思想不等于有能力。他在反驳汪精卫时称：“然则彼所谓共和国民之资格，殆即以自由平等博爱公法观念国家观念等为标准也。夫彼谓我国民既有此等等，吾固不能为绝对的承认，然比较的可以承认。然如彼说，谓有此等等，而遂可命之为共和国民之资格乎？此似是而非之言也。法国者，自由平等博爱论之大本营也。论者即极谀我民，谓其富于自由平等博爱之精神，恐亦无以踰十八世纪之法国。而十八世纪之法国国民，即吾所认为无共和资格者也。即今日之法国国民，吾犹认为无共和资格者也。”④需要指出的是，革命派之所以将自由、平等、博爱思想与能力混为一谈，主要是为民族革命辩护，即只有通过民族革命，才能实现民主革命。不过，辛亥革命后，特别是二次革命后，革命派便承认思想不等于能力，这一点通过二次革命后孙中山对民权政治的论述即可得到验证。孙中山提出训政思想，其目的就是通过训政，培养民众的参与习惯与能力。因此，梁启超关于公民能力的诠释，还是得到多数人的认同。有的称之为团体生活的能力，有的称之为组织能力，即合作办事的能力。称法虽不一致，内涵却基本相同，即在一团体内，按规则行使权利的能力，或合作办事的能力。

二、公民能力的养成

如果把公民能力定义为在一团体内，按规则行使权利的习惯与能力，那么如何养成这种能力呢？关于这一问题，大致有三种代表性观点：

---

① 梁启超：《新民说·论政治能力》，林志钧编：《饮冰室合集·专集之四》，北京：中华书局，1989年，第149页。

② 精卫：《驳‘新民丛报’最近之非革命论》，张枬、王忍之编：《辛亥革命前十年间时论选集》第2卷上，北京：生活·读书·新知三联书店，1963年，第413页。

③ 精卫：《驳‘新民丛报’最近之非革命论》，张枬、王忍之编：《辛亥革命前十年间时论选集》第2卷上，北京：生活·读书·新知三联书店，1963年，第405页。

④ 梁启超：《答某报第四号对于新民丛报之驳论》，林志钧编：《饮冰室合集·文集之十八》，北京：中华书局，1989年，第63~64页。

(一)开明专制论。梁启超是此观点的首倡者。游历美洲后,梁启超认为只有富有自治能力之群体,才能实行共和政体。长期生活在专制政体下的人民,不能骤然实行共和政体。

若夫数百年卵翼于专制政体之人民,既乏自治之习惯,复不识团体之公益,惟知持个人主义以各营其私。其在此等之国,破此权衡也最易。既破之后,而欲人民以自力调和平复之,此必不可得之数也。其究极也,社会险象层见叠出,民无宁岁,终不得不举其政治上之自由,更委诸一人之手,而自帖耳复为其奴隶,以图性命财产之安全。①

自治能力需要养成,但养成自治能力不能靠革命。

因于习惯而得共和政体者常安,因于革命而得共和政体者常危。请言其理。夫既以革命之力,一扫古来相传之国宪,取国家最高之目的,而置之于人民仔肩之上矣;而承此大暴动之后,以激烈之党争,四分五裂之人民,而欲使之保持社会势力之平衡,此又必不可得之数也。于斯时也,其势力最猖獗者,即彼鼓吹革命率先破坏之一团也。而此党派大率属于无资产之下等社会。其所举措,往往不利于上流。作始犹简,将毕乃钜。其力既无所限制,自必日走于极端,而遂取灭亡。……于是乎社会阶级之争夺遂相互迭起而靡有穷。争夺之极,其得最后之胜利者,则彼从梦中惊起之富豪阶级也。然彼等虽胜利而已厌政权,何也?当彼之时,其握政权者常危殆也。彼等欲得政治上之权利,不过以保其生命财产之安全云尔。其既得之也,则必孳孳然复自营其生计,不惜出无量之代价以购求和平。而社会棼乱疲敝之既极,非更有独立强大之主权,则终不能以奠定。……于是乎民主专制政体应运生焉。②

这就是说,革命必造成动乱,动乱的结果是复归于专制,人民根本无暇养成自治习惯与能力。自治能力的养成需要一个和平的环境。梁启超说:"尝察社会之进步,恒在平和时代。此征诸中外历史而可信者也。……所以然者何也?凡人必先于生命之安全得确实保证,然后乃能营心目于他事。次则劳力所入足以饱暖其躯而卵翼其孥,然后乃克进而谋优美之生活。次则本群之人,其生命财产之现象能与我得同样之安适,然后秩序生而相与骈进。若战乱时,则此三者皆不易见。……比户凋残,相濡以沫之不给,而与之言权利义务,言秩序规律,言地方公益,言国家大计,其安能入也。"③

---

① 梁启超:《政治学大家伯伦知理之学说》,林志钧编:《饮冰室合集·文集之十三》,北京:中华书局,1989年,第82页。

② 梁启超:《政治学大家伯伦知理之学说》,林志钧编:《饮冰室合集·文集之十三》,北京:中华书局,1989年,第83~84页。

③ 梁启超:《开明专制论》,林志钧编:《饮冰室合集·文集之十七》,北京:中华书局,1989年,第58~59页。

如何既能保持社会和平，又能培养人民的自治能力呢？梁启超提出开明专制论的观点。何谓开明专制？梁启超称："凡专制者，以能专制之主体的利益为标准，谓之野蛮专制。以所专制之客体的利益为标准，谓之开明专制。"①所谓客体的利益，就是国家与人民的利益。具体而言，开明专制就是政体虽为专制，但专制者仍能够以发达人民之权利为目的，若非国家自卫上万不得已之理由，不能侵夺人民的权利。专制者既能够内而调和竞争（即定各人之自由范围），又能够外而助长竞争。梁启超设想，通过开明专制普及政治思想、普及教育，提高人民共和程度，然后以和平要求之手段达致政治革命。"人民要求苟得其法，则必能使政府降心相从。"②梁启超认为，要求就是实力的表现。"夫彼毫无政治知识毫无政治能力者，不知要求为何物，不知当要求者为何事。"③

梁启超的开明专制论，从理想而言，诚为最佳选择；从理论而言，确实逻辑严密；从事实而言，确亦符合当时中国的事实。但是，他的开明专制论的逻辑大前提却缺乏经验的支撑，即开明专制的主体从何而来并未涉及。这就无怪乎汪精卫振振有词地说："开明专制者，待其人而后行，然欲得其人，非能自然必至，乃偶然之遭值而已。且治国者，不徒恃有治人，而兼恃有治法，开明专制，有治人无治法者也。彼非无法，而法之力不足以限制之，则犹之无法也。"④开明专制论虽有理论与事实上的缺陷，但梁启超所说的只有在和平环境中才能养成民众的自治能力这一观点，虽不中亦不远。

（二）地方自治论。清末，随着立宪思潮的兴起，地方自治思潮亦兴起。政闻社即将确立地方自治作为其政纲之一，其理由之一是"使人民在小团体中，为政治之练习，能唤起其对于政治上之兴味，而养成其行于政治上之良习惯，此其利益之及于国家者，盖益深且大"⑤。但总体而言，在清末，地方自治并未得到思想界的足够重视。革命派志在颠覆清廷；立宪派主要目标在开国会。国会被视为解决一切问题的关键。熊范舆在《国会与地方自治》一文中指出，从理论而言，地方自治是培养民众自治能力之基础，是宪政之基础，但在中国而言，只有先开国会，才有责任政府，地方自治才能普遍推行。先办地方自治，再开国会，缓不济急。

> 难者又曰：中国自有史以来，从无以国民代议国政之事也，惟其无是事，故国民参政思想至为薄弱，因而国民之参政能力，尤极幼稚，今一旦遽开国会，以参政能力幼稚之国民，代议今日存亡所关之国事，吾恐为国民者，不能健全进行，尽议员之能事，以运用其参政权于国会之中也。故不若先谋地方自治，借地方议会，以为我国

---

① 梁启超：《开明专制论》，林志钧编：《饮冰室合集·文集之十七》，北京：中华书局，1989年，第22页。

② 梁启超：《申论种族革命与政治革命之得失》，林志钧编：《饮冰室合集·文集之十九》，北京：中华书局，1989年，第38页。

③ 梁启超：《申论种族革命与政治革命之得失》，林志钧编：《饮冰室合集·文集之十九》，北京：中华书局，1989年，第42页。

④ 精卫：《驳'新民丛报'最近之非革命论》，张枬、王忍之编：《辛亥革命前十年间时论选集》第2卷上，北京：生活·读书·新知三联书店，1963年，第411页。

⑤ 《政闻社宣言书》，张枬、王忍之编：《辛亥革命前十年间时论选集》第2卷下，北京：生活·读书·新知三联书店，1963年，第1062页。

民养成参政能力之地，全国之中，自治普及，斯全国国民，能力胥备，由此而开设国会，自无虞议员之不充厥用矣。虽然，是说也，若自理论上以言之，吾亦未尝不以为是也。顾吾人今日所为亟亟欲开国会者，盖有一重要之前提焉。则以吾今日之中国，非有责任政府即无以图生存，国会开而责任政府斯起矣。准难者所持之理论，必俟全国遍行地方自治后，始开国会，自必俟全国遍行地方自治后，始有责任政府之可言。然则地方自治，须待至何日而始能遍行于全国也耶？①

应该说，熊范舆的观点在立宪派中具有普遍性。这就是说，清末时期，人们虽然意识到地方自治在培养公民自治能力中的重要性，但又认为其缓不济急。

真正重视地方自治，把其作为训练民众行使民权的基础，是在反袁战争以后。提倡地方自治最力，最有系统论述者，当属孙中山。孙中山说："地方自治者，国之础石也。础不坚，则国不固。"②为什么美国立国后，政治蒸蒸日上？因为其地方自治发达。为什么法国民主政治进程曲折？"以彼之国体向为君主专制，而其政治向为中央集权，无新天地为之地盘，无自治为之基础也。"③地方自治就是要把民主政治的基础，建立在民众身上。"但欲民国之巩固，必先建其基础。基础不必外求，当求诸全国国民之心中。国民而身受民权之庇护，识其为无上光荣，则自必出死力以卫民权，虽有拿破仑在国中，亦莫吾毒已。……然其道必自以县为民权之单位始也。"④孙中山一贯主张，地方自治以县为单位。他认为，如果地方自治以省为单位，不过是分中央之权于各省，与民权无涉。"欲知主权在民之实现与否，不当于权力之分配观之，当于权力之所在观之。权在于官，不在于民，则为官治；权在于民，不在于官，则为民治。"⑤只有分县自治，民权才有凭藉。"盖无分县自治，则人民无所凭藉，所谓全民政治，必无由实现。"⑥只有实行分县自治，才能引起百姓对政治的关心，才有利于百姓行使监督权利。"至言真正民治，则当实行分县自治，盖县之范围有限，凡关于其一乡一邑之利弊，其人民见闻较切，兴革必易，且其应享之权利，亦必能尽其监督与管理之责，不致如今日之省制，大而无实。"⑦孙中山虽主张以县为单位实行地方自治，但并不是说，县以下就不应该有自治团体。他认为自治团体愈小愈多愈妙。"自治团体愈

---

① 熊范舆：《国会与地方自治》，张枬、王忍之编：《辛亥革命前十年间时论选集》第2卷下，北京：生活·读书·新知三联书店，1963年，第879页。

② 孙中山：《在沪举办茶话会上的演说》，《孙中山全集》第3卷，北京：中华书局，1984年，第327页。

③ 孙中山：《建国方略》，《孙中山全集》第6卷，北京：中华书局，1985年，第208页。

④ 孙中山：《在沪尚贤堂茶话会上的演说》，《孙中山全集》第3卷，北京：中华书局，1984年，第323～324页。

⑤ 孙中山：《中华民国建设之基础》，陈旭麓、郝盛潮编：《孙中山集外集》，上海：上海人民出版社，1990年，第33～34页。

⑥ 孙中山：《中华民国建设之基础》，陈旭麓、郝盛潮编：《孙中山集外集》，上海：上海人民出版社，1990年，第35页。

⑦ 孙中山：《在"俄国皇后号"邮船上的谈话》，郝盛潮编：《孙中山集外集补编》，上海：上海人民出版社，1994年，第296页。

多而愈佳，自治区域愈小而愈妙。”①自治区域愈小，与人民身家利害的关系愈切，人民参与兴趣就会愈大，人民被蒙蔽的可能性就愈小。除孙中山外，主张通过地方自治培养民众自治能力且影响巨大者，还有梁漱溟、晏阳初。另外，需要说明的是，主张地方自治者，并非仅注目于农村。梁启超就主张市自治。

（三）普遍试验论。胡适一贯是试验主义者。所以，对于民众自治能力的养成，胡适亦主张普遍试验。1923 年，他在《〈政治概论〉序》中提出：

> 从民治国家的经验上看来，我们不能不承认民治的制度是训练良好公民的重要工具。民治制度的推行，曾经过两条路子：一条是一个民族自己逐渐演进，如英国之例；一条是采用别国已成之制，如近代许多新起的民治国家。无论在哪一条路上，都曾有过很腐败的时代。……民治制度的最先进的国家也不是生来就有良好公民的；英国今日的民治也是制度慢慢地训练出来的。至于那些采用现成民治制度的国家，他们若等到“人民程度够得上”的时候方才采用民治制度，那么，他们就永远没有民治的希望了。民治制度所以有被他国采用的可能，全靠制度有教育的功用。②

这就是说，要培养民众的自治能力，就要给他们实践的机会。不同于开明专制论、地方自治论，胡适主张立即、普遍地试验。

> 民治的制度是一种最普遍的教育制度，因为他是全国一致的，是有公民资格的人都可参加的。要使这个大学校办的有效，只有一个条件：就是要上课，就是不准学生逃学。我们往往说，中华民国十二年的经验究竟有了什么成绩可说？这话错了。这个中华民国政治大学虽挂了十二年的招牌，但上课的日子很少，逃学的学生太多。上课的日子少，故谈不到成绩；逃学的学生多，故还算不得正式开学。信心太薄弱的人们呵，你们且等这个学校正式开学上课之后再来批评成绩，还不迟罢。③

20 世纪 30 年代，胡适更提出幼稚民主论，为其普遍试验论张目。1933 年，他在《再论建国与专制》一文中写道：

> 我有一个很狂妄的僻见：我观察近几十年的世界政治，感觉到民主宪政只是一种幼稚的政治制度，最适宜于训练一个缺乏政治经验的民族。……民主政治的好处在于不甚需要出类拔萃的人才；……在于给多数平庸的人有个参加政治的机会，

---

① 孙中山：《发扬民治说帖》，陈旭麓、郝盛潮编：《孙中山集外集》，上海：上海人民出版社，1990 年，第 37 页。

② 胡适：《〈政治概论〉序》，胡明编：《胡适精品集》第 4 册，北京：光明日报出版社，1998 年，第 15~16 页。

③ 胡适：《〈政治概论〉序》，胡明编：《胡适精品集》第 4 册，北京：光明日报出版社，1998 年，第 16 页。

可以训练他们爱护自己的权利。……在我们这样缺乏人才的国家,最好的政治是一种可以逐渐推广政权的民主宪政。中国的阿斗固然应该受训练,中国的诸葛亮也应该多受一点训练。①

他在《答丁在君先生论民主与独裁》一文中,对幼稚民主论有进一步的阐明。

英美国家知道大多数的阿斗是不配干预政治,也不爱干预政治的,所以充分容许他们去看棒球,看赛马,看 Cricket ,看电影,只要他们"逢时逢节"来画个诺,投张票,做个临时诸葛亮,就行了。这正是幼稚园的政治,这种"政治经验"是不难学得的。②

胡适认为,民众在试验中,水平自然会提高。"这班看棒球新闻,读侦探小说,看便宜电影,听 Jazz 音乐的阿斗,也不是永久可欺骗的啊!"③总之,胡适认为民主就是一种制度,没有什么玄妙高深。民主作为一种制度可以随时随地开始试验。"民主政治只要有选举资格的选人能好好的使用他们的公权:这种训练是不难的(我在美国观察过两次大选举,许多次地方选举,看见许多知识程度很低的公民能运用他们的选举权)。"④既然民主可以随时随地开始,就不需要什么准备阶段,直接在试验中培养民众行使权利的能力,是最好的选择。

在近代中国,关于如何养成公民能力虽然有三种主要观点,但最能得到大多数人认同的是地方自治论。开明专制论难得其人,汪精卫及胡适对此都有所辩驳。胡适的普遍试验论,把问题想象得过于简单,所以其政论对手丁文江、蒋廷黻等认为其论不通,或不值一驳,是有一定道理的。丁文江说:"胡适之先生说,'民主宪政只是一种幼稚的政治制度,最适宜于训练一个缺乏政治经验的民族'。这句话是不可通的。理论的根据我们姑不讨论;事实上看起来,民主宪政有相当成绩的国家,都是政治经验最丰富的民族。反过来说,政治经验比较缺乏的民族,如俄,如意,如德,都放弃了民主政治,采用了独裁制度。足见民主宪政不是如胡适之先生所说的那样幼稚的。'民主政治只要有选举资格的选人能好好的使用他们的公权。'不错的,但是这就是世界上最困难的一件事。所有行民主宪政的先进的国家,都没有做到这个地步。"⑤

民主确实不需要人人有高深的知识。因为从民主制度运行的经验来看,民主的成功与民众的知识程度并无必然的联系。美国学者科恩说:"学校教育远非衡量教育的唯一尺度。在许多社会中,例如古希腊或美国的边远地区,由于有了最低限度的惯例性教

① 胡适:《再论建国与专制》,《独立评论》第 82 号,1933 年 12 月。
② 胡适:《答丁在君先生论民主与独裁》,《独立评论》第 133 号,1934 年 12 月。
③ 胡适:《答丁在君先生论民主与独裁》,《独立评论》第 133 号,1934 年 12 月。
④ 胡适:《中国无独裁的必要与可能》,《独立评论》第 130 号,1933 年 10 月。
⑤ 丁文江:《民主政治与独裁政治》,《独立评论》第 133 号,1934 年 12 月。

育的支持,民主也能成功。在今天某些边远地区的小型社会中,情况仍然如此。"①但是,民主也不是幼稚的制度。民主制度的运行主要依靠的不是制度的设计,而是社会文化的支撑。良好的政治文化、心理习惯是保障民主制度运行的根本。托克维尔认为:"假如一个民族完全没有利用自由的习惯,或易于掀起狂热的政治激情,而在它的立法者的多数之旁,只有一个负责审议和监督执行的少数,那我不妨认为它的公共秩序一定处于严重的危险之中。"②美国学者达尔也认为某一种社会先决条件在程度上的增加,对保障民主制度的成功,远比特殊的制度设计重要。这都说明民主不仅是一种制度,更是一种文化。而民主文化的养成,是需要长期的实践的。

培养民主习惯与能力的最佳途径是地方自治。"地方自治是普通民主最良好的、最可靠的培养器。在长期实行地方自治的地方,大范围内的民主就有更多的成功的机会。……归根结底,促进与支持任何形式政府,尤其是民主政府的习惯是在公民的日常生活中培养起来的;只是思想上认识它的重要性是不够的。民主要在大范围内取得成效,必须先在小范围内实行。"③这不仅是因为在一个小范围内,民众参与的各项事务与他们的生活息息相关,而且只有在小范围内,民众才能更好地体验到参与的有效感。同时,在小范围内,比较有利于培养妥协、容忍、灵活等民主气质与共事能力。正因如此,通过地方自治培养民众参与能力,成为近代中国多数思想家的首选。事实上,梁启超的开明专制论中,也是包含地方自治的。首先,梁启超一贯不反对地方自治。其次,梁启超主张通过开明专制逐渐养成民众的参与能力。开明专制不可能一下子在大范围内普遍实行。如此,就不需要开明专制,也不符合逐渐养成的逻辑。所以开明专制实现的途径只能是地方自治。胡适的普遍试验论与地方自治也并非不相容。胡适真正反对的是国民党的训政及蒋廷黻、丁文江、钱端升等人主张的新式独裁。这种理论认为中国要想民主,必须先有一个统一的现代化国家;而统一的现代化国家是民主不能提供的,只有某种形式的新式独裁,才能为中国提供一个统一的现代化国家。所以要民主,先独裁。出于对民主价值的坚持,胡适提出普遍试验论。普遍试验论的宗旨在于立即普遍实行,不需要什么过渡阶段。"许多太崇高民主政治的人,只因为把民主宪政看作太高不可攀的'理智的政治'了,所以不承认我们能试行民治,所以主张有一个过渡的时期,或是训政,或是开明专制,或是独裁,这真是王荆公的诗说的'扰扰堕轮回,只缘疑这个'了!"④至于形式,可以是多样的。胡适既没否认也没有明确肯定,地方自治是民众自治能力的孵化器,胡适更希望保持一种伸缩性。

---

① [美]科恩:《论民主》,聂崇信、朱秀贤译,北京:商务印书馆,2005年,第165页。

② [法]托克维尔:《论美国的民主》上,董果良译,北京:商务印书馆,1996年,第215页。

③ [美]科恩:《论民主》,聂崇信、朱秀贤译,北京:商务印书馆,2005年,第194~195页。

④ 胡适:《从民主与独裁的讨论里求得一个共同的政治信仰》,《独立评论》第141号,1935年3月。

第二节 公民素质的养成

公民素质的含义很广泛,这里主要指公民的文化素质、科学素质、文明行为与形象等素质。

一、文化素质

文化素质,指公民受教育的程度。戊戌维新时期,维新派就提出开民智的主张。当然,维新派提出的开民智不仅仅指文化修养,但文化修养也是重要组成部分。梁启超称:“吾闻之春秋三世之义,据乱世以力胜,升平世智力互相胜,太平世以智胜。……故言自强于今日,以开民智为第一义。”①因为只有开民智,国家权利才能得到保护,国家才能得到发展。“凡权利之与智慧,相依者也。有一分之智慧,即有一分之权利;有百分之智慧,即有百分之权利;一毫不容假借者也。故欲求一国自立,必使一国之人之智慧足可治一国之事,然后可。今日之中国,其大患总在民智不开。民智不开,人材不足,则人虽假我以权利,亦不能守也。”②开民智,也关系到民权能否实现。“今之策中国者,必曰兴民权。兴民权斯固然矣,然民权非可以旦夕而成也。权者生于智者也,有一分之智,即有一分之权;有六七分之智,即有六七分之权;有十分之智,即有十分之权。……是故权之与智,相倚者也,昔之欲抑民权,必以塞民智为第一义;今日欲伸民权,必以广民智为第一义。”③可以说,自戊戌维新以后,民智关系到国家富强、关系到民主实现的见解,基本上为思想界所接受。20世纪30年代,丁文江之所以主张新式独裁,一个很重要的理由就是中国民众民智低下。“中华民国的人民百分之八十或是七十五以上是不识字的,不识字的人不能行使选举权的,是大家应该承认的。”④开民智,就是要提高整个民族的文化素质,而不仅仅是培养少数特异之士。“巨厦非一木所能支,横流非独柱所能砥。”⑤

提高民族文化素质,当然要靠教育。这就是甲午战后中国教育救国思潮兴起的原因。在近代中国,接受正规的学校教育,毕竟是只有少数人能享受到的权利。所以,在学校教育之外,又有平民教育的兴起。吴稚晖在谈到平民教育的意义时说:

> 就教育一端而言,中国人的知识程度如何,若不由中国人自行料量,还有谁何之国代他料量?他若弄到全体人民的知识,比别国太不及格,就仿佛像一个病人,

---

① 梁启超:《变法通议》,林志钧编:《饮冰室合集·文集之一》,北京:中华书局,1989年,第14页。

② 梁启超:《湖南时务学堂札记批》,李华兴、吴嘉勋编:《梁启超选集》,上海:上海人民出版社,1984年,第61页。

③ 梁启超:《论湖南应办之事》,林志钧编:《饮冰室合集·文集之三》,北京:中华书局,1989年,第41页。

④ 丁文江:《民主政治与独裁政治》,《独立评论》第133号,1934年12月。

⑤ 《李端棻请推广学校折》,朱有瓛编:《中国近代学制史料》第1辑上,上海:华东师范大学出版社,1983年,第593页。

厕于许多壮夫之中，不必说取乱侮亡，招来横祸，例不能免；便是惹同居者掩鼻而过，或深怕传染，岂不自惭形秽？①

提高民族文化素质，首先当然是提高民众的识字率。怎样尽快提高民众的识字率？白话文运动、注音字母运动、世界语运动均与此有关。除了提高民众的识字率，改变民众的知识结构也是提高民众文化素质的重要内容。民众应该掌握普通学。维新人士把西学分为专门学与普通学两种，所谓普通学就是人人应该掌握的一些基本的知识。普通学应该包括哪些学问，每个人的看法不太一致。梁启超认为，伦理、国语、外国语、历史、地理、数学、博物、物理及化学、法制、经济等学科的一些基本知识，都应该归为普通学。

二、科学素质

17世纪末，西方近代科学传入中国，19世纪60年代以后得到比较广泛的介绍。甲午战后，科学作为一种价值体系而为新时代的思想家所接受。因此在近代中国，科学不仅是一种工具，更是一种价值体系。大致而言，科学在中国担负着以下功能：

（1）破除迷信。在中国传统文化中，由于缺乏、轻视科学知识，迷信盛行。清末，人们就注意到这个问题。杜亚泉说："窃谓各国科学风气之开，皆由其科学士，不惜劳费，每得一理，到处演说试验，使人目击而欣赏之。即政治家、宗教家，亦往往如是。此实开民智之良法。而我国文人学士，则自高位置，视此等事为委琐龃龉，而不屑为，转令江湖术士逞其愚谬之言，售其欺人之术，传染国民之脑根，酿成祸乱之阶梯，殊可惜也。"②因此，杜亚泉创办《亚泉杂志》，以宣传科学为职志。新文化运动时期，陈独秀提出科学与人权的口号："士不知科学，故袭阴阳家符瑞五行之说，惑世诬民，地气风水之谈，乞灵枯骨。"③20世纪20年代，之所以发生科学与玄学的论战，提倡科学、反对迷信亦是重要原因之一。胡适说："中国此时还不曾享着科学的赐福，更谈不到科学带来的'灾难'。我们试睁开眼看看：这遍地的乩坛道院，这遍地的仙方鬼照相，……我们当这个时候，正苦科学的提倡不够，正苦科学的教育不发达，正苦科学的势力还不能扫除那迷漫全国的乌烟瘴气，——不料还有名流学者出来高唱'欧洲科学破产'的喊声，……这便是这一次'科学与人生观'的大论战所以发生的动机。明白了这个动机，我们方才可以明白这次大论战在中国思想史上占的地位。"④

（2）富国强兵，改善民生。缺乏科学素质，阻碍中国富国强兵。"学士大夫短于科学之知识，因疏生惰，以实业为可缓。教科偏枯，报章零落，则社会无教育矣。故其人

---

① 吴稚晖：《二百兆平民大问题最轻便的解决法》，《东方杂志》第21卷纪念号。

② 丁守和主编：《辛亥革命时期期刊介绍》第1集，北京：人民出版社，1982年，第85页。

③ 陈独秀：《敬告青年》，《青年杂志》第1卷第1号，1915年9月。

④ 胡适：《〈科学与人生观〉序》，张君劢等著：《科学与人生观》（一），沈阳：辽宁教育出版社，1998年，第11～12页。

民畏进取、陷迷信,格路矿以风水,掷金帛于鬼神,则无普通之知识矣。以此立国,虽无外患,犹不自保,而况列国竞争,经济问题日促以进,将于亚洲大陆演风毛雨血之剧乎!”①缺乏科学知识,民生无以改善。陈独秀说:“农不知科学,故无择种去虫之术;工不知科学,故货弃于地,战斗生事之所需,一一仰给于异国;……医不知科学,既不解人身之构造,复不事药性之分析,菌毒传染,更无闻焉,惟知附会五行生克寒热阴阳之说。”②

(3)解放思想,助益人权。吴稚晖说:“以往的人们,受自然威权的制限太多了,因此生出神权黑暗的时期。得科学来淡下神权的崇拜,人们的思想,遂得一大解放。独立自尊的观念,未来的理想世界,都仗着它造因。”③

(4)获取真知与真理。王星拱说:“神异的知识,既渐渐失信于人,玄想的知识,又没有实在的用处,于是进到实证的阶级,这个阶级的知识,以事实为主体,无论什么知识,都要事实证明,所研究的问题,必是我们人类所以能解决得了的。这就是科学的知识。”④胡适说:“科学的根本精神在于求真理。……科学的文明教人训练我们的官能智慧,一点一点地去寻求真理,……这是求真理的唯一法门。”⑤

(5)戒武断,助人养成注重证据与逻辑的思维方式。陈独秀说:“科学者何?吾人对于事物之概念综合客观之现象,诉之主观之理性而不矛盾之谓也。……夫以科学说明真理,事事求诸证实,较之想像武断之所为,其步度诚缓,然其步步皆踏实地,不若幻想突飞者之终无寸进也。”⑥

(6)增进德行。唐钺认为科学可以增进人类服从公理之心。“科学定理,以人类为公。人惟于此有所浸润,而后服从公理之心切,……个人服公之心切,斯社会团合之力强。”⑦科学可以去除人的苟得幸免之心,可以为道德提供确实之根据。有人认为,科学可以培养平等之观念。“因为科学家把尊重事实的精神来观察外物,故觉得外物毕竟平等。”⑧

总之,在中国近代一些思想家心目中,科学不是简单的改造自然的工具,而是关系到国计民生,关系到人的思想、思维、道德的大事。因此,几乎各方,无论是承认科学万能者还是不承认科学万能者,都把输入科学作为信条。维新派如此,新文化派如此,乡建派如此,国共两党亦如此。可以说,自从甲午战后,除极端顽固派,中国有反对科学万能者,没有反对科学者。在中国,输入科学不仅仅是输入学问,更重要的是输入科学精

---

① 丁守和主编:《辛亥革命时期期刊介绍》第1集,北京:人民出版社,1982年,第289页。

② 陈独秀:《敬告青年》,《青年杂志》第1卷第1号,1915年9月。

③ [美]郭颖颖:《中国现代思想中的唯科学主义》,雷颐译,南京:江苏人民出版社,1998年,第35页。

④ 王星拱:《奋斗主义之一个解释》,《新青年》第7卷第5号,1920年4月。

⑤ 胡适:《我们对于西洋近代文明的态度》,姜义华主编:《胡适学术文集·哲学与文化》,北京:中华书局,2001年,第193~194页。

⑥ 陈独秀:《敬告青年》,《青年杂志》第1卷第1号,1915年9月。

⑦ [美]郭颖颖:《中国现代思想中的唯科学主义》,雷颐译,南京:江苏人民出版社,1998年,第105页。

⑧ 穆:《旁观者言》,张君劢等著:《科学与人生观》(二),沈阳:辽宁教育出版社,1998年,第269页。

神、科学思维。科学精神与科学思维,才是科学的种子。“中国人不当仅采欧美各国科学上和专门技术上的设备,而应注意其所以产生科学和专门技术的心理。因为近代的科学与专门技术,并不曾产生现代的欧美;反之,欧美人的心理,实产生近代科学与专门技术,并使其达到今日优越的程度。……不幸国人态度与之相反,结果便是科学无,受罪深,在昔已然,于今为烈。”①虽然同样主张输入科学,提高人们的科学素质,因时代不同,面对的对象不同,侧重点并不一样。《亚泉杂志》《科学世界》侧重科学知识的宣传;新文化派更注重科学精神与思维的宣传;乡建派侧重于把具体技术引入农村,通过具体实践传播科学。无论侧重点有何不同,提高国民的科学素质,养成国民的科学精神则是一致的。

三、文明行为与形象

文明行为与形象包含甚多,不可能一一列举。举其要者,有以下几方面:

第一,公共场所守秩序的行为。梁启超说:“国民之要素不一,而守规则重秩序,实为其要点。”②关于此点,在讨论公德时已多有涉及,不再赘述。

第二,待人接物的礼让行为。蔡元培认为,礼让是人与人交际的基本秩序。人之有礼让,是本于人情。“礼之本始,由人人有互相爱敬之诚,而自发于容貌。”③所以,礼让绝非虚文。“礼者,因人之亲疏等差,而以保其秩序者也。其要在不伤彼我之感情,而互表其相爱相敬之诚,或有以是为虚文者,谬也。”④既然礼出于情,那么没有真情,徒有仪式,是为空洞无物。“夫礼,既本乎感情而发为仪节,必为感情之所发见,而后为之礼。否则意所不属,徒拘牵于形式之间,是刍狗耳。仪节愈繁,而心情愈鄙,自非徇浮华好谄谀之人,又孰能受而不斥者,故礼以敬爱为本。”⑤徒有虚仪,没有真情,固然不对;但是,只有真情,没有形式,也不可取。因为没有一定的形式,无法恰当地表露真情。形式是为了郑重地表示感情。梁漱溟说:“郑重之表示是出于真情,要是不郑重,也可说没有情也。人天然愿意有这种郑重而不愿随便。”⑥人与人交际中的礼让行为,不仅仅是一种优雅形式,更是为了表示相互的爱敬。有形的仪节,也可启发人们相互之间的爱敬。“所谓礼者,看去似不免是外面的形式,然其意在藉此以启发其好的心情,正所以注重内容。”⑦礼让礼让,人与人交往要有礼,自然少不得让。“使人互不相让,则日常言论,即

---

① 词仁:《关于科学种子的讨论》,《独立评论》第86号,1934年1月。

② 梁启超:《南洋公学学生退学事件》,夏晓虹编:《饮冰室合集集外文》上,北京:北京大学出版社,2005年,第135页。

③ 蔡元培:《中国伦理学史》,北京:商务印书馆,2004年,第180页。

④ 蔡元培:《中国伦理学史》,北京:商务印书馆,2004年,第180页。

⑤ 蔡元培:《中国伦理学史》,北京:商务印书馆,2004年,第180页。

⑥ 梁漱溟:《孔家思想史》,中国文化书院学术委员会编:《梁漱溟全集》第7卷,济南:山东人民出版社,2005年,第936~937页。

⑦ 梁漱溟:《孔家思想史》,中国文化书院学术委员会编:《梁漱溟全集》第7卷,济南:山东人民出版社,2005年,第937页。

生意见，亲旧交际，动辄龃龉。”①总之，礼让就是要在人与人的交往中，多一些温情和气，多一些优雅美好，少一些暴戾之气，少一些粗野傲慢。这不仅仅是一种好风度，也体现着人与人之间的尊重。

第三，个人的良好形象。一是注重个人的言语和容貌。刘师培说：“言语容貌二端，可以代表行为之善恶。……盖人愈文明，则言语容貌愈有定则；民愈野蛮，则言语容貌愈形放纵。”②蔡元培亦非常重视言语、容貌的修养。“有如垢衣被发，呼号道路，其人虽若自由，而使观之者不胜其厌忌，可谓之不得罪于社会乎？凡社会事物，各有其习惯之典例，虽违者无禁，犯者无罚，而使见而不快，闻而不慊，则其为损于人生之幸福者为何如耶！”③言语和容貌是否适当，要根据场合而定。“凡人见邀赴会，必预审其性质如何，而务不失其相应之仪表。如会葬之际，谈笑自如，是为幸人之灾，无礼已甚，凡类此者，皆不可不致意也。”④二是要整洁卫生。对于国人缺乏整洁卫生之习惯，近代思想家深有感触。陈独秀说：“西洋人称世界不洁之民族，印度人，朝鲜人，与吾华，鼎足而三。华人足迹所至，无不备受侮辱者，非尽关国势之衰微，其不洁之习惯，与夫污秽可憎之辫发与衣冠，吾人诉之良心而言，亦实足招尤取侮。公共卫生，国无定制，痰唾无禁，粪秽载途。沐浴不勤，臭恶视西人所畜犬马加甚；厨灶不治，远不若欧美厕所之清洁。试立通衢，观彼行众，衣冠整洁者，百不获一，触目皆囚首垢面，污秽逼人，虽在本国人，有不望而厌之者，必其同调；欲求尚洁之皙人不加轻蔑，本非人情。”⑤蔡元培认为，清洁卫生不仅关系到个人健康、良好仪容，也有利于德性的培养。“清洁为卫生之第一义，而自清洁其体肤始。世未有体肤既洁，而甘服垢污之衣者。体肤衣服洁矣，则房室庭园，自不能任其芜秽，由是集清洁之家而为村落为市邑，则不徙足以保人身之康强，而一切传染病，亦以免焉。且身体衣服之清洁，不徒益以卫生而已，又足以优美其仪容，而养成善良之习惯，其裨益于精神者，亦复不浅。盖身体之不洁，如蒙秽然，以是接人，亦不敬之一端。而好洁之人，动作率有秩序，用意亦复缜密，习与性成，则有以助勤勉精明之美德。借形体以范精神，亦缮性之良法也。”⑥国民政府发起的新生活运动，亦非常重视整洁卫生。蒋介石称：“新时代的人绝对不是吸香烟，拍香水，随地吐痰，蓬着头发，拖着鞋子，扣子不扣，帽子戴歪的这一类的人。”⑦三是改变一些不雅的陋习。不雅的陋习很多，比如吸鸦片、缠足、赌博、嫖娼、喝花酒、纳姨太等，这些都受到思想界的抨击。另外，婚丧嫁娶、送往迎来的一些不良习俗，亦是改革的对象。“吾国旧日一般习尚礼俗，奢侈靡丽之风特甚，即以婚丧之事而论其义原在尽礼，而过去国人每多大事铺张，炫耀示阔，至其他各种坏习

---

① 蔡元培：《中国伦理学史》，北京：商务印书馆，2004 年，第 180 页。

② 刘师培：《伦理教科书》，《刘申叔遗书》下，南京：江苏古籍出版社，1997 年，第 2045~2046 页。

③ 蔡元培：《中国伦理学史》，北京：商务印书馆，2004 年，第 182 页。

④ 蔡元培：《中国伦理学史》，北京：商务印书馆，2004 年，第 182 页。

⑤ 陈独秀：《我之爱国主义》，《陈独秀文章选编》上，北京：生活·读书·新知三联书店，1984 年，第 134 页。

⑥ 蔡元培：《中国伦理学史》，北京：商务印书馆，2004 年，第 118 页。

⑦ 蒋介石：《新生活运动之要义》，萧继宗主编：《新生活运动史料》，《革命文献》第 68 辑，第 22 页。

尚更勿论矣。”①

文明行为与形象之所以受到如此重视,因为它不仅关系到个人形象,也关系到国家形象。精神文明的水平高,就能赢得别的民族的尊重。孙中山说:“中国人一举一动都欠检点,……大者勿论,即一举一动,极寻常的功夫都不讲究。譬如中国人初到美国时候,美国人本来是平等看待,没有什么中美人的分别。后来美国大旅馆都不准中国人住,大的酒店都不许中国人去吃饭,这就是由于中国人没有自修的功夫。……象吐痰、放屁、留长指甲、不洗牙齿,都是修身上寻常的功夫,中国人都不检点。所以我们虽然有修身、齐家、治国、平天下的大知识,外国人一遇见了便以为很野蛮,……假如大家把修身的功夫做得很有条理,诚中形外,虽至举动之微亦能注意,遇到外国人,不以鄙陋行为而侵犯人家的自由,外国人一定是很尊重的。”②

① 《改革习俗工作》,萧继宗主编:《新生活运动史料》,《革命文献》第68辑,第241页。
② 孙中山:《三民主义·民族主义》,《孙中山全集》第9卷,北京:中华书局,1986年,第248~249页。

第八章

中国近代女性公民教育思想的历史考察[1]

① 郑永福、吕美颐先生为研究中国近代女性史的著名学者。征得二位先生的同意，此章写作对二位先生的成果多有吸收。因为行文需要，未能一一注出，特此说明。再次感谢二位先生。

女性是人类社会群体的一个特殊群体，这不仅仅在于男女的自然差别，更在于在人类进入文明社会后的相当时期内，女性一直处于屈从的地位，无论中外皆然。由于长期处于屈从地位，社会对女性角色也有特别的规范。比如在中国传统社会，女性角色始终是贤妻良母，幼从父兄，嫁从夫，夫死从子，此所谓“三从”。“三从”外，还有“四德”，即妇德、妇言、妇容、妇功。东汉班昭《女诫》对“四德”作了详尽阐释：“妇德，不必才名绝异也。幽闲贞静，守节整齐，行己有耻，动静有法。”“妇言，不必辩口利辞也。择词而说，不道恶语，时然后言，不厌于人。”“妇容，不必颜色美丽也。盥洗尘秽，服饰鲜洁，沐浴以时，身不垢辱。”“妇功，不必工巧过人也。专心纺织，不好嬉笑，洁其酒食，以奉宾客。”[①]随着中国封建社会的高度发展，三从四德的观念畸形发展。“不必才名绝异”发展到女子无才便是德；守节发展到不能再嫁，“饿死事小，失节事大”。为了满足男性变态的审美需要，缠足成为中国传统社会广大妇女的一件

① 吕美颐：《中国历史上的女性群体》，郑永福、吕美颐：《近代中国妇女与社会》，郑州：大象出版社，2013年，第5页。

终身大事。这不仅是对妇女身心的残酷摧残，也是妇女成为男子附庸与玩物的典型体现。在西方，虽未有三从四德之训，但在很长的历史时期内，妇女也从属于男子，妇女的角色也被定位于听从父兄、丈夫，操持家务。1792年，玛丽·沃斯通克拉夫特在《女权辩护》一书中首提女权的概念，开启妇女解放运动之先河。中国的妇女解放运动始于中日甲午战争后，比西方整整晚了一个多世纪。妇女解放不仅仅是政治解放，还有挣脱男权社会强加在妇女身上的社会性别歧视。只有这样，妇女才能成为堂堂正正的人，才能成为堂堂正正的公民。中国近代对女国民的定位大致经历了四个时期。

一、塑造“国民之母”的时期

戊戌维新时期，女国民的定位主要围绕塑造“国民之母”而展开。甲午战败，开启了戊戌维新运动。戊戌维新运动的一个重要成果就是现代国家、现代公民观念的出现。国家兴亡，匹夫有责。不仅匹夫有责，匹妇亦有责。去掉妇女，中国国民就少了一半，在民族竞争中就少了一半力量。所以，女性公民教育被提上议事日程。梁启超认为欲强国，必由女学始。这不仅是由于妇女占了中国人口的一半，还由于妇女是国民之母，在国民教育中占有特殊地位。

> 西人分教学童之事为百课，而由母教者居七十焉。孩提之童，母亲于父，其性情嗜好，惟妇人能因势而利导之。以故母教善者，其子之成立也易；不善者，其子之成立也难。……故治天下之大本二，曰：正人心，广人才。而二者之本，必自蒙养始。蒙养之本，必自母教始。母教之本，必自妇学始。故妇学实天下存亡强弱之大原也。①

女学所要达到的目标是什么呢？“上可相夫，下可教子，近可宜家，远可善种。”②这就是所谓的“新贤妻良母”主义。正如有学者指出：“这种贤妻良母，已跳出三从四德的旧套，不仅丈夫的‘贤内助’，而且负有强国善种的社会责任。这种认识，在当时历史条件下有积极意义，曾于相当长时期内在社会上广为流行。”③女性作为国民母亲还应该拥有健康强壮的身体。反对缠足就是在这一背景下被提出的。缠足不仅不人道，给妇女带来巨大的身体痛苦，而且不利于强种。缠足造成妇女血脉不畅，身体虚弱，不利于优生优育，造成种族羸弱。“欲救国，先救种，欲救种，先去其害种者而已，夫害种之事，孰有过缠足乎？”④禁早婚也是在强国强种的背景下被提出的。梁启超说：“夫我既以早婚而产弱子，则子既弱于我躬；子复以早婚而产弱孙，则孙又将弱于我子。如是递传递弱，

---

① 梁启超：《变法通议·论女学》，林志钧编：《饮冰室合集·文集之一》，北京：中华书局，1989年，第40~41页。

② 梁启超：《倡设女学堂启》，林志钧编：《饮冰室合集·文集之二》，北京：中华书局，1989年，第19页。

③ 吕美颐：《晚清妇女解放思潮的兴起》，郑永福、吕美颐：《近代中国妇女与社会》，郑州：大象出版社，2013年，第44页。

④ 曾继辉：《不缠足会驳议》，《湘报》第151号。

每下愈况，虽我祖宗有雄健活泼虎视一世之概，其何堪数传之澌灭也。"[①]当然，把戊戌维新时期定位为塑造"国民之母"时期，并非说这一时期就没有男女平权、女子自立等主张的提出，而是其广泛性、影响性不及塑造"国民之母"的主张。

二、从塑造"国民之母"到男女平权

辛亥革命时期，对女国民的定位逐渐由塑造"国民之母"走向男女平权。这一时期，对女国民的定位有以下几个特色。

（一）塑造"国民之母"的主张继续存在，但也开始受到质疑。"新贤妻良母"主张虽由梁启超提出，但"国民之母"一词却由金天翮提出。他在1903年出版的《女界钟》一书中提出："国于天地必有与立，与立者国民之谓也。而女子者，国民之母也。"[②]《女子世界》亦有文章提出："国民者，国家之分子，女子者，国民之公母也。"[③]"国民之母"与"新贤妻良母"用词虽异，本质则无大的区别，都是把女子首先定位在"国民之母"上。如说有区别，"新贤妻良母"更强调宜家、善种、强种，"国民之母"更侧重于国民。无论是"新贤妻良母"还是"国民之母"，都没能突出女性独立的地位。随着民主思潮的激荡，这种主张受到质疑。1905年有人在演讲中公开指出：即使"吾们同胞姊妹都讲了教育，有了学问，到头来不过巴结到一个贤母良妻的资格，说什么母教，说什么内助，还是男子的高等奴隶、异族的双料奴隶罢了"[④]。还有人指出"贤母良妻之主义，非与男尊女卑之谬说二而一，一而二者乎"，呼吁女学界"勿以贤母良妻为主义，当以女英雄豪杰为目的"[⑤]。

（二）女权主张的广泛宣传。1905年，《女子世界》一篇论述女子体育重要性的文章指出：加强体育"不特养成今日有数之女国民，且以养成将来无数之男国民"[⑥]。虽然此文意旨仍在"国民之母"的重要，但却提出了"女国民"这个更加现代的概念。《东方杂志》有文章更直接指出："'国民'二字，非旦男子负担起资格，即女子亦纳此范围中。"[⑦]女国民是一个新的政治概念。把女子与男子一样纳入国民的范围，就意味着女子与男子一样应该享有平等的权利与义务。事实上，对女权的宣传也确实在朝这个方向发展。秋瑾在《勉女权歌》中写道："吾辈爱自由，勉励自由一杯酒。男女平权天赋就，岂甘居牛后？愿奋然自拔，一洗从前羞耻垢。若安作同侍，恢复江山劳素手。旧习最堪羞，女子竟同牛马偶。曙光新放文明候，独立占头筹。愿奴隶根除，智识学问历练就。责任上肩头，国民女杰期无负。"[⑧]秋瑾这首诗虽短，却内涵丰富。它不仅表达了男女平权的愿望，

---

① 梁启超：《新民议·禁早婚议》，林志钧编：《饮冰室合集·文集之七》，北京：中华书局，1989年，第110页。

② 金天翮：《女界钟》，上海：上海古籍出版社，2003年，第4页。

③ 丁初我：《女子世界颂词》，《女子世界》第7期，1904年7月。

④ 《苏英在苏英女校开学典礼会上的演说词》，《女子世界》第12期，1905年。

⑤ 陈以益：《男尊女卑与贤母良妻》，张枏、王忍之编：《辛亥革命前十年间时论选集》第3卷，北京：生活·读书·新知三联书店，1977年，第482、484页。

⑥ 丁初我：《女学生亦能军操欤》，《女子世界》第13期，1905年1月。

⑦ 《论文明先女子》，《东方杂志》第4卷第10号，1907年11月30日。

⑧ 秋瑾：《勉女权歌》，郭长海、郭君兮辑注：《秋瑾全集笺注》，长春：吉林文史出版社，2003年，第341页。

也指出要实现男女平权，女子就要提高自身素质，担负起同男子一样的责任。即使把女性首先定位为“国民之母”的人，也没把“国民之母”与女性权利对立起来。金天翮在《女界钟》中就着力宣传女子应恢复的六种权利：入学之权利，交友之权利，工农业之权利，掌握财产之权利，婚姻自主之权利。此外，又特别提出了女子参政权。亚特在《论铸造国民母》一文中指出，要铸造“国民之母”，就必须首先把女子铸造为高尚之国民。要把女子铸造为高尚之国民，就必须养成自由、平等之精神。“吾欲洗除奴性，划除奴根，不得不撼雷霆万钧之全力，以与旧社会争胜。夫十九世纪，如弥勒约翰、斯宾塞尔‘天赋人权’‘男女平等’之学说，既风驰云涌于欧西，今乃挟其潮流，经太平洋汩汩而来。西方新空气，行将渗漏于我女子世界，灌溉自由苗，培泽爱之花，则我女子世界发达之一日，即为我国民母发达之一日。”①中华民国成立后，为了实现女国民的权利，原同盟会女会员唐群英、沈佩贞、王国昌等发起了激烈的女子参政运动，但终以失败告终。

（三）探讨女权实现之障碍及途径。戊戌维新时期，虽然也有人主张男女平权、女子有自主之权，但对造成男女不平等的原因，几乎没有深入的探讨。辛亥革命时期，人们对此问题进行了较为深入的探讨。

1.旧道德、旧习俗的障碍。时人认为“三从四德”“七出”等强加在女性身上的不合理的旧道德、旧习俗，是造成女子屈从地位的首要原因。“观四千年来，沉沉黑狱女界之现象，曰三从四德也，培养奴隶之教育也。”②“三从者何？从父、从夫、从子是也。父者，我所尊亲，义方之训，理宜相从。至于夫妇，相敬相爱，如友如宾，有敌体之义，无尊卑之分，诿曰从之，已属不通。若夫母子，则义属伦常，负教导之责，任抚育之方，保抱提携，以至于成人，在子有从母之义，岂在母反有从子之道乎！”③总之，时人认为“三从四德”“七出”等旧道德、旧习俗，不仅造成男女不平等，也破坏了女子的自立。因为“三从四德”“七出”“女子无才便是德”等观念不仅禁锢女子身心，而且禁锢女子智慧，是一种防范奴隶之教育。“夫使女子而有人从之，是女子即能自立。女子能自立，则男界之奴之、物之、残之、贼之，将无所施其技。故束缚之法，施之无可施，用之无可用，而出此离奇诡诞之谋，俾我女子永永失其权利也。吁，酷矣！”④

2.女子自身之障碍。女子由于长期处于屈从之地位，习非成是，自甘卑贱，养成依赖之性。“吾中国之女界，乃围困于数千年来旧风气中，蚕之缚茧，吐丝自毙，蛛之牵丝，一网而尽。足使纤，耳使贯，面目使姣好，身体使孱弱，以确守旧训为无上法门，以服从家主为第一要义，以女才为天所忌嫉而禽兽其行，以女质为人所轻贱而奴隶其心，拜天为

---

① 亚特：《论铸造国民母》，张枬、王忍之编：《辛亥革命前十年间时论选集》第1卷下，北京：生活·读书·新知三联书店，1960年，第931页。

② 黄公：《大魂篇》，张枬、王忍之编：《辛亥革命前十年间时论选集》第2卷下，北京：生活·读书·新知三联书店，1963年，第843页。

③ 《论三从》，张枬、王忍之编：《辛亥革命前十年间时论选集》第3卷，北京：生活·读书·新知三联书店，1977年，第487页。

④ 《论三从》，张枬、王忍之编：《辛亥革命前十年间时论选集》第3卷，北京：生活·读书·新知三联书店，1977年，第488页。

神,拜巫为仙,拜蛇为祖宗,拜泥塑木雕为种种佛。女子之自卑自贱既如是,于是臣于异种,恬然不以为耻;夫而后蓄婢置妾之家十居八九,乞怜卖笑之生活举国成风矣。呜呼!吾中国女子社会之现象乃若是。"①秋瑾也痛心于中国女子缺乏独立性。"足儿缠得小小的,头儿梳得光光的;花儿、朵儿,札的、镶的,戴着;绸儿、缎儿,滚的、盘的,穿着;粉儿白白、脂儿红红的搽抹着。一生只晓得依傍男子,穿的、吃的全靠着男子。身儿是柔柔顺顺的媚着,气虐儿是闷闷的受着,泪珠是常常的滴着,生活是巴巴结结的做着:一世的囚徒,半生的牛马。试问诸位姊妹,为人一世,曾受着些自由自在的幸福未曾呢?……总是男的占主人的位子,女的处了奴隶的地位,为着要依靠别人,自己没有一毫独立的性质。这个幽禁闺中的囚犯,也就自己都不觉得苦了。"②

3.男权社会的性别歧视。人类进入文明社会后,男子长期居于主导地位,在很多人的潜意识中,有女子天生能力不如男子的观念,或者女性不宜从事政治、经济等活动的观念,并为此找出一些似是而非的证据。即使有些主张男女平等的人士,还是存在着女子能力上不如男子,需要更多努力的意识。柳亚子就对这种观念提出批评。"吾恶真野蛮,抑吾尤恶伪文明。吾见今日温和派之以狡狯手段侵犯女界者矣。彼之言曰:女权非不可言,而今日中国之女子则必不能有权,苟实行之,则待诸数十年后。呜呼,是何其助桀辅桀之甚,设淫辞而助之攻也。夫权利云者,与有生俱来,苟非被人剥夺,即终身无一日之可离。必曰如何而后可以有权,如何即无权,此岂有量才之玉尺而比较至累黍不差乎?中国女子即学问不足,抑岂不可与男子平等?必如论者所言,将中国男子亦在不能有权之列,而翻怪独夫民贼仅夺国民之公权,而不夺其私权,为放任太过矣。"③这就是说,权利是天赋的,本不应该有额外限制。如有额外限制,也不应该宽于男子严于女子。之所以有这种观念和现象的产生,仍是男胜于女的男权观念作祟。何震认为,在一个男权社会,即使争得男女法律平等,也无法实现真正的男女平等。"夫男女虽同受教育,然处人治盛昌之世,政治法律,女子攻者甚鲜,而陆军警察之学,不复令女子与闻。男女虽同入交际场,然处政府擅权之世,官吏之职,不加于女子之身。则所谓男女平等者,有其名而无其实者也。"④

4.女权实现之途径。时人认为,要实现男女平权,首先女子要跳出旧风气,摆脱对男子的依赖心理。女子如果不能摆脱依赖心理,自卑自贱,也无怪乎男子卑之贱之。其次,女子要摆脱对男子的依赖,就要自立。自立最重要的条件就是生计自立。"今我中国女子,有分利,无生利,少则待食于其父,长则待食于其夫,老则待食于其子。……女

① 亚特:《论铸造国民母》,张枏、王忍之编:《辛亥革命前十年间时论选集》第1卷下,北京:生活·读书·新知三联书店,1960年,第931页。

② 秋瑾:《敬告姊妹们》,郭长海、郭君兮辑注:《秋瑾全集笺注》,长春:吉林文史出版社,2003年,第377~378页。

③ 亚卢(柳亚子):《哀女界》,张枏、王忍之编:《辛亥革命前十年间时论选集》第1卷下,北京:生活·读书·新知三联书店,1960年,第935页。

④ 震述(何震):《女子解放问题》,张枏、王忍之编:《辛亥革命前十年间时论选集》第2卷下,北京:生活·读书·新知三联书店,1963年,第962页。

子生计之拙如此，不倚赖男子而又谁归乎？"①无论是跳出旧风气形成新风气，还是养成自立能力，兴女学都被认为是首选。再次，改变男权社会的性别歧视。这种歧视不仅是有形的政治、法律上的歧视，还有根深蒂固的社会性别歧视。激进的无政府主义者认为，只有在没有强权的无政府社会，才能做到这一点。最后，女性自身要主动争解放，而不能被动等解放。何震说："近岁以来，中国之社会，亦渐谋女子之解放。然女子之解放，有真出于主动者，亦有出于被动者。何谓出于主动？即女子之力争解放是也。何谓出于被动？即男子与女子以解放是也。今观中国女子之解放，出于主动者少而出于被动者多。"②

三、追求女子独立人格

辛亥革命时期，虽然有女国民、男女平权等概念的提出，但这些概念基本上都有一个预设的大前提，即女子为"国民之母"，只有女子成为国民，只有男女平权而达到自立，才有可能培养出合格的下一代国民。所以女子解放的问题，仍依附于培养"国民之母"这个大前提。事实上，这也符合新文化运动以前国家至上的观念。新文化运动被称为人的发现的运动、个人发现的运动，女子作为人的重要组成部分，其独立人格问题也就凸显出来。1917 年，《新青年》刊载的《女子问题之大解决》一文称："女子者，国民之一，国家所有，非家族所私有，非男子私人所具有，完全人格者也。故所受教育方针，当为女子自身计，当为国家前途计，非以供男子私人所役使也。"③女子既有独立人格，就不是依附于某种角色而存在，贤妻良母主张受到批判。高素素称："贤良妻母之说，盛唱于日本。吾国近日亦稍稍有其趋势。日本贱视女子，较吾国尤甚，本不足怪。依其教育方针，达其极峰，不过造成一多知识之顺婢良仆，供男子之驱策耳。有良妻贤母之名，无良妻贤母之实。果以封锁女子于家庭，听男子指挥为贤良模范者，吾国村妪类能道之，旧说足矣，何事纷扰，多此设学之举耶。"④叶绍钧说："人格完全的人，他总不把'做某人的某人'算究竟，他总要做社会上一个独立健全的分子。女子被人把'母''妻'两字笼罩住，就轻轻把人格取消了。"⑤胡适在北京女子师范学校做"美国的妇人"演讲时，认为美国女子最可贵之处在于自立。所以，中国女子也应该超越贤妻良母的人生观，做一个堂堂的自立的个人。"我是我的，谁也没有干涉的权利"可说是当时女子追求独立人格的最强音。女子怎样才能追求到独立人格呢？当时基本围绕家庭、教育、职业、女子公民权利四个问题而展开。

（一）摆脱旧家庭观念。中国人是异常重视家庭的。家庭观念寄托着中国人的道德

---

① 亚特：《论铸造国民母》，张枬、王忍之编：《辛亥革命前十年间时论选集》第 1 卷下，北京：生活·读书·新知三联书店，1960 年，第 932 页。

② 震述（何震）：《女子解放问题》，张枬、王忍之编：《辛亥革命前十年间时论选集》第 2 卷下，北京：生活·读书·新知三联书店，1963 年，第 962 页。

③ 高素素：《女子问题之大解决》，《新青年》第 3 卷第 3 号，1917 年 5 月。

④ 高素素：《女子问题之大解决》，《新青年》第 3 卷第 3 号，1917 年 5 月。

⑤ 叶绍钧：《女子人格问题》，《新潮》第 1 卷 2 号，1919 年 2 月。

观念、政治观念。因为家庭对中国人具有特殊意义，新文化运动时期把家庭问题作为一个首要问题而讨论，是顺理成章之事，是题中应有之义。辛亥革命时期，也曾讨论家庭问题，但当时主要立足于家庭改良，新文化运动时期就倡导家庭革命。对于女子而言，家庭问题中的首要问题是男权问题，这包括父权、夫权、子权。女子要解放，首先要破除体现男权的"三从四德""七出"等观念，辛亥革命时期，这一问题也被提出；但新文化运动时期对此问题的讨论更为深入：

其一，父权受到明确批判。辛亥革命时期，夫权、子权受到明确批判，但对父权还是有所保留，认为父为我尊，理当顺从。新文化运动时期，"三从"观念受到全面批判，父权更被人们认为是家庭专制、政治专制的基础。其二，对男尊女卑观念的形成有了更为深入的分析。"三从四德""七出"都是建立在男尊女卑观念的基础上的。辛亥革命时期多把男尊女卑观念的形成看成一个单纯的道德问题，是男子对女子的强权压迫与欺骗。新文化运动时期，已经有人从历史发展角度看待此问题。男尊女卑是历史发展的一个阶段，不独中国为然。但男尊女卑脱离了旧时代，就没有成立的条件，所以时至今日，男尊女卑已无成立之条件。① 其三，对男女有别之观念提出批判。辛亥革命时期，提倡女子自立，更多强调女子要自强，要从心理上摆脱对男人的依赖，但是对于男女有别这个有碍女子独立的千年习俗涉及不多。新文化运动时期，人们对这个问题有较为深入的讨论。男女有别，首先限制了女子在外干事创业的权利。胡适说："中国古代传下来的心理，以为'妇人主中馈''男子主外，女子主内'；妇人称丈夫为'外子'，丈夫称妻子为'内助'。这种区别是现代美国妇女所绝对不承认的。"②胡适希望中国的女子也能有美国女子的精神，冲破男女有别的观念，在社会上做一番事业。"无数'自立'的男女，人人都觉得自己是堂堂地一个'人'，有该尽的义务，有可做的事业。"③高素素也认为男女有别使妇女不能从事职业，无数待女子而兴的职业废而不举。女子不能从事职业，不但有害社会、国家，也造成女子不能自立，人格不能独立。男女有别，也限制了妇女交际的权利。这不仅是对女子权利的损害，更是对女子人格的侮辱。"儒之别男女也，甚为严重。曰男女授受不亲，曰七岁不共席。群性者，人之通性。必划鸿沟，将使之索然离群以孤立，不亦慎乎？问其起因，则己之多淫，爱人不专，畏人他爱，禁女之妒之淫，便己之多淫耳。否认女子之人格，以为一与男子遇，即生淫乱。"④

婚姻问题，亦是新文化运动时期主要探讨的家庭问题之一。其探讨的内容主要集中于两方面：恋爱自由与婚姻自主问题、贞节问题。辛亥革命时期，恋爱自由与婚姻自主问题也被讨论过。履夷在《婚姻改良论》一文中，就对婚姻专制之弊提出批判。"中国主婚之全权，实在于父母，而无子女容喙之余地，此其弊之最大者也。夫父母所以思专此权者，岂不曰我固能为子女择佳妇佳婿，以遂其一生之愿。姑无论为人谋者不如自为

① 高素素：《女子问题之大解决》，《新青年》第3卷第3号，1917年5月。
② 胡适：《美国的妇人》，《新青年》第5卷第3号，1918年9月。
③ 胡适：《美国的妇人》，《新青年》第5卷第3号，1918年9月。
④ 高素素：《女子问题之大解决》，《新青年》第3卷第3号，1917年5月。

谋,父母之选媳择婿常不得其当也;就令果有慧眼,能择佳妇佳婿,然亦未必遂为子女之福。"①两个素不相识、毫无感情之人,因父母之命媒妁之言而结合,人间煞风景之事,无过于此。"昔为行道之人,今结床笫之爱,天壤间闷杀风景之事,宁有过是耶?"②专制婚姻,还有可能造成家庭悲剧,不利于社会与国家。所以,作者认为:"婚姻之事,必不能以全权委诸父母;必也,先令子女得自由选择,而复经父母之承认,然后决定,斯最当矣。"③作者虽反对父母全权包办子女婚姻,但并没完全否定父母的权利与作用,这与完全的婚姻自主自由,还有一点差别。新文化运动时期,虽然仍有人认为在自由恋爱之外,还需征得父母同意,但已不是主流意见。李平在《新青年之家庭》一文中,就把"亲不为子女谋婚嫁"④作为新家庭要素之一。

婚姻自由不但关系着个人的幸福,也关系着人格的独立。新文化运动时期,很多人从人格独立的角度看待婚姻自由的问题。"一方面独立自主的精神要求人们自己决定个人的婚姻大事,掌握自己的婚姻大权;另一方面还要通过自主的婚姻来养成人们'自由、真理之精神'和'特立独行'之人格。"⑤胡适在讨论贞操问题的一篇文章中称:"高尚的自由恋爱……只是根据于'尊重人格'一个观念。……自由结婚的根本观念就是要夫妇相敬相爱,先有精神上的契合,然后可以有形体上的结婚。……既不能有精神上的爱情,若还依旧同居,不但违背自由结婚的原理,并且必至于堕落各人的人格。……所以离婚案之多……也未必不由于个人人格的尊贵。"⑥恋爱自由、结婚自由、离婚自由,都是出于尊重人格的表现,甚至一些激进人士提出,出于尊重自由人格,应该废除婚制,完全自由结合。

贞节问题的提出,亦是为了反对夫权,争取女子的独立人格。辛亥革命时期,贞节问题就被提出来。当时,人们主要认为中国的守节问题有其片面性,即女子有为男子守节的义务,男子无为女子守节的义务。"且夫男女既当平等,男对于女若何,即女对于男亦若何。试问天下男子,有一人为女子守节者否?冢土未干,新人在抱。凡若此者,滔滔皆是。而妇女丧夫,则必终其身不嫁,岂公理哉!况以他人而强其守节,不更野蛮之甚耶?"⑦作者虽然对守节的片面性提出批评,但是对守节的行为是赞扬的。"况今正培养国民时代,国民爱国之心能效节妇爱夫之心之专且挚,则夫死亦犹生,国亡亦可复,兴

① 履夷:《婚姻改良论》,张枬、王忍之编:《辛亥革命前十年间时论选集》第3卷,北京:生活·读书·新知三联书店,1977年,第840~841页。

② 履夷:《婚姻改良论》,张枬、王忍之编:《辛亥革命前十年间时论选集》第3卷,北京:生活·读书·新知三联书店,1977年,第841页。

③ 履夷:《婚姻改良论》,张枬、王忍之编:《辛亥革命前十年间时论选集》第3卷,北京:生活·读书·新知三联书店,1977年,第841~842页。

④ 李平:《新青年之家庭》,《新青年》第2卷第2号,1916年10月。

⑤ 梁景和:《近代中国陋俗文化嬗变研究》(修订本),北京:首都师范大学出版社,2009年,第76~77页。

⑥ 胡适:《论贞操问题——答蓝志先》,姜义华主编:《胡适学术文集·哲学与文化》,北京:中华书局,2001年,第432页。

⑦ 谢震:《论可怜之节妇宜立保节会并父兄强青年妇女守节之非计》,张枬、王忍之编:《辛亥革命前十年间时论选集》第3卷,北京:生活·读书·新知三联书店,1977年,第486页。

我中国，其庶几乎。是恤节妇，正所以陶铸国民也。”①作者希望能对节妇加以帮助，助其守节。对于不愿守节者，也能够理解体谅，不要强求。青年妇女能否守节要视其志向是否坚定，生活境遇能否自活，有无子女而定。人们不要斤斤计较于妇女能否守节。“守节者可以表率国民坚忍不拔之气概，有再醮者亦多一人尽女国民之义务也，何必过为轩轾哉！”②新文化运动时期，对贞节问题的看法与此大有不同。首先，新文化运动时期讨论的贞节问题，不仅是夫死守节的问题，还有妇女是否应该从一而终的问题，甚至还包含性是否应该自由的性道德的问题。其次，贞节问题是一个非道德问题，甚至是一个不道德问题。1918 年 5 月，《新青年》第 4 卷第 5 号发表了日本女诗人与谢野晶子著、周作人译的《贞操论》一文。与谢野晶子首先提出了对道德的看法：

> 我们的希望，在脱去所有虚伪，所有压制，所有不正，所有不幸；实现出最真实，最自由，最正确而且最幸福的生活。我们就将这实感作基础，想来调整一切的问题。③

这就是说道德是为了辅助人们的生活，而非压制人们的生活，而且道德应该具有普遍性，即对任何人都适用。与谢野晶子认为，贞操观念不符合这两点，因为贞操主要是针对女子的要求，是对女性的压制。即使把贞操观念扩展到男性，贞操仍然不能作为道德看待，因为贞操的标准难以确定。如果贞操主要指精神方面，那么男人见了别家妇女，或女子见了别家男人动了情，这是否就是破了贞操呢？如果贞操主要指肉体方面，那男女绝对不能再婚，或女子因强暴而失身，或男子因容纳了奔女，是否就不能再婚，或者说已经失去了贞操。如果贞操是针对已婚男女而言，那么无爱情的夫妇，虽有性交，但精神上十分冷淡，或甚至肉体上的关系也没有，仍然同住一处，早已破了精神的贞操，却还被人看作是贞操的男女，又是为什么呢？所以，与谢野晶子认为，贞操观念有太多的矛盾，应该去道德化，“不当他是道德，只是一种趣味，一种信仰，一种洁癖”④。

与谢野晶子的思想，对当时的中国文化界颇有影响。鲁迅、胡适等文化名人相继发表有关贞操问题的文章。鲁迅说：“道德这事，必须普遍，人人应做，人人能行，又于自他两利，才有存在的价值。现在所谓节烈，不特除开男子，绝不相干；就是女子，也不能全体都遇着这名誉的机会。所以决不能认为道德，当作法式。”⑤胡适也认为贞操无关人格，无关道德。对于一个因遭强暴而失身的女子，她失去贞操了吗？“平心而论，他损失了什么？不过是生理上、肢体上一点变态罢了！正如我们无意中砍伤了一只手指，或是

---

① 谢震：《论可怜之节妇宜立保节会并父兄强青年妇女守节之非计》，张枬、王忍之编：《辛亥革命前十年间时论选集》第 3 卷，北京：生活·读书·新知三联书店，1977 年，第 485 页。

② 谢震：《论可怜之节妇宜立保节会并父兄强青年妇女守节之非计》，张枬、王忍之编：《辛亥革命前十年间时论选集》第 3 卷，北京：生活·读书·新知三联书店，1977 年，第 486 页。

③ 与谢野晶子著，周作人译：《贞操论》，《新青年》第 4 卷第 5 号，1918 年 5 月。

④ 与谢野晶子著，周作人译：《贞操论》，《新青年》第 4 卷第 5 号，1918 年 5 月。

⑤ 鲁迅：《我之节烈观》，《鲁迅全集·坟》第 1 卷，北京：人民文学出版社，2005 年，第 124 页。

被毒蛇咬了一口,或是被汽车碰伤了一根骨头。"①事实上,人们关心的不仅仅是贞节问题是否应道德化,人们更为关心的是贞节问题背后的男权问题、男女不平等问题。胡适说:"中国的男子要他们的妻子替他们守贞守节,他们自己却公然嫖妓,公然纳妾,公然'吊膀子'。再嫁的妇人在社会上几乎没有社交的资格;再婚的男子,多妻的男子,却一毫不损失他们的身分,这不是最不平等的事吗?……贞操是一个'人'对另一个'人'的一种态度。因为如此,男子对于女子,也该有同等的态度,若男子不能照样还敬,他就是不配受这种贞操的待遇。"②鲁迅认为贞操问题不仅有不平等的一面,而且也不合旧说。因为依照旧说,男阳女阴,男外女内,男子理应多承担责任,为什么偏偏惩劝女子呢?

儿童公育亦是新文化运动时期受到热烈讨论的家庭问题之一。很多人认为,为了使妇女独立,从养儿育女中摆脱出来,应该实行儿童公育。罗家伦认为,要解决妇女的职业问题,非实行儿童公育不可。"妇女不同男子一样,是要生育的。生产以前,固要受怀孕的种种苦痛,生育以后,有了孩子,一天到晚就忙得不得了,如何有时间有力量去就职业呢!……将来如果真要各处的妇女问题解决,非各处都实行儿童公育制度不可。"③罗家伦认为现行的婚制有许多不合理之处,中国尤甚,西方也不能避免。现行婚制使男女双方,尤其是女方受到很多不合理的摧残,女子个性不能发展。如果要解决这个问题,就必须实行两性道德的改造,即两性的结合完全自由,完全出于爱情,不受其他限制。实行儿童公育,"可以减除男女间无限的痛苦,解放男女间无限的束缚"④!

(二)争取平等的教育权利。新文化运动时期,争取女子平等的教育权利主要围绕两个问题展开。一是反对贤妻良母的教育观。前文已有涉及,不再赘述。二是追求男女共同的教育,即男女同校的权利。对此问题,罗家伦有系统的论述。他提出了五个方面的理由:(1)谋人类的平均发展,有实行男女同校的必要。教育是改变人类生活之条件,男女的生活是共同的生活,教育不应有差别。(2)男女同校可以提高女子的地位。因为历史原因,女子长期受到歧视。男女同校,可以养成男女互相尊敬的心理,也可以增加女子的觉悟,还可以打破男女交往的神秘感,实现男女的正常交际。(3)男女同校,有利于谋取真正良好的婚姻。男女同校,有利于男女真正深入地了解,为良好婚姻创造条件。(4)男女同校,可以增加女子受教育的机会,接受同样的知识教育,有利于女子地位的提高。男女不平等,与男女知识相差甚远的关系也很大。女子之所以知识贫乏,一方面是由于社会压制,一方面是能够求学的地方少。(5)男女同校,有利于男女受教育机会均等化。

(三)争取平等的职业权利。女子要独立,首先要自立。要自立,首先要解决生计问题。戊戌维新时期、辛亥革命时期,人们都谈到女子生计自立的问题,但当时更多强调

---

① 胡适:《论女子为强暴所污——答萧宜森》,姜义华主编:《胡适学术文集·哲学与文化》,北京:中华书局,2001年,第474页。

② 胡适:《贞操问题》,姜义华主编:《胡适学术文集·哲学与文化》,北京:中华书局,2001年,第395页。

③ 罗家伦:《妇女解放》,《新潮》第2卷第1号。

④ 罗家伦:《妇女解放》,《新潮》第2卷第1号。

的是女子自身要自立自强,有一技之长。新文化运动时期,人们一方面强调女子自身自立自强,另一方面也强调社会要给女子就业提供平等的机会。怎样才能给女子就业提供平等的机会呢?时人认为:一是从观念上打破男主外、女主内的思想,允许女子出外就业,去除对女子的防范心理。二是职业开放。“妇女当要求政府及社会将妇女所能做的职业,一律公开。”①三是为妇女就业提供帮助与指导。政府把女子所能做的职业调查清楚,登记在案,分送各处已毕业的女子。成立女子职业介绍所。“中国真要解决妇女职业问题,我敢断定说这是绝对少不了的制度!”②

(四)争取女子的公民权利、平等的教育权利、职业权利、财产继承权、参政权等女性公民应享的权利。女性权利不仅关系到女子自身的解放,也关系到社会解放。戊戌维新及辛亥革命时期,对女性权利的辩护主要依据两点:天赋人权和女性为“国民之母”。新文化运动时期,人们从更多方面为女性权利辩护。罗家伦就从六个方面为女权辩护:从伦理而言,男女同为人,同有人格,妇女不解放不符人道。从智力而言,男女没有差别。从身体结构而言,男女互有优劣,本应互补,而不是将其作为男女不平等的根据。从社会而言,女子不能成为健全的社会分子,也就没有健康的社会,女子解放与社会进步有密不可分的关系。从政治而言,妇女解放已是不可遏制的潮流。从经济而言,工业革命的发展使妇女走向社会,从事职业,社会越来越开放,妇女解放也是经济上不可避免之事。总之,妇女解放,男女权利平等是大势所趋。

四、女子解放运动的深入发展期

新文化运动后,对于女国民的定位,虽然没有前几个时期特色鲜明,却是妇女解放运动的一个深入发展期。一是妇女权益得到进一步落实。新教育的发展、产业革命的发展,都为女性走向社会提供了有利条件。女性职业群体不断扩大,女性职业领域迅速拓展,女性开始进入高层次职业领域,涌现出一批女教授、女作家、女艺术家、女社会活动家、女实业家、女医生、女律师、女明星等。女性参政也得到进一步发展。据学者考察,20 世纪 20 年代初联省自治运动中,湖南、浙江各选出一名女省议员,湖南有 10 名女子当选县议员,广州妇女获得参与市政的权利。20 世纪 40 年代初,第一届国民参政会女议员达到了 10 名,第二届 15 名,均占议员总数的 5%。中国共产党领导的革命根据地,妇女参政受到了法律的保护,在妇女解放运动中取得巨大成绩。③ 从政治、法律层面而言,当时占据政治主导地位的国共两大政党,都在其政治、法律文件中确认了男女权利平等;从实践而言,争取女性权利的活动也进一步深入,如争取同工同酬、争取劳动条件的改善等,这都比争取劳动权利、争取职业开放更进一步。

二是对男女平等的认识进一步深入。20 世纪 30 年代起,一方面出于对新文化运动

---

① 罗家伦:《妇女解放》,《新潮》第 2 卷第 1 号。

② 罗家伦:《妇女解放》,《新潮》第 2 卷第 1 号。

③ 吕美颐:《中国近代妇女运动对社会变迁的推动作用》,郑永福、吕美颐:《近代中国妇女与社会》,郑州:大象出版社,2013 年,第 65 页。

时期废除母职、儿童公育等激进主张的反击,一方面受当时“妇女回家去”鼓噪的影响,“贤妻良母”主义在中国回潮。这股“新贤妻良母”主义并不公然反对男女平等,而是认为男女有差别,应该差别对待。平等就是根据差别差别对待。一些著名文化人士如梁实秋、潘光旦、雷海宗等都持此观点。但至于这些差别哪些是有依据的,哪些是武断的,哪些应该差别对待,哪些不应该差别对待,他们并未深究。总之,他们认为,生儿育女、操持家务是女性天职、女性所长,这是她们的社会责任,甚至是民族责任。因为只有如此,民族生命才能延续。对于这股“新贤妻良母”主义,社会各界予以反驳:贤妻良母不是女性的唯一天职,尽母职不妨碍女性尽社会责任、民族责任。但这股“贤妻良母”主义热潮也促使人们深层思考什么是男女平等。

王国秀《中国妇女的社会地位与妇女运动》一文对此作了比较深入的阐述:(1)平等不是一样,但差别对待不能剥夺女性应享有的权利、应负的责任。“我们知道所谓‘平等’不是专指‘同样’的意思。……所谓男女平等是女子要求一个与男子平等发展个性的机会。女子同男子一样是社会的人。凡一个人应享的一切权利,应负的一切责任,每个女子都应该有。”①(2)尽母职、尽家庭责任,不能剥夺妇女的社会责任。“妇女解放的第一步是使女子成为一个人。社会必先承认女子是个人。她有人的自由、权利同责任。自幼至长,她应该有机会培养她的人格、智识同技能。换一句说,女子必先奠定做人的基础。坚持女子只宜学些治家及育儿的智识的人的眼光实在是太偏狭。……但是我们不要误会。折中派并非不知女子之性的同母性的重要。他们承认每个女子都应有发展她的性同母性的机会。他们觉得真正解放的女子不应避免做妻同做母的责任及权利。……女子除了做妻做母,还须发展她做人别的部分的权利。”②(3)差别对待必须有确实的科学依据。女子不必斤斤计较于同男子做一样的事情,但差别对待必须有科学依据。

三是女性解放运动更为广泛深入,女国民的内涵也更丰富多元。新文化运动后,中国的妇女解放运动更为波澜壮阔,这主要是因为中国共产党领导的阶级革命、全民族抗战的民族解放运动,都需要动员广大妇女参与。要动员妇女的广泛参与,妇女解放是第一步,这就使得对妇女的要求更多,妇女的身份更多元。除了女国民、新女性之外,“女同志”“女战士”这些新概念也在一定范围内流行起来。

综上所述可以看出,近代中国对女国民的定位不断深化、不断丰富。但是,在不断的演变之中,始终有一个主线,即冲破历史上对妇女的种种束缚,把妇女塑造成为有独立人格、自立能力,享有平等权利、担负平等责任的人,这是其他一切定位的基础。

---

① 王国秀:《中国妇女的社会地位与妇女运动》,《东方杂志》第32卷第21号。

② 王国秀:《中国妇女的社会地位与妇女运动》,《东方杂志》第32卷第21号。

第九章

传统文化与现代公民

文化是一个民族的精神命脉。在很长的一个历史时期内,中华民族曾是一个拥有文化自信的民族。即使鸦片战后相当一段时期内,中国虽历受西方列强欺凌,仍没失去文化自信。直到甲午战后,中国人才真正开始反思文化问题。新文化运动时期,开始有对中国文化的整体反思。新派认为,传统文化是一切问题的根源,已经失去存在的合法性;文化保守主义者对传统文化抱持一种同情理解的态度,认为传统文化仍是民族生存的根源。钱穆说:“当知无文化,便无历史。无历史,便无民族。无民族,便无力量。无力量,便无存在。所谓民族争存,底里便是一种文化争存。所谓民族力量,底里便是一种文化力量。若使我们空喊一个民族,而不知道作为民族生命渊源的文化,则皮之不存,毛将焉附。”[①]当然,文化保守主义者也不否认新派对传统文化的廓清之功。贺麟说:“新文化运动的最大贡献在于破坏和扫除儒家的僵化部分的躯壳的形式末节,及束缚个性的传统腐化部分。它并没有打倒孔孟的真精神、真意思、真学术,反而因其洗刷扫除的工夫,使得孔孟程朱的真面目更

---

① 钱穆:《革命教育与国史教育》,《文化与教育》,北京:生活·读书·新知三联书店,2009年,第91页。

是显露出来。"①梁漱溟对新文化运动有相同的评价。总之,对传统文化持同情态度者认为传统文化仍有其生命活力,仍能在造就现代公民中发挥积极作用,关键在于诠释出其真精神、真意思。笔者在此无意讨论中国近代文化这个大问题,而是探讨与公民教育相关的几个具体问题。

第一节 家庭、家族与公民

一、家庭与家族问题的提出

家庭、家族、孝道本非一个概念,但又有不可割舍的联系,中国近代思想家往往把它们放在一起讨论。清末,人们即注意到中国家庭制度与现代公民之间的紧张关系。梁启超在《新大陆游记》中就指出,中国家族制度发达,造成个人地位不高。由于缺乏个人意识,自治力薄弱。

> 吾中国社会之组织,以家族为单位,不以个人为单位。……彼(指移居海外之人——作者注)既已脱离其乡井,以个人之资格,来往于最自由之大市,顾其所赍来所建设者,仍舍家族制度外无他物。②

后来,梁启超又指出,中国人有家族思想,无国家思想。杨度也把家族制度视为培养现代公民的障碍。他在《关于修改刑律的演讲》中说:"凡国家欲成为法治国,必经一种阶级,即由家族主义进而为国家主义是也。……未成年者,权利义务皆使之负于家长;成年者,宜使负于本人,非家长所宜过问,使其成为国民。"③杨度在《论家族主义与国家主义之区别》中重申此义,认为家族主义与国家主义不两立、无并行。杨度之所以反对家族主义,力倡国家主义,就是要让人成为国民,而不是家长的附属品。

> 国家主义之国,必使国民直接于国家而不间接于国家。以此眼光观今中国,乃直接者至少而间接者至多,虽有四万万人,而实无一国民也。一国之人但可分为二级:一曰家长,一曰家人。家人之中又分二种:一为男家人,乃家长所豢养而管束之者也;一为女家人,又家人中之附属品,无丝毫之能力以坐食者也。此二种家人皆与国家无丝毫之关系,义务不及其身,权利不及其身,但无生计无能力,以为社会之蠹、国家之蠹而已。而其家长则为家人生计所迫,出而谋食于外。其为商为工者不论矣,至于为官,则不仅于国家有权利义务之关系,且为国家治理人民而与以权利

① 贺麟:《儒家思想的新开展》,《文化与人生》,北京:商务印书馆,2002年,第5页。

② 梁启超:《新大陆游记节录》,林志钧编:《饮冰室合集·专集之二十二》,北京:中华书局,1989年,第121~122页。

③ 杨度:《关于修改刑律的演讲》,刘晴波编:《杨度集》(二),长沙:湖南人民出版社,2008年,第527页。

义务之人。然以服官之心则自始即为家族而来，虽曰有职务，而其心则非对国家负义务者，而实为对家族负义务者。若其财利能仰事父母、俯畜妻子，则廉者超然引去，人奉之以高名；贪者进取无厌，以求子孙长久之计，于是卖爵以求一日之偿，避瘠趋肥，询差询缺不以为耻，而人亦不耻之者，彼此皆为家族而来，互相慰留，如商业之求利。……此无他，家族主义为之也。全国无一国民，又无一为国事而来之官，国乌得而不弱，乌得而不贫？今欲转弱为强，则必自使官吏能尽心国事始；欲官吏尽心国事，则必自去其家人之累始；欲去其家人累，则必自使有独立之生计能力始；欲使有独立之生计能力，则必自与之以营业、居住、言论各种自由权利，及迫之以纳税、当兵之义务始。欲与之此种权利，迫之以此种义务，则必自使之出于家人登于国民始。假令如此，是与国家主义日行日近，而与家族主义日行日远也。①

正是认识到中国传统家族制度与造就现代公民之间有紧张关系，所以有家庭问题的提出。

二、家庭、家族制度与现代公民的冲突

中国近代思想界之所以对传统家庭、家族制度提出质疑，就是认为它与造就现代公民相冲突。这些冲突表现在哪些方面呢？

（一）有碍国家思想的形成，有碍国家的进步。梁启超、杨度都从建立现代国家的角度，论述了二者的冲突。进入民国后，仍有不少人从国家主义立场论述这一问题，吴贯因即是代表人物之一。吴贯因说：

中国之社会有一根深蒂固之制度，足以阻碍国家之进步者，则家族之制是也。国家之发达，必其全国人民其精神与国家接近，人民之心思材力于自营一身之外，其余力不复他用，而悉举以贯注于国家，夫而后其国能蒸蒸日进于上。若夫国家与人民之间有一阶级焉，阻其直接之关系，使人民之心思材力其作用为此阶级所圈限，而无复余力以顾及国家，则其国家终无由发达。故欲导其国之政治，使日进于文明，则此位于国家与人民间之家族制度，虽前此曾收其利，而以有碍于国家之进步，实当宁从割爱而勿使为政治上之阻力也。②

家族制度如何阻碍国家之进步呢？吴贯因首先吸收了前人之观点：家族制度使国家不能一人得一人之用；家族制度使政治不能清明；家族制度妨碍公民能力的养成。关于这些，梁启超、杨度均有论述。除此之外，吴贯因也有新的阐发：家族制度，造成国民人格卑贱。

---

① 杨度：《论家族主义与国家主义之区别》，刘晴波编：《杨度集》（二），长沙：湖南人民出版社，2008 年，第 530~531 页。

② 吴贯因：《改良家族制度论》，《大中华杂志》第 1 卷第 3 期。

彼以个人为国家之分子,而我以家族为国家之分子,……以我一家而抵彼一人,已觉彼国民之人格尊贵,而我国民之人格卑贱,而况乎我以家族制度之故,一家之中,家长则受累于家人,家人则依赖于家长,钳制牵连,两受其弊。①

家族制度使人陷于内耗,见识短浅、思想保守。家族扩大而成宗族,宗族互斗,形成内耗。人之一身,除属家族外又属宗族。一生之精神耗于家族、宗族,无复有远大之想。"敢有破格之思想者,其族中父老又常援高曾之规矩以绳之,而禁其勿敢越。"②由于聚族而居,又以"不出门庭为孝子,以能睦宗族为长者,于是乎,其足迹不出家乡而不知六合九州之广大,其学问不外家法,而不知标新领异之文明"③。总之,吴贯因认为家族制度使人一生的精力和心血都耗于家族,不利于为国家培养一分子。

(二)不利于自由、平等、博爱观念的培养。清末人们就从自由、平等角度批判中国传统家庭伦理,认为父为子纲,夫为妻纲,不平等之甚,不合人有自主之权。"就科学言之,父之生子,惟一生理之问题,一先生,一后生而已,故有长幼之遗传,而无尊卑之义理。就社会言之,人各自由,非他人之属物。"④"就科学言之,男女之相合,不外乎生理之一问题。就社会言之,女非他人之属物,可从其所欲而择交,可常可暂。"⑤父尊子卑、夫尊妻卑,都是不合真理的迷信。清末,人们对传统家庭伦理虽有所批判,但总体而言影响不大,因为当时人们更关心的是政治。新文化运动时期,对传统家庭伦理的批判达到高潮,其最显著的特色是对孝道的批判。不能说戊戌维新及辛亥革命时期人们对孝道没有质疑,如谭嗣同说:"君臣之名,或尚以人合而破之。至于父子之名,则真以为天之所命,卷舌而不敢议。不知天命者,泥于体魄之言也,不见灵魂也,子为天子之子,父为天子之子,父非人所得而袭取也,平等也。"⑥这里其对父为子纲的批判已经触及到孝道,但是,毕竟没有直接提出反孝道。"虽然,又非谓相忘者遂不有孝也。法尚当舍,何况非法;孝且不可,何况不孝也。"⑦

新文化运动时期,人们认识到孝道是支撑中国传统家庭制度乃至中国传统政治制度的核心观念。要想政治上有平等自由,就必须破家庭之专制;要想破家庭之专制,就必须破孝道之教。"夫孝之义不立,则忠之说无所附;家庭之专制既解,君主之压力亦散;如造穹窿然,去其主石,则主体堕地。"⑧孝道不破,人民终无独立之自由,因为在孝道

---

① 吴贯因:《改良家族制度论》,《大中华杂志》第1卷第3期。

② 吴贯因:《改良家族制度论》,《大中华杂志》第1卷第3期。

③ 吴贯因:《改良家族制度论》,《大中华杂志》第1卷第3期。

④ 真:《三纲革命》,张枬、王忍之编:《辛亥革命前十年间时论选集》第2卷下,北京:生活·读书·新知三联书店,1963年,第1018页。

⑤ 真:《三纲革命》,张枬、王忍之编:《辛亥革命前十年间时论选集》第2卷下,北京:生活·读书·新知三联书店,1963年,第1020页。

⑥ 谭嗣同:《仁学》,蔡尚思、方行编:《谭嗣同全集》上,北京:中华书局,1981年,第65页。

⑦ 谭嗣同:《仁学》,蔡尚思、方行编:《谭嗣同全集》上,北京:中华书局,1981年,第65~66页。

⑧ 吴虞:《家族制度为专制主义之根据论》,《吴虞文录》,合肥:黄山书社,2008年,第5~6页。

之下,子女无独立人格。传统孝道认为,子女之所以要孝敬父母,是因为父母生了子女,子女为父母所有,子女要还债、报恩。反对孝道的人认为,父母子女之间主恩的思想,不仅使父母子女之间的关系变为市恩放债的关系,也使子女失去独立人格。鲁迅说:"'父子间没有什么恩'这一个断语,实是招致'圣人之徒'面红耳赤的一大原因。他们的误点,便在长者本位……以为父子关系,只须'父兮生我'一件事,幼者的全部,便应为长者所有。"①因此,父母子女之间不应该主恩,应该承认子女的独立人格。吴虞说:"我的意思,以为父子母子不必有尊卑的观念,却当有互相扶助的责任。同为人类,同做人事,没有什么恩,也没有什么德。要承认子女自有人格,大家都向'人'的路上走。"②鲁迅说:"子女是即我非我的人,但既已分立,也便是人类中的人。因为即我,所以更应该尽教育的义务,交给他们自立的能力;因为非我,所以也应同时解放,全部为他们自己所有,成一个独立的人。"③孝道造成父母子女的不平等,不仅是专制主义的基础,也是男女不平等的根源。"男女的贵贱轻重,都由于能为后不能为后的关系,而溺女之风气又因之而起。男女的人格,初生便有不同,于是又置为妻的女子于最劣弱的地位。"④

旧家庭制度不但有违自由平等,也有违博爱。辛亥革命时期就有人指出,家庭造成人的自私,不利于博爱观念的养成。"博爱平等,公之至也。慈孝与博爱,及公与私皆成反比例。然慈孝有害博爱平等,而博爱平等无损于慈孝,且有益之。因慈孝只利于我之近者,推而及于自利;博爱平等是利众人,众人利,我与我之近者,自在其中矣。"⑤新文化运动时期,人们之所以反对孝道、倡导博爱亦是原因之一。陈独秀说:"我们不满意于旧道德,是因为孝弟底范围太狭了。说什么爱有等差,施及亲始,未免太滑头了。就是达到他们人人亲其亲长其长的理想世界,那时社会的纷争恐怕更加利害;所以现代道德底理想,是要把家庭的孝弟扩充到全社会的友爱。"⑥

(三)不利于健康人格、独立进取精神之养成。父为子纲造成家长专制,家长待子以势不以理,养成子女畏服顺从之性。"暴父之待其子也,当其幼时,不知导之以理,而动用威权,或詈或殴,幼子之皮肤受害犹轻,而脑关之损失无量,于是卑鄙相习,残暴成性。更使之崇拜祖宗、信奉鬼神以成其迷信,而丧其是非,更教以敬长尊亲,习请安拜跪,以炼其奴隶禽兽畏服之性质。"⑦"父母在,不远游""身体发肤受之父母,不敢毁伤""三年无改于父之道"等孝道观念,造成中国人不敢冒险进取,流于保守畏缩。胡适说:"这种'全归全受'的宗教的大弊病在于养成一种畏缩的气象,使人销磨一切勇往冒险的胆

① 鲁迅:《我们现在怎样做父亲》,《鲁迅全集·坟》第1卷,北京:人民文学出版社,2005年,第137页。

② 吴虞:《说孝》,《吴虞文录》,合肥:黄山书社,2008年,第13页。

③ 鲁迅:《我们现在怎样做父亲》,《鲁迅全集·坟》第1卷,北京:人民文学出版社,2005年,第141页。

④ 吴虞:《说孝》,《吴虞文录》,合肥:黄山书社,2008年,第12页。

⑤ 真:《三纲革命》,张枬、王忍之编:《辛亥革命前十年间时论选集》第2卷下,北京:生活·读书·新知三联书店,1963年,第1019页。

⑥ 陈独秀:《新文化运动是什么?》,《新青年》第7卷第5号,1920年4月。

⑦ 真:《三纲革命》,张枬、王忍之编:《辛亥革命前十年间时论选集》第2卷下,北京:生活·读书·新知三联书店,1963年,第1017页。

气。"[①]顾诚吾说："曾子主张的两种主义——(1)终身继承先志；(2)绝不亏体辱身——实在给社会上以极大的弊病。这种主义，拿一个人创造的天才和勇敢的精神，都灭没完了。……家庭里的事情，就因为父母的遗志，就是不方便，也不敢去改造变更；社会上的事情，又因为风波太多，恐辱及父母的遗体，也不敢去投身入内。大家继继绳绳，父照祖法，子照父法，孙照子法，一直下去，就此碰住了。"[②]

(四)不利于树立法治观念。孝道不仅主张为亲者讳，而且父子不同法。非孝人士认为这样有碍法治。

三、家庭革命改良论

正是认识到传统家庭制度有种种不合理之处，所以有家庭革命、家庭改良论的兴起。所谓家庭革命就是不要家庭。辛亥革命时期就有人提出毁家的主张。汉一称："盖家也者，为万恶之首，自有家而后人各自私，自有家而后女子日受男子羁縻，自有家而后无益有损之琐事，因是丛生，……今既毁家，则彼无所凭借矣。故自家破，而后人类之中，乃皆公民无私民，而后男子无所凭借以欺陵女子，则欲开社会革命之幕者，必自破家始矣。"[③]鞠普称："原人之始，本无所谓家也，有群而已。自有家而后各私其妻，于是有夫权。自有家而后各私其子，于是有父权。私而不已则必争，争而不已则必乱，欲平争止乱，于是有君权。夫夫权、父权、君权，皆强权也，皆不容于大同之世者也，然溯其始，则起于有家，故家者，实万恶之原也。"[④]辛亥革命后，认为家庭是万恶之源，主张废除家庭者仍然存在，不过主要是无政府主义者及部分女权主义者和个人主义者。他们虽然都主张废除家庭，但也有差别。无政府主义者主张从根本上废除家庭；部分女权主义者、个人主义者认为废除家庭应是具有特殊人格的特殊主张，如傅斯年说："吾所谓独身主义，希望特殊人格者用之，以为特殊事业之张本，不敢望尽人如是。"[⑤]

所谓家庭改良，就是改造传统家庭制度中不合理的部分，建立新式家庭。家庭改良论者反对废除家庭，他们认为家庭是培养美好感情的场所，没有家庭，美好感情无从培养。易家钺说："亲子的爱是很自然的，人类所必需的。如果失却了它，人类就不是自然的，而变为机械的人了。从动物上来观察，亲子的关系也不会分离，更不会消灭，为什么人类反要放弃了这种自然的爱？并且这种爱就是社会上博爱心、同情心等的发源地，如果亲子的爱消失了，社会上所谓博爱心、同情心等也无从产生出来，结果使人类社会生活变成了机械的生活，这样还有进步的希望吗？"[⑥]潘光旦说："家庭为栽培同情心最良

---

① 胡适：《中国哲学史大纲》，北京：东方出版社，2003年，第100页。

② 顾诚吾：《对于旧家庭的感想》，《新潮》第2卷第4号。

③ 汉一：《毁家论》，张枬、王忍之编：《辛亥革命前十年间时论选集》第2卷下，北京：生活·读书·新知三联书店，1963年，第916~917页。

④ 鞠普：《毁家谭》，张枬、王忍之编：《辛亥革命前十年间时论选集》第3卷，北京：生活·读书·新知三联书店，1977年，第193页。

⑤ 孟真：《万恶之原(一)》，《新潮》第1卷第1号。

⑥ 易家钺：《中国家庭改造问题》，《民国丛书》第二编第19辑，上海：上海书店，1990年，第93~94页。

善之场所,亦有可言者。自亲子之爱,兄弟之爱,推而为戚族之爱,邦人之爱,由近而远,由亲而疏:此同情心发展之自然程序也。重家庭之制,即所以慎同情心活动之始。我国古代唯孔门诸儒发明此旨最详;孟子亲亲仁民,仁民爱物二语,实为千古不可磨灭之论。今社会主义者之主张:一则曰国家设养老院,再则曰男女以恋爱结合,婚姻绝对自由,三则曰儿童公育;家庭制度固若得所发落矣;然老弱公养与儿童公育之根本精神——同情心——将从何训练而出,则社会主义者未有以诏我辈。不能老其老,而欲其老人之老;不能幼其幼,而欲其幼人之幼;天下宁有是理耶?"①

家庭改良最有力的主张,就是建立小家庭制。小家庭制与大家庭制的区别有二:一是规模,二是家庭伦理。从规模而言,大家庭制是几代同居,家不分财;小家庭制是由父母与未成年子女组成的家庭。从家庭伦理而言,大家庭实行家长制,小家庭主张自由平等。反对大家庭制的人认为,大家庭制不仅使人一生耗于家族之中,不能走出家族圈之外,有造成人的依赖之心、家长与家人权利不平等等种种弊病,也不利于家庭和乐之风的养成。"弱者每被欺,强者必骄悍;妻强则虐妾,妾宠则辱妻;因前后异母之关系,则后妻之子,每凌其兄,因嫡庶关系,嫡兄长而庶弟幼,则庶弟每被欺于嫡兄;他如姑媳妯娌,人为之合,非天然者。翁有能力,姑可虐媳,子有能力,媳可欺姑;小姑恃宠,则可凌嫂,甚至父母以爱憎定子女优劣。得宠者凶恶,失宠者怨愤。循环报复,将无已时。自戕杀人,亦所常见。"②小家庭制的优点就是简单,家庭组合以自由平等为原则。易家钺说:"小家庭的组织,其优点在于简单,所以我们赞成小家庭制。小家庭的组织,以一夫一妇和未婚子女三者来构成。夫妇乃由充分独立自由的婚姻结合而成;他们对于家庭有共同的权利和义务。小家庭的经济管理、教育、宗教等完全独立,不受他人的支配或干涉的。小家庭成立后,父母供给子女,以能独立于社会为责任。至于子女结婚后,即又另立小家庭。"③易家钺认为,小家庭制的主要好处就是:能保全家人的感情,能养成自立性,使男女有自由平等的机会,养成社会观念和打破家族思想,严守一夫一妻,免除蓄妾的流弊等。

家庭改良论的另一种重要主张是折中家庭制。潘光旦力主折中家庭制。所谓折中家庭制就是容纳祖孙三代的家庭制。潘光旦认为旧日大家庭制已无存在之能力,也无存在之理由。大家庭人数太多,关系太复杂,维持秩序成为其第一要务。要维持秩序,权力不得不集中于家长一人,这就造成个人活动范围狭小,不能得充分之发展,而尽其社会之效用。折中家庭制去其枝节而留其根干,即兄弟一经成立,即各自成生计之单位,为父母即祖父母者即由兄弟轮流奉养。折中家庭制偏于小家庭制,但又不是小家庭制。潘光旦不满于小家庭制者有二:一是失去了种族绵延的精神。他认为,家庭最重要的功用是种族的绵延,折中家庭制能够传达这种精神至意。"家庭本为连续之物,小家

① 潘光旦:《中国之家庭问题》,《民国丛书》第二编第19辑,上海:上海书店,1990年,第121~122页。
② 梁景和:《近代中国陋俗文化嬗变研究》,北京:首都师范大学出版社,2009年,第121页。
③ 易家钺:《中国家庭改造问题》,《民国丛书》第二编第19辑,上海:上海书店,1990年,第70页。

庭制横裁而断之,种族绵延不绝之至意,即不免受重大打击。"①二是小家庭制以权利义务为中心,不合乎人的自然感情。潘光旦说:"西人社会伦理之基本观念曰责任,或曰义务,而其对待则为权利。人我相与,唯其极言责任,故其视权利也亦重。权利义务之说,如适用之于一般社群生活,尚无大害,如行之于家庭分子之间,则颇有难堪者。梁任公先生尝曰:'权利观念,可谓为欧美政治思想之唯一的原素。彼都所谓人权……所谓阶级斗争等种种活动,无一不导源于此。乃至社会组织中最简单最密切者如父子夫妇相互之关系,皆以此观念行之。此种观念,入到我侪中国人脑中,直是无从了解。父子夫妇间,何故有彼我权利之可言,吾侪真不能领悟此中妙谛。'昔者国人之权利观念不深,于一般之人我交际为然,于家庭中为尤甚;此根本与西方家庭制度异者也。即责任或义务一端亦然。父母对于子女应为之事,每称之曰愿;……盖显然以儿女之事为一己之事,为一己欲望之一部分,而不能不求满足者。子女之奉养父母,与父母之受其奉养,亦未尝作责任或权利观。总之,昔日国人家庭分子间之关系,芟其支蔓,去其糟粕,大率出乎情感之自然流露,而无须乎哲学观念为之烘托。自西人权利与责任观念之传播,国人以之解释积弊已深之家庭制度,乃弥觉其可憎可厌;然张冠李戴,本不相称,憎厌之心理,徒自扰耳。折中制去旧日家庭之形式,而无害于其承上起下之推爱精神:此所以较小家制度为妥善者二也。"②潘光旦认为,绝对的利己主义和利他主义都非社会之福。家庭中人与人之间的关系,既非绝对的利己,又非绝对的利他,正好是绝对利己与利他的一个调和。

四、家族制的另一种解读

近代中国思想界对家族、家庭虽都有所批判,但究其实际,重在批判大家庭主义,即家族主义。对家族主义的批判主要集中于两点:妨碍国家观念的树立,妨碍自由平等博爱观念的培养。但对家族主义的批判,并不完全等于对家族的批判。家族主义是以家族为本位,如果去掉家族本位,家族作为一个社会组织,可以成为养成国家观念的一个台阶。在近代中国思想界中,有一小部分人作如是观。新文化运动前,蔡元培对家族持肯定态度。他说:"家族者,社会、国家之基本也。无家族,则无社会,无国家。故家族者,道德之门径也。于家族之道德,苟有缺陷,则于社会、国家之道德,亦必无纯全之望。"③作为家族的一分子,与作为公民的一分子是可以并行不悖的。孙中山亦认为可以利用家族观念,养成民族主义。他说:"外国人常说,中国人是一片散沙。中国人对于国家观念,本是一片散沙,本没有民族团体。但是除了民族团体之外,有没有别的团体呢?我从前说过了,中国有很坚固的家族和宗族团体,中国人对于家族和宗族的观念是很深的。……由这种好观念推广出来,便可由宗族主义扩充到国族主义。我们失了的民族

---

① 潘光旦:《中国之家庭问题》,《民国丛书》第二编第19辑,上海:上海书店,1990年,第117页。
② 潘光旦:《中国之家庭问题》,《民国丛书》第二编第19辑,上海:上海书店,1990年,第118~119页。
③ 蔡元培:《中国伦理学史》,北京:商务印书馆,2004年,第143页。

主义要想恢复起来，便要有团体，要有很大的团体。我们要结成大团体，便先要有小基础，彼此联合起来，才容易做成功。我们中国可以利用的小基础，就是宗族团体。……依我看起来，中国国民和国家结构的关系，先有家族，再推到宗族，再然后才是国族，这种组织一级一级的放大，有条不紊，大小结构的关系当中是很实在的；如果用宗族为单位，改良当中的组织，再联合成国族，比较外国用个人为单位当然容易联络得多。”①学者楼桐孙说：“大家都说中国人是‘一盘散沙’，其实这话也应加以解释上的修正。中国人因为因袭几千年来的家族制度和宗族制度，家族宗族的观念，牢不可破，实在可说是‘一堆泥块’。外国人才真是一盘散沙。散沙若非用政治力——水泥——来抟成一个——国家，便将绝对没有办法。泥块是各有生存方法和自治能力的，能够融成一大团，固然最好；但在未融成一大团前，虽然有一二块坏了，而其他的未坏，与大局依然无妨。当今竞争激烈的世界，大团当然是急应做成的；但大团的单位，用散沙好呢？还是用泥块好呢？”②

家族制是以血缘为基础的，血缘的维持以孝道为基础。中国近代思想家因批家族而批孝道。非孝人士认为孝道不合自由平等博爱之思想，不利于国家观念的培养，拥护孝道的人显然不这样认为，但是拥孝者也并不认为中国传统孝道完美无缺，其缺点有三：一是形式化。孝本缘于骨肉天性之爱，但后来演变成维持社会秩序的方法，愈加手段化、形式化。梁漱溟说：“象中国礼俗中一个为子要孝，一个为妇要贞，在原初是亲切的自发的行为上说，实为极高的精神，谁也不能非议。但后来因其在社会上很合用，就为社会所奖励而保留发展，变做一种维持社会秩序的方法。此时原初的精神意义尽失，而落于手段化、形式化，枯无趣味；同时复极顽固强硬，在社会上几乎不许商量，不许怀疑，不许稍微触犯；否则，施以极严厉的压迫制裁。那末，遇到西洋新风气的启发，就非厌弃反抗不可了。厌弃就是因为领会不到他的意味；反抗就是因为不甘服这强性地压迫。”③二是片面化。所谓片面化，就是偏重一方。梁漱溟说：“中国本是伦理社会，既无西洋中古对于个人过分之干涉压迫，也无西洋近世个人自由之确立；然如人与人之间的隶属关系为封建社会之象征者，中国社会似也未能免除——子女若为其亲所属有，妇人若为其夫所属有。”④三是政治化。所谓政治化就是孝道被政治利用，把孝顺父母与忠君联系起来。熊十力说：“夫父道尊，而子当孝，天地可毁，斯理不易。子之思想行为不背于正义者，父母不可干涉，而子可自行其志，要不可失孝道。虎狼有父子，况于人乎？但以父道配君道，无端加上政治意义，定为名教，由此有王者以孝治天下，与移孝作忠等教条，使孝道成为大盗盗国之工具，则为害不浅矣。”⑤传统孝道虽有弊端，但他们并不赞成

---

① 孙中山：《三民主义·民族主义》，《孙中山全集》第9卷，北京：中华书局，1986年，第237~238页。

② 楼桐孙：《中国家制的过去与未来》，《东方杂志》第28卷第2号。

③ 梁漱溟：《乡村建设理论》，中国文化书院学术委员会编：《梁漱溟全集》第2卷，济南：山东人民出版社，2005年，第201~202页。

④ 梁漱溟：《乡村建设理论》，中国文化书院学术委员会编：《梁漱溟全集》第2卷，济南：山东人民出版社，2005年，第203页。

⑤ 熊十力：《原儒》，北京：中国人民大学出版社，2006年，第52页。

因此而废除孝道。之所以如此,别有原因:

(一)孝是道德的基石。道德是维持社会的基础。拥孝者不赞同把权利当作维持社会的基础。熊十力说:“人生如本无人心,即人与人之间无有精神相流通,无有道义相联系,纯靠利害来结合,人类早已互相吞噬绝种矣。”①梁启超也认为把社会安置在权利的基础上,不能长久。“权利观念,全由彼我对抗而生,与通彼我之‘仁’的观念绝对不相容,……置社会组织于此观念上而能久安,未之前闻。”②既然社会以道德来维持,道德的基础是什么?孝道。谢幼伟说:“窃认为先儒孝之提倡,用意所在,第一,在认孝为道德本源;第二,在认孝为道德起点;第三,在认孝为道德之训练。”③为什么孝是道德本源呢?因为道德的基础是爱,而爱必须从爱父母开始。“人未有不爱父母而爱他人者。如其有之,则其爱必非真爱。”④梁漱溟说:“孝弟实在是孔教唯一重要的提倡。他这也没有别的意思,不过他要让人过那种富情感的生活,自然要从情感发端的地方下手罢了。人当孩提时最初有情自然是对他父母,和他的哥哥姊姊;这时候的一点情,是长大以后一切用情的源泉;绝不能对于他父母家人无情而反先同旁的人有情。”⑤孝道的提倡是关乎“社会之团结,应以爱为基,抑应以利为基之问题”⑥。

(二)孝是仁的起点而非终点,无违博爱。拥孝者并不认为孝是狭义的爱,超不出家族本位。谢幼伟说:“孝虽与家族本位有关,然先儒之提倡孝,所见实有超出家族本位之上者。”⑦梁漱溟认为宗法社会排他性最强。如果孝只是与家族本位、宗法制度有关,中国民族在空间上如何拓展得这么大,在时间上绵延得这么久?“要知家族宗法之依稀犹存,正为其有远超过这些者,而非就是这些。”⑧孝之所以能超出家族范围,就是孝之上还有仁。孝是起点,仁是归宿。孝是道德之本、道德之始,而非道德全部。对孝的正确理解应该是由孝扩充至仁民爱物。“孝弟之德,乃人之天性所自不容已,当培养扩充之,以极于仁民爱物,乃至与天地万物通为一体之盛。”⑨既然孝是开放动态的概念,当然就无违博爱;无违博爱,自然无违国家观念的培养。对“民族行其大孝”,也是孝道提倡者的目标之一。孝道不仅无违博爱,而且博爱必须从孝道开始。因为孝是人类最自然的感情,有坚实的基础。如果不从孝悌开始培养爱心,只空谈博爱,必是无源之水、无本之木。“儒家非不谈博爱,……但儒家认博爱必以孝为起点,亦即必以敬爱一己之至亲为起点。教人敬爱一己之至亲,此事之至易者。由此易事做起,则不难扩而充之,以达博

---

① 胡晓明编:《大海与众沤——熊十力集》,上海:上海文艺出版社,1998年,第404页。

② 梁启超:《先秦政治思想史》,天津:天津古籍出版社,2003年,第106~107页。

③ 谢幼伟:《孝与中国文化》,南京:青年军出版社,1946年,第2页。

④ 谢幼伟:《孝与中国文化》,南京:青年军出版社,1946年,第2页。

⑤ 梁漱溟:《东西文化及其哲学》,中国文化书院学术委员会编:《梁漱溟全集》第1卷,济南:山东人民出版社,2005年,第467页。

⑥ 谢幼伟:《孝与中国文化》,南京:青年军出版社,1946年,第14页。

⑦ 谢幼伟:《孝与中国文化》,南京:青年军出版社,1946年,第2页。

⑧ 梁漱溟:《中国文化要义》,中国文化书院学术委员会编:《梁漱溟全集》第3卷,济南:山东人民出版社,2005年,第82页。

⑨ 熊十力:《读经示要》,北京:中国人民大学出版社,2006年,第149页。

爱之途。不从此易事做起，一举而欲使人博爱，忽于所亲，而求亲于所疏。此纵非不可能，然必不易行，且难普遍行。”①

（三）孝是道德义务，而非个人权利。非孝者认为，父慈子孝应该是对等的，即父慈子孝，父不慈子可不孝。拥孝者认为，父慈子孝是各自的道德义务，不是一种交换关系，是一种德性的内证，源于自身的道德自主选择。父亲没有从儿子身上求孝的道理，儿子也没有从父亲身上求慈的道理。如果父亲把儿子应当孝当作自己的权利，儿子把父亲应当慈当作自己的权利，父慈子孝成了一种对等的交换，那就是算账的生活，失去了人生意味，影响所及，就是人情凉薄、道德沦丧。道德义务注重各尽其心，而不是权利算计。梁漱溟说：“伦理关系，即是情谊关系，亦即是其相互间的一种义务关系。”②这就是说，“各人尽自己义务为先；权利则待对方赋予，莫自己主张”③。这种道德义务是平等的、不偏重于一方的；这种道德义务是自主选择的、无违自由的。拥孝者把孝当作道德义务，也就是把孝由一种自然的感情升华到一种理性自觉的感情。非孝者认为，父母子女之间的爱既出于天性之自然，就不必特别提倡，尤其不需要立孝之名。拥孝者认为，立孝之名就是让人由无意识进入有意识，由自发到自觉。因为缺少理性自觉的爱，就不能从自身上证明道德的爱，体认道德的爱，从而突破自私的限制，达到仁爱境界。“因情而有义，实为人类社会凝聚和合之所托。古人看到此点，知道孝弟等肫厚的情感要提倡。更要者，就是把社会中的人各就其关系，排定其彼此之名分地位，而指明相互间应有之情与义，要他们时时顾名思义。主持风教者，则提挈其情，即所以督责其义。”④立孝之名，也是为了道德的逐步养成。道德需要培养，否则就会丧失。之所以提倡孝，就是为了使敬爱父母之心得以滋养发展，达到博爱。“孝是道德之本源。必使此来源保持勿失，必使此天生一点敬爱父母之心得滋长发展，然后有道德发展之余地。不谋孝之培养，坐令天生一点敬爱父母之心，自行萎缩，但空言博爱救世，此为墨家之失，亦西洋道德之失。”⑤

（四）孝道提倡感恩精神。非孝者是极力反对父母子女之间主恩的，认为这使子女丧失了独立人格。拥孝者认为，主恩思想有其积极意义。谢幼伟认为尽管父母生我可能是出于本能或一时的情欲，但生我之后爱我育我是不可否认的事实。如果子女没有感恩心理，不合情理。父母之恩不感，其他恩就更不会感，这样社会就成了一个冰冷世界。“若我们主张说，父母之生我，绝无所谓恩，只是一种本能，一种义务，我不必感，我不必报。这样，父母之恩不必感，不必报，社会也，国家也（或党也），上帝也，宇宙也，一

---

①　谢幼伟：《孝与中国文化》，南京：青年军出版社，1946年，第3页。

②　梁漱溟：《中国文化要义》，中国文化书院学术委员会编：《梁漱溟全集》第3卷，济南：山东人民出版社，2005年，第82页。

③　梁漱溟：《中国文化要义》，中国文化书院学术委员会编：《梁漱溟全集》第3卷，济南：山东人民出版社，2005年，第94页。

④　梁漱溟：《中国文化要义》，中国文化书院学术委员会编：《梁漱溟全集》第3卷，济南：山东人民出版社，2005年，第90页。

⑤　谢幼伟：《孝与中国文化》，南京：青年军出版社，1946年，第2页。

样是有恩于我的,也一样可不必感,不必报。我们只谈义务,只谈权利,不谈感恩。社会成为刻薄寡恩的世界,成为绝无温情的世界。试问这样的社会,这样的世界,是我们所希望居住的吗?……是教孝,即所以使人们知感恩。由感知父母之恩,而感知社会之恩、国家之恩、上帝之恩、宇宙之恩。这样,感恩的意义,岂不重大吗?"①

(五)孝道是珍重生命,有利民族生命的延续。谢幼伟认为,为什么仅凭父母生我,就需孝顺父母?因为父母给了子女生命,生命是美好的。如果认为生命本质上是恶的,就不必感谢父母。"从子女之生而有孝心,之对生命来源致其敬爱,这表明孝是肯定生命是善,肯定生命是有价值的。"②拥孝者从珍重生命的角度,对尊祖敬宗,"不孝有三,无后为大""身体发肤,受之父母,不敢毁伤"等观念重新做了解释,这就是让人追溯生命来源,延续生命、珍重生命。珍重生命、延续生命,有利于民族的绵延光大。尊祖敬宗,也有利于民族认同与向心力的养成。"孔门'慎终追远,民德归厚'及'养生不足以当大事,唯送死然后可以当大事'之议论,虽完全发乎社会伦理之立足点,我辈以今日之眼光观之,其意义实有大于社会伦理之维护者。我辈不妨称此种伦理观念曰种族伦理(Racial Ethics)。"③

总之,无论家族或是孝道,并非只有消极意义。去其糟粕,取其精华,其就会在现代公民的培养中发挥积极作用。

第二节 礼乐精神与现代公民

梁漱溟认为儒家之教有两个主干:孝悌与礼乐。孝悌在近代受到猛烈的攻击,礼教也不例外,其被称为"吃人的礼教"。贺麟说:"非礼勿视、听、言、动,若不善加解释,而加以权威化,简直会束缚得人不敢动弹。无怪会引起人认'礼教吃人''以理杀人'的反抗。"④那么,近代中国思想家对礼乐精神有哪些新诠释呢?从公民教育角度而言,有几点值得注意。

其一,以法治释礼教。梁启超在《论中国宜讲求法律之学》中说:"有礼义者谓之中国,无礼义者谓之夷狄。礼者何?公理而已。义者何?权限而已。"⑤章太炎亦认为,礼是法度之通名。

其二,自我尺度的树立。古代学者对于礼的诠释大致有两个特色:一是多从不变的角度看待礼。宋明理学都把理看作先验的秩序:程朱理学认为理是一个外在的客观存在,心能认识理;陆王心学虽认为理内在于心,但事实上依然承认了外在权威,"只不过

① 罗仪俊编:《理性生命——当代新儒家文粹》第1卷,上海:上海书店,1994年,第528~529页。

② 罗仪俊编:《理性生命——当代新儒家文粹》第1卷,上海:上海书店,1994年,第519页。

③ 潘光旦:《中国之家庭问题》,《民国丛书》第二编第19辑,上海:上海书店,1990年,第124页。

④ 贺麟:《王安石的哲学思想》,《文化与人生》,北京:商务印书馆,2002年,第290页。

⑤ 梁启超:《论中国宜讲求法律之学》,林志钧编:《饮冰室合集·文集之一》,北京:中华书局,1989年,第93页。

是这些权威成立的根据,也要在‘内’中寻找而已”①。无论是外在先验秩序还是内在先验秩序,这个先验秩序或是说天理都具有确定性。天理既有其不变性,那么礼就具有不变者。张载称:“礼变有不须变者,如天序天秩,如何可变?礼不必皆出于人,至于无人天地之礼,自然而有,何假于人?天之生物,便有尊卑大小之象,人顺之而已,此所以为礼也。学者有专以礼出于人,而不知礼本天之自然。”②二是基本把礼当作人的行为仪则。从这一角度出发,他们不太赞成从广义角度去解释礼。清朝学者孙希旦说:“盖《周礼》乃制治、立法、设官、分职之书,于天下事无不该摄,礼典固在其中,而非专为礼设也。”③孙希旦之所以不认为《周礼》为专门的礼书,起因于《周礼》中的礼具有广义。按照孙希旦的理解,礼主要是恭敬退让的人事仪则。从确定性、外在性诠释礼,就是否定了人的自我选择。然而传统思维与现代思维的最大区别就是由外在权威向内在权威的转变,即自我选择。自我是权威的尺度,所以中国近代思想家大多以理释礼。礼就是理,不是先天不变的一物。理来源于人的理性,来源于心中的情理,是人的理性自我选择之物。熊十力说:“夫本体之理,其在人,而发现于日用云为之际也,只是随其所应,恰到好处。《中庸》所云‘中节’是也。岂有一定规范?(注意‘一定’二字。随事中节,即随所应,无非规范。然不可云有一定规范。如其一定,则不足以应万变而皆贞也。理岂死物耶?)”④梁漱溟说:“根本不应当定一客观标准令人循从。话应当看是谁说的,离开说话的人,不能有一句话。标准是随人的,没有一个绝对标准。”⑤吴宓亦认为礼应当是精神之标准,就一己此时的身份地位,为其所当为之事,而非在繁文缛节。

既然理来源于理性的自我选择,那么礼就不是以外在仪节束缚人、规范人,而是理性的自我实现。贺麟认为不能从束缚的消极角度释礼,而应该从人的自我实现的积极角度释礼。他说:

> 非礼勿视,并非消极地不看外物,而是看尽天下之物,不能乱吾心之明。非礼勿听,不是消极地不听外物,而是听尽天下之声,不能乱吾心之聪。非礼勿言,不是消极地不说话,而是我自己所说的话,非外物所能推翻驳倒。非礼勿动,不是消极地无有行动,而是自己的行为坚定,非外物所可转移。换言之,……非礼勿视、听、言、动,不是束缚自己,而是依理以视、听、言、动,因而实现自己。……有了先天自我的立法性和灵明性,则视、听、言、动自有准则(即有礼),而视、听、言、动所接触之外物自有条理,自受规范,因外物并非形骸自为,而乃为自我所建立,受自我之陶铸而成者。⑥

---

① [日]岛田虔次:《中国近代思维的挫折》,甘万萍译,南京:江苏人民出版社,2008年,第55页。

② 张灏:《烈士精神与批判意识》,桂林:广西师范大学出版社,2004年,第61页。

③ [清]孙希旦:《礼记集解》上,北京:中华书局,1989年,第1页。

④ 熊十力:《读经示要》,北京:中国人民大学出版社,2006年,第14页。

⑤ 梁漱溟:《中国文化要义》,中国文化书院学术委员会编:《梁漱溟全集》第3卷,济南:山东人民出版社,2005年,第95页。

⑥ 贺麟:《王安石的哲学思想》,《文化与人生》,北京:商务印书馆,2002年,第290页。

礼既然是精神标准,那么尽礼就是尽理性精神所规定的理性义务。“复礼者,就一己此时之身分地位,而为其所当为者是也。易言之,即随时随地,皆能尽吾之义务,而丝毫无缺憾者也。故对父母则孝,对兄弟则友,对师长则敬,对邻里则睦,对贫弱则恤。素富贵行乎富贵,素贫贱行乎贫贱。交际酬酢,则蔼然如春,无人能比其温雅。遇国有大事,则执干戈以卫社稷,凛如霜雪,屹如金刚,无人能及其勇武。若而人者,可谓能有礼矣。”①

其三,礼应符合公平正义。礼乐礼乐,乐者,乐也,就是欢乐的意思。要使人心欢乐,礼就必须符合正义。礼不符合公平正义,人就不会欢乐。吕思勉称:

> 夫义之所以使物各殊其分,而制之以为礼者,原欲使之各协其宜,非欲厚于此而薄彼也。……原欲使宇宙之间,无一物不得其所。然而强者胁弱,众者暴寡,知者诈愚,勇者苦怯,其所利者,则制为礼焉,以为是天理之宜也,而不知其大悖于理也。……然而其所谓礼者,果协于义则可矣;如其不然,则克己以复之,则是非强陵弱勿视,非众暴寡勿听,非知诈愚勿言,非勇苦怯勿动也,是大乱之道也。……知不足以知之,而以非义之义为义,而强为之节文,而强天下之人以从之,则必有愀然不乐者矣。②

既然礼要符合公平正义,礼就不是为了维护身份等差。近代学者虽不反对根据情的亲疏厚薄而礼有等差,但坚决反对据贵贱而言礼的等差。梁启超认为根据贵贱言礼,非孔子本意。

> 孔子固亦主张差等,然其所谓差等者与后儒异。孔子注重“亲亲之杀”,即同情心随其环距之远近而有浓淡强弱,此为不可争之事实。故孔子因而利导之,若夫身份上之差等,此为封建制度下相沿之旧,孔子虽未尝竭力排斥,然固非以之为重。孔门中子夏一派,始专从此方而言差等,而荀子更扬其波。……龂龂于贵贱之礼数,……与孔子盖有间矣。③

礼是人与人相结合的公平正义的纽带。

其四,以尚武释礼乐。近代学者认为乐与歌舞不离。乐不仅仅是音乐,而且与歌唱舞蹈相连。近代学者之所以强调乐与歌舞不离,主要是发掘其振奋精神、强壮身体的功用。刘师培说:“乐教起原甚古,……而三代以来,则列乐于六艺之一,其故何哉?盖古人欲强其国,必先使全国黎庶有发扬蹈厉之风。人各有情,情动于中,斯形于声。无声

① 吴宓:《我之人生观》,徐葆耕编:《会通派如是说——吴宓集》,上海:上海文艺出版社,1998年,第98页。
② 吕思勉:《吕思勉读史札记》,上海:上海古籍出版社,1982年,第431~432页。
③ 梁启超:《先秦政治思想史》,天津:天津古籍出版社,2003年,第116页。

音以感之，则情不呈。民遏其情，则忧伤沉郁而民气日隳。故古人作为乐歌，抑扬反复以感发人民之意志，庶百世之下闻者兴起。此古人制乐歌之微意也。虽然，上古人民竞争日烈，兵器不可须臾离。然民不习劳，则藟弱多疾，而服兵之役弗克胜。故古人又作为乐舞，使之屈伸俯仰升降上下和柔其形体，以廉制其筋骨，庶步伐止齐，施之战阵而不愆。此古人重乐舞之微意也。由是言之，则古人重乐歌，所以宣民气也，与皙种重德育之旨同；古人重乐舞，所以强民力也，与皙种崇体育之旨同。故古人言乐咸歌舞并言，而乐舞复备教民之用。”①

第三节　心学与现代公民

心学是宋明理学的重要组成部分。但是细绎中国近代思想史就会发现，在近代中国，程朱理学饱受批判，而心学，特别是王阳明心学却备受青睐，这是因为中国近代思想家看到了其在改造国民中的重大作用。中国近代思想家认为，王阳明心学中包含有三种积极因素：自由意志、个人自信、力行精神。

一、心学与自由意志

王阳明主张心外无物、众理具心。既然心外无物、众理具心，所以一切求诸己心。己心自信为是即是，己心自信为非即非。王阳明说：“夫学贵得之心，求之于心而非也，虽其言之出于孔子，不敢以为是也，而况其未及孔子者乎？求之于心而是也，虽其言之出于庸常，不敢以为非也，而况其出于孔子者乎？……夫道，天下之公道也；学，天下之公学也。非朱子可得而私也，非孔子可得而私也。天下之公也，公言之而已。”②王阳明的自信己心之说虽与西方的自由意志论有差别，但与程朱理学相较，显然更接近于自由意志论，这就成为近代思想家可以发挥的地方。刘师培认为，王阳明自信己心之说就是让人不役于物、不役于人，有利于思想自由。

> 怀疑为进学之基。故辨论学术不以古人之耳目为耳目，不以古人之是非为是非。王阳明之言曰：求诸心而得，虽其言之非出于孔子者，亦不敢以为非也；求诸心而不得，虽其言之出于孔子者，亦不敢以为是也。罗念庵亦曰：见闻不与，独任真诚。盖以己心为标准，则古今学术之纷纭，悉得以己意为进退，而思想以生。以视前儒之墨守前言者，果孰为得而孰为失耶？此亦良知学说之善也。③

自信其心不仅有利于思想自由，而且可以养成真诚无畏的精神。刘师培说：“凡良

① 刘师培：《古政原始论》，《刘申叔遗书》上，南京：江苏古籍出版社，1997 年，第 683 页。

② 王阳明：《答罗整庵少宰书》，吴光、钱明等编：《王阳明全集》上，上海：上海古籍出版社，2011 年，第 85～88 页。

③ 刘师培：《伦理教科书》，《刘申叔遗书》下，南京：江苏古籍出版社，1997 年，第 2038 页。

知学派立说,咸近于唯心。故阳明之徒,多物我齐观,死生平等,不为外欲所移,亦不为威权所惕。……既主贵空之论,即能不以祸福撄其心。祸福不足撄其心,故任事慷慨,克以临危而不惑。使人人而皆若此,则爱国之士必接踵于天下。此又良知学说之善也。……处今日之中国,其足以矫正世俗之弊者,莫若良知学派之适用矣。"①梁启超亦特别欣赏王阳明心学中的唯意志论因素,他认为自信其心就是不诚无物,不自欺良知。只有这样,才有真诚的精神、切实的行动。"至诚而不动者,未之有也。不诚未有能动者也。"②中国应该奉王阳明心学为精神教育的原则。"欧美诸国,皆以景教为维系人心之的。日本则佛教最有力焉。而其维新以前所公认为造时势之豪杰,若中江藤树、若熊泽蕃山、若大盐后素、若吉田松阴、若西乡南州,皆以王学式后辈。至今彼军人社会中,犹以王学为一种之信仰。夫日本军人之价值,既已为世界所共推矣。而岂知其一点之精神教育,实我子王子赐之也。我辈今日求精神教育,舍此更有何物。"③

二、心学与个人自信

王阳明有一个著名论断,人人皆可成为圣人。在王阳明以前,圣人被置于一个无所不知、无所不能的超人地位。圣人被神化、偶像化。王阳明认为圣人也是一个会犯错误、有所不知的自然人。圣人之所以为圣人只在其心,而不在才能大小。"圣人之所以为圣,只是其心纯乎天理,而无人欲之杂。犹精金之所以为精,但以其成色足而无铜铅之杂也。人到纯乎天理方是圣,金到足色方是精。然圣人之才力亦有大小不同,犹金之分量有轻重。……才力不同而纯乎天理则同,皆可谓之圣人。"④既然圣人与凡人的差别不在才能而在本质,而良知人人皆有,所以圣人可学而至。人人都有成为圣人的潜质,关键在于自信不自信,立志不立志。"人胸中各有个圣人,只是自信不及,都自埋倒了。"⑤中国近代思想家认为,王阳明关于圣人的论断,有利于鼓舞个人自信。刘师培说:"及王阳明讲学,始以良知标宗旨。盖良知之益厥有三端:一曰奋发凡民之志气。阳明之言曰:自圣人以至于愚人,自一人之心以达于四海之远,自千古之前以至于万代之后,无不同此良知者。又曰:是非之心不虑而知,不学而能,所谓良知也。良知之在人心,无间于智愚,天下古今之所同也。盖陆子以立志励后学,从学之士多奋发兴起。及阳明创良知之说,以为圣人之道,吾心自足,不假外求能致良知,不为外物所蔽,则人人可为圣人。中国人民每以圣人为天授,不可跻攀。自良知之说一倡,以为人人良知既同,则人之得于天者亦同。人之得于天者既同,所谓尧舜与人同也。故卑贱之民亦可反求而入道,不复以流品自拘。"⑥

---

① 刘师培:《伦理教科书》,《刘申叔遗书》下,南京:江苏古籍出版社,1997年,第2038页。
② 梁启超:《德育鉴》,林志钧编:《饮冰室合集·专集之二十六》,北京:中华书局,1989年,第42页。
③ 梁启超:《德育鉴》,林志钧编:《饮冰室合集·专集之二十六》,北京:中华书局,1989年,第42页。
④ 吴光、钱明等:《王阳明全集》上,上海:上海古籍出版社,2011年,第31页。
⑤ 吴光、钱明等:《王阳明全集》上,上海:上海古籍出版社,2011年,第105页。
⑥ 刘师培:《伦理教科书》,《刘申叔遗书》下,南京:江苏古籍出版社,1997年,第2037页。

三、心学与力行精神

王阳明倡导知行合一，但其知行合一之论历来被认为是以知代行，是空言心性。中国近代思想家对此有不同的看法，他们认为，王阳明的知行合一之旨，是倡导即知即行、勇敢能任的力行精神。刘师培说："昔王阳明倡知行合一之说，以为能致良知，即是实行。盖行者即本所知之事而躬行实践者也。"[①]梁启超认为，知行合一本来就是一种实践功夫。"把知行分为两件事，而且认为知在先行在后，这是一般人易陷的错误。阳明的知行合一说，即专为矫正这种错误而发。"[②]知行合一，就是把知和行打成一片，知中行，行中知。"只要你决心实行，则智识虽缺少些，也不足为病。因为实行起来，便逼着你不能不设法求智识，智识也便跟着来了。这便是'知是行之始'的注脚。……除了实行外，再没有第二条路得着智识。因为智识不是凭空可得的，只有实地经验，行过一步，得着一点，再行一步，又得一点，一步不行，便一点不得。这便是'行是知之成'的注脚。"[③]嵇文甫亦认为王阳明的知行合一强调的是行。"只用一个'致良知'，也就即'知'即'行'了。但这种说法似乎不易了解，又未免带点谈玄意味。究其真精神之所在，只是不离'行'以求'知'而已。……朱子以学、问、思、辨属'知'，以笃行属'行'。阳明却始终贯以一'行'，学之始已即是'行'，到最后仍是'笃行之'。问、思、辨，都只是'行'到滞碍地方，一种解决疑难的手段，并不是离'行'而独立的。离'行'而茫茫荡荡去求'知'，阳明最反对。"[④]知行合一被解释成重力行，重力行被认为是改造中国民气柔弱的良方。

第四节 宗教与公民

中国文化是以人文理性为主的文化，宗教气息淡薄。康有为首先提出立孔教为国教，以提高民众的道德与素质，多神之俗无利于启人坚信之心，无利于道德培养。

> 惟中国尚为多神之俗，未知专奉教主以发德心，祈子则奉张仙，求财则供财神，工匠则奉鲁般，甚至士人通学，乃拜跳舞之鬼，号为魁星，所在学宫巍楼，高高坐镇，胄子士夫，斋祈膜拜，不知羞耻，几忘其所学为何学也。
>
> ……夫神道设教，圣人所许，乡曲必庙，祷赛是资，而牛神蛇鬼，日窃香火，山精木魅，谬设庙祠，于人心无所激励，于俗尚无所风导。[⑤]

---

① 刘师培：《伦理教科书》，《刘申叔遗书》下，南京：江苏古籍出版社，1997年，第2036页。

② 梁启超：《王阳明知行合一之教》，林志钧编：《饮冰室合集·文集之四十三》，北京：中华书局，1989年，第25页。

③ 梁启超：《王阳明知行合一之教》，林志钧编：《饮冰室合集·文集之四十三》，北京：中华书局，1989年，第32页。

④ 嵇文甫：《晚明思想史论》，郑州大学嵇文甫文集编辑组编：《嵇文甫文集》中，郑州：河南人民出版社，1990年，第133~134页。

⑤ 康有为：《请尊孔圣为国教立教部教会以孔子纪年而废淫祀折》，中国史学会编：《戊戌变法》第2册，上海：上海人民出版社，2000年，第231页。

康有为立孔教为国教的主张,得到其弟子梁启超的大力宣扬。梁启超称:

> 凡一国之强弱兴废,全系乎国民之智识与能力;而智识能力之进退增减,全系乎国民之思想;思想之高下通塞,全系乎国民之所习惯与所信仰。然则欲国家之独立,不可不谋增进国民之识力;欲增进国民之识力,不可不谋转变国民之思想;而欲转变国民之思想,不可不于其所习惯所信仰者,为之除其旧而布其新。此天下之公言也。泰西所以有今日之文明者,由于宗教革命而古学复兴也。盖宗教者,铸造国民脑质之药料也。……故今欲振兴东方,不可不发明孔子之真教旨。①

1902年以后,梁启超不再提保教之言。那么,宗教究竟是有利于国民教育,还是不利于国民教育,中国近代思想界分歧严重。认为不利者有之,认为有利者有之,辩证看待此问题者亦有之。认为宗教不利于国民教育者,主要理由有二:一是宗教不利于思想自由。梁启超说:"文明之所以进,其原因不一端,而思想自由,其总因也。欧洲之所以有今日,皆由十四五世纪时,古学复兴,脱教会之樊篱,一洗思想界之奴性,其进步乃沛乎莫之能御。"②以宗教束缚人,会束缚国民之思想。有学者认为,中国之所以道德不能进步,原因之一就是以宗教为道德。"新教兴而道德与宗教分离焉。此欧洲道德发达一大关键,亦欧洲社会发达一大关键也。……欲救治今日中国国民道德之衰颓,第一说曰:凡我国民,皆当了然知宗教与道德为分明不同之二事。宗教者,一成不变,有特别之性质者是也。道德则变动不居,与时代之进化有正比例。凡是社会中之一个人,皆有建立发明道德之权。指摘旧有道德之弊恶,破除之而易以新者,列陈己意,著为新说,以待世人之自由取决焉,……无所谓离经叛道也。"③二是宗教为迷信之物,不利于开民智。严复说:"时至今日,五洲之民,苟非最劣之种,莫不知教育为生民之最急者矣。然亦知教育以何者为最大之目的乎?教育最大之目的,曰:去宗教之流毒而已。夫宗教本旨,以明民也。以民智之稚,日用之不可知,往往真伪杂行不可致诘,开其为此,禁其为彼,假托鬼神,震慑愚智,虽其始也,皆有一节之用,一时之功。洎乎群演益高,则常为进步之沮力。此不必求之四裔也,近之宫闱之中,远之圭筚之内,大者秩宗之所典,小者村妪之所谈,中国今日所既知其非而犹踵其事者岂少也哉?教育者,所以牖本有之明,扩充之,使知去其谬悠,存之真实者耳。西谚有曰:魔之第一能事,以其说谎。又曰:妄则终凶。吾党日求为文明人,舍宝贵真实,别无安身立命处也。"④蔡元培亦认为宗教已成为过去之问题,已成为社会之累,没有提倡之必要。随着社会的发展,人的知识、意志、感情都已脱离宗教而独立。所以蔡元培有以美育代宗教之说。

---

① 梁启超:《论支那宗教改革》,林志钧编:《饮冰室合集·文集之三》,北京:中华书局,1989年,第55页。
② 梁启超:《保教非所以尊孔论》,林志钧编:《饮冰室合集·文集之九》,北京:中华书局,1989年,第55页。
③ 马悔:《论中国国民道德颓落之原因及其救治之法》,《新民丛报》第28号。
④ 伍杰编:《严复书评》,石家庄:河北人民出版社,2001年,第314页。

认为宗教有利于国民教育者，与其说他们看重的是宗教，不如说他们看重的是宗教意识、宗教精神：

（1）宗教有利于树立人的确信之心，即信仰意识。中国人缺乏坚信，是中国近代思想家的基本共识。鲁迅说："中国人自然有迷信，也有'信'，但好像很少'坚信'。我们先前最尊皇帝，但一面想玩弄他，也尊后妃，但一面又有些想吊她的膀子；畏神明，而又烧纸钱作贿赂，佩服豪杰，却不肯为他作牺牲。崇孔的名儒，一面拜佛，信甲的战士，明天信丁。宗教战争是向来没有的，从北魏到唐末的佛道二教的此仆彼起，是只靠几个人在皇帝耳朵边的甘言蜜语。风水，符咒，拜祷……偌大的'运命'，只要化一批钱或磕几个头，就改换得和注定的一笔大不相同了——就是并不注定。……人而没有'坚信'，狐狐疑疑，也许并不是好事情，因为这也就是所谓'无特操'。"①正是认为中国人缺乏坚信，所以希望引入宗教的坚信意识。鲁迅在《破恶声论》中说："人心必有所凭依，非信无以立，宗教之作不可已矣。"②人之可贵，在于有确信。"故今之所贵所望，在有不和众嚣、独具我见之士，洞瞩幽隐，评骘文明，弗与妄惑者同其是非，惟向所信是诣，举世誉之而不加劝，举世毁之而不加沮，……发国人之内曜，人各有己，不随风波，而中国亦以立。"③所谓坚信就是坚持经过自省而有的确信，不因祸福功利之外物而动摇。没有经过内心自省之信是迷信，因祸福功利而信，因祸福功利而改变信是不信。确信称之为宗教亦可，称之为信仰亦可，有神亦可，无神亦可。信在于信其理。景昌极说："宗教之所以异于科学者，在信仰。信仰者，适与科学上之惰性相反而非迷信。宗教之根本信仰有二：一者，信有究竟之真理；二者，信众生能得此真理。"④贺麟说："真正的伟大的宗教的或道德的信仰的养成，多是出于大智慧、大悲悯，出于真知灼见和理性的直观。每每须经历过极大的忧患、极深的怀疑，有看破一切、超出世俗的襟怀的人，如大宗教家、政治家、诗人、哲学家、科学家，才能达到深刻的宗教或道德的信仰。这种信仰是建筑在深厚的爱人类与爱智慧的两大基石上，绝非科学和无神论所能动摇。"⑤

（2）宗教有利于培养人的热诚精神。不少中国近代思想家认为，中国人缺乏热诚。罗家伦说："我常觉得我们中国人热忱太少。现在许多事弄不好，正是因为许多做事的人，对于他所做的事的热忱太缺乏。他只觉得他所做的事只是一种应付，而不是一种使命。"⑥张君劢亦认为中国人做事应酬敷衍多，热诚少。为什么中国人会缺乏热诚呢？缺少宗教心。罗家伦说："有人说是因为我们宗教心太缺乏。是的。我们宗教心——信

---

① 鲁迅：《运命》，《鲁迅全集·且介亭杂文》第6卷，北京：人民文学出版社，2005年，第135页。

② 迅行：《破恶声论》，张枬、王忍之编：《辛亥革命前十年间时论选集》第3卷，北京：生活·读书·新知三联书店，1977年，第372页。

③ 迅行：《破恶声论》，张枬、王忍之编：《辛亥革命前十年间时论选集》第3卷，北京：生活·读书·新知三联书店，1977年，第370页。

④ 景昌极：《论学生拥护宗教之必要》，《学衡》第6期。

⑤ 贺麟：《信仰与生活》，《文化与人生》，北京：商务印书馆，2002年，第93页。

⑥ 罗家伦：《信仰、理想、热忱》，《写给青年——我的新人生观演讲》，北京：中国人民大学出版社，2005年，第167页。

仰——很缺乏,集体的宗教生活不够。我们对于宗教信仰的容忍态度,虽然说是我们的美德,但是也正是因为我们缺乏宗教热忱的缘故。"①张君劢亦认为中国人之所以缺乏热诚,就是确信和诚意少。"由于平日言天事不离乎人事,因而缺少事天之诚敬,陷于信仰上之不专一。彻底言之,吾国人之心灵中有真正确信与真正诚意者,实不可多见。"②梁启超亦认为宗教家第一优点就是热诚。"凡迷信宗教者必至诚。而至诚不必尽出于迷信宗教。至诚之发,有诚于善者,亦有诚于恶者。但使既诚矣,则无论于善于恶,而其力量常过于寻常人数倍。……故天地间有一无二之人物,天地间可一不可再之事业,罔不出于至诚。知此意者,可以论宗教矣。"③宗教之所以能鼓舞人的热情,在于其有至诚的确信。

(3)宗教有利于道德的培养。章太炎认为世间道德都由宗教引生。贺麟说:"在某意义下,道德的信仰即是宗教的信仰。因为道德是宗教的核心。离开道德而言宗教,则宗教会变成邪魔外道。"④罗家伦说:"宗教与道德有同一的起源——就是同出于意志对于尽善尽美(Pefection)的渴望。但是在道德里是要求,在宗教里就变为实体。"⑤

宗教使人心中有敬畏、有准则。梁启超说:"孔子曰:小人而无忌惮也。人至于无忌惮,而小人之量极矣。今世所谓识时俊杰者,口中摭拾一二新学名词,遂吐弃古来相传一切道德,谓为不足轻重,而于近哲所谓新道德者,亦未尝窥见其一指趾。自谓尽公德,吾未见其公德之有可表见,而私德则早已蔑弃矣。……凡诸教门,无论大小,莫不有戒。戒也者进民德之一最大法门也。……故曰无宗教思想则无忌惮。"⑥

宗教可以养成无畏之魄力。人之所以无魄力,是由于名利生死的拖累,宗教使人摆脱名利的束缚。"人之所以不能成大业者,大率由为外境界之所束缚也。声焉、色焉、货利焉、妻孥焉、名誉焉,在在皆可沾恋。一有沾恋,则每遇一事之来也,虽认为责任之所不容诿,而于彼乎此乎一一计度之,而曰如此且不利于吾名誉,则任事之心减三四焉矣;而曰如此且不利于吾身家,则任事之心减六七焉矣;而曰如此且不利于吾性命,则任事之心减八九焉矣。此所以知非艰而行惟艰也。宗教者,导人以解脱者也。"⑦

宗教使人无畏生死。"人之所以有畏者何也?畏莫大于生死。有宗教思想者,则知

---

① 罗家伦:《信仰、理想、热忱》,《写给青年——我的新人生观演讲》,北京:中国人民大学出版社,2005年,第167页。

② 张君劢:《明日中国之文化》,杨毓滋、孙亚夫编:《张君劢先生九秩诞辰纪念册》下,第116页,沈云龙主编:《近代中国史料丛刊续编》第53辑,台北:文海出版社,1978年。

③ 梁启超:《论宗教家与哲学家之长短得失》,林志钧编:《饮冰室合集·文集之九》,北京:中华书局,1989年,第50页。

④ 贺麟:《信仰与生活》,《文化与人生》,北京:商务印书馆,2002年,第93页。

⑤ 罗家伦:《信仰、理想、热忱》,《写给青年——我的新人生观演讲》,北京:中国人民大学出版社,2005年,第164页。

⑥ 梁启超:《论宗教家与哲学家之长短得失》,林志钧编:《饮冰室合集·文集之九》,北京:中华书局,1989年,第47~48页。

⑦ 梁启超:《论宗教家与哲学家之长短得失》,林志钧编:《饮冰室合集·文集之九》,北京:中华书局,1989年,第47页。

无所谓生无所谓死。”①人能勘破名利生死，当然就会有无畏之魄力。梁启超说：“甚矣人性之薄弱也。孔子曰：知及之，仁不能守之。若是者比比然矣。故佛之说教也，曰大雄、曰大无畏、曰奋迅勇猛、曰威力，括此数义，而取象于狮子。……故真有得于大宗教良宗教之思想者，未有不震动奋厉而雄强刚猛者也。”②

宗教使人百折不挠。“有宗教信仰的人，自己受艰难困苦，相信是天将降大任于斯人，所加的特殊磨折训练。因此不怨天，不尤人，不自沮丧，不陷于消极怀疑。……有宗教信仰的人，自有安心立命之所，不会在人生道上，徘徊歧途、莫知所可。他的精神有安顿、有寄托、有慰安，作事自觉有神圣的秉承，有牺牲的勇气。”③

宗教使人谦卑。吴宓说：“今人之谈宗教者，每多误解。盖宗教之功故足救世，然其本意则为人之自救。故人当为己而信教，决不当为人而信教也。宗教故重博爱，然博爱决不足以尽宗教。宗教之主旨为谦卑自牧。真能内心谦卑者，虽不焚香礼拜，或诵经祈祷，吾必谓之能信教者矣。……惟内心谦卑之人，为能克己。人不能克己，则道德必无所成。谦卑为宗教之本，克己为道德之源。”④贺麟亦认为宗教能使人养成谦卑为怀、成功不居之美德。

虽然有些中国近代思想家认为宗教有利于国民教育，也不反对人有宗教信仰，但如果因此认为这些人都提倡宗教，则有失偏颇。如前文所说，他们更看重的是宗教心、宗教意识，即信仰。人可以不信宗教，但不能无宗教心，即信仰。因为人只有拥有真诚的信仰，心中才能有确信。有确信，才能有热诚的行动；有确信，才能心中有敬畏；有敬畏，才能谦卑自牧。谦卑自牧是道德之本。至于针对具体宗教而言，他们也是有选择的。总体而言，佛教——特别是佛教的唯识宗——与基督教（即新教）受到比较多的青睐。

唯识宗之所以受到青睐，是因为唯识宗强调一切唯识即主观意志，没有神本意识，没有祸福的迷信说教，且佛教本身提倡众生平等，能够与自由、平等、博爱观念契合。章太炎说：“今之世，非周、秦、汉、魏之世也，彼时纯朴未分，则虽以孔、老常言，亦足化民成俗。今则不然，六道轮回、地狱变相之说，犹不足以取济。非说无生，则不能去畏死心；非破我所，则不能去拜金心；非谈平等，则不能去奴隶心；非示众生皆佛，则不能去退屈心；非举三轮清净，则不能去德色心。”⑤佛教之所以受到青睐，还有一个重要原因，就是中国近代思想家认为佛教，尤其是大乘佛教，宣扬的是入世、普度众生，而非出世、独善其身。

新教之所以受到青睐，亦是因为新教主张自救，而且具有积极的入世精神。贺麟认

---

① 梁启超：《论宗教家与哲学家之长短得失》，林志钧编：《饮冰室合集·文集之九》，北京：中华书局，1989 年，第 48 页。

② 梁启超：《论宗教家与哲学家之长短得失》，林志钧编：《饮冰室合集·文集之九》，北京：中华书局，1989 年，第 48 页。

③ 贺麟：《信仰与生活》，《文化与人生》，北京：商务印书馆，2002 年，第 93 页。

④ 吴宓：《我之人生观》，徐葆耕编：《会通派如是说——吴宓集》，上海：上海文艺出版社，1998 年，第 92 页。

⑤ 章太炎：《建立宗教论》，上海人民出版社编：《章太炎全集》第 4 卷，上海：上海人民出版社，1984 年，第 418 页。

为欧洲经过文艺复兴、宗教改革及启蒙运动以后,宗教信仰、神学思想已根本改观、根本转向。具体而言就是由出世变入世,上帝由人格神变为理性精神,由服从教会变为服从个人理性。“宗教改革后具有信仰自由的个人。不服从君主,亦不服从教主,个人内心的理想、自然之光,才是各个人所应当服从的。昔日牺牲自我,死在十字架上的耶教烈士,到此时已转变为具有战斗思想和信仰自由的科学烈士、哲学烈士了。昔日在上帝前一切人平等的信仰,已转变为天赋人权、人人自由平等的新思想了。昔日老死在寺院里的僧侣,已转变成具有冒险精神,牺牲性命于异域的传教士了。昔日追求无限、企仰缥缈虚无的天国的精诚信徒,现已转变成冒险牺牲、远涉重洋、攫取金宝奇珍的探险家了。”①

由此可以看出,近代中国思想家提倡宗教,无论是提倡佛教还是提倡基督教,不是提倡净土或天国的信仰,也不是提倡人格神的信仰,而是提倡宗教精神,是要在中国的世俗文化中注入一种超越的宗教精神。贺麟说:“儒家的礼教本富于宗教的仪式与精神,而究竟以人伦道德为中心。宗教则为道德之注以热情、鼓以勇气者。宗教有精诚信仰、坚贞不二的精神;宗教有博爱慈悲、服务人类的精神;宗教有襟怀广大、超脱尘世的精神。”②即使一些信仰宗教的思想家,也是把宗教定位为爱的科学。一言以蔽之,近代中国思想家之所以提倡宗教,就是希望国人以宗教的精神做入世的事业。只有这样,才有坚贞的信仰、热诚的行动、无畏的魄力。

传统文化的内涵是极其丰富的。中国近代思想家对传统文化的借鉴与吸收亦是多方面的。除以上论述之外,诸如法家中的法治因素、墨家中的兼爱精神、杨朱的个人主义因素、侠义精神中的尚武观念等,都是中国近代思想家所借鉴的材料。因篇幅所限,不再一一加以论述。

---

① 贺麟:《基督教与政治》,《文化与人生》,北京:商务印书馆,2002年,第139页。

② 贺麟:《儒家思想的新开展》,《文化与人生》,北京:商务印书馆,2002年,第8页。

第十章

中国近代公民教育流派与人物研究

第一节　中国近代公民教育流派研究

中国近代政治流派众多,它们都提出了各自的公民教育主张。笔者选取乡村建设派与职业教育派作为个案研究对象。之所以如此,因为二者都面向广大民众,不仅具有理论,而且付诸实践,影响广泛深远。

一、梁漱溟公民教育思想研究

梁漱溟是乡村建设派的重要代表人物。他认为乡村建设的实质是教育,而其关注重点是公民教育,不是技能教育。"要建设一种新的政治制度,是需要多数人都能做良好的公民,可是在成年人还不会做一个公民的时候,又如何能叫儿童去做公民?单在学校内教儿童,则社会改造的完成,新文化的建造,恐怕是遥遥无期吧!所以在社会改造期间的教育,一定是民众教育,社会教育,至于未成熟的分子固然也要教育,然而还不是这个期间的主要对象。"①

(一)梁漱溟公民教育思想形成之背景。要探析梁漱溟的公民教育思想,就必须知道梁漱溟心目中的理想国家与社会是什么。建立民主宪

① 梁漱溟:《中国今日需要哪一种教育?》,中国文化书院学术委员会编:《梁漱溟全集》第5卷,济南:山东人民出版社,2005年,第969页。

政的国家,是梁漱溟一生的追求。他在《东西文化及其哲学》中说:

现在西方化所谓科学(science)和"德谟克拉西"之二物,是无论世界上哪一地方人皆不能自外的。①

在《我们政治上的第一个不通的路》中他又重申:

我以为在人的个性屈抑着的时代,人类实未曾得有完全的人格;完全的人格,必于人的个性充分申展以后的社会才配说。虽然个人本位主义现在已不时兴,社会本位主义将有代兴之势,然而社会本位主义,必于人的个性申展以后才能说;个性不立,绝不是健全的社会组织。个人在社会中地位的尊重,毕竟为永恒的真理。欧洲政治制度的民治精神,不独为我二十年前所迷信的,抑在今日,仍不能不承认他。②

梁漱溟不仅不否认自由民主的价值,而且对西方近代民主也不是一概否定。"西洋近代社会,个人自由的建立,生命财产的有保障,都是很可爱的。不似中国对个人可以任意拘禁,对财产可以随便捐派,枪毙人也不算事。至于言论与出版的自由,更说不到。"③梁漱溟更不认为当时的中国人或中国社会比西方高明。"我绝不能说,对于平等自由'口呿舌矫骇然不悟其义之所终'的中国人,尚可自骄于西洋人之前以为高。"④虽然建立民主宪政国家是梁漱溟一生的追求,但是他认为当时的中国还谈不上建立宪政国家,只有先建社会,才能后建国家。只有先有一个公民的社会,才能有一个宪政的国家。梁漱溟所说的建社会不仅是要建有形社会,更是要建无形社会,即新礼俗、新文化的建设。这一思想的形成源于他对中国民主历程、文化、社会的思考。丹麦的合作运动也对梁漱溟公民教育思想的形成有重大影响。

应该说,梁漱溟早期对西方民主与中国文化是否相适,并没有太多的思考。他早期的思想是一个全盘西化的思想。既然中国建立了一个西方式的民主政体,在文化上就要全盘接受西方文化。他在《东西文化及其哲学》中说:

我们东方文化其本身都没有什么是非好坏可说,或什么不及西方之处;所有的

---

① 梁漱溟:《东西文化及其哲学》,中国文化书院学术委员会编:《梁漱溟全集》第1卷,济南:山东人民出版社,2005年,第338页。

② 梁漱溟:《我们政治上的第一个不通的路》,中国文化书院学术委员会编:《梁漱溟全集》第5卷,济南:山东人民出版社,2005年,第137页。

③ 梁漱溟:《乡村建设理论》,中国文化书院学术委员会编:《梁漱溟全集》第2卷,济南:山东人民出版社,2005年,第207页。

④ 梁漱溟:《我们政治上的第一个不通的路》,中国文化书院学术委员会编:《梁漱溟全集》第5卷,济南:山东人民出版社,2005年,第163页。

不好不对，所有的不及人家之点，就在步骤凌乱，成熟太早，不合时宜。[①]

成熟太早，不合时宜，改正的办法就是往回走。“对于西方文化是全盘承受，而根本改过，就是对其态度要改一改。”[②]梁漱溟认为西方民主政体之所以成功，是建立在西方人对权利、自由的尊重上。“他那条路本来因要求权利，护持自由，而后才辟出来的，而即走那条路也必可以尊重个人自由。”[③]而中国人对权利、自由却很淡漠。“他对于西方人的要求自由，总怀两种态度：一种是淡漠的很，不懂要这个作什么；一种是吃惊的很，以为这岂不乱天下！本来他经过的生活不觉有这需要，而这个也实足以破坏他走的路。”[④]所以，梁漱溟认为中国人应该像西方人一样去争取权利、爱惜权利。只有人人去争取权利、爱惜权利，才能奠定民主制度的基础。

> 我们现在所用的政治制度是采自西洋，而西洋则自其人之向前争求态度而得产生的，但我们大多数国民还依然是数千年来旧态度，对于政治不闻不问，对于个人权利绝不要求，与这种制度根本不适合；所以才为少数人互竞的掠取把持，政局就翻覆不已，变乱遂以相寻。故今日之所患，不是争权夺利，而是大家太不争权夺利；只有大多数国民群起而与少数人相争，而后可以奠定这种政治制度。[⑤]

民国初年，西方式民主政治在中国试验的失败，促使梁漱溟思考西方式民主政治在中国为什么不能成功。他认为，西方近代民主道路在中国之所以不能成功，是因为中国有不同于西方的文化，不同于西方的社会，不同于西方的民主历程。

1.梁漱溟对中西文化不同的反思。1929 年，梁漱溟发表《河南村治学院旨趣书》。在此文中，他提出了“民族精神”的概念。他认为中国民族自救几十年之所以不能成功，就在于处处模仿西方。只知道彼强我弱，而不知道彼此社会性质相异。中国社会是一个农业社会、村落社会，无论从社会结构还是精神理念上都不适合建立西方式的民主国家。梁漱溟在此文中虽然提出了西方近代国家与中国民族精神不符，但对什么是中国民族精神并没有阐释。1930 年，他在《中国民族自救运动之最后觉悟》一文中，首次对民族精神的内涵作了一个诠释，认为中国的民族精神就是理性精神。

---

① 梁漱溟：《东西文化及其哲学》，中国文化书院学术委员会编：《梁漱溟全集》第 1 卷，济南：山东人民出版社，2005 年，第 529 页。

② 梁漱溟：《东西文化及其哲学》，中国文化书院学术委员会编：《梁漱溟全集》第 1 卷，济南：山东人民出版社，2005 年，第 528 页。

③ 梁漱溟：《东西文化及其哲学》，中国文化书院学术委员会编：《梁漱溟全集》第 1 卷，济南：山东人民出版社，2005 年，第 364 页。

④ 梁漱溟：《东西文化及其哲学》，中国文化书院学术委员会编：《梁漱溟全集》第 1 卷，济南：山东人民出版社，2005 年，第 364 页。

⑤ 梁漱溟：《东西文化及其哲学》，中国文化书院学术委员会编：《梁漱溟全集》第 1 卷，济南：山东人民出版社，2005 年，第 534 页。

在中国社会虽然道德上传统观念时或很有权威，足以压迫理性，然此唯后来硬壳已成时有之，非古人原初精神。孔孟原初精神，如所谓“是非之心，人皆有之”，“理义之悦我心，犹刍豢之悦我口”；“君子不安故不为，汝安则为之”；皆彻底以诉诸自己理性判断为最后准归。①

梁漱溟所说的中国的理性精神不同于西方所理解的理性精神。西方所说的理性精神是指理智上的推理，中国的理性精神关注的是情理上的是非，因此西方的理性精神是理智的精神、是有对的精神，把一切当作“物”、当作对象，凡为障碍者排除之。“西洋人自近世以来，大发挥其人类的‘有对’精神，真是淋漓尽致！……一部近世史，就是一部个人主义活动史，就是人的自我觉醒开其端。从认识了我，肯定了自己，而向前要求现世幸福，本性权利；后来更得着‘以“开明的利己心”为出发’的哲学论据，‘以“自由竞争”为法则’的社会公认，于是大演其个体对外竞争的活剧；所有征服自然的物质文明，打倒特权阶级的民治制度，一切有形无形，好的坏的东西，便都是由此开发出来。”②而中国的理性精神是一种无对的精神。无对精神是一种物我一体，而不是物我之分的精神，开发出来的是伦理情谊、义务本位、让的精神。因此，以权利竞争为本位的西方式民主不适合于中国，中国的民主必须与中国的文化相适应。

2.梁漱溟对中西社会结构不同的反思。梁漱溟认为西方式的民主政治在中国不能成功，也与中西社会结构不同有关。中国社会是一个职业分途的社会。所谓职业分途的社会，就是指人在社会上的身份是不定的，政治上、经济上各种机会都是开放的。一个人为士、为农、为工、为商，没有限制，尽可自择。“虽有身份不同，而升转流通并没有一定不可逾越的界别。”③西方社会是一个阶级社会。“在封建社会里，一个农奴生下来，他的命运前途就决定了；……在资本社会，其形势亦复如此。”④正因中国是一个职业分途的社会，所以缺乏阶级对抗形势。有个人势力，而无社会势力。个人势力难以长久，亦等于无势力。因此，中国社会陷于一治一乱，而没有真正的革命。西方社会是一个阶级对抗的社会，因为阶级对抗，势力均衡，才有民主的产生。

民主期于尊重人权，而肇始于限制王权。王权人权各有分际而不相凌越，此为最善。但欲以个人抗王，而求得其均衡，谁能有这个力量？征之历史，这都是靠阶

---

① 梁漱溟：《中国民族自救运动之最后觉悟》，中国文化书院学术委员会编：《梁漱溟全集》第5卷，济南：山东人民出版社，2005年，第80页。

② 梁漱溟：《中国民族自救运动之最后觉悟》，中国文化书院学术委员会编：《梁漱溟全集》第5卷，济南：山东人民出版社，2005年，第105页。

③ 梁漱溟：《中国民族自救运动之最后觉悟》，中国文化书院学术委员会编：《梁漱溟全集》第5卷，济南：山东人民出版社，2005年，第90页。

④ 梁漱溟：《中国民族自救运动之最后觉悟》，中国文化书院学术委员会编：《梁漱溟全集》第5卷，济南：山东人民出版社，2005年，第89~90页。

级的力量来达成的。①

正是因为中西社会结构不同，形成了两种截然不同的社会形态，中国是一个散漫的社会，西方是一个有组织的团体社会。“团体生活，为中国社会素所未有。中国民族数千年的生活是‘非团体的生活’，其习惯亦是‘反团体的习惯’。”②职业分途、伦理本位“其势使社会中人趋于分散而不团结，与阶级对抗使人趋于团结者恰好相反”③。而中国缺乏团体生活，不仅使中国人没有团体生活的习惯，也造成个人地位不彰。

> 个人主义是集团生活发达后的产物，中国人缺乏集团生活，所以没有个人主义。集团与个人是两个极端，有团体才反映出有个人，好像有西而后有东，有左而后有右一样。在无集团生活的社会里，无个人主义，因为他不知道有个人。④

为什么有团体才有个人呢？因为团体对个人干涉过强，就会逼出个人对自由的要求。个人主义也离不开团体，因为它是实现自由的工具。按照个人主义者的理解，团体的目的是个人。

> 团体是干什么的？它不过是个体的集合，其目的亦无非为的个人；无个人何有团体？更岂可以团体而抹煞个人？⑤

中国因为缺乏团体生活，没有过强的团体干涉，所以个人对自由的要求不能产生；个人对自由的要求不能产生，公私界线无法确立。梁漱溟说：“孙中山先生说中国人自古有更多的自由，其实严格地说亦还是没有自由；即因公私界划不立之故。其所为压迫干涉亦许很少，但要压迫干涉起来初无限度。”⑥个人自由不立，民主无从出现。因为民主始于尊重人权。缺乏团体生活也使中国人只有族民资格，而无市民资格。梁漱溟注意到西方民主政治是从市民自治发展而来。

---

① 梁漱溟：《中国文化要义》，中国文化书院学术委员会编：《梁漱溟全集》第3卷，济南：山东人民出版社，2005年，第185页。

② 梁漱溟：《中国之地方自治问题》，中国文化书院学术委员会编：《梁漱溟全集》第5卷，济南：山东人民出版社，2005年，第312页。

③ 梁漱溟：《乡村工作中一个待研究待实验的问题》，中国文化书院学术委员会编：《梁漱溟全集》第5卷，济南：山东人民出版社，2005年，第762~763页。

④ 梁漱溟：《乡村工作中一个待研究待实验的问题》，中国文化书院学术委员会编：《梁漱溟全集》第5卷，济南：山东人民出版社，2005年，第761页。

⑤ 梁漱溟：《帮助大家对讨论问题作一准备》，中国文化书院学术委员会编：《梁漱溟全集》第5卷，济南：山东人民出版社，2005年，第897页。

⑥ 梁漱溟：《我们政治上的第一个不通的路》，中国文化书院学术委员会编：《梁漱溟全集》第5卷，济南：山东人民出版社，2005年，第168页。

任公先生说:“西洋人之市自治为其政治能力之滥觞……”其论精湛无比。①

西方为什么会有市民的产生呢?这与西方社会结构有关。西方社会是团体社会。在团体社会中,人人都是等同的,直属于团体,家长家族的间隔被破除,所以政治和法律是团体间的纽带,西方市民社会也逐渐由此而来。中国社会因缺乏团体,社会的基础是家族。家族治理依赖于人治。“中国乡党成于家族。乡自治即族自治,依人而不依他,原不是真的集团。”②要有公民,必先有个人;要有个人,必先有团体。

3.梁漱溟对中西民主道路的反思。梁漱溟认为近代民主政治之所以能够在西方成功,是有其深刻原因的。民主政治要成功,必须有意识上的要求、社会基础和一定的步骤。西方民主政治之所以成功,是西方人对其有真切的意识要求。

如果不是大家自与其本身有关的公共利害问题而参加,则大权立即为少数人所窃取;如果不是大家自爱其自由,而抱一种有犯我者便与之抗的态度,则许多法律条文,具空无效用;这是一定的。③

西方人有这样的意识要求,是因为有社会基础。

西洋就是因为新兴资产阶级——经营工商业者,藉着产业的进步,他们发了财,有了知识,有了能力,堪与旧统治阶级(贵族、僧侣等)相抗衡,于是不单让旧的统治阶级去垄断了。④

民主政治还需要一定的步骤,这就是由少数人到多数人,由小范围到大范围。

政权公开亦全靠阶级,须先公开于某一阶级,不能马上即直达于普遍的每个人。……西洋是因为产业的开发,经济的进步,人民渐有参政的要求与能力,政权可以开放了,然后才开放一点,让社会更进展(经济进步,人民程度提高。)一点;社会进展一点,政权再开放一点,如此渐次慢慢开放到大多数人;先由不民治到少民治,再由少民治到多民治,这种开放,是多么稳健!

---

① 梁漱溟:《中国文化要义》,中国文化书院学术委员会编:《梁漱溟全集》第3卷,济南:山东人民出版社,2005年,第244~245页。

② 梁漱溟:《中国文化要义》,中国文化书院学术委员会编:《梁漱溟全集》第3卷,济南:山东人民出版社,2005年,第242页。

③ 梁漱溟:《乡村建设理论》,中国文化书院学术委员会编:《梁漱溟全集》第2卷,济南:山东人民出版社,2005年,第242页。

④ 梁漱溟:《乡村建设理论》,中国文化书院学术委员会编:《梁漱溟全集》第2卷,济南:山东人民出版社,2005年,第222页。

……自由保障,政权公开,皆须靠阶级为过渡的梯子。①

西方近代民主政治的成功,在于其政治制度建立在西方社会客观事实的基础上,以及由此而形成的习惯上。西方近代民主政治在中国之所以不成功,也在于中国的社会事实不符。梁漱溟在《中国民族自救运动之最后觉悟》中就提出,中国民主政治运动不是从中国内部要求而来。

> 科学与德谟克拉塞,中国人皆以理之所在而倾向之。……其革命势力之造成乃全在知识分子,对于一道理之迷信与热诚的鼓荡。……中国近三十年一切改革或革命大抵出于所谓"先觉之士"主观上的要求,而很少是出于这社会里面事实上客观的要求。②

中国人追求民主不是出于对民主的热爱,而是把其当作救国的手段。"以'自救图强'和'宪政'联系起来,恐怕在欧美当初不曾梦想得到呢！宪政在他们是目的,是亲切的要求,任何事物不足以易之;在我们却作为一种方法手段了。以宪政为目的,则目的不达,运动不止,卒必成功。以宪政为方法手段,则一旦发见其他方法手段,不难转而之他。在'救国第一'口号下,即令背叛宪政运动亦无变节之嫌。古语有之:不诚无物。对于宪政不以为目的而当作手段,便是不诚;中国宪政至今不得成功,盖有由也。"③中国民主政治不能成功,不仅因为缺乏事实上的要求,也在于缺乏习惯。"法律制度不过是习惯的又进一步,更外一层。……法律制度所以为活法律制度而有灵,全在有其相应之态度习惯,虽视之无形,听之无声,其势力伟大关系重要固远在形著条文者之上。但中国1919年(原文如此——作者注)革命后则徒袭有西洋制度之外形,而社会众人之根本态度犹乎夙日之故,相应习惯更说不上。"④因此,使民众对民主有真切的要求,养成民主的习惯,就是公民教育的一个重要内容。

4.丹麦合作运动之影响。梁漱溟公民教育思想的形成,主要源于他对民初民主政治的反思。除此之外,丹麦的合作运动对他也有很大的启发。"丹麦的教育,表面看去很象没有一毫合乎实际,他们的课程只是历史、音乐、文学之类,并没有关于合作的农业的训练,而结果丹麦国家兴盛起来全在此教育。因这种教育,完全以觉醒一般人的精神,

---

① 梁漱溟:《乡村建设理论》,中国文化书院学术委员会编:《梁漱溟全集》第2卷,济南:山东人民出版社,2005年,第226~227页。

② 梁漱溟:《中国民族自救运动之最后觉悟》,中国文化书院学术委员会编:《梁漱溟全集》第5卷,济南:山东人民出版社,2005年,第81~82页。

③ 梁漱溟:《谈中国宪政问题》,中国文化书院学术委员会编:《梁漱溟全集》第6卷,济南:山东人民出版社,2005年,第495页。

④ 梁漱溟:《我们政治上的第一个不通的路》,中国文化书院学术委员会编:《梁漱溟全集》第5卷,济南:山东人民出版社,2005年,第148页。

培养他们的友爱,启发民族的活气为主。”[1]因此,梁漱溟的公民教育思想也首先重人之自苏。

总之,经过反思,梁漱溟认为中国面临的问题就是人生与社会的问题。所谓人生问题,就是怎样使人自苏自重。所谓社会问题,就是怎样形成团体,养成团体生活习惯。而这两个问题的解决,都必须以中国文化为根基,以公民教育为依托,以小范围内逐渐实现为途径。

(二)梁漱溟公民教育思想。梁漱溟的公民教育思想是以中国文化为根基,而他认为的中国文化精神是理性精神,这就不得不涉及理性精神的核心内涵。以往的研究多把“伦理情谊”或“伦理本位”作为他对民族精神的概括;即使有学者注意到理性精神,但对其诠释仍偏于伦理情谊。其实,梁漱溟以理性而非伦理情谊或者其他概念概括民族精神是有深刻考虑的。梁漱溟说:“中国文化的‘人生向上’与‘伦理情谊’固好,只是‘尊重个人’之意思不够。……‘自由平等’在‘孝’字中新方向是不大好讲;‘孝义’两字或者可以打动中国人的心,但于开新方向不大够。”[2]梁漱溟之所以不用“伦理情谊”“人生向上”“孝”“孝义”等概念概括中国文化精神,就是认为这些概念在开辟新方向上有欠缺,不能贯通新旧、沟通中西。“在我心中比较亲切而能贯串一切道理者即为‘理性’。‘理性’的观念在我心中最亲切通达。”[3]什么是理性?梁漱溟有时解释为“无私的感情”,有时称之为“平静通晓而有情”。笔者认为,梁漱溟所说的理性包括三层含义:首先是重理,其次是因有情而有义,最后是人生向上。梁漱溟的公民教育思想也以此展开。

1.认识中国文化的理性精神,树立文化自信。梁漱溟认为乡村建设的第一步是解决人生问题,也就是启发每个人的生命力。只有启发每个人的生命力,才有自动、主动。“一个人缺乏了‘自觉’的时候,便只象一件东西而不象人,或说只像一个动物而不像人。”[4]而当时中国由于文化失调、社会冲突,缺乏的就是自信、勇气,充满的是灰心、丧气、失望、绝望。“乡村中人现在既无乐生之心,进取的念头更谈不到。有此两面——价值判断失掉,天灾人祸频来——所以乡村中人死板沉寂而无气力。……若要乡村中人进取,则非先使他活起来不可。”[5]怎样使人活起来?梁漱溟认为必须从民族精神中阐发出合理人生;以民族精神树立自信,建立合理人生。

梁漱溟对儒家精神进行了重新解读,从心学的角度,把“心即理”解读为自由意志。他认为孔子的真精神不是一些具体的道德条目、语言道理,这些东西影响有限。孔子之

---

① 梁漱溟:《村学的做法》,中国文化书院学术委员会编:《梁漱溟全集》第5卷,济南:山东人民出版社,2005年,第726页。

② 梁漱溟:《村学的做法》,中国文化书院学术委员会编:《梁漱溟全集》第5卷,济南:山东人民出版社,2005年,第742~743页。

③ 梁漱溟:《村学的做法》,中国文化书院学术委员会编:《梁漱溟全集》第5卷,济南:山东人民出版社,2005年,第741页。

④ 梁漱溟:《吾人的自觉力》,中国文化书院学术委员会编:《梁漱溟全集》第2卷,济南:山东人民出版社,2005年,第45页。

⑤ 梁漱溟:《精神陶炼要旨》,中国文化书院学术委员会编:《梁漱溟全集》第5卷,济南:山东人民出版社,2005年,第501页。

所以能牢笼住中国人心几千年，是孔子重视理。孔子没有给人一个独断的是非标准，而是让人相信自己的理性。

他不建立一个大的信仰目标，他没有独断的（dogmatic）标准给人，而要人自己反省。（孔子答宰我三年丧，最可见。）他尤不以罪福观念为宰制支配人心之具，而于人生利害、得丧之外指点出义理来；并要你打破这些祸福、得丧念头，而发挥你本有的是非、好恶之心。他相信人有理性，他要启发人的理性。①

让人相信自己的理性，也就是让人相信自己，相信自己的自由意志，道德上自我立法。

人类有理性，才有是非的判断，合理的要求，理性与宗教相反，宗教让人有所信——信他，理性则让人信自己。……他启发人的理性，让你自己有一个判断；他相信"是非之心，人皆有之"，你不必有所信，信自己好了。此中要紧的是让你自觉，启发你自己赋有的理性。②

崇尚理性养成了中国人的讲理之风。"超绝观念不合于他的系统，强权势力他也不受，乃至多数人的意见也不一定合理。唯理所在甘之如饴，于是就开出来中国人数千年好讲理之风。所谓'有理讲倒人'，'有理走遍天下，无理寸步难行'，'什么也大不过理去'，从这些话看出他们的信念要求何等坚强！"③梁漱溟认为，原初的中国理性精神是极松软灵活的，与自由、平等、民主也不相违背。"自由、平等，或也为理性中应有之义。"④

中国人虽然最早发现了理性精神，但由于早熟，也使其真意渐失，不能得到充分发扬，其表现有二：一是老衰机械化，伦理情谊演变为礼教。伦理情谊本是从人之间的真实情感出发，但一旦演变为礼教，附以强硬的制裁与奖励，"则完全抹杀这一方的人格，而强其为对方之从属，遂与'自由、平等、尊重个人'之理冲突矣"⑤。二是腐朽化，理性的是非观念为迷信的祸福观念所代替。"儒释道三合化为文昌帝君教，读书人咸奉之，贪禄希荣迷信鬼神。"⑥正是中国文化在长期演变中的机械化、腐朽化，使问题丛生，再加

---

① 梁漱溟：《乡村建设理论》，中国文化书院学术委员会编：《梁漱溟全集》第2卷，济南：山东人民出版社，2005年，第182页。

② 梁漱溟：《帮助大家对讨论问题作一准备》，中国文化书院学术委员会编：《梁漱溟全集》第5卷，济南：山东人民出版社，2005年，第901页。

③ 梁漱溟：《乡村建设理论》，中国文化书院学术委员会编：《梁漱溟全集》第2卷，济南：山东人民出版社，2005年，第183页。

④ 梁漱溟：《乡村建设理论》，中国文化书院学术委员会编：《梁漱溟全集》第2卷，济南：山东人民出版社，2005年，第186页。

⑤ 梁漱溟：《村学的做法》，中国文化书院学术委员会编：《梁漱溟全集》第5卷，济南：山东人民出版社，2005年，第743页。

⑥ 梁漱溟：《中国民族自救运动之最后觉悟》，中国文化书院学术委员会编：《梁漱溟全集》第5卷，济南：山东人民出版社，2005年，第77~78页。

上西方文化的冲击，理性精神一败涂地。但也正是西方文化的冲击，才显露出中国文化的真精神。“否极则泰来，……非如此真的生机不得出来。非彻底把假道德（礼教）无真力量而表面只剩躯壳的东西毁完再生新的不可。”①梁漱溟认为只有体认到中国文化的真精神，找回中国文化的真精神，才能树立起个人自信，才能树立起民族自信，解决因文化失调带来的精神苦闷、空虚、萎靡不振的问题。文化的保守是不必要的，文化的自觉、自信却是必要的。“我们不要灰心，不要丧气，……人类最后的胜利，是要归于理性。”②中国文化就是理性的文化；理性文化就是让人相信自己；相信自己，就是相信自己心中的情理。

2.以理性精神树立合理人生。因为重理，所以有情。“人当有理性时，对于旁人的感情乃能相喻而关切之。”③因为重理尚情，才有向上人生。“‘人要不断自觉地向上实践他所看到的理’，大致不外是看到此情义，实践此情义。其间‘向上之心’，‘相与之情’，有不可分析言之者已。”④梁漱溟认为中国伦理文化的产生源于理性精神。伦理文化不但有情，更重要的是因情而有义。“伦理关系，始于家庭，而不止于家庭。何为伦理？伦即伦偶之意，就是说：人与人都在相关系中。人一生下来就有与他相关系的人（父母兄弟等），人生将始终在与人相关系中而生活（不能脱离社会）。既在相关系中而生活，彼此就发生情谊。亲切相关之情发乎天伦骨肉，乃至一切相关之人，莫不自然有其情。因情而有义。父义当慈，子义当孝，兄之义友，弟之义恭，夫妇、朋友乃至一切相关之人，随其亲疏、厚薄，莫不自然互有应尽之义。伦理关系即是情谊关系，也即表示相互间的一种义务关系。”⑤这就是说，伦理文化的核心是因情而来的道德义务。这种道德义务既源于道德情感，也源于理性，是由理性而来的道德原则让人有了共信共守的东西。“道德之自觉自律，舍心思作用则无可能，舍情义之感则不能生动有力。礼俗当其既成，在普通人未必还有多少自觉，又隐然有其威力，在普通人似亦难语于自律。然论其所由形成，则固自有其为社会众人所共喻共信者在，这便是理性了。”⑥

合理人生，就是实践由理性而来的道德人生、义务人生。义务人生使人生趣味浓厚。

---

① 梁漱溟：《乡村建设理论》，中国文化书院学术委员会编：《梁漱溟全集》第2卷，济南：山东人民出版社，2005年，第275页。

② 梁漱溟：《中国社会构造问题》，中国文化书院学术委员会编：《梁漱溟全集》第5卷，济南：山东人民出版社，2005年，第864页。

③ 梁漱溟：《中国文化要义》，中国文化书院学术委员会编：《梁漱溟全集》第3卷，济南：山东人民出版社，2005年，第262页。

④ 梁漱溟：《中国文化要义》，中国文化书院学术委员会编：《梁漱溟全集》第3卷，济南：山东人民出版社，2005年，第137页。

⑤ 梁漱溟：《乡村建设理论》，中国文化书院学术委员会编：《梁漱溟全集》第2卷，济南：山东人民出版社，2005年，第168页。

⑥ 梁漱溟：《中国文化要义》，中国文化书院学术委员会编：《梁漱溟全集》第3卷，济南：山东人民出版社，2005年，第207页。

> 盖人生意味最忌浅薄，浅薄了，便牢拢不住人类生命，而使其甘心送他的一生。饮食男女，名位权利，固为人所贪求；然而太浅近了。……权利欲所以不如义务感之意味深厚，可能引发更强生命力出来，表见更大成就者，亦正为此。①

义务人生符合人是目的的理念。康德有句名言：人之为人其自身即为一目的。梁漱溟也有类似的理念。梁漱溟认为，人类不仅是为了求生存，还有人生价值、人生义理的要求。人生义理就是伦理。

> 天地间不会只有一个人的道理，一个人亦是不能活的。人生下来，必有其相关之人，人就在这彼此相关系中而生活。彼此相关系，而互以对方为重，这样就叫做伦理。……我所主张的，是相关系中，互以对方为重的一种道理。②

以对方为重，就是把人当作人看待而非当作物看待。“对于一个人，原可能作一‘物’看待，同时亦可能作一‘人’看待，当我照顾到他的感情意志之时，便是以人看待；不顾他的感情意志如何，只作一物来利用，或视为一障碍而排斥之，便是以物看待。”③

义务人生使人生向上。什么是人生向上？“继续不断的向前扩展人类的可能性，往深处去追求他的理。”④理就是一个应当，就是一个可能；理就是义务和情理。“中国人所讲的理，一种是对自己要求向上要强，服从公理，一种是从我对别人的关系而引起来自己对自己有所要求。”⑤一言以蔽之，人生向上就是实现自身的可能性与善尽义务。梁漱溟认为权利本位在这两方面都有欠缺。权利本位是出于人的计较心，出于相互利用，而没有自觉认识到人生互依之意。

> 在这个社会里，虽然大家互依，互相为尔作事；但彼此缺乏承认，缺乏了解，……此刻社会中彼此的关系是互相利用，……只管自己要得的结果，……对方感情如何，愿意不愿意，一概不顾。⑥

权利本位是消极的，不符合人生向上的目的。梁漱溟认为按照天赋人权的观念，个

---

① 梁漱溟：《中国文化要义》，中国文化书院学术委员会编：《梁漱溟全集》第3卷，济南：山东人民出版社，2005年，第88页。

② 梁漱溟：《中国民众的组织问题》，中国文化书院学术委员会编：《梁漱溟全集》第5卷，济南：山东人民出版社，2005年，第793~794页。

③ 梁漱溟：《中国文化要义》，中国文化书院学术委员会编：《梁漱溟全集》第3卷，济南：山东人民出版社，2005年，第261页。

④ 梁漱溟：《中国文化的特征在哪里？》，中国文化书院学术委员会编：《梁漱溟全集》第5卷，济南：山东人民出版社，2005年，第707页。

⑤ 梁漱溟：《帮助大家对讨论问题作一准备》，中国文化书院学术委员会编：《梁漱溟全集》第5卷，济南：山东人民出版社，2005年，第904页。

⑥ 梁漱溟：《乡村建设理论》，中国文化书院学术委员会编：《梁漱溟全集》第2卷，济南：山东人民出版社，2005年，第310~311页。

人的自由是神圣不可商量的;而按照义务观念,自由却是可以商量的。自由是团体应当给的,为了发展个人的个性,个人应当善用自由,使人生向上。

> 社会的进步,团体的向上,必从个人的创造而来;从此意思,团体必须给个人自由。因为自由是团体给的,所以可以商量,可多可少,不是一个固定的疆界。还有一个意思:不但自由的给多给少是可以商酌,并且必须是从为个人向上创造之意才给他自由,让他得发展他的长处。所以许给自由是有条件的;如其不合人生向上,发挥长处的条件,那么,还是要干涉他。①

梁漱溟认为,义务本位"不是抹煞个人,而是要个人认识在社会里的义务"②,个人在尽义务中实现自身。

3.以理性求团体。仅有合理向上的人生还不够。国际竞争的现实使中国必须进入团体。没有团体就没有力量,难以生存。梁漱溟认为中国文化有两个最大的缺失:缺乏团体生活、个人永远不被发现。个人不被发现,是因为中国的伦理观念缺乏团体伦理。孔子最初所注目的与其说是社会秩序不如说是个人——个人如何完成自己,但人又是许多社会关系交织的一个点。因为中国缺乏团体这样的社会关系,所以孔子不得不着眼于家庭作为人格完成的载体;而以家庭作为人格完成的载体,就缺乏团体伦理观念。缺乏团体,导致个人不被发现,因为家庭天然是一个讲情的场所,不是凸显个人的场所。"家庭是由天伦骨肉关系来的,在家庭骨肉之间特别重情感,而人在感情盛的时候,常常是只看见对方而忘了自己。"③因此,梁漱溟认为重中之重是建立团体。因为只有建立团体,中国才能生存;只有建立团体,才能凸显个人,才能实现民主。"养成团体生活的习惯,使其意识上的民主得以步步实现。"④梁漱溟提倡民主,也是为了民族自救、民族复兴,但他没有把民主仅作为手段,而是作为目的,因为只有民主才能实现民族自救与复兴。民主只能在团体中求得,团体也只能在民主中巩固,民主与团体相辅相成。"欲使社会于其政治方面益进于组织的,是在其政治的民治化。政治的民治化愈彻底,则社会于其政治方面益进于组织的。"⑤而中国要建立团体又必须以理性为原则。具体而言,就是以伦理情谊为本源,以义务本位为原则。

(1)伦理情谊为本源。梁漱溟之所以选择乡村而不是城市作为其建设新社会的基

---

① 梁漱溟:《乡村建设理论》,中国文化书院学术委员会编:《梁漱溟全集》第2卷,济南:山东人民出版社,2005年,第298页。

② 梁漱溟:《帮助大家对讨论问题作一准备》,中国文化书院学术委员会编:《梁漱溟全集》第5卷,济南:山东人民出版社,2005年,第911页。

③ 梁漱溟:《中国社会构造问题》,中国文化书院学术委员会编:《梁漱溟全集》第5卷,济南:山东人民出版社,2005年,第855页。

④ 梁漱溟:《政治上的民主和中国人》,中国文化书院学术委员会编:《梁漱溟全集》第6卷,济南:山东人民出版社,2005年,第270页。

⑤ 梁漱溟:《河南村治学院旨趣书》,中国文化书院学术委员会编:《梁漱溟全集》第4卷,济南:山东人民出版社,2005年,第913页。

地，就是因为城市范围大、人口多，人与人之间感情淡漠；而乡村范围小、人口少，还保留有伦理情谊。“中国固有的社会是一种伦理的社会、情谊的社会；这种风气、这种意味，在乡村里还有一点，不象都市中已被摧残无余！……所谓‘礼失而求诸野’，在乡村中还保留着许多固有风气。有一点，则正好藉以继续发挥。”①另外，正是因为乡村范围小、人口少，保有伦理情谊，所以容易组织起来，容易引起公共观念。“我们的组织原来是要以伦理情谊为本源的，所以正好藉乡村人对于街坊邻里亲切的风气来进行我们的组织。都市人各不相关，易引起狭小自私的观念；乡村则比较能引起地方公共观念。”②

(2)义务本位为原则。义务本位不仅是合理人生所必需，也是中国建立团体、建立社会所必需。梁漱溟认为中国要建立团体，必须走义务本位的路，其原因有四：

一是义务本位符合中国的理性精神。由于中国缺乏团体生活，缺乏由团体生活而来的对抗意识，所以缺乏权利意识。以权利为本位，不能打动中国人的心。

> 中国固有精神是伦理精神，在伦理精神上是不许人说“我有什么权利”的，这种话在中国古人是说不出来的。事实上与西洋或不一定不同，可是话需要调转来说，……权利不从自己说，义务不从对方说。③

二是权利本位不符合人生向上。梁漱溟认为权利本位就是欲望本位，欲望也不足以打动中国人的心。

> 如果单单拿一个谋生存满欲望的意思来作组织团体的目标，而欲从此处让中国人自动的如何如何，实在打不动中国人的真心，拔不出中国人的真劲！因为历史上的中国人，——中国古人，已经提出一个更高更深更强的要求，……此要求即所谓“义理”之要求是也。④

三是义务本位符合中国的现实要求。中国社会病在散漫，救之之道，在于团结组织。权利本位只会使中国更加散漫。

> 在中国如从权利观念出发，那就只有更加散漫，纷争百出，而无合到一块之理。

---

① 梁漱溟：《乡村建设理论》，中国文化书院学术委员会编：《梁漱溟全集》第2卷，济南：山东人民出版社，2005年，第317页。

② 梁漱溟：《乡村建设理论》，中国文化书院学术委员会编：《梁漱溟全集》第2卷，济南：山东人民出版社，2005年，第316页。

③ 梁漱溟：《乡村建设理论》，中国文化书院学术委员会编：《梁漱溟全集》第2卷，济南：山东人民出版社，2005年，第294页。

④ 梁漱溟：《中国之地方自治问题》，中国文化书院学术委员会编：《梁漱溟全集》第5卷，济南：山东人民出版社，2005年，第339页。

义务观念是以对方为重,人与人间的关系自然密切联锁起来。①

权利本位不符合中国的要求,社会本位也不符合中国的要求。梁漱溟所理解的社会本位,就是处处以社会为重,抬高团体、压抑个人。中国本就缺乏个性伸张,人处于被动地位,社会本位只会加重人的被动性。

我们中国大多数人原来都居于被动的地位,现在我们应当想法子使他由被动转为主动,若反仿行社会主义,抬高团体,压抑个人,岂不是让他更落于被动?!更增加了他的被动性吗?!这那能与我们的要求相合呢?②

梁漱溟认为义务本位可以解决个人本位与社会本位各有所偏之弊,因为义务本位强调的是交互尊重。

在中国社会,团体的成功,应当靠两面——个人尊重团体,团体尊重个人,不可偏废。个人尊重团体,发挥对社会的义务,即成功团体,成功社会化的时候。团体尊重个人,承认并赋予其自由参政的机会,即建立个人的时候。③

四是梁漱溟认为义务本位也是世界未来的路,西方社会也在反省权利本位的弊端而往义务本位上转变。“在这个反省里头,一面取消了、打破了十八世纪的天赋人权思想,更深刻地认识了各个人在社会里面的连带关系,而形成一个最新的思潮,同时竭力发挥义务观念,把人在社会上作事看成是应当的。……有的国家在法律上都作两面的规定:个人有权利亦有义务,就选举说,你有选举的权利,可是选举也是你的义务,非尽不可的。”④梁漱溟之所以认为西方由权利本位转向义务本位,是受了法学家狄骥的影响。“他(狄骥)所主张的法理是以‘人生的互依’这种显明的事实,这种显明的社会现象,作为出发点。”⑤

4.以团体育公民。梁漱溟认为民主就是一种团体的进步生活。团体的进步生活,需要团体生活习惯即公德的养成。习惯的养成不仅与理念的有无、教育程度的高低有关,还需要在事实中反复实践。因此,公德的养成离不开团体这个事实。中国人缺乏公德,

---

① 梁漱溟:《我的一段心事》,中国文化书院学术委员会编:《梁漱溟全集》第5卷,济南:山东人民出版社,2005年,第536页。

② 梁漱溟:《中国社会构造问题》,中国文化书院学术委员会编:《梁漱溟全集》第5卷,济南:山东人民出版社,2005年,第858页。

③ 梁漱溟:《帮助大家对讨论问题作一准备》,中国文化书院学术委员会编:《梁漱溟全集》第5卷,济南:山东人民出版社,2005年,第912~913页。

④ 梁漱溟:《帮助大家对讨论问题作一准备》,中国文化书院学术委员会编:《梁漱溟全集》第5卷,济南:山东人民出版社,2005年,第910~911页。

⑤ 梁漱溟:《乡村建设理论》,中国文化书院学术委员会编:《梁漱溟全集》第2卷,济南:山东人民出版社,2005年,第305页。

不是中国人特别自私，而是缺乏团体所致。“中国人说近是身家，说远就是天下，……然而可惜是小起来太小，大起来又太大——大到没有边际，抓亦抓不着，靠亦靠不得。”①西方人之所以有公德，就是因为他一直生活在团体中。“西洋人好在有一个圈，他那个圈不大不小，正好培养公德，锻炼团体生活。”②那么，梁漱溟认为团体生活需要哪些公德，这些公德如何养成呢？

(1)公共观念。梁漱溟认为公共观念是一切公德之本。“所谓公共观念，即指国民之于其国，地方人之于其地方，教徒之于其教，党员之于其党，合作社社员之于其社……如是之类的观念。”③中国人因为素来以家庭生活为重，缺乏此类团体，所以养不成此类观念。梁漱溟搞地方自治就特别强调团体的观念。“我们说到地方自治，必须注意而不可忘记的是：‘地方自治’为一个‘团体组织’，要过‘团体生活’；实行地方自治，就是实行组织团体来过团体生活。地方自治是一个不完全的名词，应是地方团体自治。”④梁漱溟之所以如此强调团体，就是希望通过团体生活培养团体意识。由小团体意识联合达到大团体意识，在实际活动中，通过一定的仪式，让人感知民族意识、国家意识。梁漱溟认为可以通过拜民族祖先、古圣先贤拓展民族意识。“从一家一姓的祖先，扩大到民族的祖先……此民族观念提振起来，也就是自我精神扩大的时候。”⑤

(2)纪律习惯。所谓纪律习惯就是在公共场所，无待一条一条宣布，而群众早已习惯成自然的纪律，简言之，就是公共场所守秩序。中国人之所以没有守秩序的习惯，也是缺乏团体生活所致。“西洋人所以能守秩序，有纪律习惯，也是因为他们过团体生活久了，自然训练出来的。中国人因为从来没有过过团体生活，没有受过团体生活的训练，所以也就没有了纪律习惯。”⑥因此，梁漱溟把“遵规约，守秩序”定为村学之一条。

(3)组织能力。所谓组织能力，实际也就是商量办事的能力，这是民众参与的核心能力。“商量着办事是中国人最不会的。无知识的乡下人固然不会；有知识的学生也不会。”⑦梁漱溟认为，中国人在团体中为主为奴都会，就是不会做大家共同商量决定一个主意的一个人。之所以如此，并非是如许多人所说中国人奴性太强，而是因为缺乏团体生活。中国人以前都是各自关门过日子。在家，对于老婆孩子，他是皇帝；出门，他是顺

---

① 梁漱溟：《中国文化要义》，中国文化书院学术委员会编：《梁漱溟全集》第3卷，济南：山东人民出版社，2005年，第314页。

② 梁漱溟：《乡村工作中一个待研究待实验的问题》，中国文化书院学术委员会编：《梁漱溟全集》第5卷，济南：山东人民出版社，2005年，第763页。

③ 梁漱溟：《中国文化要义》，中国文化书院学术委员会编：《梁漱溟全集》第3卷，济南：山东人民出版社，2005年，第72页。

④ 梁漱溟：《中国之地方自治问题》，中国文化书院学术委员会编：《梁漱溟全集》第5卷，济南：山东人民出版社，2005年，第311页。

⑤ 梁漱溟：《村学的做法》，中国文化书院学术委员会编：《梁漱溟全集》第5卷，济南：山东人民出版社，2005年，第731页。

⑥ 梁漱溟：《乡村建设大意》，中国文化书院学术委员会编：《梁漱溟全集》第1卷，济南：山东人民出版社，2005年，第630页。

⑦ 梁漱溟：《乡村建设大意》，中国文化书院学术委员会编：《梁漱溟全集》第1卷，济南：山东人民出版社，2005年，第632页。

民。以前虽也有所谓的乡自治,但那不是真正的乡自治,而是族自治。族自治依据的是伦理关系。在家族中,老少尊卑显然,无法显示出独立的个人。没有个人,也就没有商量办事。“只要有了‘尊重个人’,底下自然就有了‘商量办事’。‘尊重个人’就是大家都有一份。大家都有一份,就非商量办事不可;不然,就散了伙。”①只有团体,才能凸显个人。团体不是简单的多数人聚合,而是每一分子都有其存在性。怎样让老百姓学会商量办事?

首先,让老百姓了解商量办事的意义。只有老百姓会商量办事,才有真民意,利益才能得到保障。“老百姓不会做主,就有人假冒老百姓的牌子。……真的民意没有,假的民意就出来了。”②只有老百姓学会办事,才能保障权利。梁漱溟认为权利要得到保障,就必须有力量。没有力量,只空谈义理是不行的。自由就是国家与个人之间的界限。怎样才能保证国家与个人互守界限?在一个理性没有发扬到极致的世界,借力以申理还是必要的。“然以个人对国家太渺小了;又安得有力量划清此界而守之?所以只有待团体力量或阶级力量方行。”③梁漱溟认为乡下人权利得不到保障,就吃亏在没有组织上,没有组织是因为不会商量办事。

其次,让老百姓学会参与。一是培养老百姓对公共事务的注意力、关切心。“开会必到,事事要从心里过一遍。”④二是培养其活动力。“凡是经过讨论才妥当,各出己见,实不可少;有话便说,不必畏怯。”⑤三是养成商量办事的公德。“尊重多数,舍己从人,……要顾全少数,彼此迁就。”⑥

最后,尊重事理,理性最高。商量办事,虽然尊重多数,但不取简单的多数表决形式,重在商量,取得一致的同意。“理智越发达,文化越进步的社会,越应当尊重学术,尊重专门知识,这恐怕是一个永远的必要。……假如有这么一个大的系统,常常替大家出主意,要大家了解、承认之后再去作,这是最理想的社会、最好的社会、最富于理性的社会。”⑦梁漱溟认为,只要老百姓能对团体生活积极参与,能听进去道理,而不是好歹不分地被动接受上边指挥,就是自治。梁漱溟虽然强调尊重事理、尊重贤智者,但并不是要贤智者代老百姓做主,最后的决定者仍是老百姓,贤智者只是起引发指导作用。“要紧

---

① 梁漱溟:《村学的做法》,中国文化书院学术委员会编:《梁漱溟全集》第5卷,济南:山东人民出版社,2005年,第744页。

② 梁漱溟:《咱老百姓得练习着自己作主办事》,中国文化书院学术委员会编:《梁漱溟全集》第5卷,济南:山东人民出版社,2005年,第594页。

③ 梁漱溟:《宪政建筑在什么上面?》,中国文化书院学术委员会编:《梁漱溟全集》第6卷,济南:山东人民出版社,2005年,第483页。

④ 梁漱溟:《村学的做法》,中国文化书院学术委员会编:《梁漱溟全集》第5卷,济南:山东人民出版社,2005年,第748页。

⑤ 梁漱溟:《村学的做法》,中国文化书院学术委员会编:《梁漱溟全集》第5卷,济南:山东人民出版社,2005年,第748页。

⑥ 梁漱溟:《村学的做法》,中国文化书院学术委员会编:《梁漱溟全集》第5卷,济南:山东人民出版社,2005年,第748页。

⑦ 梁漱溟:《乡村建设理论》,中国文化书院学术委员会编:《梁漱溟全集》第2卷,济南:山东人民出版社,2005年,第366页。

的莫忘立法作用。我们所要改革举办的事情,必定要乡村人了解、承认、同意——这就是要团体意思的决定,这就算是立法。立法作用必不可少,因团体分子居于主动地位是必要的。"①梁漱溟认为最好的民治就是商量办事,通过商量达到理解,进而取得一致意见。应该说,梁漱溟开了商议民主之先河。

(4)法治精神。梁漱溟曾把其乡村自治称作多数人治,因而有学者认为梁漱溟是主张人治,其实,这是以偏概全。当然,如果人类理性能发挥到极致,自然就是一个人治社会,这也是梁漱溟的理想;但从现实出发,梁漱溟并不否认法治。他认为完全以情理为标准,只适合于范围小、人数少、感情亲切、人的理性程度高的地方。如果一个团体范围大、人数多、程度又不齐,有一个有形的条件标准还是必要的。梁漱溟说:"小团体是多靠情谊,大团体则仍需要法律。大概靠形势与靠人情是成比例的。"②法治不仅是大团体生活所必需,也是民主政治的先决条件。

> 政治上的民主,就是借着宪政而有一点,进而再多一点,再多一点,再多一点,如此步步增高的。③

但梁漱溟认为在乡村自治中规矩的养成又不能直接靠法律条文。

> 高明的眼光却不能一上来就草拟一个制度方案来推行,须在事实上慢慢探求,慢慢生长。④

所谓"慢慢探求,慢慢生长",就是靠教育逐渐养成习惯。"礼而成俗,就是一个习惯。非养成一个习惯不可(养成一种大家相喻而共守的东西)。"⑤梁漱溟特别重视习惯的养成。"无论小事大事,无论在个人或群体,一切无不靠习惯者(因为人类生活方式要从后天学习,与动物从本能者异)。一种法律制度虽出于意识之制作,要莫不有与之相应的习惯为之先。否则,是运用不来的。"⑥所以说,梁漱溟并不反对法治,而是反对直接从法律条文中求法治。他认为直接以法律推动,不能激发人自己的力量,只能越推越死。梁漱溟不仅不反对法治,还把缺乏法治精神视为中国文化的弊端之一。"法治不立,各图

---

① 梁漱溟:《乡村建设理论》,中国文化书院学术委员会编:《梁漱溟全集》第2卷,济南:山东人民出版社,2005年,第366页。

② 梁漱溟:《答湖北政务研究会参观团问》,中国文化书院学术委员会编:《梁漱溟全集》第5卷,济南:山东人民出版社,2005年,第681页。

③ 梁漱溟:《中国到宪政之路》,中国文化书院学术委员会编:《梁漱溟全集》第6卷,济南:山东人民出版社,2005年,475页。

④ 梁漱溟:《乡村建设理论》,中国文化书院学术委员会编:《梁漱溟全集》第2卷,济南:山东人民出版社,2005年,第423页。

⑤ 梁漱溟:《乡村建设理论》,中国文化书院学术委员会编:《梁漱溟全集》第2卷,济南:山东人民出版社,2005年,第384页。

⑥ 梁漱溟:《中国此刻尚不到有宪法成功的时刻》,中国文化书院学术委员会编:《梁漱溟全集》第5卷,济南:山东人民出版社,2005年,第468页。

侥幸,秩序紊乱,群情不安。"①梁漱溟认为,中国缺乏法治精神,仍是缺乏团体造成。家族成员之间、父子之间,用不着法。因缺乏团体生活,把一切关系当作家族伦理的扩大,因亲及友,因友及友,遇事喜托人情。

综上所述,梁漱溟认为中国要成为一个民主宪政的国家,必须先建立一个新社会。所谓新社会包括有形的社会和无形的社会。有形的社会即团体。中国只有有了超出家族范围的团体,才有个人。有了团体与个人,才能通过事实的训练培养出公德。单有团体而没有事实的训练亦等于无。有形社会的建立,又必须依靠无形的社会,即文化。新的政治制度必须建立在新的文化上。建立新文化不能从政治制度直接入手,而应该从培养习惯入手。培养习惯,就是建立新文化、新礼俗,这也是公民教育的根本目的。培养习惯不是从否认旧文化开始,而是借用旧文化开出新文化,从旧文化的重新诠释中培养出新文化。"你想要旧的方法不存留,而不要自去掉的地方去掉,而要自培养的建设方面。"②

梁漱溟认为中国文化与西方文化最大不同就是,西方文化是建立在理智上的,以个人权利为本位的对抗文化,中国文化是建立在理性上的,以义务为本位的文化。义务本位不是否定权利,而是在团体权力与个人自由之间寻找一个均衡;在个人权利与义务之间寻找一个均衡。伦理义务强调的是交互尊重,而非一方否定另一方,这不仅是法律上的义务,而且是自课的道德义务。梁漱溟认为义务文化也是西方文化的最新方向。其实,权利与义务孰轻孰重在西方也是一个争论不休的问题。但有一点是明白的,即使最强调权利的思想家,要实现权利,也不得不有一个预设——尊重他人权利是道德和法律义务。西方的"权利(right)"一词,最初的含义就是"正当"的意思,到了近代,才在"正当"的含义上,加上自由意志的"我意欲"的含义。梁漱溟认为从"正当"含义解释权利,才是正解,也符合中国文化精神。所谓正当的,也就是符合理性的,而不完全出于个人意愿、个人选择。"权利一词,是近数十年之舶来品,译自英文 rights。论其字之本义,为'正当合理',与吾人之所尚初无不合。"③权利要正当合理,就要从义务本位出发。义务本位既是中国文化的根本精神,也是西方文化的最新方向,中国的公民教育必须以义务而非权利为本。既然以义务为本,就不能走对抗的路,必须走教育的路、商量的路、合作的路。自由、平等、民主、法治都是梁漱溟孜孜以求的,因为这些价值都是理性所应有的,不是仅属于西方的。梁漱溟所否认的是从对抗的路走上自由、平等、民主、法治,因为人类同具理性,自由、平等、民主、法治又为人类理性所应有,所以通过教育就能养成这些观念。中国以前之所以缺少这些观念,实在还是因为习惯的问题,而非理性的问

① 梁漱溟:《中国文化要义》,中国文化书院学术委员会编:《梁漱溟全集》第3卷,济南:山东人民出版社,2005年,第69页。

② 梁漱溟:《乡村建设运动纲领讲述》,中国文化书院学术委员会编:《梁漱溟全集》第5卷,济南:山东人民出版社,2005年,第950页。

③ 梁漱溟:《中国文化要义》,中国文化书院学术委员会编:《梁漱溟全集》第3卷,济南:山东人民出版社,2005年,第93页。

题。"因为中国人与西洋人同是人类,同具理性;所以彼此之间,到底说得通——我们的理他们承认,他们的理我们也承认。人与人本来是说得通的;所以说不通的,实在还是习惯的问题。"①人有中西之分,理无中西之分。习惯的养成就要靠教育,而非政治力的强推。因为理要为人所接受,形成习惯,就必须化为每个人内心的道德义务;要把理化为人内心的道德义务,非教育不为功。

(三)梁漱溟公民教育思想之特色及其评价。梁漱溟公民教育思想有其显著特色。其一,从文化高度规划公民教育,是梁漱溟公民教育思想最显著的特色。与同时代人相比,梁漱溟较早认识到政治制度离不开文化价值的支撑。他早期主张全盘接受西方文化,就是认为西方民主制度是建立在西方文化的基础上。中国要实行西方民主制度,就必须接受西方文化。他转向乡村建设,其目的也是为中国民主制度创造新文化、新礼俗。其二,习惯培养优于制度建设。梁漱溟认为公民教育不应该是从政治制度入手,而应该是从培养习惯开始。政治制度是礼俗建成以后的事情。其三,重视人生问题。与同时代其他思想家相比,梁漱溟没有更多地谈国家与个人的关系,或者尚武、乐观、创造、进取等,而是直指人生。因为只有先解决了人生意义问题,其他问题才是有源之水、有本之木。其四,主张渐进。梁漱溟认为公民文化的养成,只能采取渐进的教育手段。其五,梁漱溟的公民教育思想既不是中体西用,也不是迂回的全盘西化,更不是封建保守,其本质是中西贯通。

二、晏阳初公民教育思想研究

(一)晏阳初平教运动由城市到农村的转向。晏阳初是与梁漱溟齐名的乡村建设代表人物。晏阳初从事平民教育是从在法教育华工开始的。他在从事华工服务的工作中,既深刻感受到华工的苦,也深刻感受到华工由于缺乏知识被人轻侮的委屈与无奈。因此,晏阳初开始从事华工教育,其最主要的工作就是教华工识字及启发华工的民族精神。在从事华工教育时,晏阳初认识到潜藏在民众中的力量。华工在接受教育后,开始捐钱捐物帮助晏阳初办教育,这使其深受震撼。平民不是不可教,而是无教。只要开发他们的潜力,中国就能得救、就能富强。晏阳初回国后开始从事平民教育,最初主要在城市,1929年以后转向农村,从事乡村建设运动。晏阳初之所以把平民教育活动由城市转向农村,是民族再造的使命感使然,他逐渐认识到民族再造的根本在农村。

> 为什么"民族再造"的使命,要"农村运动"来担负呢?因为中国的民族,人数有四万万,在农村生活的,要占80%,以量的关系来说,民族再造的对象,当然要特别注重在农村;又因为中国民族的坏处与弱点,差不多全在"都市人"的身上,至少可以说都市人的坏处,要比"乡下佬"来的多些重些。你试到农村里去,在乡下佬的

---

① 梁漱溟:《乡村建设理论》,中国文化书院学术委员会编:《梁漱溟全集》第2卷,济南:山东人民出版社,2005年,第279页。

生活上,还可以看得出多少残存的中国民族的美德,在都市人的生活上,那就不容易发现了。古来许多英雄豪杰成大功,立大业的,大部分都来自田间。所以就质的关系来说,民族再造的对象,当然也要特别注重在农村。①

乡村建设不是农村救济,因为救济是一时的事情;乡村建设也不是建模范村或模范县,因为模范村或模范县是一地的事情,它忽略了乡村建设的普遍意义。乡村建设的根本意义是民族再造,它要救治民族衰老、堕落、涣散的病。"农村运动,就是对着这个问题应运而生的。他对于民族的衰老,要培养他的新生命;对于民族的堕落,要振拔他的新人格;对于民族的涣散,要促成他的新团结新组织。所以说中国的农村运动,担负着'民族再造'的使命。"②

晏阳初由城市转向农村,也与他对农民的认识分不开。20世纪30年代以后,乡村建设虽成一股潮流,但持批评态度者亦为数不少。有的批评者简单地认为,乡村建设就是训练民众行使民权?而这找错了对象。因为农民粗陋愚昧,生活温饱尚不能解决,何谈行使民权。比如张佛泉就认为只有受过近代教育的方有新的头脑,方有新的人生哲学、新的社会观念,知道什么是现代国家,什么是现代政治,同时拥有民族意识与情绪;从乡村求自治是舍近求远、缘木求鱼。"穷乡僻壤的地方又焉能行西洋式的选举制度!"③中国的民治应该从都市开始,因为都市是先进文化的代表。

我们的整个文化,几十年来,正在急剧地变化中,正在接受在吸收西洋的文化、现代的文化。这种现代化的中心点,就是城市,特别是我们的大城市。无论在教育、工商业、社会以及思想与道德等等方面的现代化,全是以大城市为中心。文化的发展是带有机性的,是面面相联的,因之带现代性的政治,也必须以城市为起点。我们不能希望教育、经济和社会生活的现代化,从城市开端,而单单政治的现代化,却从旧式乡村中起始。作此主张的人,一定是不认识文化的有机性,一定是读错了历史。④

张佛泉认为通过改造农民实现民治,时间恐怕是比俟河之清还长。晏阳初对农民的认识显然与此不同。晏阳初说:

中国农民,不像帝俄时代的农奴和印度的被压迫的阶级,他们是自由的人。正

---

① 晏阳初:《农村运动的使命》,宋恩荣编:《晏阳初全集》第1卷,长沙:湖南教育出版社,1989年,第294~295页。

② 晏阳初:《农村运动的使命》,宋恩荣编:《晏阳初全集》第1卷,长沙:湖南教育出版社,1989年,第294页。

③ 张佛泉:《中国的民治应从城市开始》,《自由与权利:宪政的中国言说》,北京:清华大学出版社,2010年,第363页。

④ 张佛泉:《中国的民治应从城市开始》,《自由与权利:宪政的中国言说》,北京:清华大学出版社,2010年,第362~363页。

因为缺少强大的中央政府,才培养出农民的自力更生,独立的精神。尽管贫穷,他们仍是勤劳俭朴的。尽管没有文化,他们却是有聪明才智的,在精耕细作方面,他们是“能手”,是“专家”。……我们确信帮助农民充分发展其各种能力是极有价值的。这是为了他们,特别是为了他们可作建设国家的基础。①

中国民众有重教的传统。“中国人的民众心理,一向看重读书识字,他们不是不可教而是不被教,现在忽有受教的机会,岂有不热烈欢迎。”②农民易受教育,且有互助精神。“我们进行了认真比较,发现在乡村开展平民教育运动比在城市便利。其中一个原因是农民一向受人歧视,因而比城里人容易受感动,也易于教育。其次,农村中的外界干扰少。正因为这样,农村学生学习认真,遵守校规,出勤率也高,……另外,在这样一个由不同家庭组成的小村落中,人们彼此之间十分了解,并存在着一种互助精神,而这种精神正是城市里最缺乏的。……最后一点是,在我国的民众中,农民是最勤劳和最能吃苦的。”③

(二)晏阳初公民教育之主张。晏阳初公民教育主张基本围绕着去除愚、穷、弱、私四个问题而展开。晏阳初认为公民教育的根本问题是造人。早在1927年,他就提出解决中国问题的根本之法,是解决人的问题。

所谓根本的解决法,在将欲从各种问题的事上去求的时节,先从发生问题的“人”上去求,因为社会的各种问题,不自发生,自“人”而生,发生问题的是“人”,解决问题的也是“人”,故遇着有问题不能解决的时候,其障碍不在问题的自身,而在惹出此问题的人,所以我中华四万万民众共有的各种问题,欲根本上求解决的方法,还非从四万万民众身上去求不可。④

问题既然在人的身上,那么从事人的改造的教育工作,就是解决问题的根本方法。中国人身上出了什么问题呢?愚、穷、弱、私。

我们体察人民的生活,根据社会的事实,深知中国人的生活,有四种基本的缺点,一是“愚”,一是“穷”,一是“弱”,一是“私”。中国最大多数的人民,缺乏知识力,不但没有适当的知识,更不识本国的文字,如何能取得知识,更提不到享受文化!在生计上,最大多数的人民,生产低落,经济困难,生活在生存的水平线之下。没有增加生产改善经济组织的能力。再看一看大多数人身体衰弱,对于公共卫生,

---

① 晏阳初:《定县的乡村建设实验》,宋恩荣编:《晏阳初全集》第1卷,长沙:湖南教育出版社,1989年,第258页。

② 晏阳初:《平教工作概览》,詹一之编:《晏阳初文集》,成都:四川教育出版社,1990年,第209页。

③ 晏阳初:《中国的新民》,宋恩荣编:《晏阳初全集》第1卷,长沙:湖南教育出版社,1989年,第169页。

④ 晏阳初:《平民教育的宗旨目的和最后的使命》,宋恩荣编:《晏阳初全集》第1卷,长沙:湖南教育出版社,1989年,第115页。

> 毫无办法,真是病夫的国家!而更要紧的是人民不能团结,不能合作,缺乏道德的陶冶,缺乏公民的训练,如何能自立自强。①

为解决中国民众身上的四大缺点,1927年,晏阳初提出四大教育的主张:以文艺教育救愚,以生计教育救穷,以卫生教育救弱,以公民教育救私。"希望中国人,人人都是富有知识力,生产力,强健力与团结力的新民。"②需要说明的是,四大教育中,公民教育虽被单列,但并非其他教育就不属于公民教育。事实上,四大教育属于一个整体,都是广义上的公民教育。晏阳初在《"平民"的公民教育之我见》一文中说:"公民教育这个名词的含义有种种不同。我这里所用的是指以养成好国民为目的的教育全体说的。我以为教育的正当目的,不仅是养成良好的个人,却是养成健全的公民。健全的公民应该有何种知能,公民教育内就得包含着何种相当教育。所以公民教育不当单指普通所谓公民科和公民训练说,就是什么生计教育啦,科学教育啦,卫生教育啦,都应得包括在内。"③

1.文艺教育。晏阳初最初从事平民教育,主要以识字为主,就是教平民识一千个左右的常用字。随着平民教育运动的发展,他又提出平民文学的主张。

> 平民教育之目的,不仅在供平民识字,……盖识字后而无良好书籍供其阅读,一般平民,势非看诲淫诲盗之书不止,是不如不会识字之为愈。中国从来无所谓真正平民文学的,不识字的平民亦无此需要。读书只是士流之专业。惟今后情形既变,读物问题,诚大需研究。所编之书,务须适合平民心理与需要。④

文艺教育主张就是由识字教育、平民文学思想演化而来。文艺教育的主体是识字教育,在此基础上创作文学、戏剧、图画等文艺作品,以达到化育民众的目的。

晏阳初最重视识字教育,认为识字教育是其他一切教育的基础。只有识字,才算得上是国民。

> 现在中国害了三种病,即瞎、聋、哑。国民大部分不识字,不能读书报,非瞎而何?不受教育的不知社会情形,所以有耳也等于无耳,非聋而何?社会弄到这样,发言的是何人,大多数是不作声的,非哑而何?别人还说我们又老,这样的国民何以能造成国家?现在的万灵丹就是在读书识字。……中国有3.2亿人不算得是国

① 晏阳初:《中华平民教育促进会定县实验区》,詹一之编:《晏阳初文集》,成都:四川教育出版社,1990年,第37页。

② 晏阳初:《中华平民教育促进会定县实验区》,詹一之编:《晏阳初文集》,成都:四川教育出版社,1990年,第37页。

③ 晏阳初:《"平民"的公民教育之我见》,宋恩荣编:《晏阳初全集》第1卷,长沙:湖南教育出版社,1989年,第63页。

④ 晏阳初:《关于平民教育精神的讲话》,宋恩荣编:《晏阳初全集》第1卷,长沙:湖南教育出版社,1989年,第88页。

民。美国1亿人,人人都是国民。①

只有识字,才有个人的自由平等人格。晏阳初在《"平民"的公民教育之我见》一文中说:"平等是人人所有天赋的权利。可是大多数民众因为知识能力较低,什么事情都不能和少数知识阶级的人享受同等的幸福。增进大多数民众的知能,除去不平的现象,使同为良好公民,这是从事教育的人的天职。……应靠教育的力量使他们有知识能力做个平等的公民。"②在《在平教专科学校开学典礼上的讲话》一文中,晏阳初重申此义:"'平'字的意义,就是人格平等的平,机会平等的平。因为我们认为人人的人格平等,觉得人人都有无限的潜能,无穷的价值,应当给以平等的教育机会,使他们尽量发展,自由创造。"③这就是说,只有受教育,才可以有享受自由平等的机会。

只有识字,才有国家的概念。晏阳初认为如果民众不识字,缺乏自己的力量,只靠演讲与宣传鼓动民众的爱国心,难以持久。

试看去年上海的"五卅惨案",今年国务院门前的"三一八"惨案,这类刺激可谓强烈极啦,应可以引起大多数人民的注意,使他们觉悟自己的地位和责任。可是考之事实,究竟怎样呢?难道不是仅有少数知识阶级的人奔走呼号,大多数的民众都视若无睹,不关痛痒吗?他们所以如此,不能群起追随领袖,做强有力的后盾,岂非由于缺乏知识吗?像这样强烈的刺激,尚且不能引起大多数人的注意和觉悟,那么,想靠数天演讲的鼓动与宣传,就望对于公民教育收什么有价值的成效,是难乎其难的。况且大多数失学的民众事事被动,事事待人鼓动刺激,终非长久之计。要培养他们主动的精神和能力,非从基本教育方面入手不可。所以实施识字教育于我国目不识丁的民众,是推行公民教育的基本方法。④

只有识字,才能争得民族平等。

自由平等必须要建筑在人民的教育程度上。目前我国民众的教育,并不是程度高低的问题,简直是有无的问题。漫说国际上不以自由平等待我们,即使国际上以平等自由待我们,我们的处境就能够保证比今天更富强么?因为成千成万的民众,还不曾受过最基本的识字教育,所以不自由平等的原故,是在我而不在他人。到了成千成万的民众有了知识能力之后,我们要自由便自由,要平等便平等,谁敢

① 晏阳初:《平民教育》,宋恩荣编:《晏阳初全集》第1卷,长沙:湖南教育出版社,1989年,第50~51页。

② 晏阳初:《"平民"的公民教育之我见》,宋恩荣编:《晏阳初全集》第1卷,长沙:湖南教育出版社,1989年,第63~64页。

③ 晏阳初:《在平教专科学校开学典礼上的讲话》,宋恩荣编:《晏阳初全集》第1卷,长沙:湖南教育出版社,1989年,第178页。

④ 晏阳初:《"平民"的公民教育之我见》,宋恩荣编:《晏阳初全集》第1卷,长沙:湖南教育出版社,1989年,第64~65页。

再以不自由待我？谁敢再以不平等待我？所谓“夫人必自侮，而后人侮之。国必自伐，而后人伐之”，也就是这个道理。①

只有识字，才有参政的资格与能力。

在共和国家人人都有做公民的资格，人人都有受公民教育的权利。我们要大多数民众都能施行公民的权利，就得给他们一种公民教育。可是人若不先识字，连名字都不会写，那么关于种种公民活动，如怎样选举，怎样参与政治，是万不可能的。所以我们对今日的“平民”如果真要实施公民教育，必须从根本上着手，必须从识字教育着手。②

一言以蔽之，识字教育是公民教育的奠基工作。识字教育是基础，文艺教育是识字教育的一个提高。文艺教育主要是通过平民文学、戏剧、音乐、图画、广播等形式增强民众艺术欣赏的能力，并为四大教育作宣传教育的工作。“艺术教育之工作，一方面在充分利用直感教育之原则，以图画、音乐或戏剧为四大教育制作准备适宜而有效率的工具，一方面实施艺术教育以增进平民的欣赏力使能得到丰富高尚而有趣的生活。”③中华平民教育促进会编辑的主要文艺作品有《爱国商人》《卧薪尝胆》《锄头健儿》《睁眼瞎的痛苦》《龚大爷》等，另外还编有宣传中外爱国历史人物及介绍不平等条约和国难的书籍。特别是针对日本侵略中国，他们利用诗歌、图画、戏剧等形式激励民众，唤起民众自省、自觉、自强意识。

2.生计教育。生计教育就是谋生能力的教育。“使人人具备生产的技能，造成能自立的国民。”④生计教育首先从把科学引入农业生产，提高生产力入手。通过把科学引入农业生产，使农民相信科学，具有科学头脑。“把科学研究的结果带到民间去，与农民发生关系，养成农民运用科学的习惯，使农民生活科学化。”⑤

通过科学知识的输入，养成农民人定胜天的气概。

输入科学知识，造成科学头脑，启发人类可以“赞化天地”，“征服自然”，“人定胜天”的观念。这正是在改良实际生活的实验中，培养民族的新生命，振拔民族的

---

① 晏阳初：《在定县全城识字运动会上的讲演》，宋恩荣编：《晏阳初全集》第1卷，长沙：湖南教育出版社，1989年，第184页。

② 晏阳初：《“平民”的公民教育之我见》，宋恩荣编：《晏阳初全集》第1卷，长沙：湖南教育出版社，1989年，第64页。

③ 晏阳初：《中华平民教育促进会定县实验区》，詹一之编：《晏阳初文集》，成都：四川教育出版社，1990年，第52~53页。

④ 晏阳初：《平民教育概论》，宋恩荣编：《晏阳初全集》第1卷，长沙：湖南教育出版社，1989年，第124页。

⑤ 晏阳初：《农民运动与民族自救》，宋恩荣编：《晏阳初全集》第1卷，长沙：湖南教育出版社，1989年，第384~385页。

新人格。①

通过输入科学，养成农民探索真理的精神。

耶稣说："要自由，只有真理教你有自由。"中国人从没抓住过真理，只有屈服于真理。雷能打死人，雷有力量，就尊雷为神，做他的奴隶。外国人抓住真理，寻求真理，知道雷是电的现象。因为懂得真理，所以能运用真理，就叫电作工，造福人类，使做人的服役。"真理教人得自由。"若只一知半解，绝对不能征服自然，克服环境，反而为环境所克服，做环境的奴隶。②

生计教育的另一项重要内容，就是合作教育。合作教育就是通过办各种合作社，使农民了解合作的意义、办法，坚定农民对合作的信仰。这样，不仅能提高农民的生活水平，更重要的是可以养成合作精神。"合作社决不是仅仅为借钱而已，而是养成农民合作的观念、习惯和技能。"③

3.卫生教育。卫生教育就是普及卫生知识，训练卫生习惯，使人人成为强健的国民。卫生教育主要有三方面的内容：预防、治疗、训练。预防主要是开展保护环境卫生、防止疾病、增强营养、体育锻炼等方面的工作。治疗就是治疗疾病，有医院治疗、分区治疗、巡诊、农村急救等形式。训练就是训练人才，主要就是通过卫生教育改变"东亚病夫"的形象。另外，通过养成健康的身体，养成强健的精神。"我们所说的卫生，是要养成强健的身体，圆满的精神，伟大的思想，不单在很胖很大的。遇着困难的事体，能够解决它。"④随着日本一步步侵略中国，晏阳初也开始关注民众的军事教育。"寓教育于军事，寄军令于内政，不仅在消极的自卫，而尤在积极的自强。"⑤

4.公民教育。公民教育就是公民道德教育，其目的在于救私，就是通过启发民众的公共心，提高民众的团结力与组织力。晏阳初一贯重视公民教育，他认为，若民众只有知识与能力而缺乏公德，徒增其为恶的本领。

试看历来的卖国奴，何一非知识超越、经济富足的人呢？盖其人缺乏公德心，一举一动，只知有自己的祸福利害，不顾国家社会的祸福利害；所有知识、经济，只

① 晏阳初：《农村运动的使命》，宋恩荣编：《晏阳初全集》第1卷，长沙：湖南教育出版社，1989年，第297~298页。

② 晏阳初：《关于非常时代中国青年应有的精神的讲话》，宋恩荣编：《晏阳初全集》第1卷，长沙：湖南教育出版社，1989年，第547页。

③ 晏阳初：《农民运动与民族自救》，宋恩荣编：《晏阳初全集》第1卷，长沙：湖南教育出版社，1989年，第385页。

④ 晏阳初：《在定县学校卫生同乐会上的演说》，宋恩荣编：《晏阳初全集》第1卷，长沙：湖南教育出版社，1989年，第186页。

⑤ 晏阳初：《十年来的中国乡村建设》，宋恩荣编：《晏阳初全集》第1卷，长沙：湖南教育出版社，1989年，第568页。

足以供其为恶之资；所作之恶，常比无知识无能力者高出万倍。倘平民教育处处都是养成这种自私自利的亡国奴，岂是国家之福？所以平民教育于实施文字教育和生计教育外，另有公民教育，希望造成热诚奉公的公民。①

晏阳初所说的公德是广义的，那么公德心包括哪些内容呢？一是个人与家庭、社会、国家、世界的关系。晏阳初认为家庭亦应属于公德培养的一环。

中国人对于国家的观念，非常薄弱，但对于家庭的观念，确是根深蒂固，牢不可破。这种观念，有利有害，随各人见解而不同，现在有许多人觉得有害无利，主张打破家庭的组织与制度。但能否打破，尚存疑问，即使能够打破，必另产生新组织新制度的家庭。可以断言，无论旧家庭或新家庭，精神方面纵不讲怎么纲常伦秩，亦必一家人相亲相爱，通力合作。物质方面虽不必高楼大厦，画栋雕梁，亦必窗明几净，室无微尘。倘进其门则秽气冲天，登其堂则粪土满地，入其室则立无容身，家人相语则此诟彼谇，人类的团体生活和男女的共同生活，无论取任何形式的组织，恐怕也不应有这样的现象吧？西洋人对于家庭观念，虽不及中国人，但对于家庭的整理，亦非常注意。可见齐家之事，无论古今中外都是必要的。现在中国仍是以家庭为国家组织的单位，欲治其国，须从齐家起。②

晏阳初虽不是世界主义者，但也认同大同思想。“吾民族素有大同思想，正可尽量发挥，以保持世界永久的和平。”③个人与社会、国家的关系是晏阳初关注的重点。

我们办教育，固然要注意文艺、生计、卫生，但是我们不要忘记了根本的根本，就是人与人的问题，大家要都是自私自利，国家就根本不能有办法，绝没有复兴的希望。所以我们办公民教育，用家庭方式的教育，在家庭每个分子里，施以公民道德的训练，使每一个分子，了解一个人与社会的关系，以发扬他们公共心的观念。其次我们在这困难严重的局面下，还要注意唤醒人民民族意识，把历代伟大人物，可歌可泣的故事，用通俗的文字写出来，用图画画出来，激励农民的民族意识。④

二是正义心。“发达民众的判断力，正义心，期望受过平民教育的人，皆有自决自信，公是公非的主张。这是必要的根本精神，亦是必要的道德训练。”⑤

---

① 晏阳初：《平民教育概论》，宋恩荣编：《晏阳初全集》第 1 卷，长沙：湖南教育出版社，1989 年，第 124 页。

② 晏阳初：《平民教育概论》，宋恩荣编：《晏阳初全集》第 1 卷，长沙：湖南教育出版社，1989 年，第 125～126 页。

③ 晏阳初：《平民教育概论》，宋恩荣编：《晏阳初全集》第 1 卷，长沙：湖南教育出版社，1989 年，第 129 页。

④ 晏阳初：《中华平民教育促进会定县工作大概》，宋恩荣编：《晏阳初全集》第 1 卷，长沙：湖南教育出版社，1989 年，第 248～249 页。

⑤ 晏阳初：《中华平民教育促进会定县实验工作报告》，宋恩荣编：《晏阳初全集》第 1 卷，长沙：湖南教育出版社，1989 年，第 329 页。

三是法治精神。晏阳初对此论述不多，只是略有涉及。他在《关于民众教育的任务》一文中写道："应当对民众施以良好的公民训练，使他们有公共心团结力，有最低限度的公民常识，发展团结力量，启发民族自觉，训练自治能力，培养法治精神，以解决'私'的问题。"①

四是团结力、组织力。晏阳初对团结力、组织力最为看重，几乎每次提到公民教育，都要涉及此问题。"公民教育之意义，在养成平民的公共心与合作精神，从根本上训练其团结力以提高其道德生活与团体生活。"②团结力的大小，要看能否形成坚强的组织，所以团结力与组织力是一而二、二而一的关系。晏阳初非常重视对民众进行组织训练。

> 组织教育有两个伟大的意义：第一，是给一般儿童青年以一种团体训练、生活纪律。中国虽有四万万人，却任凭一个人数极少的国家来欺侮，这是因为人虽多，乌合之众，多亦何益。现在要四万万人发生力量，第一件事就是要使人民能有组织。不过组织而没有教育，徒然受无聊政客军阀利用，于国于民仍然无补。……如果人民有知识，有教育，有组织，这组织才是他们自己的组织。……组织教育是教育人民有组织的意义，有组织的技能，有组织的习惯，……中国人是并非生来就是自私自利的，是自私自利的教育制度所造成的。自私自利的结果，成为一盘散沙的国民。现在讲培养民力，首先要使民众有组织，给予具体的锻炼；具体的锻炼，就是组织教育。③

综上所述，我们可以看出，四大教育是一个连贯的整体，公民教育贯穿于四大教育中。文艺教育不仅仅是识字，还要以文艺作品教育人、启发人。生计教育不仅仅是教人生产的技能，还要以此培养人的自立观念、科学观念、合作精神，以及人定胜天、追求真理的奋发进取精神。卫生教育不仅仅是养成强壮的身体，还要养成不怕困难的精神。公德教育是根本的根本，也贯穿于其他教育之中。晏阳初主张把教育贯穿于生活当中，教育即生活，生活即教育；深入农民的生活，捕获农民的心灵，寓教育于生活，这样公民教育才能落到实处，不至于成为笔墨运动。

三、职业教育派公民教育思想研究

职业教育的思想在清末既已有之，民国初年，特别是1917年以后形成一股思潮，受到人们的推崇。职业教育之所以受到人们的推崇，原因是多方面的。一是近代功利主义思潮使然。功利主义求实功、求实效。这种价值观念也影响到教育方针。民国初年，

---

① 晏阳初：《关于民众教育的任务》，宋恩荣编：《晏阳初全集》第1卷，长沙：湖南教育出版社，1989年，第355页。

② 晏阳初：《中华平民教育促进会定县实验工作报告》，宋恩荣编：《晏阳初全集》第1卷，长沙：湖南教育出版社，1989年，第329页。

③ 晏阳初：《在第四次大周会上的讲话》，宋恩荣编：《晏阳初全集》第1卷，长沙：湖南教育出版社，1989年，第423页。

蔡元培在论述新教育方针时,实利主义即为方针之一。“实利主义之教育,以人民生计为普通教育之中坚。其主张最力者,至以普通学术,悉寓于树艺、烹饪、裁缝及金、木、土工之中。……我国地宝不发,实业界之组织尚幼稚,人民失业者至多,而国甚贫。实利主义之教育,固亦当务之急者也。”①蔡元培所说的实利主义教育就是职业教育。二是欧战之影响。第一次世界大战爆发后,由于列强忙于战争,给中国民族工业的发展提供了一个短暂的机会;但民族工业的发展遇到了人才瓶颈,即缺乏技术人员。三是俄国十月革命的影响。受俄国十月革命的影响,“劳工神圣”的口号一时响彻云霄。劳工神圣,学会做工,培养能生产的个人,一时成为教育界的主张之一。四是教育与社会脱节所致。由于教育脱离实用,学生缺少必要的求生技能。“乃观今之学子,往往受学校教育之岁月愈深,其厌苦家庭鄙薄社会之思想愈烈,扞格之情状亦愈者。而其在家庭社会间,所谓道德身体技能知识,所得于学校教育堪以实地运用处,亦殊碌碌无以自见。即以知识论,惯作论说文字,而于通常之存问书函,意或弗能达也,能举拿破仑、华盛顿之名,而亲友间之互相称谓,弗能笔诸书也;习算术及诸等矣,权度在前弗能用也;习理科略知植物科名矣,而庭除之草不辨其为何草也,家具之材不辨其为何木也。此共著之现状固职教育者所莫能为讳者。”②职业教育的直接目的虽是培养职业技能,但对于其提倡者而言,目的又不仅仅在此,他们希望职业教育成为公民教育有效的一环。

(一)培养人的自立能力。养成自立的国民一直是中国近代公民教育的重要一环。它要求国民不但有自立的观念,更要有自立的能力。所谓自立的能力就是自养的能力。其实,梁启超在《新民说》一文中即注意到这一问题。梁启超认为中国之所以贫弱,一个很重要的原因就是分利者众而生利者寡。所谓分利者,就是不能通过自己的劳动(体力劳动、脑力劳动)自养而靠别人养活之人。进入民国后,培养具有独立生计能力之国民的呼声更为高涨,而职业教育为其重要抓手。蒋梦麟说:“今之重文化教育者曰:文化教育,立国做人之基础也。斯言也,同人亦绝对赞成之。何也?盖文化者,所以增人生之价值,促人类之进步,人种之文野,胥由是而别焉。然以今日之社会状况而论,受四年初等小学教育后,能入高等小学者有几人乎?高等小学卒业后,能入中学者有几人乎?中学卒业后,能入大学者,又有几人乎?夫由初小、由高小、由中学,而直达大学卒业之学生,其大多数固能养成高等专门之学生 Profession ,然其余之不能由下级而达上级者,皆无一技之长,以谋独立之生计,此种学生,听其自然乎?抑将设法以补救之乎?如曰听其自然,则学校徒为社会养成高等之游民耳,抑何贵乎教育?如曰补救之,舍职业教育其奚由耶?”③陈独秀认为,职业教育不仅关系个人独立生计能力的养成,亦关系到社会的安宁幸福。因为只有重视个人的生产能力,人人自力更生,社会才能繁荣。“今日之

---

① 蔡元培:《对于新教育之意见》,高平叔编:《蔡元培全集》第2卷,北京:中华书局,1984年,第131页。

② 黄炎培:《学校教育采用实用主义之商榷》,龚德隆主编:《中华教育经典》下,北京:中国人民公安大学出版社,1998年,第1143页。

③ 蒋梦麟:《教育与职业》,龚德隆主编:《中华教育经典》下,北京:中国人民公安大学出版社,1998年,第1256页。

社会,殖产兴业之社会也,分工合力之社会也,尊重个人生产力以谋公共安宁幸福之社会也。一人失其生产力,则社会失其一部分之安宁幸福。生产之力弱于消费,于社会,于个人,皆属衰亡之征兆……今之教育,倘不以尊重职业为方针,不独为俗见所非,亦经世家所不取。盖个人以此失其独立自营之美德,社会经济以此陷于不克自存之悲境也。”①

(二)养成服务社会的能力与观念。陶行知在论述职业教育时,特别反对把职业教育简单等同于生计教育。他认为如果把职业教育简单等同于生计教育,就会简单地把职业教育等同于衣食教育,而衣食的取得不一定都靠职业,尤其是不一定都靠正当职业。职业教育固为解决生计问题,但必须依赖于正当之主义。

> 吾人作事之目的,有内外之分。衣食者事外之目的也;乐业者事内之目的也。足衣足食而不乐于业,则事外虽无冻馁之虞,事内不免劳碌之患。彼持衣食以为职业教育主义者,是忽乐业之道也。……且职业教育苟以衣食主义相号召,则教师为衣食教,学生为衣食学。无声无臭之中隐然养成一副自私之精神……吾国当兹民生穷蹙之际,国人已以衣食为口头禅,兴学者又从而助长其焰,吾深惧国人自私之念,将一发难厌矣。②

什么是职业教育正当之主义呢?生利。生利即生有利之物、生有利之事。“生利主义侧重发舒内力以应群需。……生产一事一物时,必自审曰:‘吾能生产乎?吾所生产之事物于群有利乎?’教师学生于不知不觉中具有一种利群之精神。”③黄炎培更从人生观、世界观的角度,论述职业教育与服务社会的关系。他认为:

> 人有知,乃求真。有为,乃求善。有感,乃求美。而其本在求生。孤生不能,生亦寡趣,乃求群。一切有求,皆从此数者而起。④

人不仅有求生的需求,也有爱的需求,爱其生、爱其家、爱其群、爱其族、爱其国、爱人类。爱与生皆为大善,而处置不当,惨变亦在其中。因为万物因生而有求,求之不得而有争,有争而有杀。有所爱乃有所憎,爱之极激成憎之极,因之而有杀。从一方面而言,相争相杀也在一定程度上促使自觉、自立、自卫、世界进化,然而究为人类爱心所不许。人类虽有大同理想,却缺乏具体实施之道。怎样寻找一个具体实施之道呢?黄炎

---

①　陈独秀:《今日之教育方针》,《青年杂志》第1卷第2号,1915年10月。

②　陶行知:《生利主义之职业教育》,江苏省陶行知教育思想研究会编:《陶行知文集》,南京:江苏人民出版社,1981年,第2页。

③　陶行知:《生利主义之职业教育》,江苏省陶行知教育思想研究会编:《陶行知文集》,南京:江苏人民出版社,1981年,第3页。

④　黄炎培:《我之人生观与吾人从事职业教育之基本理论》,龚德隆主编:《中华教育经典》下,北京:中国人民公安大学出版社,1998年,第1164页。

培认为,全世界人类间已形成若干固有之结合,欲解散之而重构为一体是不可能的,唯有根据固有结合与他结合间,先从某局部、某事项构成生活上之联系,不断扩大、不断使其密切,逐渐构成生活上的整个联系。而在现阶段,个人或弱小团体已无单独生存之可能,而欲与其他结合间构成联系,而自身不先造成强有力之个体,亦不可得。换言之,现阶段世界已结合为若干国家,国家间要想结合,必须先有强有力的国家,而造成强有力的国家,国家内部必须先造成强有力的个体,并使个体集中、增厚一切力量献之国家。黄炎培认为,国家要完成对内造成强有力个体之使命,必须尊重与维护民众的权与利。

> 如何尽量维护民众的权与利?最有效方法,莫如用启发方式,使人人明了其自身在应尽义务以外,应享权与利之质量与限度,而努力取求,而珍重行使。如何集中并增厚一切力量以献之国家?最有效方法,莫如浚发人人智力,运用科学,以开拓地力与物力。其扼要在从人人日常工作,即以其劳心或劳力换取生活所需求之定型动作上,用启发方式,使人人增益其智能,即知而即行之;并深明其意义,使知人生长日劳心劳力,不专为个人生活计,而在恪尽其直接对群、间接对国的神圣义务。①

所谓人人"以其劳心或劳力换取生活所需求之定型动作",就是职业。所谓"用启发方式,使人人增益其智能,即知而即行之;并深明其意义",就是职业教育。职业教育就是通过教育增益人的职业智能,并通过职业培养服务社会、服务国家的观念,并通过义务观念,善意相感,使人相亲相爱,化解相争相杀之风,使人人认识到群为我有,我为群有。

(三)养成平等观念。中国传统教育,通俗而言是读书做官的教育,高尚而言是做圣人的教育。劳心者治人,劳力者治于人;治于人者食人,治人者食于人。这种观念被视作社会通义,于是养成了职业有高低的不平等观念。除了读书做官,其他职业皆被视为下品。职业教育就是要改变中国社会千百年来形成的重士而轻农工商,贵劳心而贱劳力的积习。"极意提倡职业神圣之学说,发挥职业平等之精神。"②蒋梦麟亦呼吁重视职业熏陶,养成尊重劳动与职业的精神。"凡有一种职业,为社会生产的,都是劳工。劳心劳力是一样的,'劳心者役人,劳力者役于人'这两句话,实在有分阶级的意思,未免把劳力的人看得太轻了。"③吴稚晖在《新青年》连发《青年与工具》《再论工具》两文,呼吁青年重视工具,能够使用工具,其宗旨也是改变人们轻视劳动的观念。

(四)养成创造精神。职业教育有利于创造精神的发挥。《中华职业教育社宣言

---

① 黄炎培:《我之人生观与吾人从事职业教育之基本理论》,龚德隆主编:《中华教育经典》下,北京:中国人民公安大学出版社,1998年,第1166页。

② 黄炎培:《职业教育实施之希望》,魏心一编:《陶行知、黄炎培、徐特立、陈鹤琴教育文选》,合肥:安徽教育出版社,1992年,第121页。

③ 蒋梦麟:《什么是教育的出产品?》,曲士培编:《蒋梦麟教育论著选》,北京:人民教育出版社,1995年,第154页。

书》称："且教育曷贵也？语小，个人之生活系焉；语大，世界、国家之文化系焉。今吾国文明之进步何如乎？行于野，农所服者，先畴之畎亩也；游于市，工所用者，高曾之规矩也。夫使立国大地，仅我中华，则率其旧章，长此终古，亦复何害。独念今世界为何等世界，人绝尘而奔，我蛇行而伏。试观美利坚一国，发明新器物，年至四万种；安迭生（爱迪生）一人，发明新器物，多至九百种。我未有一焉。谁为为之？无新学识以应用于实际，无新人才以从事于改良。教育不与职业沟通，何怪百业之不进步！"①这就是说，由于教育与职业脱节，妨碍了创造精神的发挥。职业教育就是通过教育增益人的职业知识与技能，人们在职业专精的过程中发挥创造力。"因其智能增益，重在即知即行，使思想与动作联系，悉其聪明才力，运用于日常工作，因求效率之增加，日从事于工作之改进，促成事物之新发明，从此有裨于文化之发展，藉以补吾国二千年来发明阙乏、文化落后之遗憾。"②蒋梦麟亦认为职业教育应注重创造精神的培养。

> 职业界有两种人才：曰自动的，曰机械的。何谓自动的人才？曰：具远大的眼光，进取的精神，事事求改良，著著求进步，人未敢行者，我独敢行之，人未及知者，吾独察先机而知之，此即所谓自动的人才也。何谓机械的人才？曰：具一技之长，精一部分之事，人先提倡，我能随之，此即所谓机械的人才也。若夫畀以一部分之事，为之而不善，鞭策之而始动，此其下者，不足以称人才，称之曰劣工可矣……然则机械的人才，皆不能自动乎？曰否。所谓机械的，非不自动之谓也。苟不能自动，不足为良机械也。不过以比较的而言，有所谓自动与机械之别，实则所谓良机械者，不尽为被动……故从大处着想，能自动者，曰自动的人才；从小处着想，能自动者，曰机械的人才；若处处被动，即所谓劣工是矣。故讲职业教育而不言自动，其结果也，养成劣工而已。③

蒋梦麟所说的自动即创造精神。所谓的自动人才与机械人才，只不过是创造能力有大小，而同具创造精神则一。职业教育的目的之一，就是养成具有创造精神的人。

（五）养成重视科学的观念。职业教育的兴起与科学的发展有密不可分的关系。黄炎培说："人类先有职业，后有职业教育。因从事于生活需求之供给，本于分工的自然趋势，养成专门工作，而职业以兴。其后因生活竞争日烈，谋工作之传授与精进，才有所谓职业教育。一百五十年来的工业革命，领导者谁？就是科学。……老实说，最近高唱职

① 黄炎培：《中华职业教育社宣言书》，龚德隆主编：《中华教育经典》下，北京：中国人民公安大学出版社，1998年，第1146页。

② 黄炎培：《我之人生观与吾人从事职业教育之基本理论》，龚德隆主编：《中华教育经典》下，北京：中国人民公安大学出版社，1998年，第1166页。

③ 蒋梦麟：《职业教育与自动主义》，龚德隆主编：《中华教育经典》下，北京：中国人民公安大学出版社，1998年，第1256~1257页。

业教育的动机,无论中国、外国都起于承认科学。”①科学的发展,源于劳动的实践。蒋梦麟说:“希腊文化很发达,科学的思想也很发达,何以希腊没有物质的科学呢?何以物质科学到19世纪才发展起来呢?因为希腊人瞧不起做工的人。瞧不起做工,就不会做试验;不会做试验,就没有物质科学了。”②这就是说,职业教育源于科学的发展,源于人们对科学的承认。要发展科学,就必须改变对劳动的态度。职业教育无疑是二者的连接点。通过职业教育传播科学,也通过职业教育养成人们对科学的信仰。

综上所述,我们可以看出,职业教育虽然直接目的是解决人们的生计问题,但其最终目标却是培养合格的公民。正如黄炎培所说:“夫立宪之国,莫贵乎公民;而公民资格,以独立为必要条件。孔子曰:‘己欲立而立人。’未有不能自谋其生而可与谋国家生存、世界幸福者。故立志愈大者,立身宜愈稳。受职业教育,所以谋立身之稳,以为服务社会、勠力国家地步者也。”③这就是说,个人要独立首先是生计能够独立。只有生计独立,才能服务国家、社会。职业教育促进养成职业平等的观念。“职业平等,无高下,无贵贱。苟有益于人群,皆是无上上品。”④职业平等观念也是人人平等精神的重要组成部分。在职业教育中,养成创造精神及对科学的追求也是其重要目标。

第二节　中国近代公民教育代表人物公民教育思想研究

在近代中国思想界,有些思想家、政治家虽未直接参与公民教育的实践活动,但其公民教育思想却影响深远、富有特色。笔者选取梁启超、孙中山、胡适、鲁迅四位代表人物加以考察。因为前文对四位人物多有涉及,这里只对其公民教育思想特色、地位作简要介绍。

一、梁启超公民教育思想简介

梁启超可说是中国近代公民教育思想的集大成者。之所以如此定位,原因如下:一是在中国近代思想家中,梁启超对公民教育论述最多。他写了一系列有关公民教育的文章,如《国民十大元气论》《独立论》《爱国论》《论近世国民竞争之大势及中国前途》《十种德性相反相成义》《国家思想变迁异同论》《新民议》《新民说》《中国武士道》《国民浅训》等。二是涉及面最广,影响最大。梁启超的文章及著作可以说几乎涉及了我们所能想到的公民教育的各个方面,如爱国、尚武、权利、义务、独立、进取、冒险等。黄遵

---

① 黄炎培:《我来整理整理职业教育的理论和方法》,龚德隆主编:《中华教育经典》下,北京:中国人民公安大学出版社,1998年,第1154~1155页。

② 蒋梦麟:《什么是教育的出产品?》,曲士培编:《蒋梦麟教育论著选》,北京:人民教育出版社,1995年,第154页。

③ 黄炎培:《职业教育实施之希望》,魏心一编:《陶行知、黄炎培、徐特立、陈鹤琴教育文选》,合肥:安徽教育出版社,1992年,第123页。

④ 黄炎培:《职业教育之礁》,魏心一编:《陶行知、黄炎培、徐特立、陈鹤琴教育文选》,合肥:安徽教育出版社,1992年,第142页。

宪曾如此评价梁启超:“已布之说,若公德、若自由、若自尊、若自治、若进步、若权利、若合群,既有以入吾民之脑,作吾民之气矣;未布之说,吾尚未知鼓舞奋发之何如也。此半年中,中国四五十家之报,无一非助公之舌战,拾公之牙慧者,乃至新译之名词,杜撰之语言,大吏之奏折,试官之题目,以剿袭而用之。精神吾不知,形式既大变矣。实事吾不知,议论既大变矣。”①三是开创性。中国近代公民教育思想中的很多问题,都是梁启超首先提出。比如他首先提出改造国民性的问题;首先提出中国国民性中的奴性问题;首先提出中华民族的概念,反对狭隘的大汉族主义;首先提出国民资格与能力问题,注重国民资格与能力的培养;首先提出国家主义的概念,以国家利益为本位改造国民;首先提出公民教育中中西文化融合的问题,在《新民说》中他认为在吸收西方文化的同时,不应对传统文化采取虚无主义的态度。国立天地,必有与立。民族文化,是民族生命之本。梁启超还首先提出公德的概念,使人注意到中国传统道德教育中的不足;首先关注到宗教精神在改造国民精神中的作用等。四是与时俱进性。梁启超自认为一生流质多变,但从积极意义而言,也是与时俱进。从其公民教育思想角度而言,一生最大改变就是欧战前积极提倡国家主义,欧战后提倡尽性主义。所谓尽性主义,就是不再把个人视作国家的工具,个人的个性应得到发挥。这与新文化派主张的个性主义并无二致。

二、孙中山公民教育思想简介

作为伟大的革命家、思想家,孙中山非常重视公民教育,其公民教育思想也有自己显著的特色。

(一)鲜明的民族主义特色。孙中山一贯重视民族主义的教育。他认为民族主义是民族图生存、图发展的宝贝。中国面临的最大问题就是四万万人如一盘散沙,怎样让一盘散沙结成坚固的团体?民族主义。正是因为对民族主义高度重视,孙中山对新文化所提倡的个人主义、世界主义持非常慎重的保留态度。针对个人主义,孙中山认为民族的平等、自由,重于个人的平等、自由。针对世界主义,孙中山认为所谓的世界主义是一种变相的侵略主义。

> 强盛的国家和有力量的民族已经雄占全球,无论什么国家和什么民族的利益,都被他们垄断。他们想永远维持这种垄断的地位,再不准弱小民族复兴,所以天天鼓吹世界主义,谓民族主义的范围太狭隘。其实他们主张的世界主义,就是变相的帝国主义与变相的侵略主义。②

孙中山呼吁国民,特别是青年不可被迷惑。即使要提倡世界主义,也要先恢复我们的民族地位。

---

① 黄遵宪:《致梁启超函》,陈铮编:《黄遵宪全集》上,北京:中华书局,2005年,第449页。
② 孙中山:《三民主义·民族主义》,《孙中山全集》第9册,北京:中华书局,1986年,第223页。

近日中国的新青年，主张新文化，反对民族主义，就是被这种道理所诱惑。……我们受屈民族，必先要把我们民族自由平等的地位恢复起来之后，才配得来讲世界主义。①

如果不正视现实，盲目提倡世界主义，其结果只能是“汉族神明裔胄之资格，必随世界主义埋没以去”②。

民族主义首先是民族认同，承认自己是中国人。孙中山对一些留学生到了国外，不敢承认自己是中国人的现象提出强烈批评。

以中国的留学生，不回来做中国的国民，偏要去做美国的地痞，那是有什么好处呢？甚至有在美国的时候，连中国人住的地方，都不敢去，逢人说起国籍来，总不承认是中国人。试问这种学生，究竟是何居心呢？这种学生，可以说是无志。③

其次，民族主义就是民族的自豪感、自信心。孙中山多次强调国人要认识到中华民族是世界至大至优之民族，绝不能自甘堕落，且勿自馁！“我们是黄帝的子孙，要素强大，行乎强大。”④

再次，民族主义就是对民族文化的认同与自信。孙中山十分重视民族文化在恢复民族精神中的重要性。他认为忠孝、仁爱、信义、和平、修身、齐家、治国、平天下是中华文化的精髓，是民族特有之宝贝。只要中国人恢复了这些精神，民族就一定能强盛。即使是弱国，也能赢得世界的尊重。

最后，积极的民族主义就是人人争取做人的资格，为民族争独立、争地位。“若积极的民族主义还要整顿教育，培养四万万同胞皆有人的资格。……必须要抱此积极民族主义做人，有凌辱我同胞、蔑视我国权者，以推倒满清之手段排之，固不论其为某国抑或任何国也。”⑤

（二）力倡乐观、力行之精神。几千年来，中华民族都是一个自信自豪的民族，但到了近代，屡受外族欺凌，国家面临严重的生存危机。所以，当时社会上弥漫着一种悲观心理。孙中山认为这种悲观心理是要不得的，因为悲观一会造成旁观心态，二会造成厌生悲世心理。“中国国民之性质，其最大之弊则为悲观。自命高尚者流，闭门谢客，笑骂当世以为得，而热心之极者，更往往蹈海沉江，捐生弃世焉。”⑥所以，孙中山希望国民人人具有一种乐观进取心理。因为只有乐观进取，才有成功的可能。“乐观者，成功之源；悲观者，失败之因。……夫事业以活动而成功，活动以坚忍为要素，世界万事，惟坚忍乃

① 孙中山：《三民主义·民族主义》，《孙中山全集》第9册，北京：中华书局，1986年，第226页。
② 孙中山：《在广东省第五次教育大会上的演说》，《孙中山全集》第5册，北京：中华书局，1985年，第559页。
③ 孙中山：《在广州岭南学生欢迎会的演说》，《孙中山全集》第8册，北京：中华书局，1986年，第538~539页。
④ 孙中山：《在广州全国学生评议会的演说》，《孙中山全集》第8册，北京：中华书局，1986年，第118页。
⑤ 孙中山：《在广东省第五次教育大会上的演说》，《孙中山全集》第5册，北京：中华书局，1985年，第558页。
⑥ 孙中山：《〈国民月刊〉出世辞》，《孙中山全集》第3册，北京：中华书局，1984年，第63页。

能成功。必有乐观之精神,乃有坚忍之毅力。"①只有乐观进取,才能摆脱萎靡之气,勇猛奋斗。"余深望……将悲观之心理打除,生出一极大之希望,造成一进取之乐观,唤起国民勇猛真诚之志气。"②

孙中山先生有一著名学说——行易知难。行易知难是一个包括知识论、政治哲学、心理观念的综合性命题。如同孙中山的训政理论一样,行易知难学说一提出,各方见仁见智,争议颇大。但是孙中山既然把行易知难学说当作是建国方略中的心理建设,我们还是应从心理建设角度看待这个问题;否则就会缘木求鱼,误会了其学说的宗旨。笔者认为,孙中山的行易知难学说,重在塑造一种无畏、力行、冒险的国民精神。无畏也就是不怕。实际上,早在民国初年孙中山就指出,国民之所以有普遍的悲观心理,就是由于怕,悲从怕来。任何事如果怕字当头,就会一事无成。"余以为人人心理中,这一怕字,当先除去,然后才可有为。盖事事存一怕字,则无事能行。"③以后,孙中山再次强调了这个问题。他说:"人到了怕事,便遇事畏难,不去做艰难的事,只找容易的事去做;……人到了畏难,就不敢轻于尝试,试问文化上怎能够有进步?"④

力行也就是遇事行字当头。孙中山称:"夫国者人之积也,人者心之器也,而国事者一人群心理之现象也,是故政治之隆污,系乎人心之振靡。吾心信其可行,则移山填海之难,终有成功之日;吾心信其不可行,则反掌折枝之易,亦无收效之期也。"⑤

冒险,也就是敢于尝试。孙中山说:"科学虽明,惟人类之事仍不能悉先知之而后行之也。其不知而行之事,仍较于知而后行者为尤多也。……故人类之进化,以不知而行者为必要之门径也。夫习练也,试验也,探索也,冒险也,之四事者,乃文明之动机也。生徒之习练也,即行其所不知以达其欲能也。科学家之试验也,即行其所不知以致其所知也。探索家之探索也,即行其所不知以求其发见也。伟人杰士之冒险也,即行其所不知以建其功业也。由是观之,行其所不知者,于人类则促进文明,于国家则图致富强也。是故不知而行者,不独为人类所皆能,亦为人类所当行,而尤为人类之欲生存发达者之所必要也。"⑥

(三)注重国民能力的养成。做一个合格国民,单有国民意识还不够,还要有国民能力。所谓国民能力,也就是行使权利的能力。孙中山真正关注这个问题是在护国运动以后。经过二次革命与袁世凯的称帝,孙中山认为要巩固民国,就必须使人民知共和为世界最良之政治,使人民知人权之可贵,不致放弃权利。要使人民知权利之可贵,就必须使人民行使权利,有行使权利的机会与能力。民众行使权利的能力也只能在行使权利中得到提高。而要落实民权,提高国民行使权利的能力,须从三方面着手:一是训练

① 孙中山:《〈国民月刊〉出世辞》,《孙中山全集》第3册,北京:中华书局,1984年,第63页。
② 孙中山:《在上海报界公会欢迎会的演说》,《孙中山全集》第2册,中华书局1982年版,第496页。
③ 孙中山:《在上海报界公会欢迎会的演说》,《孙中山全集》第2册,中华书局1982年版,第495页。
④ 孙中山:《在桂林学界欢迎会的演说》,《孙中山全集》第6册,北京:中华书局,1985年,第71页。
⑤ 孙中山:《建国方略·行易知难》,《孙中山全集》第6册,北京:中华书局,1985年,第158页。
⑥ 孙中山:《建国方略·行易知难》,《孙中山全集》第6册,北京:中华书局,1985年,第222~223页。

民众的集会、结社能力。孙中山认为,集会、结社能力是发达民权的第一步,“欲团结人心,纠合群力,又非从集会不为功。是集会者,实为民权民达之第一步”①。由此第一步拾级而进,民权必有发达之日。二是训练民众自治能力。要想让民众能行使权利,必须先让民众享有权利。孙中山希望通过地方自治来训练民众行使权利,而长期的革命实践证明,自治范围愈小愈妙;范围大了,人民参与的有效性就被稀释,积极性就会受到打击。先通过县自治培养人民的参与能力与热情,然后扩充至省,直至国家之事,深植人民权利的根基。三是把训政作为培养人民行使权利的必经之路。二次革命以后,孙中山提出训政理论。“夫以中国数千年专制,退化而被征服亡国之民族,一旦革命光复,而欲成立一共和宪治之国家,舍训政一途,断无由速达。”②所谓训政,也就是为人民的保姆,训练其行使权利。

对于孙中山的训政理论,自从其提出之日起,就争议颇大。笔者认为,其理论有极大合理性。首先,符合当时中国现实。中国由一个数千年专制政体一下进入民主政体,民主政体要名实俱符,绝非一朝一夕之功。事实上,人民素质低下、缺乏民主观念是当时很多人的共识。如梁启超就认为,当时中国国民还缺乏共和国民资格。在此过渡时期,怎样培养国民的共和国民资格呢?梁启超提出开明专制理论。孙中山的训政理论其实与梁启超的开明专制理论异曲同工,且比后者更具操作性,因为开明专制理论把希望寄托在一人,训政理论是把希望寄托在一党。

其次,训政是为了积累民主政治运行之经验。民主不仅需要制度、观念,也需要经验。当时的中国正处于一个过渡性社会阶段,民主制度又是一种非常复杂的政治系统。过渡性社会着手采纳民主制度,就是把自己与一种非常复杂的政治系统联系起来,然而,过渡性社会往往既不具有过去的经验,又不能确切理解民主政治系统赖以运行的条件。经验的缺乏及对民主制度理解的贫乏,造成民主制度运行中的种种缺失。过渡性社会面临的迅速变化,又不可能使它像西方国家那样有足够的时间试错。因而在过渡性社会中往往会出现引带民主、一党性民主等,其目的就是希望实现一种有序民主。孙中山提出训政,就是希望通过训政逐渐培养民众的民主政治经验、规范,从而实现一种有序参与。

最后,训政不等于独裁。这里,笔者想引用著名学者萧公权先生对训政的看法,以资印证:“用训政方法来提高民智,在训政期间,必然是由上而下的民治。这是不得已的办法。凡不得已的办法定然有无可免的困难。民治是人民自治。领导人民去自治,似乎有点近乎矛盾。反对训政办法的人,自然而然地会把它看成独裁的变相。但平心静气看来,训政不一定是独裁,尽可以做民主的先驱。关键在乎主持者是否出之以诚,行之得当。具体地说,训政是否民主,要看推行的用意是否在培养人民自动的能力。培养自动能力就是让人民取得主人翁的资格。这样的训政就是民主的准备。假如训政的作

① 孙中山:《建国方略·民权初步》,《孙中山全集》第6册,北京:中华书局,1985年,第413页。

② 孙中山:《建国方略·行易知难》,《孙中山全集》第6册,北京:中华书局,1985年,第211页。

用在灌输某一种主义，消除异己的思想，纵然所灌输的是好主义，消除的是坏思想，总不能由此养成人民的自动能力。”①

三、胡适公民教育思想简介

胡适公民教育思想有两个显著特色：健全的个人主义、民族的自省。

（一）健全的个人主义。胡适认为只有把自己铸造成器，才可以希望有益于社会。一个社会、一个国家，如果没有健全独立的个人，就如同酒里少了酒曲，面包里少了酵母，人身上少了脑筋，这个社会和国家就没有进步的希望。胡适有一段影响深远的名言：

> 现在有人对你们说：“牺牲你们个人的自由，去求国家的自由！”我对你们说：“争你们个人的自由，便是为国家争自由！争你们自己的人格，便是为国家争人格！自由平等的国家不是一群奴才建造得起来的！”②

什么是健全的个人主义？一是有独立的个性。所谓独立的个性，就是不屈从于各种权威和压制，敢于做一个特立独行之士。要发展个性，就必须有自己的自由意志，能独立思考。胡适倡导试验主义、倡导科学精神、倡导注重证据，用胡适的话说，都是教人怎样思考。“我要教人知道学问是平等的，思想是一贯的。……肯疑问‘佛陀耶舍究竟到过庐山没有’的人，方才肯疑问‘夏禹是神是人’。有了不肯放过一个塔的真伪的思想习惯，方才敢疑上帝的有无。”③二是敢担当。所谓敢担当，就是对自己自由意志的选择敢于担负道德的和实际的责任。责任源于自由意志。一个没有选择权的人是不用担当责任的。三是自立自尊。

（二）勇于民族自省。“九一八”事变后，树立民族自信心的呼声高涨。树立民族自信心的一个重要内容就是文化自信。胡适不反对民族自信，但认为自信应建立在反省的基础上。“可靠的民族信心，必须建筑在一个坚固的基础之上，祖宗的光荣自是祖宗之光荣，不能救我们的痛苦羞辱。何况祖宗所见的基业不全是光荣呢？我们要指出：我们的民族信心必须站在‘反省’的唯一基础之上。”④胡适指出，反省不是要人消极，要人灰心，而是要人起信心，由反省而知耻，由知耻而奋进。“真诚的反省自然发生真诚的愧耻。‘不耻不若人，何若人有？’真诚的愧耻自然引起向上的努力，要发弘愿努力学人家的好处，铲除自家的罪恶。经过这种反省与忏悔之后，然后可以起新的信心。”⑤

---

① 萧公权：《说民主》，《观察》第1卷第7期，1946年10月12日。
② 胡适：《介绍我自己的思想》，《胡适文存》第4集，北京：华文出版社，2013年，第469页。
③ 胡适：《介绍我自己的思想》，《胡适文存》第4集，北京：华文出版社，2013年，第476页。
④ 胡适：《信心与反省》，《胡适文存》第4集，北京：华文出版社，2013年，第350页。
⑤ 胡适：《信心与反省》，《胡适文存》第4集，北京：华文出版社，2013年，第350~351页。

四、鲁迅公民教育思想简介

以文艺改造国民精神是鲁迅一生的职志。那么,鲁迅提倡什么国民精神,反对什么国民精神呢?

(一)倡导个性,反对奴性。鲁迅一生非常重视个性,提倡特立独行,提倡实现个人的价值,轰轰烈烈生,轰轰烈烈死。他在《野草》的《题辞》中写道:

> 野草,根本不深,花叶不美,然而吸取露,吸取水,吸取陈死人的血和肉,各各夺取它的生存。当生存时,还是将遭践踏,将遭删刈,直至于死亡而腐朽。
>
> 但我坦然,欣然。我将大笑,我将歌唱。
>
> ……地火在地下运行,奔突;熔岩一旦奔出,将烧尽一切野草,以及乔木,于是并且无可腐朽。
>
> 但我坦然,欣然。我将大笑,我将歌唱。①

要提倡个性,就要反对奴性。什么是奴性?奴性就是奴才之性。奴才与奴隶不同。自甘于奴隶生活,甚至以此而陶醉者,是奴才。鲁迅说:

> 一个活人,当然是总想活下去的,就是真正老牌的奴隶,也还在打熬着活下去。然而自己明知道是奴隶,打熬着,并且不平着,挣扎着,一面"意图"挣脱以至实行挣脱的,即使暂时失败,还是套上了镣铐罢,他却不过是单单的奴隶。如果从奴隶生活中寻出"美"来,赞叹,抚摩,陶醉,那可简直是万劫不复的奴才了,他使自己和别人永远安住于这生活。②

奴性有几种表现:一是安于为奴。"乡下人捉进知县衙门去,打完屁股之后,叩一个头道:'谢大老爷!'这情形是特异的中国民族所特有的。"③二是虽有怨言(这是忠心做奴才而得不到主子青睐的烦恼),却从不敢反抗,希冀主子的赞赏。鲁迅在《聪明人和傻子和奴才》中,就刻画了这种奴才的嘴脸:"奴才总不过是寻人诉苦。只要这样,也只能这样。"④但一旦有人不经其主子允许帮助他改变境遇时,他又大惊失措,把人视作强盗,伙同其他奴才将人赶走,并以此向主子邀功。得到主人的夸奖时,以此为荣,不停地向别人炫耀。三是为了一些蝇头小利,硬要做奴才。鲁迅的《我谈"堕民"》一文就是批判这种现象。他认为堕民在雍正年间就已经是解放了的奴才,但为了得到主子的犒赏甘心做堕民。民国后,仍有堕民为了一点主子的犒赏,不愿与主子家断绝来往。鲁迅感叹

---

① 鲁迅:《题辞》,《鲁迅全集·野草》第2卷,北京:人民文学出版社,2005年,第163页。
② 鲁迅:《漫与》,《鲁迅全集·南腔北调集》第4卷,北京:人民文学出版社,2005年,第604页。
③ 鲁迅:《从胡须说到牙齿》,《鲁迅全集·坟》第1卷,北京:人民文学出版社,2005年,第261页。
④ 鲁迅:《聪明人和傻子和奴才》,《鲁迅全集·野草》第2卷,北京:人民文学出版社,2005年,第221页。

道:“就是为了一点点犒赏,不但安于做奴才,而且还要做更广泛的奴才,还得出钱去买做奴才的权利,这是堕民以外的自由人所万想不到的罢。”①四是陶醉为奴,从为奴中寻出赞叹,寻出美来。鲁迅在《流氓的变迁》一文中展示了从“侠”到“强盗”到“流氓”的奴才演变史。随着这一演变,奴性也在一步步加足,为奴的理由也一步步冠冕堂皇,为奴也越来越安全。五是畏强凌弱的劣根性。奴性中不只有顺从,还有畏强凌弱。“我觉得中国人所蕴蓄的怨愤已经够多了,自然是受强者的蹂躏所致的。但他们却不很向强者反抗,而反在弱者身上发泄,兵和匪不相争,无枪的百姓却并受兵匪之苦,就是最近便的证据。”②鲁迅认为,若此种奴性不改,中国一定要完结。

(二)提倡勇敢,反对卑怯。鲁迅认为,卑怯是国民奴性形成的重要原因。所谓卑就是自卑,不把自己视作人,自甘为奴。

> 我们极容易变成奴隶,而且变了之后,还万分喜欢。
>
> 假如有一种暴力,“将人不当人”,不但不当人,还不及牛马,不算什么东西;待到人们羡慕牛马,发生“乱离人,不及太平犬”的叹息的时候,然后给与他略等于牛马的价格,有如元朝定律,打死别人的奴隶,赔一头牛,则人们便要心悦诚服,恭颂太平的盛世。为什么呢?因为他虽不算人,究竟已等于牛马了。③

人们之所以安于为奴,是因为他也可以奴役更弱小的对象。

> 但是“台”没有臣,不是太苦了么?无须担心的,有比他更卑的妻,更弱的子在。而且其子也很有希望,他日长大,升而为“台”,便又有更卑更弱的妻子,供他驱使了。如此连环,各得其所,有敢非议者,其罪名曰不安分!④

因卑而怯。因为自卑,所以仰视强者,俯视弱者。鲁迅在剖析“西崽相”时称:“‘西崽相’就该和他的职业有关了,但又不全和职业相关,一部份却来自未有西崽以前的传统。……‘事大’,历史上有过的,‘自大’,事实上也常有的;‘事大’和‘自大’,虽然不相容,但因‘事大’而‘自大’,却又为实际上所常见——他足以傲视一切连‘事大’也不配的人们。有人佩服得五体投地的《野叟曝言》中,那‘居一人之下,在众人之上’的文素臣,就是这标本。他是崇华,抑夷,其实却是‘满崽’;古之‘满崽’,正犹今之‘西崽’也。”⑤

如何去除奴性?养成自尊之精神。要养成自尊,一是要有不甘为奴之心。鲁迅在《过年》一文中说:

---

① 鲁迅:《我谈“堕民”》,《鲁迅全集·准风月谈》第5卷,北京:人民文学出版社,2005年,第228页。

② 鲁迅:《杂忆》,《鲁迅全集·坟》第1卷,北京:人民文学出版社,2005年,第238页。

③ 鲁迅:《灯下漫笔一》,《鲁迅全集·坟》第1卷,北京:人民文学出版社,2005年,第223页。

④ 鲁迅:《灯下漫笔二》,《鲁迅全集·坟》第1卷,北京:人民文学出版社,2005年,第227~228页。

⑤ 鲁迅:《“题未定”草三》,《鲁迅全集·且介亭杂文二集》第6卷,北京:人民文学出版社,2005年,第367页。

叫人整年的悲愤,劳作的英雄们,一定是自己毫不知道悲愤,劳作的人物。在实际上,悲愤者和劳动者,是时时需要休息和高兴的。古埃及的奴隶们,有时也会冷然一笑。这是蔑视一切的笑。不懂得这笑的意义者,只有主子和自安于奴才生活,而劳作较少,并且失了悲愤的奴才。①

鲁迅在另一篇文章中写道:

如果有谁看过菲洲的黑奴工头,傲然的拿鞭子乱抽着做苦工的黑奴的电影的,拿来和这《略论中国文坛》的大文一比较,便会禁不住会心之笑。那一个和一群,有这么相近,却又有这么不同,这一张纸真隔得利害:分清了奴隶和奴才。②

鲁迅之所以如此重视奴才和奴隶的区别,在于奴才是安于为奴,甚至以此为荣的,而奴隶虽然也是奴,但不安于为奴,还有悲愤之心。

二是争做人的资格。人的资格是争来的。“人能组织,能反抗,能为奴,也能为主,不肯努力,固然可以永沦为舆台,自由解放,便能够获得彼此的平等,那运命是并不一定终于送进厨房,做成大菜的。……然而我们从古典里,听熟了仁人义士,来解倒悬的胡说了,直到现在,还不免总在想从天上或什么高处远处掉下一点恩典来,其甚者竟以为‘莫作乱离人,宁为太平犬’,不妨变狗,而合群改革是不肯的。自叹不如租界的鸡鸭者,也正有这气味。这类的人物一多,倒是大家要被倒悬的,而且虽在送往厨房的时候,也无人暂时解救。这就因为我们究竟是人,然而是没出息的人的缘故。”③

要不甘为奴,争做人的资格,就要去掉怯弱,有勇敢精神。首先,敢于正视现实,敢于反省,不能生活在自欺之中。“中国人的不敢正视各方面,用瞒和骗,造出奇妙的逃路来,而自以为正路。在这路上,就证明着国民性的怯弱,懒惰,而又巧滑。”④鲁迅认为中国人的自欺,方法颇多。一是讳疾忌医。

譬如病人,患着浮肿,而讳疾忌医,但愿别人胡涂,误认他为肥胖。妄想既久,时而自己也觉得好像肥胖,并非浮肿;即使还是浮肿,也是一种特别的好浮肿,与众不同。如果有人,当面指明:这非肥胖,而是浮肿,且并不‘好’,病而已矣。那么,他就失望,含羞,于是成怒,骂指明者,以为昏妄。然而还想吓他,骗他,又希望他畏惧主人的愤怒和骂詈,惴惴的再看一遍,细寻佳处,改口说这的确是肥胖。于是他得

① 鲁迅:《过年》,《鲁迅全集·花边文学》第5卷,北京:人民文学出版社,2005年,第463~464页。

② 鲁迅:《“题未定”草五》,《鲁迅全集·且介亭杂文二集》第6卷,北京:人民文学出版社,2005年,第403~404页。

③ 鲁迅:《倒提》,《鲁迅全集·花边文学》第5卷,北京:人民文学出版社,2005年,第517~518页。

④ 鲁迅:《论睁了眼看》,《鲁迅全集·坟》第1卷,北京:人民文学出版社,2005年,第240页。

到安慰，高高兴兴，放心的浮肿着了。①

二是精神胜利法。或是中国古已有之，老子的祖先比你阔，或是在痛苦中寻出光荣来。

> 在事实上，亡国一次，即添加几个殉难的忠臣，后来每不想光复旧物，而只去赞美那几个忠臣；遭劫一次，即造成一群不辱的烈女，事过之后，也每每不思惩凶，自卫，却只顾歌咏那一群烈女。仿佛亡国遭劫的事，反而给中国人发挥“两间正气”的机会，增高价值，即在此一举，应该一任其至，不足忧悲似的。②

三是选择健忘，用时间冲去记忆。鲁迅在《记念刘和珍君》一文中写道：

> 真的猛士，敢于直面惨淡的人生，敢于正视淋漓的鲜血。这是怎样的哀痛者和幸福者？然而造化又常常为庸人设计，以时间的流驶，来洗涤旧迹，仅使留下淡红的血色和微漠的悲哀。在这淡红的血色和微漠的悲哀中，又给人暂得偷生，维持着这似人非人的世界。我不知道这样的世界何时是一个尽头！③

四是巧词遁逃。

> 遇见强者，不敢反抗，便以“中庸”这些话来粉饰，聊以自慰。所以中国人倘有权力，看见别人奈何他不得，或者有“多数”作他护符的时候，多是凶残横恣，宛然一个暴君，做事并不中庸；待到满口“中庸”时，乃是势力已失，早非“中庸”不可的时候了。一到全败，则又有“命运”来做话柄，纵为奴隶，也处之泰然，但又无往而不合于圣道。这些现象，实在可以使中国人败亡，无论有没有外敌。④

欺骗、逃遁都不是正道。正道是：“自省，分析，……变革，挣扎，自作工夫，却不求别人的原谅和称赞，来证明究竟怎样的是中国人。”⑤鲁迅认为，只有不再自欺，才有希望的萌芽。“我们仔细查察自己，不再说诳的时候应该到来了，一到不再自欺欺人的时候，也就是到了看见希望的萌芽的时候。”⑥

其次，要有反抗强敌的勇气。“此国将与彼国为敌的时候，总得先用了手段，煽起国

---

① 鲁迅：《“立此存照”三》，《鲁迅全集·且介亭杂文末编》第6卷，北京：人民文学出版社，2005年，第648～649页。

② 鲁迅：《论睁了眼看》，《鲁迅全集·坟》第1卷，北京：人民文学出版社，2005年，第254页。

③ 鲁迅：《记念刘和珍君》，《鲁迅全集·华盖集续编》第3卷，北京：人民文学出版社，2005年，第290页。

④ 鲁迅：《通讯二》，《鲁迅全集·华盖集》第3卷，北京：人民文学出版社，2005年，第27页。

⑤ 鲁迅：《“立此存照”三》，《鲁迅全集·且介亭杂文末编》第6卷，北京：人民文学出版社，2005年，第649页。

⑥ 鲁迅：《补白一》，《鲁迅全集·华盖集》第3卷，北京：人民文学出版社，2005年，第108页。

民的敌忾心来，使他们一同去扞御或攻击。但有一个必要的条件，就是：国民是勇敢的。因为勇敢，这才能勇往直前，肉搏强敌，以报仇雪恨。假使是怯弱的人民，则即使如何鼓舞，也不会有面临强敌的决心；然而引起的愤火却在，仍不能不寻一个发泄的地方，这地方，就是眼见得比他们更弱的人民，无论是同胞或是异族。”①遇强而弱，遇弱而强，是怯弱、是奴性。中国要得救，就必须是“对手如凶兽时就如凶兽，对手如羊时就如羊”②！鲁迅所说的勇敢，不是一时之气，而是有确信、不怕失败、有韧性的战斗精神。不怕失败、有韧性，是中国国民精神中最缺乏的。“中国一向就少有失败的英雄，少有韧性的反抗，少有敢单身鏖战的武人，少有敢抚哭叛徒的吊客；见胜兆则纷纷聚集，见败兆则纷纷逃亡。”③

（三）提倡活力，反对死相。鲁迅在《略论中国人的脸》《从孩子的照相说起》等多篇文章中都提到中国人缺乏活力，一脸死相。鲁迅呼吁打破死相，展现活力。“约翰弥耳说：专制使人们变成冷嘲。我们却天下太平，连冷嘲也没有。我想：暴君的专制使人们变成冷嘲，愚民的专制使人们变成死相。大家渐渐死下去，而自己反以为卫道有效，这才渐近于正经的活人。世上如果还有真要活下去的人们，就先该敢说，敢笑，敢哭，敢怒，敢骂，敢打，在这可诅咒的地方击退了可诅咒的时代！”④

（四）提倡实干，反对旁观。鲁迅非常痛恨国民中普遍存在的看客心理。一是自己不干，却热衷于看热闹。他在《复仇》《一思而行》等文章中，就对这种看热闹的心理进行了讽刺。《复仇》中描写一男一女裸体持刀对立旷野中，无聊人跟随而往，以为必有事，而二人从此毫无动作，以致无聊人仍然无聊，至于老死。鲁迅在谈到《复仇》的创作宗旨时称：“因为憎恶社会上旁观者之多，作《复仇》第一篇。”⑤而他在《一思而行》中写道：“假使有一个人，在路旁吐一口唾沫，自己蹲下去，看着，不久准可以围满一堆人；又假使又有一个人，无端大叫一声，拔步便跑，同时准可以大家都逃散。真不知是‘何所闻而来，何所见而去’，然而又心怀不满，骂他的莫名其妙的对象曰‘妈的’！”⑥二是冷嘲热讽。鲁迅说如果不是战士，连社会上的不平也觉察不到，只是一味地嘲笑，以此以英雄自居，这是不花钱的买卖。如果不去改变社会的不平，只是对弱者冷嘲热讽，那就是帮凶。干起来，是鲁迅的主张。他说：“古训所教的就是这样的生活法，教人不要动。不动，失错当然就较少了，但不活的岩石泥沙，失错不是更少么？我以为人类为向上，即发展起见，应该活动，活动而有若干失错，也不要紧。惟独半死半生的苟活，是全盘失错的。因为他挂了生活的招牌，其实却引人到死路上去！”⑦

（五）提倡博大开放，反对自闭保守。鲁迅认为，在唐朝以前，中国民族精神还是博

---

① 鲁迅：《杂忆》，《鲁迅全集·坟》第1卷，北京：人民文学出版社，2005年，第237~238页。

② 鲁迅：《忽然想到七》，《鲁迅全集·华盖集》第3卷，北京：人民文学出版社，2005年，第64页。

③ 鲁迅：《这个与那个》，《鲁迅全集·华盖集》第3卷，北京：人民文学出版社，2005年，第152~153页。

④ 鲁迅：《忽然想到五》，《鲁迅全集·华盖集》第3卷，北京：人民文学出版社，2005年，第45页。

⑤ 鲁迅：《〈野草〉英文译本序》，《鲁迅全集·二心集》第4卷，北京：人民文学出版社，2005年，第365页。

⑥ 鲁迅：《一思而行》，《鲁迅全集·花边文学》第5卷，北京：人民文学出版社，2005年，第500页。

⑦ 鲁迅：《北京通信》，《鲁迅全集·华盖集》第3卷，北京：人民文学出版社，2005年，第55页。

大开放的。他在《看镜有感》中写道：

遥想汉人多少闳放，新来的动植物，即毫不拘忌，来充装饰的花纹。唐人也还不算弱，例如汉人的墓前石兽，多是羊，虎，天禄，辟邪，而长安的昭陵上，却刻着带箭的骏马，还有一匹鸵鸟，则办法简直前无古人。①

宋以后，民族精神就趋于保守。之所以如此，就是国力衰弱，丧失了自信心。

汉唐虽然也有边患，但魄力究竟雄大，人民具有不至于为异族奴隶的自信心，或者竟毫未想到，凡取用外来事物的时候，就如将彼俘来一样，自由驱使，绝不介怀。一到衰弊陵夷之际，神经可就衰弱过敏了，每遇外国东西，便觉得仿佛彼来俘我一样，推拒，惶恐，退缩，逃避，抖成一团，又必想一篇道理来掩饰，而国粹遂成为孱王和孱奴的宝贝。②

但是，自闭保守究竟不是正道，为了生存进步，必须要有博大开放的精神。"要进步或不退步，总须时时自出新裁，至少也必取材异域，倘若各种顾忌，各种小心，各种唠叨，这么做即违了祖宗，那么做又像了夷狄，终生惴惴如在薄冰上，发抖尚且来不及，怎么会做出好东西来。所以事实上'今不如古'者，正因为有许多唠叨着'今不如古'的诸位先生们之故。现在情形还如此。倘再不放开度量，大胆地，无畏地，将新文化尽量地吸收，则杨光先似的向西洋主人沥陈中夏的精神文明的时候，大概是不劳久待的罢。"③所以，鲁迅呼吁国民要敢于做第一个吃螃蟹的人，要有拿来主义的博大胸怀。

(六)提倡人道主义，反对暴虐冷漠。鲁迅认为中国国民中，存在暴虐冷漠之气。他在早年的《暴君的臣民》中写道：

暴君治下的臣民，大抵比暴君更暴；暴君的暴政，时常还不能餍足暴君治下的臣民的欲望。……暴君的臣民，只愿暴政暴在他人的头上，他却看着高兴，拿'残酷'做娱乐，拿'他人的苦'做赏玩，做慰安。④

鲁迅晚年在《病后杂谈》中谈到中国的酷刑、杀人、凌虐人，而可悲的是，人们还能在其中寻出闲适、有趣，甚至歌功颂德来。鲁迅在《经验》等文章中也谈到国人的冷漠。他认为，这都是暴君统治造成的，因为奴隶们受惯了酷刑教育，他只知道对人应该用酷刑。酷的教育，使人们见酷而不觉其酷；豺狼当道，使人们不敢多管闲事，久而久之，也就冷

---

① 鲁迅：《看镜有感》，《鲁迅全集·坟》第1卷，北京：人民文学出版社，2005年，第197页。
② 鲁迅：《看镜有感》，《鲁迅全集·坟》第1卷，北京：人民文学出版社，2005年，第209页。
③ 鲁迅：《看镜有感》，《鲁迅全集·坟》第1卷，北京：人民文学出版社，2005年，第211页。
④ 鲁迅：《暴君的臣民》，《鲁迅全集·热风》第1卷，北京：人民文学出版社，2005年，第384页。

漠起来。

> 自有历史以来,中国人是一向被同族和异族屠戮,奴隶,敲掠,刑辱,压迫下来的,非人类所能忍受的楚毒,也都身受过,每一考察,真教人觉得不像活在人间。①

非人的生活,养成国民精神中的暴虐冷漠之气。要有人道,只能去争。“因为人道是要各人竭力争来,培植,保养的,不是别人布施,捐助的。”②

总之,鲁迅希望、提倡的是人的教育,非奴的教育。中国教育、文化中有太多侍奉主子的教育、为奴的教育。所谓主子,也是奴才的反面,与奴才没有质的区别。“专制者的反面就是奴才,有权时无所不为,失势时即奴性十足。孙皓是特等的暴君,但降晋之后,简直像一个帮闲;宋徽宗在位时,不可一世,而被掳后偏会含垢忍辱。做主子时以一切别人为奴才,则有了主子,一定以奴才自命:这是天经地义,无可动摇的。”③因为为奴的教育太多,所以没有彼此平等的人的观念;因为为奴的教育太多,所以养成遇强而弱、遇弱而强的奴性,缺乏勇敢精神;因为为奴的教育太多,所以造成中国人的死相,缺乏活力;因为为奴的教育太多,所以中国人忍受着非人类所能忍受的楚毒,养成暴虐冷漠之气;因为为奴的教育太多,所以造成中国人的保守气质,特别在民族衰弱之际更是如此。所以鲁迅希望国民打破主奴的观念,树立人人平等的人的观念,做敢于抗争、敢于冒险,自信、开放、热诚的国民。

---

① 鲁迅:《病后杂谈之余》,《鲁迅全集·且介亭杂文》第6卷,北京:人民文学出版社,2005年,第186~187页。

② 鲁迅:《不满》,《鲁迅全集·热风》第1卷,北京:人民文学出版社,2005年,第358页。

③ 鲁迅:《谚语》,《鲁迅全集·南腔北调集》第4卷,北京:人民文学出版社,2005年,第557页。

结　语

回顾与反思

公民概念最早产生于西方。在西方,公民思想的发展经历了古代、中世纪、前现代、现代、后现代几个时期。每个时期公民思想的发展都有自身显著的特色。在古代,希腊留给后人的是以参与为特征的公民理念;罗马留给后人的遗产是法律权利基础上的公民身份。在中世纪,公民身份更多的是一个法律概念。在前现代,即文艺复兴时期,作为政治概念的公民身份复兴,人们强调参与基础上的公民美德,人民主权、人民反抗权得到论证或提出。随着民族国家的形成,国家这个超越城邦和城市的政治共同体,其概念变得越来越清晰,越来越成为人们认同的最高对象。17 世纪是西方现代公民身份发端的世纪。现代公民身份最显著的特色是建立在现代个人主义的基础上。个人是实体,是其他一切的基础,其表现就是个人权利的确立、个人道德的内在化、个人的解放与实现。因对个人主义的强调,个人日常生活得到肯定,公私领域区分的理念出现。17 世纪也是王权开始衰落的时代。王权衰落,意味着以王权为主权合法代表的合法性受到挑战。在一个现代国家,如何处理公民个人与国家、社会的关系,成为一个不得不面对的问题。社会契约论、功利论、理性主义、有机体论、新功利主义、古典自由主义等国家理论相继而起。随着民族国家的形成,民族主义也逐渐兴起。民族成为公民认同的新来源。随着社会的发展,公民权利也在不断延伸。20 世纪 70 年代,西方进入后现代化时期。这一时期,公民身份的显著特征是多元化。自由平等主义者、自由至上主义者、社群主义者都提出了各自的公民身份理论。随着苏联解体、东欧剧变,民族冲突加剧,全球化的加速发展,民族国家认同的理念受到质疑,世界公民的理念出现。而全球环境问题的加剧使地球公民、生态公民的概念随之而出。

纵观西方公民思想的发展历史,其显示出以下几个特色:

一是权利是公民身份概念的核心。公民身份概念本是权利与义务的集合,这也是其具有强大生命力的根源所在。因为无论是强调权利还是义务,强调自然权利还是其他应享权利,都可以从中找到根据。但从西方公民思想发展历史而言,特别是17世纪以后,权利占据着西方公民概念的核心。即使黑格尔及后来的社群主义者也不否定权利。义务是权利的派生物,为享权利而尽义务。需要指出的是,西方公民权利,尤其是17世纪以后的公民权利,主要是建立在普遍形式正义的基础上。形式上的平等开放并不必然带来实质正义,这也为西方一些思想家所诟病。但是,我们也不能因此而否认其进步性。相比把权利建立在身份等级上,形式正义仍有巨大的历史进步性。

二是公民身份的开放性。西方公民身份一步步从封闭走向开放。

三是平等性。无论是强调实质平等,还是强调形式平等,公民身份越来越意味着不能被歧视、忽略,要被平等对待。当然对平等对待的内涵的理解是有分歧的。

四是实践性。西方公民身份概念的内涵是随着实践和历史发展而演变的。

五是"社会"在西方公民概念及实践中具有重要地位。无论是把社会视作完全的市民社会,还是视作公共领域的组成部分,社会都被赋予了减少政府权力、保护公民权利的功能。

在中国,公民理念是一个舶来品,是民族生存危机下的产物。中国的公民教育进入课堂虽在20世纪初,但对公民的呼吁、对公民理念的阐发却在中日甲午战后。甲午战后,中国面临严重的民族生存危机。民族要生存,就必须有公民。中国近代公民教育思想演变大致经历了四个阶段:清末民初、新文化运动时期、新文化运动后至抗日战争结束、抗战以后。清末民初,对公民理念的阐发主要围绕国家主义和尚武精神而展开。优胜劣汰、适者生存被认为是公理,强与弱相遇,强权即公理。民族生存、国家独立是第一位。国民必须养成尚武之精神。洪宪帝制及第一次世界大战促发了中国公民教育思想的转向。民初的强有力政府主张,以及袁世凯利用人们建立强有力政府的愿望压制民权,最终走向帝制自为,促使人们反思。第一次世界大战德国战败,也给主张国家主义者浇了一盆冷水。德国战败不仅被认为是强权的失败,也被认为是国家主义的失败。国家要生存,必须先有独立的个人;国家主义被认为狭隘过时,应该提倡世界主义;公理战胜强权,应该提倡和平主义。所以个人主义、世界主义、和平主义成为新文化运动时期公民教育的宗旨。"五卅惨案"的发生击破了国人的美好理想。公理的时代远未到来,世界仍是一个强权世界。"九一八"事变后,日本帝国主义对中国的步步侵略,也促使中国民族主义的再度兴起。国家主义、民族主义、尚武精神重新成为中国公民教育思想的主流。当然,这不是一个简单的回归,而是经过了新文化运动的洗礼,去除其形式主义、民族虚无主义以后的一个新的回归。抗日战争的胜利使中国解除了民族生存的危机。和平民主建国成为国人的希望。自由、平等、法治重新成为中国思想主流，中国公民教育思想也随之转向。

一国的公民教育思想与一国的国情、面临的历史任务、一国的文化等有密不可分的关系。对于近代中国而言，第一位的任务是求得民族的生存和独立，因此，爱国主义、尚武精神（或者扩大而言，崇尚武力、崇尚勇敢、崇尚活力、崇尚力行的阳刚精神）在中国公民教育思想中具有突出地位。要实现民族的生存与独立，就必须由传统国家向现代国家转型，因此，自由、平等、民主、法治、权利、义务、责任等成为国人追求的价值观念。建设现代国家、现代社会，需要现代公民。作为现代公民，当然需要具备爱国、自由、平等、民主、法治、权利、义务、责任等很多资格；但是，成为一个具有独立、平等人格的个人是首要条件，因为公民身份的养成，最终必须落实到每个个人身上。所以，养成具有独立、平等人格，自立、自尊、自强的个人，成为中国近代公民教育思想阐发的重要内容。中国长期处于专制社会，提倡顺从的奴性教育根深蒂固。解除精神奴役，反对奴性，是成为独立个人、合格公民的题中应有之义。

中国传统社会是建立在宗法基础上的私性社会，缺乏公共领域，因而也缺乏公共领域的准则。中国社会要由传统社会走向现代社会，就必须走出以宗法为基础的私性社会，公共领域的出现与形成是不可避免的。如何养成公共领域的准则，也是中国近代思想界关心的重要问题。中国近代思想家认为，诚实守信、规则秩序、社会公共心是中国人最缺乏的公德，亟须养成。中国人之所以缺乏公德，除政治、社会原因外，很多思想家认为中国人的自私本性也是中国公德不立的重要原因。近代一些外国传教士在观察中国时，认为中国人自私冷漠，这对中国近代思想家有很大影响。梁启超、鲁迅、罗家伦、潘光旦等人都认同这一观点，即自私是中国国民劣根性之一。所以，呼吁同情心，消除自私冷漠也被认为是增进公德、建立有同情心社会的途径之一。

除了公德，中国近代思想家也非常关心私德，认为私德是公德的基础。追寻道德本源，使公民道德有坚实的基础，是中国近代思想家的目标之一。现代公民应是文明优雅的国民。所谓文明的国民，就是拥有较高文化素质、科学素质，以及文明行为与形象的国民；所谓优雅的国民，就是对真、善、美有追求，有一定的超越精神的国民。因此中国近代思想家提倡开民智，提倡人文主义。

女国民是国民的重要组成部分。中国近代思想家非常重视女国民的塑造，这既关系到民族生存，也关系到社会解放。中国近代对女国民的定位经历了几个阶段的变化，总体趋势是解除历史上对妇女的种种压制，特别是男权的压制，把妇女塑造成为具有独立人格的人，同男子一样享有同等权利、担负同等责任的公民。

民族文化是一个民族的精神生命、精神家园。中国近代公民教育思想也无法摆脱和中国传统文化的关系，无论是吸取其营养，还是剔除其糟粕。中国近代思想家亦探讨了传统文化与现代公民之间的关系。而在当时一个思想多元、政治多元的社会中，每个思想家、每个政治流派对公民概念的理解，对公民教育实践的看法也不尽一致，这丰富了中国近代公民教育的理念和实践。

纵览中国近代公民教育思想发展历程可以看出,中国近代公民教育思想的核心理念可以总结为以下几个词:爱国、奉公(即社会公共心)、自由、平等、独立、民主、法治、权利、义务、责任、诚信、秩序、尚武、科学、理性、热诚、文明、仁爱(即同情心)。

中国近代公民教育思想深受西方之影响。从思想角度而言,从古代柏拉图到近代洛克、卢梭、康德、黑格尔、边沁、密尔、斯宾塞,从基督教到社会契约论、进化论、自由主义、理性主义、浪漫主义、功利主义、社会有机论的国家主义、民族主义,这些西方思想家和思想流派都对中国近代公民教育思想产生了深刻影响。从问题角度而言,权利与义务(法律义务、道德义务)亦是中国近代公民教育思想关注的核心。另外,自由、平等、民主、法治,甚至是现代国家观念,这些都是中国传统文化主流内容中不曾具备的,是从西方引进的。

中国近代公民教育思想虽深受西方之影响,但亦有自身显著的特色。权利,特别是个人权利,无疑是西方公民教育思想的核心价值所在。近代中国的公民教育特别强调义务与责任。而所谓的个人自由,西方强调的是消极自由,中国强调的是个人的解放与实现,即个性自由。追求个人权利,也是为了实现个性自由。实现个性自由,是为了为国家培养具有独立人格的国民。在西方,义务是权利的派生物;而在近代中国,享权利就是要尽责任。近代中国积弱积贫,对尚武、阳刚精神之强调,是中国近代公民教育思想的另一显著特色。中国自古以来,就是一个重视教育的民族。近代因落后遭受列强侵略、欺凌、轻视,这对一个具有悠久历史、璀璨文化的民族是一个巨大刺激。关注公民文化素质、文明素质、秩序、同情心,培养文明优雅、富有友爱精神的公民,是中国近代公民教育思想又一显著特色。

中国近代公民教育思想有其巨大之影响、显著之成就。其一,经过中国近代思想家的反复宣传,经过各方政治势力的强力动员,国家、民族成功取代其他次社会群体或个人,成为公民的最高认同。其二,相较中国传统社会,中国近代社会出现了平等化的趋势。公民身份这个概念本身即有内在的平等化趋势。无论从其他方面而言是否承认平等存在,但是作为同一政治共同体的一员,大家应该是平等的,至少从形式正义的角度,大家应该是平等的。这种平等是作为政治共同体一员的平等,无关外在的禀赋、成就。中国近代思想家,不能绝对说全部,但至少是绝大多数,都是从这一角度理解公民的。他们没有把哪一部分排除在公民之外,也没在公民之内又分三六九等。其三,个人地位得到凸显。中国虽没有西方现代意义上的个人主义,但相较中国传统社会,个人地位得到凸显也是一个事实。因为作为一个公民,首先要是一个从其他次社会团体中摆脱出来,有自己人格的个人。在这一点上,无论是所谓的国家主义者还是自由主义者是有共识的。无论个人是作为一个人格、权利还是义务载体,都凸显了个人地位。其四,意志自由、良心自由的观念得到比较广泛的宣传,这也是现代性的一个表现。其五,公共领域的道德问题受到关注。无论成效如何,提出问题本身就是一个进步。

中国近代公民教育思想也有一些内在的缺陷。一是缺乏一个摆脱处境化的自由、平等、理性的个人的预设。中国文化中的人要么是处境化中的人,要么是“人之为人”的通性的人。优点是强调了人的社会性,缺点是忽略了个人的价值、个人的尊严。从政治而言,这造成了强调公权利、忽视私权利。所谓公权利,也就是参与的权利。对参与权利的强调,目的是为国尽责。在近代中国语境中,私权利之所以遭到忽视,除社会大背景之外,缺乏抽象个人的观念未必不是原因之一。人们更多地强调了作为多数的人的民权,强调了民权与君权及其他专制独裁权力的对立;作为单数的个体权利被忽略。从道德而言,“人之为人其自身即一目的”的原则不能确立。由于缺乏抽象个人观念,以现实的成就、现实的差别而否认人人平等的理论,在中国并不鲜见。由于不能脱离现实的功利而论自由、平等,自由、平等就缺乏坚实的理论与价值基础,这就使得无论从政治还是道德层面而言,自由、平等更多的是一种工具理性,而非价值理性。二是功利主义现象严重。中国近代社会是一个急剧变动的社会,各种现实问题层出不穷,这就使得人们对理论问题难有深入思考,更多的是输入与应用,其结果是缺乏较系统的理论建构。这在中国近代公民教育思想中也同样存在。中国近代公民教育思想多是针对问题而发,很少有系统的理论思考。因一时功利而提出某种主张,有时难免失于偏颇。比如对尚武精神的强调,有利于振奋民族精神、民族活力,但也忽略了对生命的珍重。三是缺乏对社会的论述。市民社会,或者具有公共领域性质的社会概念,在近代中国几乎是不存在的。

参考书目

(一)理论译著类

《马克思恩格斯全集》第1卷,北京:人民出版社,1956年。

[古希腊]修昔底德著:《伯罗奔尼撒战争史》上,谢德风译,北京:商务印书馆,1960年。

[意]尼科洛·马基雅维利著:《论李维》,冯克利译,上海:上海人民出版社,2005年。

[英]霍布斯著:《论公民》,应星、冯克利译,贵阳:贵州人民出版社,2003年。

[英]霍布斯著:《利维坦》,黎思复、黎廷弼译,杨昌裕校,北京:商务印书馆,1985年。

[英]洛克著:《政府论》下,叶启芳、瞿菊农译,北京:商务印书馆,1995年。

[英]洛克著:《人类理解论》,谭善明、徐文秀译,西安:陕西人民出版社,2007年。

[法]让-雅克·卢梭著:《论人类不平等的起源和基础》,高煜译,高毅校,桂林:广西师范大学出版社,2002年。

[法]卢梭著:《社会契约论》,何兆武译,北京:商务印书馆,2005年。

[英]大卫·休谟著:《人性论》,石碧球译,北京:中国社会科学出版社,2009年。

[英]柏克著:《法国革命论》,何兆武、许振洲、彭刚译,北京:商务印书馆,1999年。

牟宗三译:《康德的道德哲学》,西安:西北大学出版社,2008年。

[德]黑格尔著:《法哲学原理》,范扬、张企泰译,北京:商务印书馆,1996年。

[法]托克维尔著:《论美国的民主》(上、下),董果良译,北京:商务印书馆,1996年。

[法]托克维尔著:《旧制度与大革命》,冯棠译,桂裕芳、张芝联校,北京:商务印书馆,1997年。

[法]邦雅曼·贡斯当著:《古代人的自由与现代人的自由》,阎克文、刘满贵译,冯克利校,北京:商务印书馆,1999年。

[德]弗里德里希·席勒著:《审美教育书简》,冯至、范大灿译,北京:北京大学出版社,1985年。

[德]威廉·冯·洪堡著:《论国家的作用》,林荣远、冯兴元译,北京:中国社会科学

出版社,1998 年。

[英]约翰·密尔著:《论自由》,许宝骙译,北京:商务印书馆,2007 年。

[英]边沁著:《道德与立法原理导论》,时殷弘译,北京:商务印书馆,2000 年。

[英]赫伯特·斯宾塞著:《国家权力与个人自由》,谭小勤等译,北京:华夏出版社,2000 年。

[英]玛丽·沃斯通克拉夫特、约翰·斯图尔特·穆勒著:《女权辩护/妇女的屈从地位》,王蓁、汪溪译,北京:商务印书馆,1995 年。

[法]爱弥尔·涂尔干著:《职业伦理与公民道德》,渠东、付德根译,上海:上海人民出版社,2006 年。

[德]尼采著:《查拉图斯特拉如是说》,黄明嘉译,桂林:漓江出版社,2000 年。

[英]霍布豪斯著:《自由主义》,朱曾汶译,北京:商务印书馆,1996 年。

[德]马克斯·韦伯著:《经济通史》,姚曾广译,上海:上海三联书店,2006 年。

[德]马克斯·韦伯著:《经济与社会》下,林荣远译,北京:商务印书馆,1998 年。

[意]贝尼季托·克罗齐著:《作为表现的科学和一般语言学的美学的历史》,王天清译,北京:中国社会科学出版社,1984 年。

[英]鲍桑葵著:《关于国家的哲学理论》,汪淑钧译,北京:商务印书馆,1996 年。

[匈]卢卡奇著:《理性的毁灭》,王玖兴等译,济南:山东人民出版社,1988 年。

[英]罗素著:《西方哲学史》上,何兆武、李约瑟译,北京:商务印书馆,2002 年。

[英]罗素著:《西方哲学史》下,马元德译,北京:商务印书馆,2002 年。

[英]弗里德利希·冯·哈耶克著:《自由秩序原理》上,邓正来译,北京:生活·读书·新知三联书店,1997 年。

[美]科恩著:《论民主》,聂崇信、朱秀贤译,北京:商务印书馆,2005 年。

[英]以赛亚·伯林著:《自由论》,胡传胜译,南京:译林出版社,2003 年。

[美]约翰·罗尔斯著:《正义论》,何怀宏、何包钢、廖申白译,北京:中国社会科学出版社,1988 年。

[美]罗纳德·德沃金著:《认真对待权利》,信春鹰、吴玉章译,北京:中国大百科全书出版社,1998 年。

[美]桑德尔著:《自由主义与正义的局限》,万俊人译,南京:译林出版社,2001 年。

[加拿大]查尔斯·泰勒著:《自我的根源:现代认同的形成》,韩震等译,南京:译林出版社,2001 年。

[德]哈贝马斯著:《交往行动理论》第 1 卷,洪佩郁、蔺菁译,重庆:重庆出版社,1994 年。

[美]罗伯特·A.达尔著:《现代政治分析》,王沪宁、陈峰译,上海:上海译文出版社,1987 年。

[美]戴维·伊斯顿著:《政治生活的系统分析》,王浦劬译,北京:华夏出版社,1999 年。

[美]乔·萨托利著:《民主新论》,冯克利、阎克文译,北京:东方出版社,1993 年。

[美]基斯·福克斯著:《公民身份》,郭忠华译,长春:吉林出版集团有限责任公司,2009 年。

[英]德里克·希特著:《公民身份:世界史、政治学与教育学中的公民理想》,郭台辉、余慧元译,长春:吉林出版集团有限责任公司,2010 年。

[美]彼得·雷森伯格著:《西方公民身份传统——从柏拉图至卢梭》,郭台辉译,长春:吉林出版集团有限责任公司,2009 年。

[英]T.H.马歇尔、安东尼·吉登斯等著:《公民身份与社会阶级》,郭忠华、刘训练编,南京:江苏人民出版社,2008 年。

[英]尼克·史蒂文森编:《文化与公民身份》,陈志杰译,长春:吉林出版集团有限责任公司,2007 年。

[英]布赖恩·特纳编:《公民身份与社会理论》,郭忠华、蒋红军译,长春:吉林出版集团有限责任公司,2007 年。

[英]巴特·范·斯廷博根编:《公民身份的条件》,郭台辉译,郭忠华校,长春:吉林出版集团有限责任公司,2007 年。

柴方国编译,李惠斌、薛晓源主编:《全球化与公民社会》,桂林:广西师范大学出版社,2003 年。

[美]菲利克斯·格罗斯著:《公民与国家——民族、部族和族属身份》,王建娥、魏强译,北京:新华出版社,2003 年。

[美]乔治·霍兰·萨拜因著,托马斯·兰敦·索尔森修订:《政治学说史》上,盛葵阳、崔妙因译,北京:商务印书馆,1986 年。

[美]乔治·霍兰·萨拜因著,托马斯·兰敦·索尔森修订:《政治学说史》下,刘山等译,北京:商务印书馆,1986 年。

[英]昆廷·斯金纳著:《近代政治思想的基础》(上、下),奚瑞森、亚方译,北京:商务印书馆,2002 年。

[美]墨菲著:《康德:权利哲学》,吴彦译,北京:中国法制出版社,2010 年。

[英]埃里·凯杜里著:《民族主义》,张明明译,北京:中央编译出版社,2002 年。

[加]威尔·金里卡著:《当代政治哲学》,刘莘译,上海:上海译文出版社,2011 年。

[英]乔纳森·沃尔夫著:《诺齐克》,王天成、张颖译,哈尔滨:黑龙江人民出版社,1999 年。

[加]查尔斯·泰勒著:《黑格尔与现代社会》,徐文瑞译,长春:吉林出版集团有限责任公司,2009 年。

[美]丹尼尔·贝尔著:《社群主义及其批评者》,李琨译,宋冰校,北京:生活·读书·新知三联书店,2002 年。

[美]阿兰·博耶等著:《公民共和主义》,应奇、刘训练编,北京:东方出版社,2006 年。

[美]佩吉·麦克拉肯主编,艾晓明、柯倩婷副主编:《女权主义理论读本》,桂林:广西师范大学出版社,2007 年。

[美]Fred I. Greenstein、Nelson W.Polsby 主编:《政治科学大全:总体政治论》,台北:幼狮文化事业公司,1983 年。

(二)档案、资料汇编类

巫宝三主编:《欧洲中世纪经济思想资料选辑》,北京:商务印书馆,1998 年。

中国史学会编:《戊戌变法》第 2、3、4 册,上海:上海人民出版社,2000 年。

清华大学历史系编:《戊戌变法文献资料系日》,上海:上海书店出版社,1998 年。

中国史学会编:《辛亥革命》第 1、2 册,上海:上海人民出版社,2000 年版。

张枬、王忍之编:《辛亥革命前十年间时论选集》第 1 卷(上、下),北京:生活·读书·新知三联书店,1960 年。

张枬、王忍之编:《辛亥革命前十年间时论选集》第 2 卷(上、下),北京:生活·读书·新知三联书店,1963 年。

张枬、王忍之编:《辛亥革命前十年间时论选集》第 3 卷,北京:生活·读书·新知三联书店,1977 年。

丁守和主编:《辛亥革命时期期刊介绍》第 1 集,北京:人民出版社,1982 年。

朱有瓛编:《中国近代学制史料》第一辑上,上海:华东师范大学出版社,1983 年。

朱有瓛编:《中国近代学制史料》第二辑上,上海:华东师范大学出版社,1987 年。

故宫博物院明清档案部编:《清末筹备立宪档案史料》上,北京:中华书局,1979 年。

《庚戌资政院议案草》第 1 卷,沈云龙主编:《近代中国史料丛刊三编》,台北:文海出版社,1978 年。

《民国经世文编·教育》,沈云龙主编:《近代中国史料丛刊》第 496 辑,台北:文海出版社,1978 年。

少年中国学会编:《国家主义论文集》第 1 辑,沈云龙主编:《近代中国史料丛刊》第 91 辑,台北:文海出版社,1978 年。

张君劢等著:《科学与人生观》(一、二),沈阳:辽宁教育出版社,1998 年。

袁刚、孙家祥、任丙强编:《民治主义与现代社会——杜威在华讲演集》,北京:北京大学出版社,2004 年。

中国第二历史档案馆编:《中华民国档案史料汇编·教育》第三辑,南京:江苏古籍出版社,1991 年。

中国第二历史档案馆编:《中华民国档案史料汇编:教育》第五辑第一编,南京:江苏古籍出版社,1991 年。

中国第二历史档案馆编:《中华民国档案史料汇编:教育》第五辑第二编,南京:江苏古籍出版社,1991 年。

中国第二历史档案馆编:《中华民国档案史料汇编:政治》第五辑第一编,南京:江苏古籍出版社,1991年。

蔡尚思编:《中国现代思想史资料简编》第2、5卷,杭州:浙江人民出版社,1983年。

李义彬编:《中国青年党》,北京:中国社会科学出版社,1982年。

高军主编:《中国现代政治思想史资料选辑》上,成都:四川人民出版社,1983年。

刘志琴主编:《近代中国社会文化变迁录》第2卷,杭州:浙江人民出版社,1998年。

龚德隆主编:《中华教育经典》下,北京:中国人民公安大学出版社,1998年。

魏心一编:《陶行知、黄炎培、徐特立、陈鹤琴教育文选》,合肥:安徽教育出版社,1992年。

伍杰编:《严复书评》,石家庄:河北人民出版社,2001年。

萧继宗主编:《新生活运动史料》,《革命文献》第68辑,台北:"中央"文物供应社,1975年。

罗仪俊编:《理性生命——当代新儒家文粹》第1卷,上海:上海书店,1994年。

(三)文集、著作类

吴光、钱明等编:《王阳明全集》上,上海:上海古籍出版社,2011年。

〔清〕孙希旦撰:《礼记集解》上,北京:中华书局,1989年。

郑观应著:《盛世危言》,郑州:中州古籍出版社,1998年。

苑书义等主编:《张之洞全集》第12册,石家庄:河北人民出版社,1998年

蔡尚思、方行编:《谭嗣同全集》上,北京:中华书局,1981年。

沈家本著:《历代刑法考》第4册,北京:中华书局,1985年。

孙宝瑄著:《忘山庐日记》上,上海:上海古籍出版社,1983年。

陈铮编:《黄遵宪全集》(上、下),北京:中华书局,2005年。

曹从坡、杨桐等编:《张謇全集》第4卷,南京:江苏古籍出版社,1994年。

汪林茂编:《汪康年文集》上,杭州:浙江古籍出版社,2011年。

何启、胡礼垣著:《新政真诠》,沈阳:辽宁人民出版社,1994年。

《孙中山全集》第3、5、6、8、9卷,北京:中华书局,1984—1986年。

陈旭麓、郝盛潮编:《孙中山集外集》,上海:上海人民出版社,1990年。

郝盛潮编:《孙中山集外集补编》,上海:上海人民出版社,1994年。

林志钧编:《饮冰室合集》,北京:中华书局,1989年。

李华兴、吴嘉勋编:《梁启超选集》,上海:上海人民出版社,1984年。

夏晓虹编:《饮冰室合集集外文》上,北京:北京大学出版社,2005年。

上海人民出版社编:《章太炎全集》第4卷,上海:上海人民出版社,1984年。

汤志钧编:《章太炎政论选集》上,北京:中华书局,1977年。

刘晴波编:《杨度集》(二),长沙:湖南人民出版社,2008年。

莫世祥编:《马君武集》,武汉:华中师范大学出版社,1991年。

刘师培著:《刘申叔遗书》(上、下),南京:江苏古籍出版社,1997年。

李妙根编:《刘师培辛亥前文选》,北京:生活·读书·新知三联书店,1998年。
杨琥编:《宪政救国之梦——张耀曾先生文存》,北京:法律出版社,2004年。
刘禹生著:《世载堂杂忆》,北京:中华书局,1997年。
郭长海、郭君兮辑注:《秋瑾全集笺注》,长春:吉林文史出版社,2003年。
高平叔编:《蔡元培全集》第2、3卷,北京:中华书局,1984年。
蔡元培著:《中国伦理学史》,北京:商务印书馆,2004年。
章含之编:《章士钊全集》第3、5册,上海:文汇出版社,2000年。
许纪霖、田建业编:《杜亚泉文存》,上海:上海教育出版社,2003年。
《陈独秀文章选编》上,北京:生活·读书·新知三联书店,1984年。
姜义华主编:《胡适学术文集·哲学与文化》,北京:中华书局,2001年。
姜义华主编:《胡适学术文集·教育》,北京:中华书局,2001年。
胡明编:《胡适精品集》第4、12册,北京:光明日报出版社,1998年。
胡适著:《胡适文存》第4集,北京:华文出版社,2013年。
《鲁迅全集》(第1、2、3、4、5、6、10卷),北京:人民文学出版社,2005年。
周作人著:《艺术与生活》,石家庄:河北教育出版社,2002年。
吴虞著:《吴虞文录》,合肥:黄山书社,2008年。
倪墨炎、陈九英编:《许寿裳文集》下,上海:百家出版社,2003年。
中国文化书院学术委员会编:《梁漱溟全集》第1—8卷,济南:山东人民出版社,2005年。
梁漱溟著:《中国文化要义》,上海:上海人民出版社,2003年。
辜鸿铭著:《中国人的精神》,黄兴涛、宋小庆译,桂林:广西师范大学出版社,2002年。
胡晓明编:《大海与众沤——熊十力集》,上海:上海文艺出版社,1998年。
熊十力著:《读经示要》,北京:中国人民大学出版社,2006年。
熊十力著:《原儒》,北京:中国人民大学出版社,2006年。
冯友兰著:《三松堂全集》第4、5、14卷,郑州:河南人民出版社,2001年。
杨毓滋、孙亚夫编:《张君劢先生九秩诞辰纪念册》,沈云龙主编:《近代中国史料丛刊续编》第53辑,台北:文海出版社,1978年。
张君劢著:《民族复兴之学术基础》,北京:中国人民大学出版社,2006年。
贺麟著:《文化与人生》,北京:商务印书馆,2002年。
徐葆耕编:《会通派如是说——吴宓集》,上海:上海文艺出版社,1998年。
钱穆著:《文化与教育》,北京:生活·读书·新知三联书店,2009年。
张申府著:《张申府文集》第1、3卷,石家庄:河北人民出版社,2005年。
张东荪著:《人生观ABC》,上海:世界书局,1928年。
罗家伦著:《写给青年——我的新人生观演讲》,北京:中国人民大学出版社,2005年。

李石岑著:《李石岑讲演集》,桂林:广西师范大学出版社,2004年。

曲士培编:《蒋梦麟教育论著选》,北京:人民教育出版社,1995年。

任钟印等编:《杨贤江全集》第1、6卷,郑州:河南教育出版社,1995年。

宋恩荣编:《晏阳初全集》第1卷,长沙:湖南教育出版社,1989年。

詹一之编:《晏阳初文集》,成都:四川教育出版社,1990年。

江苏省陶行知教育思想研究会编:《陶行知文集》,南京:江苏人民出版社,1981年。

雷海宗著:《中国文化与中国的兵》,北京:商务印书馆,2001年。

谢幼伟著:《孝与中国文化》,南京:青年军出版社,1946年。

吕思勉著:《吕思勉读史札记》,上海:上海古籍出版社,1982年。

许纪霖、李琼编:《天地之间——林同济文集》,上海:复旦大学出版社,2004年。

叶永烈编:《王造时:我的当场答复》,北京:中国青年出版社,1999年。

谢泳编:《储安平:一条河流般的忧郁》,北京:中国青年出版社,1999年。

张荫麟著:《素痴集》,天津:百花文艺出版社,2003年。

曹聚仁著:《曹聚仁杂文集》,北京:生活·读书·新知三联书店,1994年。

张奚若著:《张奚若文集》,北京:清华大学出版社,1989年。

潘乃穆、潘乃和编:《潘光旦文集》第2、3卷,北京:北京大学出版社,2000年。

张佛泉著:《自由与权利:宪政的中国言说》,北京:清华大学出版社,2010年。

郑州大学嵇文甫文集编辑组编:《嵇文甫文集》中,郑州:河南人民出版社,1990年。

[美]明恩溥著:《中国人的气质》,佚名译,黄兴涛校注,北京:中华书局,2006年。

费孝通著:《作之民》,上海:生活书店,1946年。

费孝通著:《乡土中国》,北京:北京大学出版社,2003年。

金天翮著:《女界钟》,上海:上海古籍出版社,2003年。

易家钺著:《中国家庭改造问题》,《民国丛书》第二编第19辑,上海:上海书店,1990年。

潘光旦著:《中国之家庭问题》,《民国丛书》第二编第19辑,上海:上海书店,1990年。

(四)研究论著、论文类

梁启超著:《先秦政治思想史》,天津:天津古籍出版社,2003年。

柳诒徵著:《国史要义》,北京:商务印书馆,2011年。

胡适著:《中国哲学史大纲》,北京:东方出版社,1996年。

任时先著:《中国教育思想史》,上海:上海书店,1984年。

萧公权著:《康有为思想研究》,北京:新星出版社,2005年。

王尔敏著:《中国近代思想史论》,北京:社会科学文献出版社,2003年。

王尔敏著:《中国近代思想史论续集》,北京:社会科学文献出版社,2005年。

张灏著:《烈士精神与批判意识》,桂林:广西师范大学出版社,2004年。

熊月之著:《中国近代民主思想史》,上海:上海社会科学出版社,2002年。

金观涛、刘青峰著:《观念史研究》,北京:法律出版社,2009年。

郑永福、吕美颐著:《近代中国妇女与社会》,郑州:大象出版社,2013年。

梁景和著:《近代中国陋俗文化嬗变研究》(修订本),北京:首都师范大学出版社,2009年。

郑大华著:《民国思想史论续集》,北京:社会科学文献出版社,2010年。

陈永森著:《告别臣民的尝试——清末民初的公民意识与公民行为》,北京:中国人民大学出版社,2004年。

张康之、张乾友著:《公共生活的发生》,北京:高等教育出版社,2010年。

蔡英文著:《政治实践与公共空间:阿伦特的政治思想》,北京:新星出版社,2006年。

黄金麟著:《历史、身体、国家:近代中国的身体形成(1895—1937)》,北京:新星出版社,2006年。

[比利时]亨利·皮雷纳著:《中世纪的城市》,陈国樑译,北京:商务印书馆,2006年。

[比利时]亨利·皮朗著:《中世纪欧洲经济社会史》,乐文译,上海:上海人民出版社,1964年。

[美]刘易斯·芒福德:《城市发展史——起源、演变和前景》,宋俊岭、倪文彦译,北京:中国建筑工业出版社,2004年。

[日]沟口雄三著:《中国的公与私·公私》,郑静译,孙歌校,北京:生活·读书·新知三联书店,2011年。

[美]郭颖颐著:《中国现代思想中的唯科学主义》,雷颐译,南京:江苏人民出版社,1998年。

[日]岛田虔次著:《中国近代思维的挫折》,甘万萍译,南京:江苏人民出版社,2008年。

程美宝著:《由爱乡而爱国:清末广东乡土教材的国家话语》,《历史研究》2003年第4期。

(五)报刊杂志类

《万国公报》

《湘报》

《清议报》

《新民丛报》

《游学译编》

《东方杂志》

《女子世界》

《教育杂志》
《云南杂志》
《大中华》
《新青年》
《新潮》
《学衡》
《一般》
《新月》
《独立评论》
《观察》

后 记

本书是国家社科基金项目“中国近代公民教育思想研究”(11BZS052)的结项成果。本书的出版得到郑州大学中国史学科振兴基金、河南省优势特色学科“中原历史与文化”的资助。大象出版社编辑李小希女士、郑州大学历史学院吴志远先生为本书的出版付出了辛勤劳动,一并致以诚挚的感谢。

刘保刚

2016 年 3 月 21 日